中国宏观经济与政策研究报告

2015

ZHONGGUO HONGGUAN JINGJI YU
ZHENGCE YANJIU BAOGAO

国家发展改革委宏观经济研究院 ◎编

人民出版社

序

2015 年年初,宏观经济研究院深入学习贯彻落实习近平总书记重要讲话精神和《关于加强中国特色新型智库建设的意见》等文件精神,着手研究制定"建设我院国家高端智库行动方案(2015—2020)",全力推进"三个一"工程:成立一个研究小组,关注当期经济"形"和"势"最新变化,及时发现和研究苗头性、潜在性和倾向性问题;每季度开好一场专家座谈会,倡导问题导向和目标导向,畅谈重要领域改革和发展的最新进展,遭遇的瓶颈和障碍,突破的路线图和时间表;努力办好一份内刊《形势要报》,专报发展改革委领导同志,为科学决策提供研究思路和咨询意见。

呈现在读者面前的这本书,便是以我院 2015 年刊发的 61 期《形势要报》按月、按序汇编而成。《形势要报》秉承求真务实、实用可行的理念,注重研究的超前性,所呈思路力求比具体决策早半拍;注重研究的实践性,所提建议力求以实际案例、客观数据或调查研究做支撑;注重研究的理论性,所提看法和观点要有理论基础支撑;注重研究的逻辑性,所作判断以多指标综合分析为前提,注意各指标之间的逻辑一致。

我们编辑《形势要报》,目的是为宏观决策提供思想成果,不仅要提出对经济形势监测预测和对前期宏观调控效果评估,更期对未来改革和政策预研储备最新看法和建议。一年来,我们围绕宏观经济运行新特征,国内外大宗商品、要素和资本市场新变化,产业、技术发展新趋势,典型地区发展新问题等方面展开研究探索,提出了打好政策"组合拳",防经济失速,总量性政策、结构性政策、结构性改革"三措并举",从短期救市转向长期稳市等意见和建议,部分战果得到了转化和应用。我们不妄言我们的意见建议对 2015 年"经济运行总体平稳,稳中有进,稳中有好"发展的贡献,仅以我委领导同志多次批示的"好"、"'形势要报'很好"、"宏观院的经济形势和政策措施研究不断深化、颇有成效"自勉。

2016 年,我国已站在更高的发展水平上。由于多方面因素影响和国内外条件变化,经济发展仍然面临一些突出矛盾和问题,结构性改革任务十分繁重。宏观经济研究院将学习贯彻中央提出的创新、协调、开放、绿色、共享五大发展理念,继续围绕 2015 年年末召开的中央经济工作会议确定的"去产能、去库存、去杠杆、降成本、补短板"五大任务,创新机制、集聚人才、聚焦问题展开研究,并将国宏专家的最新看法和建议刊载在《形势要报》上,为国家宏观决策科学化作出新的贡献。

我们期待 2016 年中国经济在困难中复苏回升,奋力开启"十三五"新周期的上升通道。当然,实现美好愿望的唯一途径是采取更为科学的行动,实施更加有效的宏观政策。这是宏观经济研究院致力而为之的伟大事业,也是宏观经济研究院建设国家高端智库的历史使命。

是为序。

陈东琪

2016 年 1 月 12 日于国宏大厦

目　　录

八月份报告

九月份报告

三季度报告

十月份报告

十一月份报告

十二月份报告

一月份报告

偏松操作　防止滑坡

——2015 年宏观经济走势和政策措施建议

如果只考虑完成"十二五"经济增长 7.5% 的目标,2015 年增长 6.6% 即可。但是,"破7"会放大经济下降惯性,强化悲观预期,损害市场信心,前 15 个季度的"温和下行"可能演变为"全面滑坡",这既会影响当年的"稳增长",也会改变"十三五"经济预期 6%—7% 的增长轨迹,掉进"中等收入陷阱"。为避免出现这个情景,2015 年的宏观政策操作,要按照中央经济工作会议确定的财政"更加积极"、货币"松紧适度"的政策指向,采取偏松的措施操作,防止经济出现失速和滑坡。

一、经济存在"下行"转"下滑"的风险

运用周期理论和系统方法,我们对一个收入指标(城乡居民收入)、两个供给指标(工业和服务业)、三个需求指标(投资、消费和出口)、四个先行指标(PMI、用电、货运、货币)总共十个具体指标进行综合分析,得出我国 2015 年宏观经济四大指标即经济增长、总体就业、物价总水平和外贸盈余变化将出现以下三种可能情景的预判:

表1　2015 年经济增长、就业水平、价格及相关指标预测　　　　单位:(%)

情景设定	GDP 增长	就业水平	CPI 变化率	外贸盈余
情景Ⅰ	7.5%以上	相对充分	2%—3%	< $ 2500 亿
情景Ⅱ	7.0%—7.5%	不充分	2%左右	$ 3000 亿
情景Ⅲ	7.0%以下	失业增加	0%以下	> $ 3000 亿

情景Ⅰ-乐观。GDP 增长 7.5% 以上。在 2011 年减速 1.1、2012—2013 年减速 1.6、2014 减速 0.4 个百分点后,2015 年结束减速趋势,但全年经济不会很快"明

显回升",增速略超 7.5%,开启新常态下新周期增长阶段的时间窗。但是从季度变化看,预计经济将走 V 型即"先下后上"的路线:上半年至少一季度延续 2014 年的下降惯性,GDP 增长 7%左右;下半年或第四季度再次回到 7.5%左右。随着经济出现季度性止跌回升,城镇新增长就业全年超过 1300 万人,农村就业缩减趋势有所缓解,城乡就业相对比较充分。反映物价总水平变化的 CPI 上涨率重新回到 2%—3%的区间内,PPI 于第四季度由负转正。随着经济和物价逐步回升,内需转暖,进口预期增强,进口增长慢于出口增长的格局逐步改变,外贸盈余规模比 2014 年有所缩小。

情景Ⅱ-中性。GDP 增长 7.0%—7.5%。在中性情景下,GDP 增长在 7.0%—7.5%的区间内波动;虽然总体就业"不充分",但不会出现"严重失业";CPI 上涨 2%左右,通货膨胀表现为低度、温和;外贸盈余规模与 2014 年基本接近。

情景Ⅲ-悲观。GDP 增长 7%以下。增速由此前连续 15 个季度的缓慢"下行"转变为"下滑",出现所谓"失速"情形。经济"失速"首先引起企业效益明显下降,部分企业出现财务报表危机;接着出现利润减少影响资本形成,削弱扩大再生产能力;最后冲击劳动力市场,一些企业停签待签的劳务合同,减少用工,宏观层面表现为总失业增加。一旦经济增长"失速",总失业增加,有效需求进一步收缩,在全球粮食产量 2013—2014 年大幅增长 7%、国内粮食产量实现"十一连增",以及美元升值刺激以美元计价的能源(原油)、原材料(铁矿石、金属)等大宗商品价格持续下跌形势下,市场放大物价下降预期,CPI 上涨率降到零以下,通货紧缩风险演变为实际通货紧缩。同时,内需收缩导致进口增长继续慢于出口增长,外贸盈余规模扩大。

上述三种情景中的任何一种都显示,2015 年上半年特别是一季度的经济将延续上一年的下行趋势,即使是"情景Ⅰ-乐观"经济也要到下半年才会出现轻微的回升。主要原因是:

1. 产业下降周期延续,工业和建筑业降幅扩大。工业增加值减速幅度 2014 年 11 月比 10 月扩大。从最新月度制造业采购经理人指数 PMI 看,12 月减速到 50.1,创 18 个月新低。虽然服务业 PMI 超过 54,比 11 月上升 0.2,但是服务业产业链条比工业短,对 GDP 拉动作用小于工业,二者不能形成"对冲均衡"。如果考虑房地产投资逐月显著减速导致建筑和装修材料工业减速,以及在 GDP 中占比 6.9%的建筑业增长减速,则可预计今年一季度或上半年产业经济总体下行趋势将延续。

2. 货运增长出现结构性变化,但总流量水平依然较低。虽然近几个月公路货运增长基本保持高于 GDP 增速的势头(其中,11 月公路货运增速比 10 月高 1.9 个百分点),但 11 月增速 8.6%仍低于 1—11 月 8.8%的平均增速水平。铁路货运增长依然低迷,1—11 月为-3.2%,11 月扩大到-6.5%。前十大港口吞吐量近几个月环比有所增加,但仍停留在前期大幅减少后的低水平。总体看,货物运输流量不足,意味着整个国民经济活跃度不高,增长后劲不足。

3. 货币供应量增长继续减速,短期流动性不足。广义货币供应量 M_2 增速已经连续 4 个月低于年初确定 13%的预期值。其中,2014 年 11 月低 0.7 个百分点。更重要的是,狭义货币供应量 M_1 的增速已连续 3 个月在 5%左右,处于 1991 年有统计数据以来最低季度水平,M_1/M_2 的弹性系数从 2013 年的 0.68 大幅降到最近 3 个月平均值 0.36。在人民币国际化进程加快,越来越多国家和地区用人民币进行国际结算、支付、储存,人民币国际需求大幅度增加的新背景下,超常规低速增长的狭义货币供应不能满足新的货币需求。如果货币供求缺口不缩小,经济活动中流动性短缺格局不改变,前期经济下行趋势在一季度就很难扭转,一旦市场悲观预期流行,"下行"就可能转变为"下滑"。

二、应采取偏松的政策措施操作

2015 年经济前景将是上述 3 种情形中哪一种? 关键看政府的宏观政策措施操作。为了防控经济下行转为下滑、严重失业、通货紧缩、企业和地方债务违约的风险,政府应当努力争取情景 I,守住情景 II,避免情景 III。为此,特提出如下政策措施建议:

1. 守住 7%的宏观调控政策底线,实现年度目标与中长期目标的衔接。从短周期看,如果经济在连续 15 个季度减速后出现加速下滑,在 7%这个宏观调控区间下限破位下行,将会引发严重失业和通货紧缩,增大企业和地方债务违约的风险。从中长周期看,经济增长从超高速到中高速再到中速直至全与发达国家平均增长水平相当,不会一步到达,而将以过一段时间下一个台阶的方式来实现,预计"十三五"增长 6.5%左右,之后第一个 10 年 6%左右,第二、三个 10 年 5%—6%左右。也就是说,从周期规律来看,我国经济增长速度不会也不应当一下子滑落到 5%—6%的水平。如果短期出现失速,市场会强化悲观预期,经济将陷入深度危机。这既会影响短期稳定,增加大幅波动带来的调整代价,也妨碍在 2020 年全面建成小康社会、2030 年进入高收入国家前越过"中等收入陷阱"、2050 年建立现代国家的中长期战略目标的实现,放慢甚至终止国家现代化的进程。

2."更加积极"财政政策实行"增支、减税、提赤"并举,发挥"四两拨千斤"作用。中央将今年财政赤字率确定为 2.3%,略高于去年。这个政策选择主要考虑是:一方面给明、后年或更长时间财政政策选择留下较大余地和空间,在财政体制改革转型,政府、企业、个人三大收入之间的分配关系不断调整使得中长期财政收入增长进入新常态背景下,防止赤字率过早超过 3%而引发财政危机;另一方面迫使财政政策措施选择"更加积极"的重点,更多放在财政收支体制改革推动财政存量资金使用效率提高,以及优化支出结构和合理降低财政税费上。综合看,今年更加积极的财政政策,可以选择如下主要措施:

一是增加公职人员收入,提高居民消费能力。全国尽快落实包括机关和事业单位在内的公职人员增加工资,落实车补、取暖和物业费补助等,在公职人员工资表外收入下降背景下提高表内收入水平,关旁门,开正门,提高全国公职人员的消费能力。在近几年城乡居民收入增加及累计物价上涨较多的形势下,较大幅度提高个人所得税起征点,在优化个人和政府之间收入分配关系基础上,提高工薪纳税人的消费能力。适当提高城乡最低生活保障、农村寄宿生及特殊困难群体的补贴标准,增强低收入群体的消费能力。

二是降低企业税费,提高企业的投资和扩大再生产能力。通过扩大自贸区试点范围等体制改革和政策调整来合并或取消各种不合理税费,降低企业特别是小微企业的外部性成本。对科技含量高、有自主知识产权的高端装备制造企业实行更大力度的税收优惠,取消享受研发优惠政策的产业限制,实现普适性研发加计扣除政策,适当提高中小企业加计扣除比例,延长结转年限,降低企业研发活动的风险。对企业委托大学或科研机构进行研究的费用允许一定比例税收抵扣,支持产学研合作。进一步提高企业教育培训费税前列支比例,将培训费从现行工资总额的 2.5%提高到 5%,提高企业业务培训的积极性,加快增强企业人力资本积累能力。

三是适当扩大中央预算资金支持的公共投资,提高公共设施和公共服务的供给能力。重点支持基础设施和城乡公共服务领域的薄弱环节,尽快推出农村水利、农村道路、城市地铁、城际轨道、民用机场、城镇污水垃圾处理和其他公用事业等,规划落实"一带一路"、长江经济带、京津冀经济圈、振兴东北和其他优化空间发展的大型基础设施建设项目,扩大由政府资金引导、民间资本参与的公共投资项目,将各类公共项目落实的时间表提前,上半年尽快落地,较早发挥"四两拨千斤"的效应。

3."松紧适度"货币政策灵活运用"双降"工具,适当增加市场流动性。2014年 11 月实行非对称性减息后,市场预期有所改善,资金供给略有增加,消费和投资意愿开始增强。主要表现是:社会消费品零售额增长从 9 月的 11.6% 和 10 月的 11.5% 加速到 11 月的 11.7%;股票、期货市场大幅上涨,上证指数从 10 月最低 2279 点上涨到 12 月最高 3239 点,两个月累计上涨 42%。但是,这次降息所激活 的资金主要流向风险偏好高的市场,未对实体经济产生明显刺激效应。这不是投 资者的选择不对,而是政策刺激力度过小,措施配合不够,资金的边际供给不足。 2015 年,应在降低实体经济交易成本、给高端国产装备制造减税等配套措施同时, 适时适度"双降"。即在普惠性降低存款准备金率的同时再次微降基准利率,适当 增加商业银行可用头寸和市场流动性,通过促进资金供求均衡来改变"大量资金 需求者追逐少量资金"从而推动实际资金价格上涨的状况。这既可降低实际利 率,也可促使更多资金流向实体经济领域。

　　4."内外结合"对外政策要抓住国际市场的周期性机遇,利用退税和贬值促进 "进出平衡"。在美元进入周期性升值阶段,以美元计价的所有货物和服务的价格 都将下跌,反应灵敏的大宗商品特别是石油、金属矿产品及金属材料、农产品以及 黄金白银等价格下降将更为明显。大宗商品价格周期性下降虽然会向我国输入通 货紧缩,但最大的好处是"大幅且持续"降低我国能源资源进口的成本,释放"降价 收益",我们要充分利用这个难得的机会,做好如下几件重要的事情:

　　一是增加原油、铜和其他稀缺程度较高的工业用金属的进口,扩大能源资源的 战略储备,未雨绸缪,防范下一轮大宗商品价格上涨给我国造成的冲击。我们预 计,一旦美国货币政策从"紧数量(退出 QE)"转到"紧价格(加息)",以石油、农产 品和金属矿产品为代表的大宗商品价格就会逐渐达到下跌周期的低谷,之后转为 上涨周期。因此"价格下跌、增加进口"的时间不会很长,机会稍纵即逝。

　　二是增加黄金进口,扩大央行的黄金储备,从战略角度为人民币成为世界货币 打下硬通货基础。从大国到强国转变需要四大支柱:人才、市场、货币、军事。随着 我国经济体量快速增大和人民币国际化进程加快,人民币的需求和供给规模快速 扩大,未来支撑人民币国际地位的关键是从现在起就着手构建其稳定基础。从历 史和未来趋势看,这个稳定基础需要有足够数量的黄金储备作支撑、作信誉保障。 改变目前我国黄金储备不足的近期机会是:稳定国内黄金开采基础上,利用本轮黄 金周期性下降,增加黄金进口,逐渐扩大黄金储备规模,充实人民银行的金库,筑牢 人民币的信誉根基。

　　三是减少外汇市场干预,减少对人民币汇率的逆向操作,逐步提高外汇市场自 动调节内外币资金供求关系的能力。近期市场有人民币贬值的要求,央行可以在 一定时期内顺势而为,通过一段时间人民币贬值来提高我国出口产品的竞争力,以实现"市场货币推动出口"。

四是减持美元国债,防控美元"长贬短升"带来的风险。大智慧数据显示,美元指数呈现"长周期下降、中周期波动"的变化趋势。就是说,美元长期贬值、中期有贬有升。美元中周期呈现15年左右循环一次的轨迹:上世纪80年代中期至本世纪初期完成上一轮"下降—上升周期";本轮周期性下降于2012年结束,近两年进入本轮周期性上升阶段,预计今、明两年延续周期性上升趋势。我们可以在这个时期,利用美元升值,逐渐减持美元国债。这既可获得美元周期性升值带来的收益,又可降低因持有过多美元债券带来的长期贬值风险。

5.利用价格下降机会,以"加、减法"并举方式推进价格改革。从历史看,由政府推动的价格改革,无论是价格调整,还是价格放开,都往往伴随物价上涨。这种价格改革在经济繁荣时进行容易引发高通胀,而在经济低潮时进行则可降低通货紧缩的压力和风险。目前,CPI逐级下行,PPI已经30多个月负增长,是推出价格改革最好的时机。这个时机,价格改革既可做"减法",如适当下调电价,建立煤电价格联动机制。也可做"加法",如适当提高城市公交价格等。除了直接调价外,还可以实行间接调价的改革措施,如:通过提高城市停车费来提高市内停车成本价格,控制停车数量和停车时间;通过提高环境污染税来提高污染排放的成本价格,控制污染排放,促进绿色生产和消费;通过提高烟草税来提高烟草的成本价格,控制吸烟对健康造成的危害。

陈东琪

未雨绸缪　防患于未然

——粮食安全的隐忧与防范

2014 年,我国粮食生产实现"十一连增",粮食供给成为历史上最充裕的时期,安全状况处于最佳状态。需要高度重视的是,进入新世纪以来,粮食安全隐患不断积累,必须调整粮食安全概念和安全目标,改变国内储备、生产、进出口等政策,加快体制改革,严加防范各类因素引发的潜在风险。

一、当前我国的粮食供给是历史上最充裕时期

粮食总供给包括粮食生产、粮食进口和粮食储备三项。2013 年,我国粮食产量 12038 亿斤,大豆进口 1267.5 亿斤,加上我国巨量的粮食储备,粮食总供给量大大超过 2 万亿。2014 年,国内生产粮食 12142 亿斤,进口大豆和谷物预计超过 1300 亿斤,国内粮食储备量比 2013 年又增加了一大块,粮食总供给数据更为惊人,粮食总供给不仅没有减少,反而明显增加。从需求看,2013 年我国出口粮食(含大豆和谷物)仅有 116 万吨,2014 年也不会波动太大,国内需求在 12000 亿斤左右。总体上,我国目前粮食总供给大大超过了总需求。

（一）粮食总供给:连年丰收的同时净进口增加

在总供给中,国内粮食生产贡献最大。在科技进步和政策刺激下,我国粮食生产连续 11 年丰收。从生产看,最大特点是生产集中度越来越高。主要表现在两个方面:

一是粮食生产品种向谷物集中。2003 年以来,谷物产量占粮食总产量的比重不断上升,从 86.9% 持续上升到 2013 年的 91.8%,意味着十年(下文除做特别说明外,均指 2003—2013 年)多来的粮食增产主要是由谷物增产带来的。在谷物生产中,玉米的生产集中度提高的同时,稻谷、小麦集中度在下降。过去十年,玉米增

产88%,小麦增产40.9%,稻谷增产26.7%,玉米产量占粮食总产量比重由26.9%上升到36.3%,小麦所占比重由20.1%微升到20.3%,稻谷所占比重由37.3%下降到33.8%,在谷物产量增长中有57.5%是由玉米增产提供的。

二是粮食生产向主产区不断集中。2003—2013年,我国13个粮食主产区粮食产量全国占比由71%上升到76%,提高5个百分点。过去十年我国粮食增加的产量中,88.7%是由主产区提供的。

另外,从进出口结构变化也可考察供给趋势。2003年以来,我国粮食净进口数量越来越大。2003年,粮食净进口61万吨,2010年和2013年分别为5931万吨和7680万吨。改变中国进出口结构的主要品种是大豆。2003年,我国进口大豆2074万吨,2013年增加到6338万吨,2014年前11月进口6287万吨,十年净进口增长2倍多。

(二) 粮食总需求:刚性增长的同时结构不断调整

我国粮食需求基数庞大,总需求刚性增长。1998—2013年间,总消费量由4.65亿吨增长到6亿吨以上。从需求结构上看,居民口粮不断减少,饲料粮、工业粮、食用油耗粮不断增加。2003—2013年间,城乡居民食品消费结构中,人均口粮消费分别由79.52公斤、227.68公斤下降到78.76公斤、164.27公斤。依此粗略推算,城乡居民口粮消费总量由2003年的2166亿公斤下降到1610公斤,十年减少了556亿公斤。分阶段看,20世纪90年代是城镇居民口粮消费下降较快时期,进入21世纪城镇居民口粮消费基本稳定,而农村居民口粮消费加速下降,由此引起了全社会口粮总量迅速下降。从食品消费结构变动趋势分析,我国口粮安全压力在减小。

(三) 供需对比:当前我国粮食供给是历史上最充裕时期

从表1看,如果将净进口考虑在内,我国粮食的自给率是迅速下降的。2000年,自给率是100.5%,2013年已经降到88.7%,13年间降低了11.8个百分点,明显低于《国家粮食安全中长期规划》提出的粮食自给率稳定在95%以上的目标。为什么我国粮食连续11年增产,粮食自给率却在迅速下降呢? 有两个方面的原因:

一是我国将大豆统计在粮食之内,大豆大量进口降低了粮食自给率。而严格意义上讲,大豆并不是真正意义上的粮食,是油料作物,也常作为豆制品。如果排除大豆,按照谷物自给率计算,自给率都在95%以上(见表2)。

二是我国粮食严重超储备,造成国内需求旺盛的假象。当前,我国粮食储备率相当于全国当年消费量的 60% 以上,远远超过联合国粮农组织规定的粮食安全储备率 17%—18% 的标准。近十几年来,为了鼓励农民生产粮食,国家每年将农民手中的大量粮食收购上来,以储备形式退出市场,造成市场供给减少需求增加的现象。如果将粮食储备率由目前的 60% 多下降到 30%,我国粮食自给率将大大超过100%。由此可见,我国的粮食自给率下降是伴随着储备率迅速上升发生的,当前我国的粮食供给是历史上最充裕时期。

表 1　2000—2013 年我国粮食自给率情况　　　单位:(万吨;%)

年　份	2000	2005	2010	2011	2012	2013
总产量	46218	48402	54647	57121	58985	60194
净进口量	−208	−427	5931	5672	7108	7680
自给率	100.5	100.9	90.21	90.97	89.25	88.68

资料来源:中华人民共和国国家统计局编:《中国统计年鉴》(2001 年和 2014 年)。

表 2　2001—2013 年我国谷物自给率情况　　　单位:(万吨;%)

年　份	2001	2005	2010	2011	2012	2013
谷物产量	40522	42776	49637	51939	53934	55269
净进口量	−532	−387	451	429	1302	1363
自给率	100.33	100.91	99.10	98.67	97.64	97.59

资料来源:中华人民共和国国家统计局编:《中国统计年鉴》(2002 年和 2014 年)。

二、我国粮食安全隐患正在不断积累

进入 21 世纪,我国粮食安全不再表现为产品供给的不安全,更多地表现为土地、水等资源的不安全,科技支撑能力弱和高成本带来的不安全。

(一) 过度生产和超额储备形成一种新的不安全

从经济学意义上来讲,我国人多地少,水资源短缺,持续生产出超越国内市场需求的粮食产品,并将其储存起来,由此形成越来越多的超额储备,是极为不经济的。如前所述,我国的粮食储备率已经超过 60%,而且这个数字还在继续上升,难道要将粮食储备率提高到 100% 吗? 现在的问题是,用什么方式保障粮食安全是最经济的,是保障粮食综合生产能力,还是保障粮食的产品能力?

多年来,为了保障较高的粮食自给率,一方面我国在生产环节大量补贴,支持粮食生产,使得粮食连年丰收;另一方面当生产出来的粮食国内市场不能及时消化时,又以高价收购,国家收购的粮食越来越多,形成超额储备。假定超额储备是一年形成的,就意味着当期市场不需要;而若连续十年形成超额储备,则意味着短期和长期市场都不需要。为了保存这些超额储备,国家不得不大量投资建设仓储设施,拿出巨量资金补贴粮食储存,同时每年还要支付必要的人力、物力和财力到市场上轮换库存粮食。因此,过度生产、超额储备,不但侵蚀、浪费经济社会资源,而且还可能扭曲市场,严重影响市场在资源配置中起决定性作用。笔者认为,过度生产和超额储备是新常态下的另一种粮食不安全。

(二)过度开发利用土地、水资源引起潜在粮食不安全

我国耕地正在不断减少,质量正在明显下降。我国耕地面积已经从 1996 年 19.51 亿亩减少到 2011 年的 18.26 亿亩,人均耕地 1.37 亩,不到世界人均耕地的 1/3,全国 14 个省(区)人均耕地不足 1 亩,有 6 个省(区)人均耕地不到 0.5 亩,低于联合国粮农组织确定的 0.86 亩警戒线。而且,随着城镇化、工业化的不断推进,将继续占用耕地。耕地减少的最大推手是各级地方政府。为了推进本地经济社会发展,各级地方政府利用公权,千方百计占地圈地,未批先占、少报多占、占好补劣等现象屡屡发生,加速耕地变少、质量变差。因此,我国的耕地不但总量在减少,质量也在变差。目前,我国土壤有机质含量平均约 1.8%,远低于欧洲同类土壤。土地总量和结构性变化,给潜在粮食生产能力提高带来严重威胁。

水资源是粮食安全的另一个重大影响因素。我国水资源总量不足、结构性矛盾突出、利用效率低下是人所共知的。我国人均水资源占有量 2200 多立方米,相当于世界平均水平的 1/4,其中京津冀地区人均水资源仅 286 立方米,远低于国际上人均 500 立方米的极度缺水标准。目前,在平均每年 3 亿多亩的受灾面积中,旱灾面积造成的损失占全部灾害损失的 50% 以上。为了应对越来越频繁的旱灾,不少地方为了保证粮食连续增产,纷纷将目标锁定到挖掘利用地下水资源上。目前,北方地区农业用水有 33% 来自地下水,近年全国超采地下水达到 228 亿立方米,超采面积约 19 万平方公里,有的地方打井深度达到 300 米以下。由于连年超采地下水,导致地面沉降和塌陷现象屡屡发生。华北平原已形成了世界上最大的一个"漏斗区",面积已经达到 7.33 万平方公里。一方面是水资源短缺,另一方面是低效率的利用方式。我国灌溉用水的有效利用率只有 30%—40%,生产 1kg 粮食要

用 1 立方水,而发达国家只需 0.5 立方水。更为令人担忧的是,工业化和城镇化还导致水源严重污染,致使有水也不能用。不计后果地侵蚀耕地、超采地下水资源,是以牺牲后代福利和未来粮食安全为代价。因此,以过度耗费资源和破坏生态环境换取粮食增产,实质上增加了未来的粮食安全风险。

(三) 高成本低收益从动力机制上威胁粮食安全

2004 年以来,我国稻谷、小麦、玉米的生产成本上升远远快于产量增长,十年间三种粮食每亩平均产量增长了 9.8%,生产成本却上升了 159.4%(其中,劳动力成本增加了 204.2%。)。纯收益率由 33.2% 下降到 6.66%,到 2013 年,三种粮食平均每亩纯收益从 2004 年的 197 元减少到 73 元。在粮食生产成本增加中,种子、化肥、农药农膜、机械作业、排灌、土地租金、劳动力成本是推动农业生产总成本上升的主要力量,这些投入成本占了总成本的 80% 以上,而且近几年还出现了上升趋势。值得注意的是,我国谷物综合生产成本已高于美国水平,国内谷物平均价格比国际价格水平高出 10%—15%。

除直接生产成本外,机会成本增加也是推动粮食成本快速上升一个不可忽视的外部力量。20 世纪 90 年代以来,我国农业部门的劳动力已经不再是无限供给,农业劳动力从 1991 年的 39098 万人减少到 2013 年的 24171 万人,22 年间共减少了 14927 万人。农业部门劳动力的减少和非农业部门劳动力就业量的增加,既直接提升了农业的劳动成本,也大大增加了农业的机会成本。近年来,农民从事非农业劳动的收入大幅上升,农民来自非农业收入增长速度远远高于农业收入增长,由此引起农民出现了"厌农"和"弃农"倾向。目前在东部沿海地区,农民工在非农产业领域干一天体力活挣 100 块钱,技术工干一天挣 150 到 200 块钱;中西部地区的农民工在非农产业领域干一天体力活 70 块钱,技术工干一天挣 100 到 150 块钱。非农产业领域工资收入的快速提高,拉动了农业劳动成本的快速上涨。现在种一亩粮食纯收入(劳动加纯收益)就 500 元左右,两季合计 1000 元。这意味着,农民进城打工干半个月体力活就可以赚到超过一亩地的纯收入。我国种粮已经进入高成本时代,今后种粮成本还将继续上升,推动力依然是直接生产成本上升和机会成本增加。

面对高成本、低收益,如果要想把"粮袋子"掌握在中国人手里,保证较高的粮食自给率,国家就必须把粮食生产收益率提高到农民有种粮积极性的水平。在市场无法提高种粮收益率的情况下,政府"出钱"换安全似乎是必然选择。否则农民将弃"粮"而去。高成本将从动力机制上对粮食安全带来威胁。

（四）科技储备支撑能力偏弱影响粮食安全

我国农业科技进步贡献率已经不低。2013 年，我国农业科技进步贡献率 55.2%，主要农作物综合机械化率 59.5%，良种覆盖率 96% 以上。但与发达国家相比（目前，发达国家农业科技进步贡献率在 70%—80%，有些国家达到 90%），与面对资源高度约束和营农人口老龄化的要求相比，我国农业科技发展仍然滞后。主要表现是：农业科技投入增长缓慢，增速多年低于农业支出增长；创新人才缺乏，科技储备不足；研发与应用不能有效对接，科技成果转化率不高；农业技术推广能力偏弱，基层农业科技推广机构没人干事、没钱干事；农民科技素质不高，种粮缺乏技术指导和技能培训。

三、新形势下保障粮食安全需要调整战略思路

我国经济社会发展正在进入新的时期，经济增长从高速转向中高速，经济结构、社会结构将加速转换，产业结构转型升级步伐加快。在此新常态下，粮食安全形势也将发生变化：

一是国家保障粮食安全的能力和水平将会不断增强。这就要求如何巧用各类支持，调节粮食供求关系。

二是种粮的人越来越少，吃粮的人越来越多，而且种粮人越来越老龄化。这就要求农业加快现代化步伐，提高粮食的生产能力和商品率。

三是直接消费粮食不断减少。随着人们收入水平的提高和消费结构的转变，社会对粮食需求将继续出现结构性变化。口粮即直接消费继续下降，间接消费还将较快上升；对粮食产品需求出现高端化、营养化、细分化趋势。新常态下，面对粮食安全隐患，我国粮食安全的战略思路需要转变，主要包括以下几个方面：

（一）创新设定粮食安全目标

建议废除传统粮食概念，将粮食中豆类剔除在外，形成新的粮食概念。新的粮食安全以谷物安全为重点，谷物安全要从产品安全概念转向资源保障安全。谷物安全，主要考虑稻谷、小麦、玉米等品种安全，主要品种安全主要考虑口粮安全，区域安全主要考虑销区安全，人群目标主要考虑中低收入者的口粮安全。粮食安全概念调整以后，安全标准也需调整。今后我国粮食（谷物）自给率可保证在 95% 左右，食品自给率可以低一些。

（二）调整国内储备政策

不是储备的粮食越多越好,要将储备量降低到合理区间。鉴于我国粮食市场发育滞后,流通体制改革迟缓,国大人多,粮食储备率可适当高些,但储备率最好不要超过当年社会消费量的30%。为此,可以将目前超过30%的储备部分及时化解,分期分批向市场投放。可向食品和饲料加工企业投放一部分,适当出口一部分,也可将超额储备玉米转化为能源,以此替代部分进口。即使投放价格低一些,也比不断增加仓储设施建设要合理得多。保持30%的储备率,也不一定完全由国家包下来,可以鼓励吸引社会资本进入粮食储备领域。

（三）制定鼓励储备粮食生产能力的生产政策

不要采取越多越好的刺激粮食生产政策,要更多地储备粮食生产能力,并让市场发挥资源配置的决定性作用。建议取消临时收储政策,在国家目标储备之内,政府以目标价格从农民限量收购粮食,将收购量按比例分到种粮农户,这些指标可以在农户之间转让。超过目标储备后,当市场价格低于目标价格时,可以现金形式根据每亩粮食生产量按差价补贴生产者,反之补贴低收入消费者。在保留对种粮农民现有生产补贴基础上,调整今后对农业的增量投入和补贴方向,主要用于向高标准农田建设、中低产田改造投资;向优质良种繁育、现代农机装备、病虫害防控、配方施肥、土地污染治理等项目投资。形成的高标准农田,从法律法规上可规定在国家必要时必须投入粮食生产,但当期不一定种粮食,可以发展其他种植业。同时,还要拿出一部分资金,鼓励支持农民调整种植结构,发展高附加值农业,比如设施农业、有机农业、文化观赏农业,以增加农民收入;支持对务农者进行技术培训,增强务农者的营农技能。

（四）优化海外农业投资和农产品进出口政策

在新常态下,保持较高的谷物自给率,并不是说不进口了,而是要置换农业资源,将我们的优势即劳动密集型农产品打出去,增强出口竞争力;在减少土地、水资源密集型农产品出口的同时,适当增加这类产品的进口量。同时,在"一带一路"开放战略下,支持走出去,利用海外农业资源生产农产品,为国内服务。鼓励国内农业资本输出,将农产品进出口与资本输出相结合,支持国内资本去海外搞农业开发,将在海外投资生产的粮食等农产品运回国内,对此要调整海外农业投资及农产品进出口政策。

（五）加快粮食企业体制改革

改革国家收储体制,将每年国家收储任务主要由国有企业承担,逐渐过渡到向社会竞争招标,最终实现国有企业与民营企业同等待遇。为此,改革国有收储、加工企业,实行混合所有制改造,吸引国内社会资本参与国有粮食企业改革。鼓励发展粮食领域的民营企业,放宽市场准入条件,简化注册手续,提供政策性金融支持,提高市场竞争力。

马晓河

国际油价下降趋势及中国策略

自 1973 年第一次石油危机以来，国际石油市场经历了多个 6—10 年为周期的涨落起伏，其中 6 次跌幅超过了 50%。1985—1986 年中不足 4 个月油价急挫 70%，主要是由沙特放弃机动生产商地位所致。1997—1998 年亚洲金融危机期间，油价在 12 个月内下跌了 63%，主要原因是市场需求下降，而 OPEC 成员国增产。2008—2009 年美国次贷危机时期，油价在 7 个月内从超过 147 美元/桶的历史最高纪录戏剧性地下挫到不足 40 美元/桶，下跌幅度超过了 70%。之后，一直到本轮油价下跌前，油价均值保持在约 110 美元/桶的水平。与上述几次标志性事件不同，本轮油价下跌主要是由石油供给国政治利益博弈、美元升值以及全球经济转型引起的需求减速三大因素相互叠加所致。从趋势看，需求因素变化时间较长，供给和美元因素将对本轮油价下降趋势构成直接影响。在卖方博弈和美元升值延续的背景下，国际石油价格大幅下降后将在较长时间内保持在相对低的水平。这既从正面和负面影响我国宏观、微观经济变化，又给我国实施新能源战略和政策、推进能源价格市场化改革提供了难得的机遇。

一、本轮国际油价下跌是三重因素叠加所致

（一）卖方博弈造成石油供给持续增加

到目前为止，本轮油价下跌可分为两个阶段。在 147—110 美元/桶阶段，主要是针对此前石油价格大幅上涨之后进行的去泡沫化过程，具有明显的周期性。而从 110 美元/桶开始出现超预期的油价快速下降，则具有明显的地缘政治色彩。在美国成为影响全球石油市场的供应商和西方国家联手制裁俄罗斯后，国际石油市场供给出现了两个"三角"现象：一个是以美国为代表的西方国家、以沙特为代

·17·

表的传统石油供应国家和深陷乌克兰危机漩涡之中的俄罗斯之间形成的石油供应"大三角";另一个是 OPEC 成员国内部的沙特、伊朗和委内瑞拉之间争夺市场份额的"小三角"。这两个"三角"之间的卖方博弈,促使全球石油产量持续增加。首先,美国产量大幅增加。过去 5 年,全球石油供应增量的一半来自美国,在油价下跌过程中对西方敌对国家俄罗斯、伊朗、委内瑞拉等起到了间接的制裁作用。2011年至今,美国的石油日产量增加了 350 万桶,大于许多 OPEC 成员国的石油产量。其次,随着利比亚和伊拉克产量的恢复,OPEC 成员国原油产量增长至 3000 万桶/天的约定上限。在利比亚,石油产量从 2014 年 6 月的 23 万桶/天增加到 9 月的 86 万桶/天。其三,沙特为捍卫其市场份额,不愿减产,其坚定立场和 OPEC 成员国内部分配减产指标的技术难度,导致该集团做出不减产的决定。其四,在美国和中东之外,加拿大、巴西等国的石油产量持续增加,北海油田由减产转为增产。在多种供给力量共同作用下,石油市场的供给预期不断强化,很快打破了全球石油供求平衡格局,推动了以卖方竞争为主要推动力的油价暴跌。

(二) 全球经济增长乏力和转型发展导致石油需求增速下降

后国际金融危机时期,发达国家和发展中国家、老牌西方国家和新兴市场经济体都先后实施低碳发展战略,推行绿色增长计划,不同程度地推动经济转型,广泛应用包括风能、太阳能、核能、水电和其他非化石能源,使石油等传统化石能源的需求增速明显放慢。虽然中国和印度等新兴市场经济体正在迈入汽车社会,但在全球经济复苏乏力、经济转型步伐加快、清洁能源技术进步和应用成本下降的大背景下,也相对放慢了对石油等传统能源的需求增长。这种需求放慢和上述供给增加共振的直接结果是油价快速下降,放大了石油价格去泡沫化的周期效应。

统计数据显示,全球原油需求增量 2014 年降至近 5 年以来最低点。代表发达经济体主引擎的美国,随着燃油经济性标准提高,车用燃油效率比十年前提高了9.7%,年均行车公里数下降了 8.9%,同时逐年增长的交通燃料替代使美国石油需求近年来出现负增长,2013 年比 2004 年下降了 9.1%。代表新兴经济体的中国,过去 10 年原油需求快速扩张,年均增速高达 4.7%,占全球需求增量的份额很快提高到 50%,石油进口依赖度逼近 60%。这个"快速扩张"现象随着经济转型、进入新常态而有所变化。2014 年中国石油需求增长明显下滑,增长 2.3%,比前十年平均水平下降 50%左右。印度和其他发展中经济体对石油的需求至今仍未出现大幅增加。综合看,随着各国经济转型和绿色行动计划逐步落实,全球石油需求爆发性增长的时代已经结束。

（三）美元升值引致以美元计价的石油价格下降

从理论和实践相统一的角度看,美元汇率变化和以美元计价的商品价格变化之间存在"跷跷板"效应,美元升值或贬值必然使大宗商品特别是石油的价格下降或上升。2012 年下半年开始,美元指数进入自上个世纪 80 年代中期以来的第二个上升周期,但在 2014 年年中之前,上升势头比较缓慢。此后,随着美国 QE 政策退出、市场对美联储加息和欧版 QE 政策预期加强,美元汇率上升出现加速趋势,使以美元衡量的石油价格在去泡沫化过程中呈现加速下跌的态势。从 2014 年 7 月开始的下半年中,美元指数累计上升超过了 10%。这大约能解释此间石油价格下跌的 20%左右。因此,如果美元汇率上升周期不结束,石油价格下跌的趋势就很难终止。

二、国际油价小周期下降,大周期上升

小周期下降。2015 年,全球经济增长乏力,欧洲经济低迷,日本通货紧缩,新兴市场下行压力较大,美国一枝独秀式的复苏难以改变全球市场短期需求不足的局面。这个增长局面将继续限制全球石油需求回升。而供给方的利益博弈难以短期改变,石油减产共识难以短期达成。因此,未来几个月内,国际油价将继续运行在下降通道之中,甚至出现跌破 40 美元/桶的情况。

大周期上升。在经过小周期下降后,特别是欧洲版 QE 政策效应逐步释放,中国经济五年缓慢下行后逐步走稳,世界经济有可能出现整体回暖趋势,使全球石油需求增速由下行转为稳中有升。从供给面看,现有油田不断老化导致年产量下降 4%—5%上下,弥补这一缺口需要大规模勘探开发新油田。按照日前陆地与海上常规石油开发成本以及油砂等非常规石油的开发成本测算,长期低于 80 美元/桶的价格不足以满足石油勘探开发的投资需要,不能平衡主要产油国的财政预算,清洁的可再生能源和替代能源发展需要相对高的油价做支撑,40 美元/桶以下低油价的周期时间不会很长。尽管市场对 2015 年 6 月 5 日即将召开的 167 次 OPEC 成员国会议做出减产决定不抱乐观预期,沙特石油部长 2015 年 1 月最后一周会见俄罗斯、挪威大使时也说,"尽管油价跌到很低水平,沙特也不会仅凭自身力量调节原油市场价值"。但是,此次会议提出并讨论"是否减产"的议题本身就会对油价下跌产生逆向调节效应。"卖方博弈"可能出现松动,从而使国际油价下降势头有所减缓,或者在较低价位上下波动。我们预计,国际油价继续大幅下跌和波动筑

底的时间将持续 1—2 年,之后转入新一轮油价上升周期,2—3 年后油价重回
80—100 美元/桶,4—5 年后随着全球经济回暖和石油上游投资受低油价影响而
减少,从供需两侧引致油价进一步攀升。从大周期趋势看,国际油价再创新高的可
能性依然可预期,虽然这种预期不像沙特石油部长所说"几年后石油价格会再创
新高,达到 200 美元/桶左右"那么乐观,但国际油价经过小周期下降后回到大周
期上升通道是必然趋势。

三、油价下跌对我国总体上利大于弊

本轮油价下降最大受损者是 OPEC 成员国、俄罗斯、委内瑞拉等主要产油国家
和地区,欧洲、日本、印度等主要国家和地区是低价油消费中的最大受益者,而美国
既从低价油消费中受益,又从市场份额竞争中受益。作为亚洲乃至全球石油需求
增量最大的中国,油价下跌的影响利弊相随,总体上利大于弊。

(一)"利"的表现

减少进口费用,节约外汇开支。对我国来说,尽管石油消费仅占能源消费总量
的 18%,但原油进口依赖度目前已逼近 60%。油价下降,意味着我国可以用更少
支出费用进口同样规模的石油,或者用同样支出获取更大规模的石油进口。根据
宏观院测算,每桶油价下降 10 美元,可为我国节约外汇 220 亿美元;当每桶油价下
降幅度达到 60 美元时,节约的外汇数额大约超过 1200 亿美元。

减少消费支出,增加政府税收。从拥有机动车的家庭来看,油价每降 10%,可
节约日常开支约 5%。以北京居民为例,2014 年年末较年初每月节省燃油费约
300—1000 元。从交通运输业看,油价每下降 10%,集装箱船队、油轮船队、长途公
路运输、航空运输的燃料成本分别降低约 2.5%、4.5%、3%、4%。从石化行业看,
油价每下降 10%,包括炼油在内的综合类石化、塑料、有机化工、橡胶、化纤等行业
中的一批优势龙头企业成本能够下降约 2%—5%。从建筑行业看,油价每降低 1
美元,带来的水泥和玻璃制造成本分别降低约 0.85 元/吨和 0.3 元/重量箱。从政
府来看,利用油价大幅下降增加燃油税可增加财政税收。从 2014 年 7 月 22 日到
2015 年 1 月 26 日连续 13 次下调成品油价格过程中,自 2014 年 11 月 28 日开始 45
天内连续 3 次提高了燃油消费税。3 次上调后,汽油消费税上调幅度达 52%,柴油
消费税上调幅度为 50%,预计 2015 年此项增税超过 1500 亿元。

缓和经济下行,缓解通货膨胀。根据宏观院测算,进口油的价格每下降 10%

可使我国 GDP 增速提高 0.12—0.17 个百分点。就是说,在 GDP 下降 0.4 个百分点中,如果油价下降 10%,意味着实际 GDP 下降只有 0.2%。反过来说,如果油价不变,我国 GDP 实际下降速度比目前更快。从这个意义上说,油价下降在一定程度上缓和了经济快速下行。从对物价总水平的影响看,油价在大宗商品价格指数中占比约 50%,因此油价下跌 10% 至 60% 将导致大宗商品价格指数下跌约 5% 至 30%;油价每下降 10%,可使我国 CPI 下降约 0.30—0.37 个百分点(见表 1)。

表 1 油价下降对我国 GDP 和 CPI 的影响　　　单位:(美元/桶;%)

油价下降	100—90	100—80	100—70	100—60	100—50	100—40	100—30
GDP 上升	0.12	0.22	0.40	0.68	0.78	0.89	0.97
CPI 下降	0.30	0.65	1.02	1.50	1.77	1.95	2.25

(二)"弊"的表现

对油气供应商产生直接影响。首先是直接减少油气生产商的利润,迫使其不得不通过多产油来维持业绩。根据宏观院测算,油价每下降 10 美元,中石油、中石化、中海油上游勘探开发板块的年利润分别减少约 320 亿元、120 亿元、75 亿元人民币。其次是直接导致石油公司减少勘探资本支出,推迟开发项目,影响长期投资和后续供应能力。其三是收窄石油服务商的利润空间,使石油贸易商在现货和期货交易中出现直接损失。

间接影响非化石能源和替代能源的利用。油价持续快速下降,一方面会影响风能、太阳能、水能、核能和其他清洁能源的使用,减弱正在逐步取消补贴的新能源、可再生能源发展动力;另一方面会缩小天然气相对汽、柴油的价格优势,减缓天然气等替代燃料在交通运输、公共建筑、居民供暖等领域的推广速度。

四、应对国际油价下降的对策建议

从近半个世纪国际油价变化史看,下降周期时间短,上升周期时间长,下降越快则下降的时间越短、回升时间越早。本轮油价下降带来的战略机遇可能稍纵即逝,要求作为石油消费大国的中国必须利用好这次难得的机遇,采取及时有效的应对策略。

（一）增加进口，扩大储备

我国 2014 年累计进口原油约 3.1 亿吨，国家一期建成的 4 个储备基地原油总储量为 1243 万吨（约 9100 万桶），仅约为 16 天的进口量，相当于 9 天的消费量。如果我国储备目标是相当于 90 天的进口量，战略石油储备需要 5.4 亿至 6 亿桶原油。从现在开始的未来 2—3 年内，是我国增加石油进口和石油储备的最佳时期，而本轮石油价格下跌为此提供了难得机遇。为此我们建议，采用商业储备和战略性储备、边建设边储备相结合的模式，政府一方面通过直接增加财政投入，加快战略性石油储备的基础设施建设，在一期工程完成并实现储油的基础上，加快二、三期工程建设；另一方面通过金融、财税优惠为扩大石油商业储备提供政策支持，必要时支持大型油企租用一批油轮增加海上流动储备量，在有条件的国家和地区开展中国石油的离岸储备。

（二）整合油企资源，加快海外石油资产和技术并购

目前，国际石油市场供应充足，上游投资不足，下游成本下降，都是我国加快实施"能源走出去"战略的良好时机。我们应该积极拓宽能源资源国际合作，寻求海外能源优质资源并购的机会，建设一批以油气为核心的合作示范区，形成能源资源合作上下游一体化产业链。主要行动计划是：与俄罗斯、中亚的合作，要在深化上游的油气合作外，拓展油气加工、油田工程技术服务等领域的合作，利用我国在油气装备制造方面的相对技术优势和过剩产能，以重大项目捆绑合作方式结成利益共同体；利用俄罗斯试图调整区域开发战略的机会，积极参与俄港口建设和北极地区上游能源资源开发，探索我在俄北极地区进行能源战略布局；利用国际油价下降机会，积极进入中东、非洲等传统产油国家，以合作或独资方式积极开发具有战略价值的油气田；利用油价下跌对页岩油生产企业带来负面影响的契机，加强与非OPEC 成员国的合作，积极并购、持股能源资源领域的优质资产，为我国下一步能源产业转型技术升级储备力量。

（三）加快石油价格改革，促进能源市场化

油价下跌是加快石油价格改革，促进能源市场化的有利时机。本轮油价下跌使我国迎来了调整能源税和燃油补贴、建立油气价格联动机制、打破油企垄断等改革的宝贵窗口期。首先，适时全面放开石油市场，尽快将定价权交给市场，鼓励更多经营主体参与下游市场开发，进一步降低进口环节的门槛。其次，深化燃油消费

税改革,减少并最终取消不合理的燃油补贴。其三,着手建立油、气、煤、电价格联动机制,可先分别建立起油与气、煤与电的价格联动机制,在油与气、煤与电价格联动较为成熟的基础上进一步推动建立煤、油、气、电价格的整体联动机制。其四,逐步放开油气市场,打破"三桶油"在油气资源勘探开发、储备流通和进出口环节的垄断,建立公平竞争、安全有序的新型石油市场体系。

（四）推进石油人民币国际化,提升我国的国际能源话语权

作为全球能源消费和进口大国,要提高我国在国际能源体系中的话语权,不仅要积极参与国际能源治理决策,而且要建构牢固的石油金融基础,这就要求加快推进石油人民币国际化。我们建议,一是加快建立和完善我与产油国之间的双边货币互换机制,扩大货币互换规模,推动石油、黄金和煤炭等国际主要现货、期货市场将人民币纳入交易产品的计价、结算体系,最终使人民币真正成为具有国际结算、计价和储备功能的货币。二是适时提出以人民币为主导的能源融资倡议,支持我重大能源境外投资项目,特别是积极支持参与"一带一路"建设的国家和地区开展能源金融合作,促进人民币计价的能源金融产品创新,提升人民币在国际能源金融市场中的地位和影响力。三是依托 G20、国际能源署、国际能源宪章秘书处、国际能源论坛、金砖国家能源协会和上合组织能源俱乐部等平台,逐步深度参与全球能源治理,扩大我在国际能源治理中的话语权,熟练掌握、运用、改革和塑造国际规则,在实现国家利益最大化前提下积极建立和维护国际能源新秩序。

宏观院经济形势与政策研究小组
研究小组组长:陈东琪
本报告主要执笔人:杨玉峰
本报告研究讨论人员:吴晓华　刘中显
　　　　　　　　　　罗　蓉　卞　靖

二月份报告

全面降准　正当其时

——避免经济失速的货币政策措施建议

2014年年底召开的中央经济工作会议提出了2015年货币政策要松紧适度的方针。这个"松紧适度"要求今年货币政策在坚持全年"总体稳健"取向前提下,年内各月、各季的具体措施要根据经济运行中出现的新情况、新问题、新风险进行灵活操作,要有紧有松,有弛有张,不能有弛无张,有紧无松,更不能一紧再紧。针对目前货币供给和市场流动性不是"总体充裕"而是"相对不足"的新情况,今年一季度的货币政策应当采取偏松的措施操作,尤其是优先考虑全面降准,通过降低存款准备金率来适当增加货币供应量,改善货币供求关系,缓解市场上资金供给相对不足的情形,为稳增长、防通缩、增就业创造相对宽松的宏观环境。

一、经济下行压力增大,近期货币政策应偏松操作

从总量看,油价下降、定向降准、非对称性降息和短期货币市场操作等刺激因素,并未改善经济增长的季度表现,GDP增速下行趋势未改。东北地区、山西、河北等资源依赖较高省区近几个季度的经济增速快速下降,降幅达2—4个百分点,今年一季度面临区域性经济增长失速的风险。

从供给看,代表产业活动景气度的采购经理人指数今年以来进一步下降。国家统计局、中国物流与采购联合会及汇丰中国公布今年1月的数据显示,制造业PMI均已降到"荣枯线50"以下,服务业PMI明显回落。受有效需求不足、去产能过剩双重压力的影响,工业增加值负增长地区可能从去年12月的辽宁、山西扩大到更多的省份。

从需求看,出口增速今年一季度将好于去年一季度负增长的情形,消费增速将会因为机关事业单位增加工资、油价下降等因素影响而保持平稳增长势头,当前需求不足突出表现在投资方面。2014年12月,全国房地产开发投资出现了2011年

以来首次负增长,辽宁、黑龙江、山西等省市固定资产投资出现负增长,这两个趋势目前仍在延续。进入 2015 年以来,地方政府对公共项目投资及企业对技改、设备投资项目的能力和积极性下降,1 月份的用电量、货运量等指标均延续下降趋势。将这些因素综合起来看,预计今年一季度全社会固定资产投资增速将降到 15% 左右,在去年第二、三、四季度逐季减速 0.3、0.8、0.4 个百分点基础上进一步减速 0.5 个百分点,累计比去年一季度回落 2.5 个百分点。根据历史上需求与 GDP 之间的数据逻辑进行分析,在出口增长不足 5%、消费增长不足 12% 的情况下,15% 的投资增长难以支撑 7% 的 GDP 增长。

从市场看,物价指数下降,通缩压力增大。CPI 上涨率在连续 3 年逐年减速基础上,去年最后两个月降到 1.5% 以下,预计今年一季度跌到 1% 左右。PPI 在连续 34 个月负增长基础上 1 月份将继续维持 3 个百分点的负值幅度。全面反映价格变化的 GDP 缩减指数去年平均仅为 0.78%,低于了 1% 的通缩标准,而第四季度已经降至 0.45%。今年 1 月中旬,流通领域 9 大类 50 种重要生产资料中有 42 种较上旬下降。综合看,今年一季度乃至全年的通缩风险将大于去年。

从企业看,受买方市场、去产能过剩和成本增加三重因素的影响,企业主营业务收入、税后利润大幅下降趋势越来越明显。工业企业利润去年 10 月同比负增长,此后降幅逐月加大,到 12 月达到 -8.0%,亏损工业企业数同比增加 12%,亏损额同比增幅增大,从 7 月的 6.5% 扩大到 12 月的 22.5%。沪深上市公司 2014 年财务预报中的预警明显增加,四季度税后利润比前三季度减少。当收入和利润下降到无法承受的临界点时,企业会停止或减少雇人,实行裁员,这种情形可能在今年凸显出来。

综合分析上述情形得出的基本判断是:如果近期不采取必要的需求刺激措施,今年一季度乃至全年经济增速可能“破 7”,通缩和失业的风险增大。为避免经济增长由“减速”变为“失速”,防控通缩和失业风险,要求我们未雨绸缪,在大的风险来临之前,采取偏松的宏观政策措施操作。

财政政策方面,中央经济工作会议前瞻性地提出“积极财政政策要有力度”,并已确定 2015 年财政赤字规模增加到 1.62 万亿元,赤字率提高到 2.3%。但是必须看到,经济增长持续减速必然使财政收入增长进一步减速,在财政收入增长明显放慢的新形势下,即使赤字规模有所扩大,今年的财政支出增长仍难加速。我们测算,如果财政收入增幅降至 7%,按计划的赤字规模计算,财政支出增幅仅能达到 8.1% 左右,低于去年的 8.2%,较 2014 年增加 1.3 万亿左右,增速和增量均低于 2011—2014 各年度水平,表明今年积极财政政策对经济的实际拉动力度将会减弱。再者,在目前 GDP 规模已接近 64 万亿元,总投资规模超过 50 万亿元的新形势下,等量政府投资支出对全社会投资和经济增长的拉动效应将比以往缩小。这就意味着,积极财政政策对稳增长、防通缩、增就业的贡献度,今年将低于去年。这就要求近期宏观政策操作要更多发挥货币政策的积极作用。与财政政策相比,货币政策更具决策周期短、调整灵活、实施成本较低等优势,是近期避免经济失速、防控通货紧缩最适宜的政策工具。

二、偏松货币政策可多措并用,一季度应优先全面降准

去年下半年,央行按照区间选择、定向调控精神,在原有正回购、逆回购等传统政策工具之外,新创立了短期流动性调节工具(SLO)、常备借贷便利(SLF)、中期借贷便利(MLF)以及抵押补充贷款(PSL)等政策工具,力图拓展向经济注入流动性的渠道,并影响商业银行的资金投向,同时出台了定向降准等结构性政策措施。这些措施在年内一段时期发挥了短期调节作用,但基本上不具有中期调控效应。统计显示,去年公开市场基础货币净投放规模仅为 950 亿元;下半年货币供应量同比增速持续下降,到年末 M_2 增长率降至 12.2%,M_1 增长率仅为 3.2%,两个指标分别低于 1996 年以来月度同比增速平均值 5 个和近 12 个百分点;M_2 和 M_1 增幅差距拉大,货币流动性降低,全年社会融资 16.4 万亿元,比上年下降 5.2%。这些情况表明,迄今为止的货币政策措施不足以改变货币信贷环境明显偏紧的局面,不足以改变投资者对资金市场的紧缺预期,下一步货币政策操作应从结构性偏松转向全面性偏松。

去年 11 月推出的非对称性降息属于全面性偏松的措施操作,激活市场、带动投资的效果比较明显,但依然存在两个方面的不足。一方面,新放出资金的大部分流入股市等风险偏好较高的虚拟经济领域,实体经济所获资金的份额较少;另一方面,减息后市场资金的实际价格不降反升,企业特别是中小企业的融资成本不减反增。这不是因为减息不对,而是因为单次小幅减息不够,进一步看是因为在资金供求关系总体上表现为供不应求时,只调"价"不调"量",其结果必然是"稀缺性资金涨价"。

从理论来看,单次降息和定向降准,没有普惠性全面降准的措施跟进,投资者所支付的实际利率就很难下降,企业的实际融资成本就很难降低,多年困扰我们的"融资难、融资贵"问题就难以根本解决。

从现实来看,近几年加快推进利率市场化,银行贷款利率基本上都放开,

存款利率浮动区间不断扩大。一系列利率市场化改革措施实施的结果,使银行对信贷市场上实际利率水平的影响能力增强,央行调整存贷款基准利率能在多大程度上向实际的利率水平传导,还要取决于真实的信贷市场资金供求状况。去年11月降息后,由于可贷资金仍然有限,且存款利率浮动区间扩大后很多银行为争取存款资金采取"一浮到顶",资金来源成本下降幅度有限,都限制了银行调低贷款利率的幅度。相关调研反映出,降息后银行的贷款加权平均利率实际下降的幅度普遍小于基准利率调整幅度,很多银行贷款加权平均利率降幅不到基准利率调整幅度的一半。由于准备金利率仅为1.62%,远低于市场利率甚至低于存款利率,高准备金率造成银行资金成本高企,使得贷款利率难以回落,金融调控部门试图通过降息来降低实体经济融资成本的政策目标难以实现。

随着资本净流入转为净流出,前一时期外汇占款增加作为基础货币投放主渠道的货币运行机制已经转变,去年全年外汇储备仅增加约200亿美元,基础货币投放须更多依靠央行的主动操作,才能保障货币运行平稳。同时,随着近几年人民币国际化的推进,人民币的外部需求逐步扩大,货币发行需要考虑满足内外双重需求。几年前为应对基础货币被动投放带来的金融体系流动性过剩而大幅提高的存款准备金率,已经不能适应今天人民币贬值预期引致资金净流出增加的新形势。目前,20%以上的存款准备金率,限制了资金有效供给,持续减少了商业银行的资金头寸,造成了市场上资金流动性明显不足,对冲甚至降低了其他宏观政策措施的刺激效应。

从时机来看,当前全面降准的副作用很小,是推出该措施的最佳时机。全面降准将扩大流动性,从理论上看可能带来物价特别是资产价格上涨。但在国内有效需求不足,国际粮、油价格下跌的双重因素共同作用下,今年面临本世纪以来最大的通货紧缩压力,通货膨胀的概率很低。资产价格方面,房地产市场正处于周期性调整中,房价上涨预期达到了近年来的最低点,短期迅速反转的可能性不大,全面降准催生房地产泡沫的危险很低。只有股市近期上涨较多,确实可能吸引较多资金进入,但通过采取有效措施并加快新股发行步伐,是可以引导资金通过股市向实体经济流动。这也有利于扩大直接融资改善融资结构,降低企业杠杆率。在结构调整方面,由于治理产能过剩和地方政府债务清理工作,信贷资金大量流向产能过剩部门和地方政府的渠道已经大为收窄。通过全面降准适时适度放松货币政策不会导致经济结构恶化。综合看,近期全面降准的副作用小,应抓住时机尽快实施。

三、把握好全面降准方式，注意灵活操作和措施配套

在2005—2010年经济快速增长、人民币大幅升值时期，为了紧缩需求，应对资本大量流入而增加外汇占款，我国存款准备金率大幅提高到20%以上，远远超过国际上一般10%以下的水平，这也意味着未来2—3年全面降准的空间很大。如何用好这个空间呢？建议遵循循序渐进原则，注意短期平衡需要和中长期目标相结合，采取多次频繁微调方式，灵活安排调整次数和单次调整幅度。

先走中步。今年一季度开启全面降准周期，打开措施操作的时间窗，可先采取"走小步"的方式，降幅可选择50个基点，降准幅度既不能太小又不能过大。降幅太小，防控经济失速和通货紧缩的效果难以显现；降幅过大，可能加大人民币贬值和资本流出的压力。

再视情况确定降准幅度。全面降准走完第一步后，是继续走中步，还是选择走大步或小步，关键看今年一季度的经济、物价和就业的走势。如果经济在一季度"破7"，CPI上涨率降到1%或以下，PPI负值扩大，企业裁员增多，第二步全面降准就可以走大步，降准幅度可以选择100个基点；如果一季度经济下行终止，CPI和PPI先后出现触底迹象，就业比较稳定，下一步降准幅度就可以继续走中步和选择走小步。

做好配套措施。为了发挥好全面降准的正面刺激效应，降低负面影响，有效应对措施出台后出现的新情况，妥善处理操作过程中出现的新问题，要做好相关政策工具和措施的协调配套工作。一是降准和减息等货币政策工具可以在不同时间点上交替使用，改善目标时间段内资金市场的量价关系；二是继续加强对信贷支持实体经济的引导，加大对七个重大工程包的信贷支持力度；三是适当调整银行宏观市视监管指标，克服银行惜贷倾向，避免出现顺周期的信贷投放；四是采取措施稳定资本市场，防止大起大落导致资金脱离实体经济转化为投机性资本，适时增加新股发行，支持有需求、具备条件的企业增、扩股，在预期稳定基础上发挥好股市融资功能；五是灵活调节外汇市场的供求数量，适度扩大人民币汇率浮动区间，以减缓或降低全面降准对人民币贬值的叠加效应。

做好政策储备，应对突发情况。考虑到宏观经济运行的影响因素复杂多变，经济系统内外存在难以预先掌控的不确定性，这就要求宏观调控要根据未来多情景变化做好应对预案，提供政策储备，在某情景出现时及时启用储备政策工具，调整政策信号，引导微观预期，防控风险累积式放大。

从改革意义上说,全面降准在一定程度上是把配置金融资源的权力还给市场,与金融市场化的改革取向一致。一方面,随着存准率逐步回归常态,央行、银行等宏观金融调控部门只需要在边际上对流动性进行调节,而不是利用高存准率长期不合理地占据配置金融资源的主体地位。另一方面,全面降准也能为实施存款保险制度做好准备,改变在畸高的存准率之上再缴纳存款保险金的基础,促使商业银行的流动性由过度紧缺转为相对宽松,从过度控制转为相对自主。可见,逐步降低存准率,促使存准率从非常态转变为常态,既有利于稳定增长,促进发展,又有利于推进改革,加快体制创新,为提高金融发展的质量和效率作出贡献。

陈东琪 孙学工 王 元

打好"组合拳" 防经济失速

——近期"稳增长、防通缩、增就业"措施建议

在欧、日等发达国家经济持续低迷,主要新兴市场大国经济增速继续放缓的国际背景下,我国一月份乃至一季度经济指标继续向下,形势更趋严峻,风险明显放大,迫切需要打出"组合拳",加快出台财政、货币、税收、投资、消费等相关政策,促进经济稳定增长。

一、经济失速风险增大,近期迫切需要打出"组合拳"

(一) 先行指标同步、快速下降

PMI 指数下滑,一季度工业经济下行压力依然较大。1 月份,PMI 指数中的生产指数较上月下滑 0.5 个百分点,预示 1 月工业生产活动减弱。PMI 指数中具有先行性的指标如制造业新订单指数和新出口订单指数皆呈回落态势,分别较上月回落 0.2 和 0.7 个百分点,其中后者已经连续 4 个月位于荣枯线之下,预示整个一季度的工业生产受内外需不振拖累明显。

铁路货运量下降,预计一季度增速低于去年同期。1 月份,全国铁路货运量 31788 万吨,同比下降 6.9%,公路货运量 283653 万吨,同比增长 9.9%;预计一季度全国铁路货运量在 92027 万吨左右,同比下降 4.1%(2014 年同期下降 3.5%),公路货运量 726956 万吨,同比增长 7.5%(2014 年同期增长 9%)。

用电量小有增长,预计一季度增速低于去年同期。1 月份,全社会用电量预计为 4550 亿千瓦时左右,同比增长 3%左右(2014 年同期下降 2.4%),预计一季度全社会用电量 1.3 万亿千瓦时,同比增长 2%(2014 年同期增长 5.4%)。

（二）内需动力减弱，三大需求继续下行

固定资产投资放缓，增速将延续下行走势。今年投资增速走势主要取决于房地产业和基础设施投资情况。目前房地产市场仍处库存消化期，房地产业投资增速将进一步放缓；基础设施投资增速和规模已经较高，地方政府因债务压力融资能力下降，今年全年基础设施项目投资加速上升的空间不大。根据 2010 年以来一季度投资增速一般高于全年 1 个百分点左右和今年 1 月主要经济指标同步向下来推算，估计一季度投资增长 14%左右，全年 13%左右。

消费增长动力不强，难以明显回升。受宏观经济运行下行压力加大和总体价格水平持续走低的影响，今年以来消费延续了去年平稳回落态势，尚未有明显因素支撑消费快速增长，预计一季度社会消费品零售总额增长 11.5%左右。据人行储户去年四季度的调查数据，未来就业预期指数为 48.4%，处于 2011 年四季度以来较低水平；未来收入信心指数为 53.4%，低于 2011—2013 年间各期。这表明未来新增就业压力较大，居民收入增长前景不甚乐观。尼尔森发布的中国消费者信心指数显示，去年四季度中国消费者信心指数较前三季度下降了 4 个百分点，表明近期居民消费预期趋于谨慎。

出口整体下滑，预计一季度对欧日出口出现负增长。1 月份，我国出口总额为 2002.6 亿美元，同比下降 3.3%。其中，数据处理设备、服装这两大类重点出口商品出口额同比分别下降 17.6%和 12.5%，对欧、日出口额均出现同比负增长。受全球经济复苏疲弱，美国经济增长动力放缓、非美货币竞争性贬值等因素影响，预计一季度我国面临的整体外需形势较去年四季度更为严峻。计量模型的测算结果显示，一季度我国出口额同比增速将在 3%左右，对欧日出口额负增长的可能性较大。若欧元区经济陷入停滞、日本经济继续衰退，欧元、日元再次对美元大幅贬值，一季度我国出口总额也可能出现负增长。测算结果显示，如果近期无政策措施出台，我国今年一季度出口额可能下滑 2%。与出口相比，1 月份进口减速更快，进口总额为 1402.3 亿美元，同比下降 19.9%。测算结果显示，铁矿石、原油等大宗商品价格下降可以解释 1 月份我国进口额降幅的近 50%，其余主要是由国内有效需求不足所导致。受国内经济下行压力加大、大宗商品价格相对去年同期处于低位等因素影响，预计一季度我国进口额可能下滑 10%以上，意味着内需严重不足。

（三）企业利润大幅下降，失业风险增大

从微观层面看，企业利润受主营业务收入增长放缓影响大幅走低，去年

10月起工业企业利润同比负增长且降幅逐月加大,到12月达到−8.0%,工业企业亏损企业数同比增加12%,亏损额同比增幅明显加大,从7月的6.5%扩大到12月的22.5%。企业预期持续恶化,采购人经理指数(PMI)已经连续6个月下降,今年1月降至49.8,比上月又下降了0.3,已低于荣枯线。综合以上因素,未来GDP增速明显下滑,突破7%的区间调控下限可能性增大。当前迫切需要加大宏观政策偏松操作的力度,实施"组合拳"计划,防止经济出现失速、滑坡。

最新就业数据显示,经济下行对就业的冲击增大。1月份,城镇新增就业人员88万,同比减少了1万;失业人员再就业36万,同比减少了3万;困难人群就业12万,同比减少了1万(如图1)。汇丰制造业PMI就业分项指数,自2013年10月以来一直低于50,今年1月达到相对较高的水平,为49.5,但仍未超过50,说明中国制造业就业市场仍处在萎缩状态。

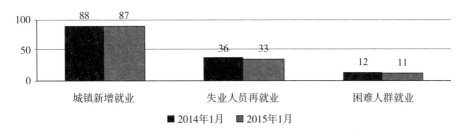

图1 2015年1月和2014年1月的就业数据(万人)

尽管最近几年城镇新增就业都超过了1000万,但经济减速对就业的不利影响在2014年已开始凸显。根据我们的相关测算,2015年的经济增速如果跌破7%,就业会遭遇较大冲击。如图2左上所示,自2010年以来,我国经济增速逐年下滑,但城镇新增就业屡创新高,到2014年达到1322万人的新高水平。不可否认的是,经济增速放缓对城镇新增就业增速的不利影响一直存在并不断显现。城镇新增就业增速从2010年的5.99%直线减少到2013年的3.48%,2014年更是直线跌落到0.92%(见图2右上)。随着经济增速的放缓,城镇净增就业人数从2010年的1365万人减少到2014年的1070万人(见图2左下),城镇净增就业人数的增速自2011年起便是负数,2014年这一减速为−5.98%,远高于2012年的−4.21%和2011年的−3.18%(见图2右下)。

受全球经济复苏缓慢和我国经济减速的影响,包括外资公司在内的企业利润大幅下降,企业倒闭、裁员对就业形势和社会稳定已开始产生负面影响。目前,不少前几年在中国过度扩张的跨国公司已经开始调整、搬迁,而裁员是外资公司在华成本削减行动的一部分。中国欧洲商会的调查显示,2014 年有 24% 的公司计划在中国削减成本,高于 2013 年的 22%。美国商会进行的一项调查显示,有 27% 的在华运营美国公司预计未来一年不会扩大在华投资,高于 2013 年的 16%。IBM 公司、索尼、微软旗下诺基亚业务在华的裁员是其全球裁员行动的一部分,主要原因在于中国经济增速放缓影响了公司利润。中国欧洲商会的数据显示,2013 年只有 63% 的在华欧洲公司在实现了盈利,低于 2010 年的 74%。

经济增速放缓和劳动力成本上升使企业利润减少,导致工厂纷纷关闭或者裁员,在影响就业的同时,也很难让企业主在农民工养老金方面作出更多贡献。现阶段,我国农民工已经出现老龄化趋势,但农民工参加养老保险的比例还不到六分之一。根据香港劳工团体中国劳工通信,去年我国出现的各类罢工事件从一年前的656 起增至 1378 起,不少与农民工对养老保险不满有关,而在 2013 年之前,该问题很少引起工人罢工。

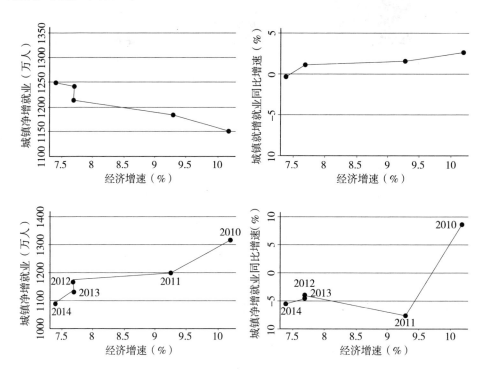

图 2 就业和经济增速之间的关系

（四）CPI 进入"零时代"，通货紧缩风险凸显

未来价格运行中存在上游价格下跌趋势进一步向下游传导的风险，以及工业领域通缩影响传导到就业和工资，进而使价格下跌趋势向服务业扩散的可能。从CPI 走势看，2 月尽管春节因素有助于推动消费价格水平上涨，但翘尾因素由 1 月的 0.5 下降到 0，3 月存在春节后消费价格回调的因素，一季度 CPI 价格形势不容乐观。

生产领域的通缩继续加深，1 月 PPI 已经连续 35 个月下降，且降幅进一步扩大到 4.3%。消费领域的通缩风险也在加大，1 月 CPI 同比涨幅降至 0.8%，创下2009 年 10 月以来新低，已低于 1% 的通缩标准。CPI 的上游价格指数商品零售价格指数（RPI）1 月同比涨幅也转为负值，跌幅为 0.4%，CPI 存在继续下行压力。

（五）经济下行速度加快，政府财政能力下降

经济下行压力仍在加大。从宏观层面看，总需求增长乏力状况继续加剧，经济增长短期动力严重不足。制造业投资持续受到销售不旺、产能过剩的影响而不断放缓。去年 12 月份，房地产开发投资出现了 2011 年以来的首次负增长，进一步拖累投资增长。消费需求预计在收入增长放缓的影响下也趋向回落。从中观层面看，部分地区经济衰退风险开始显现。一些对资源产业依赖较高的地区经济已明显失速，东北地区去年经济增速较上年大幅下降，辽宁、黑龙江增速降至 6% 以下；去年 12 月辽宁、黑龙江、山西等省市固定资产投资均为负增长，辽宁、山西等省工业增加值也已出现负增长，区域性大规模企业破产和失业的风险增大。

今年财政减收因素较多，存在着财政收入大幅减速的风险。首先通缩压力比去年同期有所加大，由于财政收入与现价 GDP 相关，PPI 与 CPI 下行均会导致财政收入下降。考虑一季度价格形势，价格因素预计拖累一季度财政收入增幅降低1 个百分点。

从全年来看，财政收入增长受经济减速、房地产市场调整、通缩压力、相关改革措施及政策的多重挤压，增幅预计将降低 3 个百分点左右，降至 6% 以下。如果全年经济增长 7%，比去年下降 0.4 个百分点，按照收入弹性大致估算，财政收入将因此降低 0.6 个百分点。受到多重因素影响，收入下降幅度将进一步加大。一是房地产市场的调整持续扩大，商品房销售额明显下滑，导致与之相关的房地产营业税（今年将改征增值税）、房地产企业所得税、契税、土地增值税等，以及产业链上下游产业的相关税收收入回落较大，初步预计将至少导致财政收入增幅下降 1 个百

分点。二是今年通缩状况难有逆转,价格总水平可能进一步下降,全年价格涨幅或比去年降低 0.5 个百分点,拖累财政收入涨幅下降 0.5 百分点左右。三是今年将继续推进营改增扩围、全面完成营改增改革任务,加上清理行政事业性收费项目、对小微企业实施税收优惠等措施,共计将减税约 4000 亿元,与去年减税规模相比增大 2000 亿左右,预计拉低财政收入幅度 1.4 个百分点。

受征地制度、集体经营性建设用地入市、宅基地制度等农村土地制度改革试点的推进以及房地产市场低迷、土地供应量缩减等诸多因素影响,预计全年政府性基金收入增速也将继续减慢。从年初情况看,今年全国多城土地市场平淡开场,地块以底价成交为主甚至出现流拍。这些情况预示占地方财政收入 35%、全国财政收入 23% 的土地出让收入增速极可能大幅下降。如果按照全年地方政府土地出让收入降幅达三分之一计算,则将显著削减政府尤其是地方政府的可支配财力,相当于 GDP 的 1%。再加上因规范地方政府债务管理而导致地方政府及其融资平台举债能力降低,可能形成超过 GDP1% 以上的融资缺口。这些无疑会增大地方政府的还债压力、降低政府的投资能力。

二、反周期政策、结构性政策、改革性政策 三策并举,力促短期经济稳定

(一)尽快出台反周期政策措施

进一步增加财政政策的积极度。为确保经济平稳增长,建议进一步提高赤字率,增加财政政策的积极度。赤字规模建议增加到 1.75 万亿元,比上年增加 4000 亿元(比原预算建议增加 1300 亿元),赤字率从 2.3% 提高但控制在 2.5% 以内。其中:中央赤字 1.15 万亿元,地方政府一般债券 6000 亿元。新增的赤字用于扩大政府投资规模至 6000 亿元左右,主要用于中西部交通基础设施、农村基础设施以及民生设施建设。此外,为推动创新创业、刺激民间投资、促进消费,有必要出台更有针对性的减税政策。

适时提高个人所得税起征点。我国现行个税起征点(费用扣除标准)是 2011 年 9 月从 2000 元提高到 3500 元。当时城镇单位就业人员月平均工资为 3483 元,而 2013 年已提高到 4290 元。由于个税负担的提高主要由工薪阶层所承担,超过 60% 的个税来自工薪所得(近两年工薪所得纳税增量超过七成)。去年 10 月 1 日,我国开始实施机关事业单位养老保险制度改革。配合这一改革,机关事业单位人

员基本工资上调,在增加收入的同时,也必然会带来个人所得税税负的上升。相比较而言,高收入阶层税负相对较轻,主要是由于高收入阶层的收入大多来自财产租赁、转让所得、利息、股息、红利所得,劳务报酬所得等,税率大多按照20%按次征收。为均衡工薪阶层与高收入阶层之间的税负,建议适时提高个人所得税起征点至5000元。此外,还可考虑各地根据当地房价水平、支出结构等不同,对个人所得税起征点给予差别化政策,以此均衡各地居民税收负担。同时,为应对人口老龄化,加快社会保险、企业年金、商业保险的协调发展,建议通过加快推进个人所得税递延型商业保险(即个税递期至提取商业保险时缴纳)发展,适当减轻纳税人负担,加快构建完善的社会保障体系。

适当降低社保缴费率。新年伊始,天津、重庆、福建、江西等地纷纷上浮社保缴费基数标准。与去年相比,用人单位和职工需要缴纳的社保费用均有所上涨。据测算,我国目前"五险"(养老社会保险、医疗社会保险、失业保险、工伤保险、生育保险)的缴费比例,企业为29.8%,个人为11%左右,二者合计超过个人工资的40%。有的地区"五险"缴费比例甚至达到工资的50%,已经超过个人所得税的税负水平。与其他国家相比,我国社保缴费率约为"金砖四国"其他三国平均水平的2倍,是北欧五国的3倍,是G7国家的2.8倍,是东亚邻国的4.6倍。如此高的缴费率增加了企业用工负担,挫伤了企业用工的积极性,必须及时调整,适当下调社保缴费率,减慢社保费支出标准增长速度。

进一步提高机械设备出口退税税率。为更好地支持出口贸易,缓解企业困难,有必要适当提高部分机械设备出口退税税率。建议提高炼焦炉、球磨破碎设备等重型矿山机械、风动工具等工程机械、柴油发动机、活塞发动机、摩托车、电导体、照相机等产品的出口退税水平。

进一步扩大加速折旧政策适用范围。为更好地调动企业设备更新的积极性,有必要进一步扩大加速折旧范围。建议打破行业限制,按照设备性质划定加速折旧适用范围,对替代人工类、节能减排类以及研发类设备给予加速折旧优惠,以此调动民间资本投资积极性,缓解企业资金链压力,增强企业竞争力。

出台有利于创新创业的税收优惠政策。一是实施更大力度的税收优惠,调动企业研发积极性。逐步取消享受研发优惠政策的产业限制,实现普适性研发加计扣除政策,适当拓宽扣除范围,提高中小企业加计扣除比例,延长结转年限,降低企业开展研发活动的风险。二是对企业委托大学或科研机构进行研究的费用允许一定比例的税收抵扣,支持产学研合作。三是进一步提高企业教育培训费税前列支比例,将培训费占现行工资总额的2.5%提高到5%,调动企业提高业务培训的积极性。

进一步降息降准,加大货币政策力度。针对经济下行压力和金融体制改革需要,央行推出了一系列结构性货币调控措施,并在去年 11 月和今年 2 月分别进行了降息和全面降准的总量操作,一定程度上放松了货币信贷。面对通缩形势严峻,经济形势需要更为宽松的调控政策,要求货币政策发挥更加积极的作用。目前货币供给不是"相对充裕",而是"相对不足",今年 1 月广义货币供应量增长 10.8%,比上月大幅减少 1.4 个百分点,流通中的现金增速为-17.6%。由此可见,前期货币政策力度明显不够。建议近期继续采取既"调量"又"调价"的组合性货币政策措施,一季度再调减一次存贷款基准利率,调减一次存款准备金率,以应对经济形势不利局面。鉴于前期降息和全面降准政策仍在消化,下一步可保持小幅调整,存贷款基准利率调降 0.25 个百分点,存款准备金率调降 0.5 个百分点。同时,根据宏观经济形势新变化,在分析评估前期政策效果基础上,继续做好反周期的货币政策储备。

(二) 实施更加有力的结构性政策措施

政府公共投资项目尽快落地。当前经济运行中的主要问题是内需不足,经济下行压力增大。要保持投资和经济平稳增长,必须采取积极的政策扩大国内需求,而最快、最有效的办法是扩大政府公共领域投资规模,从而带动总需求的增加。总体上看,现阶段我国经济和社会基础设施还比较落后,公共领域的投资需求还很大。今年在总需求增长乏力的情况下,可进一步加大政府投资力度。按照中央提出的"一带一路"、长江经济带和京津冀协同发展三大战略要求,尽快制定详细规划并安排与之相关的政府投资项目落地。加快落实中央提出的七个重大工程包(包括信息电网油气等重大网络工程、健康养老服务、生态环保、清洁能源、粮食水利、交通、油气及矿产资源保障工程等)建设项目;尽快启动一批条件成熟的公共基础设施建设项目,如生态保护和环境治理、医疗、教育、水利、交通等;尽快制定鼓励政策和措施,吸引民间资本参与重大工程建设;进一步加快投资体制改革,为民营投资创造良好的条件和投资环境。

(三) 继续推出改革性政策措施

加快梳理明确三张清单(项目投资负面清单、权力清单和责任清单),深化市场准入制度改革。通过三张清单一方面拓宽企业的投资领域,另一方面规范政府权责,为各类市场主体形成稳定预期,打造良好的透明的公平的稳定环境。今年上半年,要基本明确负面清单管理方式的实施原则、适用条件、制定和调整程序及相关配套改革措施,推出适应全国市场的统一的负面清单,推动相关试点工作。在中央政府部门公布权力清单、责任清单基础上,基本完成省级政府部门权力清单、责任清单公布工作。特别要继续深化行政审批权力改革,加快清理并取消各部门非行政许可审批事项,堵住"偏门",消除审批管理中的"灰色地带"。推广网上并联审批新模式,加快建设投资项目在线审批监管平台,确保年底前实现纵横贯通的网上并联核准、联动协管。

抓紧推动投融资体制改革和金融改革创新,释放资本活力。在公共服务、资源环境、生态建设、基础设施等重点领域进一步创新投融资机制,实行统一市场准入,创造平等投资机会,为民间资本创造空间。建立健全PPP机制,盘活存量资源,变现资金要用于重点领域建设,规范合作关系保障各方利益,健全风险防范监督机制和退出机制。持续深化金融领域开放创新。在利率市场化、人民币资本项目可兑换、人民币跨境使用、外汇管理等方面加快试点及经验推广。及时总结民营银行试点经验。推进建立存款保险制度,完善金融机构市场化退出机制。

打破地区封锁和利益藩篱,推动城镇化建设。将各地户籍制度改革方案落到实处。研究制定《户籍法》,基本形成有利于城乡一体化发展的法律法规体系。稳步推进城镇基本公共服务常住人口全覆盖,从就业、社会保险、最低保障等多方面完善社会保障网络。更好地发挥市场在就业、养老、卫生等服务供给中的作用。规范政府购买公共服务。改进市政基础设施价格形成、调整和补偿机制,实行上下游价格调整联动机制。改进社会事业价格管理政策,除基本公共服务外,其他服务实行经营者自主定价。加快研究土地抵押、集体土地入市等难题。建立城乡一体化的土地、资金、劳动力市场,推进城乡要素平等交换。

分类推进国资国企改革,进一步增强国有企业和非公经济活力。2015年上半年要尽快出台国资国企改革总体方案,明确国有企业的功能定位并实施分类监管制度,实行差异化管理。加快推进国有资本运营公司和投资公司试点。推进国有资本与非公资本交叉持股,相互融合,打造一批市场竞争优势明显的混合所有制企业。强化科技创新体系建设,创造新的增长极。全面推广中关村"1+6"系列政策经验。着力推进科技与金融深度结合。推进知识产权重大功能性机构建设,推进知识产权证券化、信托、质押融资等衍生品交易,推动科技成果资本化、商业化。建立以股权投资为核心的投保贷联动机制,形成银、政、企多方合作机制。

加快贸易区经验推广和自贸区网络建设。从国内来看,新的自贸区建设,要因地制宜、突出个性。以上海自贸试验区试点内容为主体,结合地方特点,充实新的试点内容。重视和强化自贸区经验推广,全国"一盘棋"来部署,与实体经济发展较为密切的一些改革措施先行推广。以周边为基础,加快环境保护、投资保护、政府采购、电子商务等新议题谈判,形成面向全球的高标准自由贸易区网络,拓展改革开放和国民经济发展空间。

启动中央和地方财权事权划分的改革探索,强化地方政府改革落实能力。把制度设计和制度运行的激励,以及地方行为的导向链接起来,将经济增长、区域联动、基本服务均等化等多重目标与财权事权划分结合起来。中央要主动承担起更多的养老、卫生等基本公共服务供给责任,在规范地方债务、化解土地财政等改革持续推进的情况下,化解地方财政特别是县、乡一级财政支出压力。适度扩大地方政府举债权限,建立透明规范的城市建设投融资机制。

三、把握措施操作技巧,保障"组合拳"的 代价最小、收效最大

(一)新常态下打"组合拳",不同于 2008—2009 年应对国际金融危机之策

背景和任务不同。2008 年,受国际金融危机冲击,我国宏观调控的首要任务由年初的"防止经济增长由偏快转为过热、防止价格由结构性上涨演变为明显通货膨胀"转为年末的"扩内需、促增长",并为此出台了以 4 万亿投资计划为标志的一揽子政策措施。而目前的经济运行特点是:经济发展进入新常态;短期经济运行出现 CPI 破"1",PPI 持续数年负增长,部分地方经济衰退。总量经济增速可能破"7",与企业生产结构调整、产业和城市经济转型、国内外两个市场关系改变等变化交错、缠绕在一起,产生了近 35 年改革开放以来从未出现过的持续共振效应,可能引起增长失速、通货紧缩、失业增加三重结果叠加。在背景复杂、任务多元的形势下,单一措施作用有限,需要打出"组合拳",宏观调控的首要任务是防止结构性、生产性通缩演变为明显通货紧缩和防止经济增速进一步较快下滑。

联动效应不同。在应对金融危机冲击过程中,土地财政风生水起,地方政府融资平台蓬勃发展,并成为货币传导机制的重要一环,加之地方政府对 GDP 的强烈追求,积极财政政策和适度宽松货币政策效果明显。目前,随着新《预算法》实施、房地产市场调整以及新常态下地方政府 GDP 偏好减弱,地方政府的能动性大大减弱,中央政府政策的作用效应相应减弱。另外,应对危机宽松政策

下的产能扩张及随后而来的部分行业产能过剩带给企业深刻教训,企业行为理性化程度提高。

实现方式不同。随着投融资体制、利率和汇率市场化、财税体制等改革的不断深入,土地财政、地方政府融资平台在货币传导机制中的地位和作用迅速下降,地方政府债务融资能力明显减弱,基础设施领域政府和社会资本合作取得明显进展,使得无论是财政政策、货币政策,还是投资政策,其作用和实现方式发生改变。当前宏观调控政策的着力点是引导和改变市场预期,调动民营投资的积极性和创造力,在保持经济合理增长的过程中实现结构的调整和优化。而实施4万亿投资计划时,基础设施投融资领域向私营部门开放十分有限,以至于产生了政府投资挤出效应,同期私营部门基础设施投资项目个数明显下降(见图3)。因此,本轮"组合拳"不是政府直接在微观领域做什么、做多少,而主要是通过调整参数、改变信号,加上"四两拨千斤"的直接投资,来激活市场,引导预期,促进景气恢复。

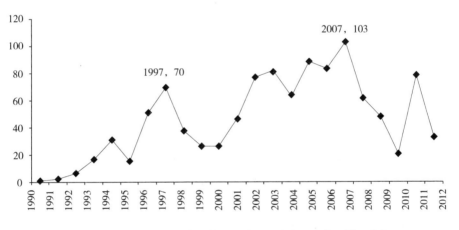

图3 私人部门参与投资的基础设施项目个数(1990—2012年)

(二) 幅度大一些,密度紧一些,时间快一些

在国内需求疲弱、通缩预期强化、经济增速下行压力持续得不到有效缓解的背景下(见图4),宏观调控应从近年来的适时适度预调微调,转向及早出台足以扭转市场预期的组合性政策措施,货币政策进一步放松是必要的,财政政策也应尽早发力,投资、消费、出口、产业、贸易促进和自贸区扩围等结构性政策应尽快落地。具体而言:在今年两会召开前后,中国人民银行应进一步落实中央经济工作会议提出的货币政策要"松紧适度"精神,近期在"松"字上多做一些文章;财政部应进一步

落实中央经济工作会议提出的积极财政政策"要有力度"精神,可实施适当调增今年预算,适度扩大赤字规模,进一步减税等一揽子积极财政政策计划。同时,加快出台有利于稳增长、防通缩、增就业的结构性和改革性政策措施。唯尽早、加快、加大力度,才能向市场传递明确的宏观政策导向信号,促使经济运行在合理区间,进而引导市场良好预期,增强发展的信心和决心,也可以防止以后经济出现衰退时再做大调整要付出的巨大代价。

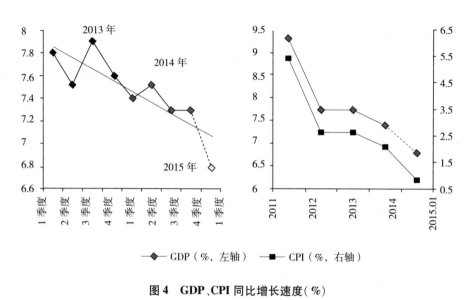

图4 GDP、CPI 同比增长速度(%)

(三) 从单一措施到组合措施

面对稳增长和调结构两大任务,单一政策难担大任,需要依靠政策"组合拳"。"组合拳"的主要内容:一是财政、货币政策之间的组合,实行税、汇、利联动;二是宏观调控政策与结构性政策组合,刺激和扩大需求与增加和优化供给相结合,政策参数(税率、利率)与市场参数(价格)联动;三是宏观层面总量稳定与改革创新推动的微观搞活相结合。总之,要采取反周期政策与结构性、体制性政策相结合,通过这几方面组成的"组合拳"来实现经济短期平衡与长期增长的有机统一。

(四) 从单一部门放松到多部门协调配合

随着宏观调控由单一措施转向组合措施,多部门的协调配合更加重要,无论是反周期的财政、货币政策,还是改革创新政策,无论是投资政策、消费政策,还是房地产政策,都要以国民经济稳定发展需要为出发点。就房地产政策而言,在市场总体趋于饱和,因市场供需变化导致房地产开发投资持续下行的背景下,应大幅调减保障性住房建设投入,采取更加灵活的住房保障方式,尽可能缩小政府投资的"挤出效应"。就财政、货币政策而言,近期应着力稳投资、扩消费,通过刺激新的有效需求来带动新的有效供给。就改革创新政策而言,近期应优先出台能释放效率和红利、促进稳增长的措施。实质上,就是在新常态背景下,更好地处理改革、发展、稳定之间的关系,更好地处理近期与长远、宏观与微观、政府与市场各方关系,为"十三五"全面建成小康社会打下良好的基础。

宏观院经济形势与政策研究小组

研究小组组长:陈东琪

本报告执笔及参与讨论者:陈东琪 吴晓华

罗 蓉 孙学工

刘雪艳 肖 潇

王 元 王 蕴

刘国艳 姚淑梅

李大伟 杨 萍

岳国强 常兴华

魏国学 张林山

李晓林

尽快实施反周期政策

——防止经济"下行"转"下滑"

一、改革开放以来历次经济下行:产出和需求减速的表征

改革开放以来,我国经济共经历了四轮较长时间的连续下行,分别是1987—1990年、1992—1999年、2007—2009年和2010年以来的本轮经济下行。四轮经济下行中,GDP增速分别回落7.8、6.6、5.0和3.0个百分点,年均回落2.6、0.9、2.5和0.75个百分点。工业增速分别回落9.8、12.7、6.2和5.1个百分点,年均回落3.3、1.8、3.1和1.3个百分点(见图1)。从趋势看,产出回落幅度趋小,经济周期波动收敛。

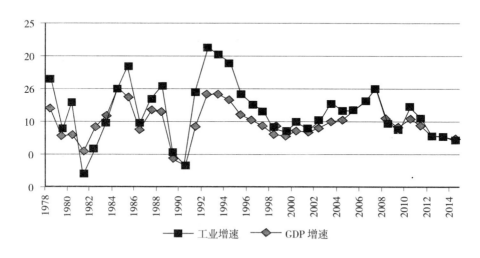

图1 改革开放以来经济增长的四次下行

从需求面看,四轮经济下行中,投资、消费和出口三大需求增长轨迹各异。投资增速从顺周期波动转变为逆周期波动,前两轮经济下行中,投资增速分别

降低 19.1 和 39.3 个百分点,而最近两轮下行中,投资明显地表现出短期逆周期特征,在经济下行时,增速分别上升了 5.1 和 7.0 个百分点。消费波动渐趋平缓,前两轮经济下行中,消费增速分别降低 15.1 和 10.0 个百分点,而最近两轮下行中,消费波动幅度明显缩小,增速分别降低 1.2 和 5.2 个百分点。出口波动幅度加大,前两轮经济下行中,出口增速分别降低 9.3 和 12.0 个百分点,最近两轮经济下行中,出口增速降低分别达到 42.0 和 23.5 个百分点(见图 2)。这说明,近两轮经济下行受三大需求增长减速共同影响,但下行的动力主要来自外需。

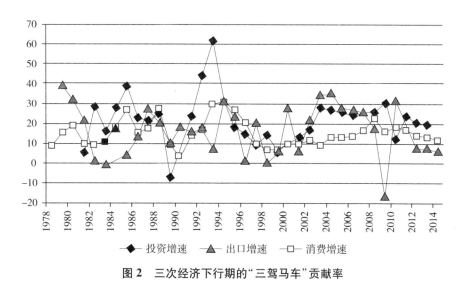

图 2　三次经济下行期的"三驾马车"贡献率

二、本轮经济下行性质:周期性调整和结构性调整共振

(一) 本轮经济下行轨迹的特征

与以往历次经济周期波动相比,本轮经济周期波动的特征是下行速度缓慢、持续时间更长、行业影响范围更大、区域影响分化明显。

下行较为平缓,年度波动较小。本轮经济下行年度累计幅度只有 3.0 个百分点,而 2007—2009 年累计下降了 5.0 个百分点。去年四个季度的季度波幅只有 ±1.0 个百分点。

下行时间较长。自 2010 年二季度以来,经济增速已经连续 19 个季度出现下降,超过了改革开放以来绝大多数周期性下降时间,1986 年的"软着陆",受 1997 年亚洲金融危机影响的调整,受 2007—2008 年美国次贷危机影响的调整,下降时间均不超过 10 个季度。本轮下降调整时间长的主要原因是周期性因素和结构性因素共振所致。

下行影响范围广。本轮经济下行对上、中、下游行业都产生了不同程度的影响。在上游行业中,各类采矿业的产出增速平均回落 10—15 个百分点,如煤炭开采和洗选业下降幅度达到 14.1 个百分点。制造业中,产出增速回落 5 个百分点以上的行业占比达到了 42%,范围涵盖从资源类行业、原材料和初级加工品行业,到轻工业产品、通用、专用设备制造业等,大量行业从两位数的增长下台阶式回落到个位数增长。与我国传统竞争优势有关的劳动密集型、出口导向型行业等均出现不同程度的增速下滑。

地区分化明显。东中西部各省份经济均出现回落,以资源型工业和传统重工业为主的省份下降幅度最为明显。2010—2014 年,内蒙古自治区和黑龙江、河北、山西和辽宁四省均呈现经济加速下滑态势,4 年间 GDP 增速平均回落 7.5 个百分点。相比较而言,珠三角、长三角地区较为平稳,GDP 增速平均分别回落了 2.8 和 3.9 个百分点(见图 3)。

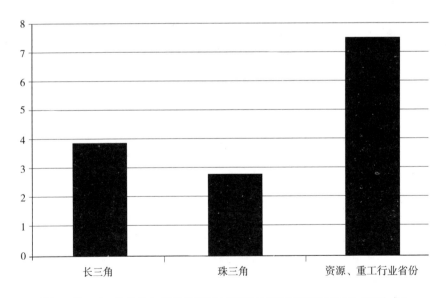

图 3 长三角、珠三角与部分资源重工型省份经济回落幅度对比(百分点)

（二）周期性调整和结构性调整共振致本轮经济下行

始于 2010 年二季度的本轮经济下行,到 2014 年四季度已经 19 个季度,仍未见底。是什么因素导致本轮经济下行时间拉长?研究认为,是由周期性因素和结构性因素共同形成的调整共振所致,且在"共振"中结构性调整影响更大。

鉴于周期性因素和结构性因素具有完全不同的含义,有必要准确识别二者的影响。判断经济下行的性质,即下行是周期性调整还是结构调整影响更大,通常有两种方法:第一种是用计量方法分析时间序列数据,研究是否偏离了长期趋势,若出现偏离,则存在具有趋势性意义的结构性调整;第二种是分析判别经济基本面因素,判别是否发生趋势性变化。为了更好地理解周期性因素和结构性因素在多大程度上拉动经济下行甚至阻碍经济周期性复苏,我们根据经济增长的潜在增长速度和实际增长速度的变化差异来分析其奥秘。从内涵界定看,经济潜在增长速度持续下滑表示经济长期增长能力的下降,可视为经济结构性下调,而实际增长速度与潜在增长速度之间的差距变化可视为经济周期性调整。

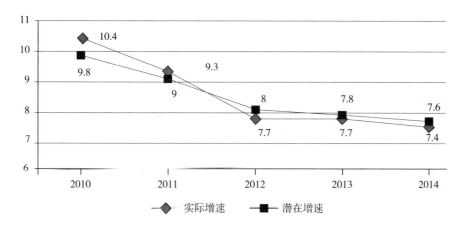

图 4　经济潜在增长速度、实际增长速度(%)

本轮经济下行中,周期性因素影响约占 1/4,结构性因素影响约占 3/4。2011—2014 年,经济增长的实际增速和潜在增速都出现了下降,实际增速由 2010 年的 10.4%降至 2014 年的 7.4%,下降 3.0 个百分点,潜在增速由 2010 年的 9.8%降至 2014 年的 7.6%,降幅为 2.2 个百分点(见图 4)。这说明,本轮经济下行受结构性调整的影响比较明显,受周期调整的影响也不小,而解释程度相对较小。2014

年,GDP 增长减速到潜在增长率以下(二者差距为 0.2 个百分点),说明 2014 年以来的周期性调整压力增大,要求实行必要的反周期政策。

进一步分析,结构性因素拉动本轮经济下行呈现逐渐走强的态势。2011年,周期性因素对经济下行的影响高出结构性因素近 10.0 个百分点,而 2013年结构性下调的幅度要大于周期性因素(见表 1),最终造成经济实际增速的下降。

表1 本轮经济下行的影响因素

年　份	实际增速 (%)	潜在增速 (%)	增速下降 (百分点)	周期性调整 (百分点)	结构性调整 (百分点)	周期性 影响(%)	趋势性影响(%)
2010	10.4	9.8					
2011	9.3	9.0	1.1	0.3	0.8	27.3	72.7
2012	7.7	8.0	1.6	0.6	1.0	37.5	62.5
2013	7.7	7.8	0.0	−0.2	0.2	0.0	100.0
2014	7.4	7.6	0.3	0.1	0.2	33.3	66.7
均值	8.5	8.4	0.8	0.2	0.6	24.5	75.5

更长远地比较,2011 年以来的经济下行受结构性因素影响,比 2007—2009 年更大。后者受结构性因素影响低于 1/3,周期性因素影响高于 2/3。此间,经济增长实际增速大幅下降,从 14.2%降至 9.2%,降幅达 5.0 个百分点。潜在增长速度虽然也出现了下降,但降幅明显低于实际增长速度,从 9.6%下降至 8.8%,降幅为0.8 个百分点(见图 5 和表 2)。

表2 2007—2009 年经济下行的影响因素

年　份	实际增速 (%)	潜在增速 (%)	下降幅度 (百分点)	周期性调整 (百分点)	结构性调整 (百分点)	周期影响 (%)	趋势影响 (%)
2007	14.2	9.6					
2008	9.6	9.0	4.6	4	0.6	87.0	13.0
2009	9.2	8.8	0.4	0.2	0.2	50.0	50.0
均值	11	9.1	2.5	2.1	0.4	68.5	31.5

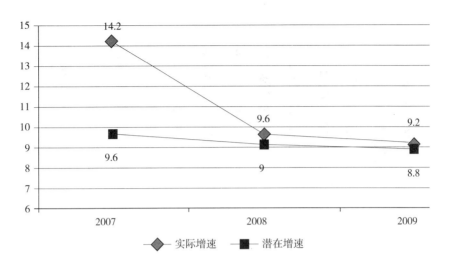

图5　经济增长实际增速和潜在增长速度(%)

(三) 经济基本面因素的结构性改变降低了经济长期增速

首先,人口结构改变降低了要素投入增长速度。一是劳动力投入增速下降。劳动年龄人口数量自 2010 年开始下降,而劳动力受教育时间不断延长,劳动就业时间不断推迟,就业率呈不断下降趋势。受此双重影响,劳动力投入增速出现明显下降。二是人口抚养比上升降低了高储蓄率从而减缓了投资增速。通过分析人口抚养比和储蓄率之间的关系,我们发现,人口抚养比每上升 1.0 个百分点,储蓄率则下降 0.8 个百分点。人口结构发生改变后,高储蓄率呈下降趋势,使得利率趋于升高,从而降低了投资增长速度。三是人口老龄化加速显著提高了劳动力成本。当前劳动力供给减少、人口老龄化加快带动了劳动力成本进入长期上升通道。

其次,劳动力转移速度减缓,降低了全要素生产率提高速度。据我们测算,2004—2010 年,全要素生产率提高的 40% 左右来源于劳动力再配置效应,即就业结构的转变。种种迹象表明,当前我国劳动力大规模再配置的进程已经趋于尾声。2013 年第二产业就业人数绝对值和比重都出现了下降,比 2012 年减少 71 万人,占比下降了 0.2 个百分点。第二产业增加值占比 2010 年(46.7%)之后逐步下降,2014 年降至 42.6%,但仍然明显高于已经完成工业化国家第二产业比重的历史峰值(见图6和表3)。据此判断,未来我国第二产业很难再出现大的扩张,劳动力转移的速度将会继续下降,并且更多的转向第三产业。

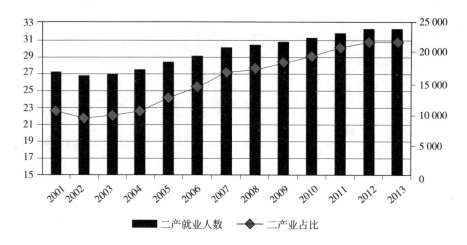

图6　二产就业人数和占比(万人;%)

表3　各国第二产业增加值占比峰值

国　　别	德国	美国	日本	韩国	中国(2010年)
第二产业增加值占比峰值	39.1%	29.3%	38.8%	34.5%	49.6%

其三,资源和环境约束增强提高了企业的生产成本。过去长期粗放型的经济增长方式伴随着资源的高消耗和污染物的高排放,严重影响了资源环境的长期供给能力。生态环境的恶化和人民对生活环境越来越高的要求将显著增加企业的生产成本:一方面要在生产过程中增加环保支出,另一方面已经造成的污染的治理力度加大,也造成企业税费支出的增多。基本面的结构性变化,是解释我国经济长期增速放缓的重要原因。

三、应对双重因素影响经济下行的对策建议

宏观政策的主要目标是使经济增长的实际增速尽量向潜在增速靠拢。从当前经济运行的情况来看,经济实际增速和潜在增速逐年降低,且实际增速低于潜在增速。针对这种新形势,近期措施应分为两手:一手应当时之需,实施反周期政策,稳定短期增长,使经济实际增速靠近潜在增速;一手谋长远之策,推进改革,提高经济潜在增长率。在具体措施出台的幅度、频率和时机选择中,应注意将二者更加紧密地结合起来,把稳短期增长寓于提高经济潜在增长率之中。

（一）稳定短期经济增长

积极稳定投资增长。以设备更新改造投资为重点,以研发创新和城乡民生领域及基础设施薄弱环节投资为支撑,构建四个重大投资工程包。第一个工程包为设备更新改造投资工程包,主要包括"两改一新"投资,即生产设备更新改造、节能减排环保设备更新改造和新兴产业投资。第二个为研发创新投资工程包,主要包括企业技术创新、科学研究创新等领域的投资。第三个为城乡民生领域薄弱环节投资工程包,主要包括教育、医药卫生、社会保障等民生领域薄弱环节投资。第四个为基础设施薄弱环节投资工程包,主要包括保障性安居工程,农业、水利、城市管网等基础设施薄弱环节投资,尽快抛出这四大工程包并落地生效,是近期稳增长必选之策。

利用国际金融危机以来新形成的比较优势,发挥出口对稳定经济增长的支撑作用。要通过扩大高铁、装备等中高端工业设备和技术产品出口,加快推进出口产业的优化升级和创新发展,以产品优化升级为主基调推动正向产能有效利用,扎实提高产品竞争力;瞄准世界经济复苏后的市场新需求,利用我国成本和资金等新优势,努力开拓国际市场。通过大力发展前瞻性战略性新兴产业,培育产业和出口的新优势。

宏观政策要更加灵活,为"稳增长"提供支撑。针对当前经济运行明显具有总量失衡的特征,应加大总量政策运用力度,特别是货币政策的实施力度,在去年下半年定向降准、非对称性降息和今年2月首次全面降准基础上,从今年3月开始,下一步货币政策要以频繁多次微调方式有节奏地再次降准、降息,并适当放松商业银行存贷比,提高金融机构放贷能力。实施区别对待的金融政策,对处于过剩产能行业但属于新兴产业且具有发展潜力和致力于转型升级的企业,要通过发放项目封闭贷款等方式给予必要的支持。建议将今年财政赤字率从2.3%提高并控制在2.5%以内。加快出台财政刺激政策措施,提高个人所得税起征点,开征并提高中高端装备设备出口退税率,提高企业研发投入带动技改和技术进步的抵补率等,并加快措施出台节奏。从今年政策预案与政策储备中先出台一批能够短期见效的政策,中央预算内投资项目资金应及早拨付,尽快形成工作量。

（二）通过改革释放潜在增长能力

通过户籍改革提高劳动参与率。在劳动年龄人口变化趋势基本确定的情况下,通过改革提高劳动投入,所能做的就是提高劳动参与率,可在一定程度上抵消劳动年龄人口下降的影响。通过户籍制度改革,推进农民工劳动力供给的稳定化、充分化。

提高资本运用效率。近年来,我国的人口结构出现了变化,人口抚养比开始上升,这决定了我国的高储蓄率不可持续,未来的资本供给必然会减少。要加大金融改革力度,降低金融抑制程度。在资本供给减慢的情况下,资金价格应更多地反映资本供求关系,促使资本供求趋于平衡。通过加快金融体制改革,发展直接融资等方式,提高资本运用效率。

提高资源配置效率。资源配置效率的提高是提高全要素生产率的重要途径,要提高资源配置效率,就需要改革,要创造一个更加良好的制度环境,消除行业进入和退出壁垒,实现生产要素的自由流动。

更高层次、更高水平扩大开放。在国内外经济进入新常态下,我国宏观调控部门的决策者,要扩大开放视野,更新开放思维,创新开放机制和组织模式,无论是出台稳增长、防通缩、增就业的总量性政策措施,还是推出调结构、促改革、防风险的结构性、体制性措施,或是采取去产能过剩、推进产业转型升级及提高贸易便利化措施,既要立足国内、立足中国自己的大市场,又要放眼国际市场,放眼世界各国产业和消费的新需求,以使我国的对外开放层次和水平更高,内容更丰富,在实现"引进来"、多元化、多样化同时,实现"走出去"、多元化、多样化,构建产品、产业、资本、服务联动融合"走出去"新机制。近期,加快出台一些这方面的开放措施,是一个很好的时机。

宏观院经济形势与政策研究小组

研究小组组长:陈东琪

本报告执笔人:刘雪燕　肖　潇

本报告研究讨论人员:吴晓华　孙学工

罗　蓉　刘中显

三月份报告

新出台降息政策的效应分析及后续货币政策建议

日前,中国人民银行宣布自 3 月 1 日起降息 0.25 个百分点。过去三个月内"两次降息、一次降准",体现了在坚持稳健货币政策基调的同时,更加主动作为,更加注重货币条件松紧适度。根据测算,此次降息有利于降低存量债务,尤其是高负债企业的财务费用支出,但对引导企业融资成本显著下行进而拉动经济增长的效果仍然有限。针对当前经济下行压力较大、通缩预期显现等趋势性、苗头性问题,需要打好政策提前量,及早动用相应工具,保持适度流动性,引导市场预期,切实降低社会融资成本。建议在稳健基调下继续适度放松货币政策,选择季度经济运行数据发布时机,继续出台降准、降息措施,年内至少再下调存款准备金率 1.5 个百分点、存贷款基准利率 0.5—1 个百分点。继续扩大重点领域信贷投放,保持人民币兑美元汇率基本稳定、略有贬值。

一、新出台降息政策的效果分析

2015 年以来,我国经济增长进一步放缓的趋势性、苗头性信号仍然存在,制造业 PMI、进口、投资等一系列经济指标表现不佳,CPI、PPI 继续下行且幅度有扩大趋势,潜在通缩风险上升,企业融资成本尽管有所降低但仍然较高,实际利率上行推升债务风险。在此背景下,人民银行宣布自 3 月 1 日起,金融机构一年期存款基准利率下调 0.25 个百分点至 2.5%,一年期贷款基准利率下调 0.25 个百分点至 5.35%。同时结合推进利率市场化改革,将存款利率浮动区间的上限由存款基准利率的 1.2 倍调整为 1.3 倍。

本次降息并继续推进利率市场化改革后,预计金融机构自主定价空间将进一步扩大,实际存贷款利率有望下行,对促进降低企业融资成本、健全市场化利率形成和传导机制将发挥积极作用。数据显示,2014 年 12 月,我国非金融企业及其他部门的贷款加权平均利率为 6.77%,较 11 月 22 日宣布降息前下降了 20 个基点。其中,一般贷款加权平均利率为 6.92%,较降息前下降了 41 个基点;个人住房贷款加权平均利率为 6.25%,较降息前下降了 71 个基点。

本次降息有利于巩固上一轮降息的作用,在降低存量债务,尤其是高负债主体的财务费用支出的同时,继续推动贷款利率和整个社会融资成本进一步下行,进而起到稳增长的效果。根据利率对投资的弹性及投资对增长的贡献初步计算,本次降息将拉动 2015 年经济增长 0.025 个百分点;如果将已出台的"两次降息、一次降准"的政策效果计算在内,预计将拉动 2015 年经济增长 0.048 个百分点。

二、后续货币金融政策建议

建议年内在稳健基调下继续适度放松货币政策,瞄准经济运行突出问题,尤其是针对当前经济下行压力仍然较大、通货紧缩预期显现等趋势性、苗头性问题,打好政策提前量,及早储备相应工具,综合运用降息、降准等多种货币政策工具,优化政策工具组合,保持适度流动性,引导市场预期,切实降低社会融资成本。

(一) 继续采取"定向+普降"方式降准以充分释放流动性

建议在继续发挥创新型流动性管理工具精准发力、定向调控政策效果的同时,年内酌研再分三次(每次 50 个基点,可采取"定向+普降"方式)下调存款准备金率共 150 个基点,两会后再进行一次操作,充分释放流动性,激活总需求,并有效引导市场预期。预计以上降准操作可释放可贷资金 1.8 万亿元,根据信贷对增长的弹性计算,将拉动 2015 年经济增长 0.08 个百分点。

(二) 择机继续降低存贷款基准利率以引导社会融资成本下行

年内应继续择机降低基准利率,并可结合深入推进利率市场化改革,进一步放宽存款利率浮动空间。两会后再出台一次降息政策,二、三季度末根据经济形势适时进一步采取降息措施。全年贷款基准利率下调幅度累计 0.5—1 个百分点。根据利率对投资弹性及投资对增长的贡献计算,全年降息将拉动 2015 年经济增长 0.05 至 0.1 个百分点。

(三) 鼓励金融机构继续增大投放至重点领域的信贷资源

建议进一步引导国家开发银行、中国进出口银行等金融机构,继续扩大向棚户区改造、"一带一路"战略、"走出去"战略等国家政策导向的实体经济部门提供长期稳定、成本适当的资金。建议进一步加强定向调控,加大再贷款、再贴现政策力度,扩大中期借贷便利等创新型工具规模,引导金融机构盘活存量、用好增量,加大对"三农"、小微企业、铁路、船舶、集成电路、创新创业等重点行业和领域的信贷投放。力争 2015 年上述领域新增信贷资金规模较上年提高 1 万亿元,根据信贷对增长的弹性测算,将拉动 2015 年经济增长 0.05 个百分点。

(四)保持人民币实际有效汇率基本稳定并持续扩大人民币汇率浮动区间

2014 年,人民币兑美元汇率贬值 2.4%,实际有效汇率升值 7.9%,多数新兴经济体货币兑美元大幅贬值。预计 2015 年美元将继续走强,但发展中经济体货币继续大幅贬值的空间会有所收窄。建议 2015 年保持人民币兑美元汇率基本稳定、略有贬值,避免人民币实际有效汇率显著升值造成的出口压力。扩大人民币汇率浮动区间限制,允许市场根据外贸结构变化和海外重要经济体汇率变动情况进一步浮动,以稳定出口拉动作用,促进经济平稳增长。如果 2015 年人民币兑美元汇率贬值 3%,根据汇率对出口的弹性计算,将拉动 2015 年经济增长 0.006 个百分点。

(五)采取综合措施维护金融稳定避免发生系统性金融风险

2014 年以来,我国一些地区、一些领域、一些企业的金融风险在扩大,银行不良贷款水平存在明显的上升压力,如若发生系统性金融风险,对即期及远期经济增长极为不利。建议 2015 年加大地方政府债务重组力度,不断推出创新资产证券化措施,适当予以城投公司各类债务展期政策,防止融资平台风险集中爆发和大量在建项目停工的情况出现。开展多种情形的压力测试,研究准备央行再贷款、吸收社会资本补充银行准备金、债转股、组建国家和地方两级资产重组及资产管理公司等处置银行不良资产和企业债务的预案。

经济形势与政策研究小组经济研究所
宏观院"宏观调控政策效应研究"课题组
课题负责人:王　元　李世刚
本报告执笔人:李世刚

宏观院测算:已出台调控措施可支撑 6.5%增速,完成7%增长目标 需进一步加大政策力度

　　2014年下半年以来,面对错综复杂的宏观经济形势,党中央、国务院及其有关部门围绕"稳增长、调结构、促改革、惠民生",出台了160多项涉及多个领域的政策措施,努力维持经济平稳运行。一是实施积极的财政政策,二是实施稳健的货币政策。三是以战略性领域和薄弱环节投资项目为重点,推出了7个方面、19大类的重大工程包。四是进一步完善消费与收入分配政策。五是出台差别化产业政策,改善中小微企业发展环境。六是调整铁路货运等重要商品和服务价格。七是继续完善节能减排考核和激励机制。

　　我们通过估算调控政策对投资、消费或相关产业产值的影响,导出其对经济增长的拉动效应。综合估算结果表明,在已出台调控政策全部落实到位的情况下,将拉动2015年经济增长0.47个百分点,弱于上年接近1个百分点的政策拉动效应。(1)货币金融政策包括刚刚出台的降息政策将拉动2015年经济增长0.053个百分点。其中,央行通过PSL为国家开发银行提供支持棚户区改造的低成本资金较上年减少,负拉动经济增长0.012个百分点;2014年11月非对称降息和2015年3月1日起实施的降息政策,拉动经济增长0.045个百分点;2015年2月降准政策释放约6000亿元可贷资金,拉动经济增长0.02个百分点。(2)财政政策将拉动2015年经济增长0.2个百分点。其中,中央预算内投资较上年多安排200亿元,拉动经济增长约0.1个百分点,减税规模扩大1470亿元,拉动经济增长0.04个百分点。(3)投资政策带动的社会投资增长将拉动2015年经济增长0.043个百分点。其中,加大棚户区改造投资拉动经济增长0.007个百分点,加大铁路投资拉动经济增长0.01个百分点,深化水利投融资体制改革、加大水利工程建设投资拉动经济增长0.004个百分点,鼓励社会资本进入民生、基础设施等领域拉动经济增长0.016

个百分点,设立国家新兴产业创业投资引导基金拉动经济增长0.006个百分点。(4)消费与收入分配政策将拉动2015年经济增长0.054个百分点。其中,促进信息消费政策拉动经济增长0.03个百分点,促进旅游消费政策拉动经济增长0.01个百分点,上调机关事业单位人员工资标准拉动经济增长0.01个百分点,下调失业保险费率拉动经济增长0.004个百分点。(5)产业类政策将负拉动2015年经济增长0.03个百分点。其中,对部分产能过剩行业进行总量规模控制负拉动经济增长0.11个百分点,进一步大力发展生产性服务业、服务贸易拉动经济增长0.08个百分点。(6)节能减排政策将拉动2015年经济增长0.031个百分点。其中,促进节能环保产业发展政策拉动经济增长0.02个百分点,促进光伏产业发展政策拉动经济增长0.008个百分点,促进风电产业发展政策拉动经济增长0.003个百分点。(7)价格类政策将负拉动2015年经济增长0.025个百分点。其中,铁路运价调整负拉动经济增长0.005个百分点,提高成品油消费税负拉动经济增长0.02个百分点。

从对价格的影响来看,部分价格调整措施将推动CPI和PPI分别上涨0.08个和0.24个百分点,一定程度上有利于缓解通缩压力。其中,铁路运价调整推动CPI和PPI上涨0.03个和0.12个百分点,提高成品油消费税政策推动CPI和PPI上涨0.05个和0.12个百分点。

根据我们的测算,2015年经济自主增长速度为6%左右,如果不出台其他新的政策措施,即使已出台调控政策全部落实到位,2015年经济增速也只能在6.4%—6.5%的水平,实现年度预期增长目标面临一定挑战。事实上,受各种因素影响,上述政策的效应没有甚至不可能完全发挥出来,一是有些政策落实中存在瓶颈,如投资政策落实中财政资金下拨进度需保障,中小企业政策需要加大宣传以扩大受益面。二是有些政策需要做出一定调整,如投资政策、产业政策的重点领域。三是有些政策力度需要加大,如财政和货币政策、产业政策等。

总体来看,2015年经济下行压力仍然相当大,如果不出台新的政策措施,7%的增长目标可能无法实现。一旦破7%有可能引发更加悲观的预期,企业家和投资者信心进一步受挫,不仅影响就业稳定,也有可能使一些潜在风险水落石出。通货紧缩有可能从压力变为现实,财政收入增长放缓有可能进一步加大地方政府债务违约风险,不良贷款率上升有可能诱发局部金融风险,房地产市场持续低迷不仅拖累投资增长,且房价下跌可能引发群体性事件。因此,必须进一步落实好已出台的政策措施,对有些政策进行调整优化,对有一定效果但力度不够的政策进一步加大力度,同时出台一些新的政策措施。为此,我们建议:

一要落实好积极财政政策,切实用活用足 2.3% 的赤字率。建议二次列支 2100 亿元中央预算稳定调节基金,使实际财政收支差额扩大到 1.8 万亿元。其中,800 亿元用于减税,将减税规模扩大到约 4800 亿元;1300 亿元用于政府投资,将中央预算内投资规模扩大到约 6000 亿元。力争使财政政策拉动经济增长 0.19 个百分点。

二要进一步加大货币政策力度。选择季度经济运行数据发布时机,继续出台降准、降息措施,年内累计再下调准备金率 1.5 个百分点、基准利率 0.5—1 个百分点,继续扩大重点领域信贷投放,保持人民币兑美元汇率在基本稳定的前提下略有贬值,力争使货币政策拉动经济增长 0.19—0.24 个百分点。

三要调整优化投资结构,切实发挥好政府投资的带动作用,实现既利当前又惠长远。扩大民生、环保等重点领域和薄弱环节的投资,助力企业设备更新改造和创新研发投资增长,扩大社会资本进入民生与基础设施领域的范围,力争带动社会投资多增加 6000 亿元,拉动经济增长 0.04 个百分点。

四要进一步加大调结构力度,把稳增长和调结构更加有机结合起来。在巩固"减法"效果的同时,着力做好"乘法"、"除法"和"加法",做好劳动密集型出口导向行业机器替代人工的设备更新改造和节能减排设备更新改造,支持进口替代产业在内的短板产业,推动中小微企业转型升级,力争使产业政策拉动经济增长 0.03 个百分点。

五要加大消费与收入分配政策力度。下调城镇职工基本医疗保险费率 1 个百分点,再次上调企业退休人员基本养老金 10%,扩大重点领域消费,力争拉动经济增长 0.03 个百分点。

如果上述建议的新措施落实到位,预计将再拉动经济增长 0.48—0.53 个百分点,加上未能直接量化的政策效应,可使全年经济增长达到 7% 甚至更高的水平。

表1　已出台的调控政策对经济增长的影响估算　　　（亿元,百分点）

	政策内容	消费增加	投资增加	拉动 GDP 增长	CPI	PPI
货币政策	PSL 为国家开发银行提供支持棚户区改造的低成本资金		3000	−0.012		
	2014 年 11 月非对称下调存贷款基准利率			0.02		
	2015 年 2 月降低准备金率		6000	0.02		
	2015 年 3 月降低存贷款基准利率			0.025		

宏观院测算:已出台调控措施可支撑6.5%增速,完成7%增长目标需进一步加大政策力度

	政策内容		消费增加	投资增加	拉动 GDP 增长	CPI	PPI
财政政策	提高赤字率			2344	0.2		
	其中	新增中央预算内投资			0.1		
		减税			0.04		
投资政策	加大棚户区改造投资			700	0.007		
	加大铁路投资			1012	0.01		
	加大水利工程建设投资			412	0.004		
	鼓励社会资本进入				0.016		
	设立国家新兴产业创业投资引导基金				0.006		
消费政策	促进信息消费			3000	0.03		
	促进旅游消费				0.01		
	机关事业单位工资上调			1264	0.01		
	失业保险费率下调				0.004		
企业政策	对部分产能过剩行业进行总量规模控制				−0.11		
	进一步大力发展生产性服务业				0.08		
节能减排政策	促进节能环保产业发展				0.02		
	增加光伏发电新增并网规模				0.008		
	风电新增装机容量				0.003		
价格政策	铁路运价调整				−0.005	0.03	0.12
	提高成品油消费税				−0.02	0.05	0.12
合　计			−	−	0.47	0.08	0.24

表2　建议出台的新政策对经济增长的影响估算　　（亿元,百分点）

	政策内容		消费增加	投资增加	拉动 GDP 增长
财政政策	二次列支 2100 亿元中央预算稳定调节基金				0.19
	其中	中央预算内投资提高到 6500 亿元			
		减税规模扩大到 4400 亿元			

续表

政策内容		消费增加	投资增加	拉动 GDP 增长
货币政策	累计下调准备金率 1.5 个百分点			0.08
	累计下调贷款基准利率 0.5－1 个百分点			0.05—0.1
	扩大重点领域信贷投放			0.05
	人民币汇率贬值 3%			0.006
投资政策	增加政府投资,重点支持城乡民生欠账和基础设施薄弱环节等领域		6000	0.04
	结合"一带一路"、京津冀协同发展、长江经济带等重大区域发展战略扩大投资			
	扶持企业设备更新改造和创新研发投资增长			
	扩大社会资本进入的民生领域与基础设施范围			
产业政策	做好劳动密集型出口导向行业机器替代人工的设备更新改造			0.03
	做好节能减排设备更新改造			
	支持进口替代产业在内的短板产业			
	推动中小微企业转型升级			
消费和收入分配政策	降低城镇职工基本医疗保险费率 1%	921		0.01
	上调企业退休人员基本养老金 10%	1443		0.02
	扩大重点领域消费			－
合　　计				0.48—0.53

宏观院经济形势与政策研究小组

课题负责人:陈东琪

本报告执笔人:宋立　王元　刘雪燕

测算与讨论:张岸元　刘泉红　刘国艳

　　　　　　　王蕴　杨娟　郭丽岩

　　　　　　　肖潇　李世刚　曹玉瑾

　　　　　　　李清彬　刘方　刘志成

　　　　　　　张铭慎

附件

政策效应测算说明

依据不同政策作用的传导机制,分别采用弹性关系法、产出贡献法、需求贡献法、乘数效应法等,测算了各项政策对 2015 年经济增长的影响。

一、货币金融政策效应测算

（一）测算方法

降息措施的政策效应。根据贷款利率下降幅度带动信贷投放增加并转化为当期新增投资,进而利用投资对增长的弹性关系计算拉动 2015 年经济增长的效果。

降准措施的政策效应。根据金融机构存款规模乘以降准幅度,得到释放的可贷资金量,并假设全部转化为当期信贷投放用于新增投资,进而利用投资对增长的弹性关系计算拉动 2015 年经济增长的效果。

通过 PSL 方式支持棚户区改造政策效应。根据棚户区贷款对增长的弹性关系,计算拉动 2015 年经济增长的效果。

人民币兑美元汇率贬值的政策效应。根据汇率对出口的弹性以及出口对增长的贡献,计算拉动 2015 年经济增长的效果。

（二）已出台政策的效应测算

通过 PSL 方式支持棚改的增长效应测算。2014 年,央行创新方式通过 PSL 为国家开发银行提供支持棚户区改造的低成本资金约 1 万亿元,其中,2014 年上半年约投放 2000 亿元、下半年投放约 5000 亿元,2015 年继续投放 3000 亿元。2014

年我国房地产开发投资总额约为 9.7 万亿元,其中包括以 PSL 方式的棚改贷资金 0.7 万亿元。从规模上看,2015 年该部分棚户区改造贷款比 2014 年减少 4000 亿元。棚户区改造贷款具有信贷扩张的规模效应和低成本资金的价格效应双重属性,初步测算,每万亿棚户区改造贷款拉动经济增长约 0.03 个百分点。由此计算,由于规模减小将负拉动经济增长约 0.012 个百分点。

2014 年 11 月非对称下调存贷款基准利率的增长效应测算。2014 年 11 月非对称下调存贷款基准利率,同时扩大存款利率浮动空间。目前,我国非金融企业及其他部门的贷款加权平均利率为 6.77%,较降息前下降了 20 个基点,根据利率对投资弹性以及投资对增长的贡献测算,将拉动 2015 年经济增长约 0.02 个百分点。

2015 年 2 月降准的增长效应测算。2015 年 2 月降低准备金率政策,释放 6000 亿元左右可贷资金,在最乐观情况下这部分资金全部转化为即期信贷投放。根据信贷投放与经济增速弹性关系测算,可望拉动经济增长 0.02 个百分点。

2015 年 3 月降息的增长效应测算。3 月 1 日起,存贷款基准利率下调 0.25 个百分点,根据利率对投资弹性以及投资对增长的贡献测算,将拉动 2015 年经济增长约 0.025 个百分点。

(三) 建议新出台政策的效应测算

继续采取"定向+普降"方式降准的增长效应测算。建议年内再分三次(每次 50 个基点,可采取"定向+普降"方式)下调存款准备金率共 150 个基点,上降准操作可释放可贷资金 1.8 万亿元,根据信贷对增长的弹性计算,将拉动 2015 年经济增长 0.08 个百分点。

继续降低存贷款基准利率的增长效应测算。建议全年贷款基准利率下调幅度累计 0.5—1 个百分点,根据利率对投资弹性及投资对增长的贡献,全年降息将拉动 2015 年经济增长 0.05 至 0.1 个百分点。

增大投放至重点领域信贷投放的增长效应测算。建议 2015 年重点领域新增信贷资金规模较上年提高 1 万亿元,根据信贷对增长的弹性测算,将拉动 2015 年经济增长 0.05 个百分点。

人民币兑美元汇率贬值的增长效应测算。如果 2015 年人民币兑美元汇率贬值 3%,根据汇率对出口的弹性计算,将拉动 2015 年经济增长 0.006 个百分点。

二、财政政策效应测算

（一）测算方法

当前积极的财政政策主要包括扩大支出和减税两个方面,并总体表现为赤字。对于财政政策的经济拉动效应,采取两种估算办法。一是对于赤字规模的总体拉动效应,采取赤字规模和经济增长的弹性关系;二是对政府支出和减税各自的经济拉动效应,采取政府支出乘数和税收乘数进行计算。估算步骤上,先进行赤字规模的总体效应估算,再对可获得的政府支出及减税数据的增长效应分别进行估算。

（二）已出台政策的效应测算

扩大总体赤字规模的增长效应测算。2015年赤字率确定为2.3%,与2014年的赤字水平相比,赤字规模扩大约2344亿元。根据历史经验数据测算,我国赤字规模每增加1亿元,GDP增加约0.6亿元。由此推算,赤字规模扩大将拉动经济增长约1400亿元,拉动2015年经济增长约0.20个百分点。

其中:新增中央预算内投资的增长效应测算。2015年计划的中央预算内投资4776亿元,与上年相比规模增加200亿元左右。据测算,我国政府边际支出倾向为0.72,由此推出政府支出乘数为3.55。按照这一乘数计算,新增中央预算内投资将拉动2015年经济增长约700亿元,约0.10个百分点。减税政策的增长效应测算。减税政策可直接提高居民可支配收入,但也会直接减少政府投资。我国企业边际支出倾向为0.79,政府边际支出倾向为0.72,则税收乘数为3.74,政府支出乘数为3.55,两者乘数差为0.19。预计2015年共实现减税降费4000亿元,与上年相比,规模将增加大约1470亿元,估计拉动2015年经济增长0.04个百分点。

（三）建议新出台政策的效应测算

实际收支差额的增长效应测算。建议在保持2.3%的赤字率水平上,再次列支中央预算稳定调节基金2100亿元,使财政收支实际差额达到1.8万亿元,比上年预算增加4450亿元(比原预算增加约2100亿元),依照赤字规模与GDP增长的弹性关系,可估算出可拉动经济增长约0.18个百分点。

三、投资政策效应测算

（一）测算方法

投资政策效应测算主要依据投资对经济增长的贡献度计算得到。各项投资政策均产生相应的投资额增长，根据该数额占上年投资总额比重，乘以上年投资对经济增长的贡献度，即得到增加该数额投资可能拉动的经济增长水平。

（二）已出台政策的效应测算

已有的政策预计将使2015年棚户区改造投资比上年增加700亿元，铁路投资增加1012亿元，水利工程建设投资增加412亿元，民间投资增加8000亿元，新兴创业投资引导基金将带动800亿元新增投资。由统计数据可知，2014年投资对GDP增速贡献率达到48.5%，即拉动全年GDP增长3.6个百分点（48.5%×7.4 = 3.6），再由各项投资占总投资比重（如700/502004.9 = 0.14%），计算得到每一项投资贡献的增速（如0.14%×3.6 = 0.007），可计算出上述政策分别拉动0.007个、0.01个、0.004个、0.016个和0.006个百分点。

（三）建议新出台政策的效应测算

以国家重点区域发展战略为支撑，针对民生欠账、节能环保、设备技改、创新研发等重点领域和薄弱环节投资，以及鼓励民间投资政策所带动的社会投资，将分别增加1500亿元、2500亿元、2000亿元，共计6000亿元。按照投资贡献度计算，将拉动经济增长0.043个百分点（=6000/502004×3.6）。

四、消费与收入分配类政策效应测算

（一）测算方法

消费和收入分配类政策直接影响的是居民消费支出。根据政策实施带来的消费增量，进而利用消费对经济增长的贡献来计算拉动2015年经济增长的效果。

(二) 已出台政策的效应测算

促进信息消费政策的增长效应测算。根据文件,到2015年信息消费规模要超过3.2万亿元,年均增长20%以上。根据工信部数据,2014年信息消费达到2.8万亿元,增长18%,如果要达到年均增长20%的目标,则2015年应增长22%,信息消费规模可达3.4万亿元,除去自发增长,估计其中由政策力度加大带来的增量扩大约3000亿元,相当于消费增量可扩大约3000亿元,根据消费对GDP增长的贡献,初步测算由政策实施带来的消费增加可拉动2015年GDP增长0.03个百分点。

促进旅游消费政策的增长效应测算。根据2000—2014年统计数据测算,旅游消费与GDP之间的弹性约为0.015。按照国发〔2014〕31号文提出的2020年境内旅游总消费达到55000亿元,2014—2020年年均增速应为9.2%,参考2012—2014年13.2%的实际平均增速,预计2015年境内旅游总消费将增长约13%,达到约36725亿元,其中由政策拉动的增长约3个百分点,相当于旅游消费增量为975亿元,拉动2015年GDP增长约为0.01个百分点。

机关事业单位人员工资标准上调的增长效应测算。财政资金供给机关事业单位养老数据显示,我国机关事业单位在职员工有3000多万人,退休人员1500多万人,据人社部相关数据,上调工资标准带来的人均实际增资约300元/月,据此估算,政策可增加机关事业单位人员收入=300×12×4500(万)=1620亿元。按照居民平均消费倾向0.78计算,粗略估计可增加消费约1264亿元,可拉动2015年GDP增长约0.01个百分点。

失业保险费率下调的增长效应测算。据估算,失业保险费率由3%下调至2%,相当于目前失业保险收入降低1/3(假定失业保险参保人数不变)。2014年全国失业保险收入1375亿元,以此为基准,则2015年失业保险费率下调可减轻单位和员工失业保险负担约458亿元。如果费率下调的1%体现为降低员工缴费负担,则相当于增加可支配收入458亿元,按照平均消费倾向0.78计算,可增加消费约358亿元,可拉动2015年GDP增长约0.004个百分点。

(三) 建议新出台政策的效应测算

降低城镇职工基本医疗保险费率的增长效应测算。2014年城镇职工基本医疗保险收入9447.7亿元,支出8009.5亿元,收大于支1438.2亿元。将基本医疗保险费率由8%下调为7%,相当于减少1/8收入,约1181亿元。如果费率下调

1%全部体现为职工缴费比例调整上,则相当于增加职工收入1181亿元,按照平均消费倾向0.78计算,其中约921亿元可转化为消费,可拉动2015年GDP增长约0.01个百分点。

再次上调企业退休人员基本养老金10%的增长效应测算。2014年全国退休人员人均养老金达到约2082元,如2015年上调10%,则达到约2290元,相当于人均月增加收入208元。全国有企业退休人员约7400多万,可增加收入约1850亿元,按照平均消费倾向0.78估算,其中约1443亿元可转化为消费,可拉动2015年GDP增长约0.02个百分点。

五、产业类政策效应测算

（一）测算方法

化解产能过剩措施的政策效应。通过分析过剩行业的新建和扩建固定资产投资变化的已有趋势,估算化解过剩产能政策导致相关产业新建和扩建固定资产投资额及其增速的变化,以此判断化解产能过剩对2015年经济增速的影响。

发展生产性服务业的政策效应。通过测算生产性服务业增加值占第三产业增加值的比重,结合发展生产性服务业相关规划中的定量指标,预估政策对生产性服务业增加值增速的影响,以此测算发展生产性服务业对2015年经济增长的影响。

（二）已出台政策的效应测算

对部分产能过剩行业进行总量规模控制的增长效应测算。在继续严控产能过剩产业规模总量的情况下,政策净效应是降低该类产业新建和扩建固定资产投资额增速2个百分点,测算得到2015年比2014年降低新建和扩建固定资产额约700亿元,则对产能过剩行业进行总量规模控制将负拉动2015年经济增长0.11个百分点。

进一步大力发展生产性服务业的增长效应测算。根据《关于加快发展生产性服务业促进产业结构调整升级的指导意见》并结合统计实际,主要测算交通运输、仓储和邮政业,信息传输、计算机服务和软件业,批发和零售业,金融业,租赁和商业服务业,科学研究、技术服务和地质勘探业等六大行业加速发展对GDP增速的影响。与2014年相比,改进各行业增速至少约0.30个百分点。2014年第三产业增加值为306739亿元,其中六大行业的增加值占第三产业增加值55%,则进一步大力发展生产性服务业将拉动 2015 年经济增长 0.08 个百分点。

（三） 建议新出台政策的效应测算

加大对中小微企业税收支持力度的增长效应测算。减税政策可直接提高居民可支配收入,同时会直接减少政府投资,综合两方面效应,净效应乘数约为 0.19。预计新政策实现减税 200 亿元,将拉动 2015 年经济增长 0.01 个百分点。

六、节能减排政策效应测算

（一） 测算方法

促进节能环保产业发展政策增长效应测算。政策支持对节能环保产业发展目标的实现最为关键,而节能环保产业发展,能够有效拉动节能环保产品消费需求和节能环保投资增长,因此节能环保政策短期内可望带动经济增长。由于专项节能改造以及污水处理、脱硫脱硝改造等分类节能环保项目的直接数据难以获得,为较全面准确地反映该产业发展对经济增长的带动作用,我们根据"十二五"时期节能环保产业发展目标,计算该产业 2014 年、2015 年对经济增长的贡献度,并将贡献度的增量视为 2014 年下半年以来出台的促进节能环保产业发展政策的效应。

促进光伏、风电发展政策增长效应测算。除上述节能环保产业外,节能减排政策对光伏、风电的投资影响较大,因此,我们根据这两个行业 2014 年和 2015 年新增投资的变化来计算其对 2015 年经济增长的拉动作用。

（二） 已出台政策的效应测算

促进节能环保产业发展政策增长效应测算。根据"十二五"节能环保产业发展规划中设定的目标,节能环保产业产值年均增长 15% 以上,到 2015 年,总产值达到 4.5 万亿元,增加值占 GDP 的比重约 2%。2014 年 GDP 为 636463 万亿元,按 2015 年 GDP 增长 7% 估算,节能环保产业增加值约 1.36 万亿元(=636463 万亿元×(1+7%)× 2%),按年均增速 15% 倒算,2014 年、2013 年节能环保产业增加值分别为 1.18 万亿元(=1.36/(1+15%))和 1.03 万亿元(=1.18/(1+15%)),据此计算出节能环保产业 2014 年、2015 年对经济增长的贡献率分别为 3.5%(=(1.18−1.03)/(636463/(1+7.4%)×7.4%))、4%(=(1.36−1.18)/(636463×7%)),贡献度分别为 0.26(=3.5%×7.4)和 0.28(=4%×7),考虑到节能环保产业发展主要受政策驱动,2014 年下半年以前出台的节能减排政策将继续以同等力度促进该产业发展,则2014年下半年以来出台的增量政策可望拉动2015年经济增长0.02个百分点(=0.28-0.26)。

促进光伏、风电发展政策增长效应测算。(1)光伏发电新增并网规模预计大幅增长,将拉动2015年经济增长0.008个百分点。2014年全国新增并网光伏发电装机1052万千瓦,按照国家能源局近日下发的2015年光伏年度计划征求意见稿,2015年全国新增光伏发电并网规模1500万千瓦,考虑到对不同项目类型实行分类管理,业内估计并网规模有望达到1815万千瓦。按光伏发电平均造价10元/瓦计算,2015年新增光伏投资可达到1815亿元(=1815万千瓦×10元/瓦),较上年提高763亿元(=1815亿元-1052亿元)。2013年固定资产投资436528亿元,对经济增长贡献度4.2,根据投资对经济增长的贡献计算,光伏产业将拉动2015年经济增长0.008个百分点(=763/436528×4.2)。(2)风电预计新增装机容量比2014年增长约21%,将拉动2015年经济增长0.003个百分点。根据《关于适当调整陆上风电标杆上网电价的通知》,2015年1月1日以后核准,以及2015年1月1日前核准但于2016年1月1日以后投运的陆上风电项目,属于前三类资源区的风电上网电价每千瓦时将降低2分钱,预计将带动2015年1月1日前核准风电项目的抢建,全年新增装机规模约23GW,比2014年增长约21%,即4GW(=23-23/(1+21%))。按每千瓦风电平均造价8000元计算,2015年新增风电投资约1840亿元,比2014年提高约320亿元(=4GW×8000元/千瓦),根据投资对经济增长的贡献计算,将拉动2015年经济增长0.003个百分点(根据上述光伏投资拉动效应推算,即320/763×0.008=0.003)。

七、价格改革类政策效应测算

(一) 测算方法

对经济增长的影响。铁路运价调整:铁路运价调整将导致铁路货运量下降,进而影响铁路货运业增加值增速,根据铁路货运业增加值增速占GDP比重,计算出铁路货运业增加值增速放缓对经济增长的影响。即铁路运价调整对经济增长的影响=政策实施带来的货运成本上升×成本货运量弹性(导致货运总量下降)×铁路货运业增加值占GDP比重。根据成品油消费税增加额,及增收消费税对拉动政府投资与抑制居民消费产生的净影响,测算提高成品油消费税对经济增长的影响。

对物价水平的影响。根据铁路运价调整对部分产品、生产和生活资料价格变动的影响及相关产品和原材料占 CPI、PPI 的权重,测算铁路运价调整对物价总水平的影响。根据增加消费税对成品油价格变动的影响及成品油相关产品、原材料占 CPI、PPI 的权重,测算提高成品油消费税对物价总水平可能产生的影响。

(二) 已出台政策的效应测算

铁路货运价格调整的增长效应测算。铁路运价调整导致铁路货运成本将上升 6.89 个百分点,铁路货运成本与货运量增速之间的弹性为 -0.1 左右,6.89 个百分点的成本上升估计将导致铁路货运总量增速下降 0.7 个百分点。根据铁路货运业增加值占 GDP 比重约为 0.7%,粗略估算,将负向拉动经济增长 0.005 个百分点。即影响经济增长 = 6.89×(-0.1)×0.7% = 0.005 个百分点。

铁路货运价格调整的价格效应测算。铁路运价调整将小幅提升煤炭、钢材、水泥等重要生产资料和部分生活资料的销售价格,根据这些产品或原材料对 PPI、CPI 影响的权重,估算将拉动 PPI 上升 0.12 个百分点,拉动 CPI 上涨 0.03 个百分点。

征收成品油消费税的增长效应测算。预计 2015 年比 2014 年多征收成品油消费税 700 亿元。目前政府边际投资倾向为 0.72,政府投资乘数为 3.55;居民边际消费倾向为 0.79,税收乘数为 3.74。由于提高成品油消费税政策会直接减少居民的消费,所以此项增税政策带来的净效应乘数为 -0.19。假定成品油消费量不变,则上述增税政策使得 2015 年经济增长较上年降低 0.02 个百分点。

征收成品油消费税的价格效应测算。以 2014 年 12 月底各省(市)93 号汽油、0 号柴油平均零售参考价做基数,柴汽消费比按 1.8 计算,提高消费税对成品油价格变动的影响约为 7.8%。提高成品油消费税将通过交通通信类的"车用燃料"细类价格直接影响 CPI,此外,食品、烟酒、服装等各类价格中包含与成品油相关的成本,直接和间接影响 CPI 的权重大约为 0.7% 左右,将使 CPI 同比变化幅度提高 0.05 个百分点,在一定程度上有助于缓解结构性通缩风险。据估算,成品油对 PPI 的直接和间接影响权重在 1.5% 左右,提高成品油消费税,将使 PPI 同比变化幅度提高 0.12 个百分点,在一定程度上有助于缓解 PPI 同比降幅继续扩大的压力。

课题负责人:陈东琪

本报告执笔人:王 蕴 杨 娟

郭丽岩 肖 潇

李世刚 李清彬

刘 方

应尽快提高个人所得税起征点

一、适时提高个人所得税起征点有助于降低工薪阶层个税负担和促进税负公平,回应改革需求

2011 年 9 月 1 日,我国对个人所得税进行第三次改革,将个人所得税起征点(费用扣除标准)从 2000 元提高到 3500 元。在近年居民收入较快增长和养老保险制度并轨改革推进的背景下,降低工薪阶层个人所得税负的呼声日益高涨。2011 年以来,城镇单位就业人员月平均工资从 3483 元提高到 2013 年的 4290 元,年均提高 11%,2014 年全国居民工资性收入增长 9.7%。从个人所得税收入增长情况看,2013 年增速达到 12.2%,2014 年也维持在 12% 上下,不仅高于同期 GDP 增速,也高于财政收入和税收收入的增速。这表明,随着居民收入提高,个税负担有提高的趋势。

从我国个人所得税收入结构看,超过 60% 的收入来自工薪所得,近两年工薪所得纳税对个税收入增长的贡献超过 70%。也就是说,个税负担的提高主要是由工薪阶层承担。全国有 7 个省、自治区和直辖市的工薪所得纳税占个人所得税收入比重高于全国总体水平,北京、上海的个人所得税收入中超过 80% 来自工薪所得。个人所得税确实在一定程度上成为"工薪税"。2014 年 10 月 1 日开始实施机关事业单位养老保险制度改革,配合改革,上调机关事业单位人员工资标准,人均实际增资约 300 元,这也会带来个人所得税负的上升。

相比较而言,由于高收入阶层的收入主要是财产租赁、转让所得,利息、股息、红利所得,劳务报酬所得等,即便按照 20% 的税率按次征收个人所得税,收入增加的同时实际税负并不发生变化,并且又有许多减免规定,使得高收入阶层实际个税负担更轻。工薪阶层与高收入阶层之间的税负不公平问题更为突出。因此,在上述背景下,应适时提高个人所得税起征点以切实降低工薪阶层的税收负担,切实解

决工薪阶层与高收入阶层的税负不公平问题。

二、适时提高个人所得税起征点有助于提高居民可支配 收入，更好发挥消费对稳增长的基础性作用

当前经济仍然面临较大的下行压力。在投资增长乏力和外需增长不确定性较大的情况下，经济稳增长的一个关键着力点是要扩大消费。消费需求的 70% 以上是居民消费，通过促进居民消费需求扩大，既可以满足多样化、个性化消费升级的客观要求，提高居民生活质量，又可以为经济增长提供基础性支撑。

政府在处理与居民收入分配的关系上，应坚持少取多留的基本原则，将更多收入让渡给居民。进一步提高个人所得税起征点，可以有效降低工薪阶层纳税者的税收负担，增加可支配收入。同时，根据对起征点提高带来的税负降低效应的测算，起征点的提高对于中低收入纳税者的税负降低效应更加明显，应税收入越低的纳税者税负降低幅度越大。以起征点提高到 4000 元为例，税前工薪收入 5000 元的纳税者需缴纳个人所得税由 45 元降低到 30 元，实际税负下降 33%；而税前工薪收入 13000 元的纳税者需缴纳个人所得税由 1370 元下降到 1245 元，实际税负下降 9.1%；而税前工薪收入 39000 元的纳税者需缴纳个人所得税由 7895 元降低到 7745 元，实际税负下降 1.9%。而且，在社会各收入阶层中，中低收入阶层占比最大，个税负担的降低和可支配收入的增加有助于提高边际消费倾向，能够带来更大规模的消费增加。消费的扩大又会通过生产—消费循环进一步带动生产扩张，从而促进就业，增加收入，形成生产—消费扩张的良性循环，有助于经济稳增长、防通缩和增就业。

三、适时提高个人所得税起征点有助于完善收入再分配 调节机制，为个人所得税综合与分类扣除改革 奠定基础

个人所得税是重要的收入再分配调节机制，一方面可以调整国民收入分配中政府部门和居民部门之间的比例关系；另一方面可以对不同收入阶层居民的收入进行调整，缩小收入差距。进一步提高个人所得税起征点，降低工薪阶层的税收负担，在其他条件不变的情况下，相当于将更多收入由政府部门转移到居民部门，有助于提高居民部门在国民收入分配中的比重，有助于国民收入分配格局的优化调

整。由于提高起征点对中低收入工薪纳税者的实际税负降低效应大于高收入工薪纳税者,将使中低收入阶层可支配收入提高幅度相对大于高收入阶层。这有助于缩小不同收入阶层之间的收入差距。

从推进改革的角度看,个人所得税综合与分类扣除相结合的改革需要将工薪所得、劳务报酬、稿酬等经常性、连续性劳动所得等,合并为"综合所得",其他财产性所得以及临时性、偶然性所得仍作为"分类所得"。对"综合所得"需要完善税前扣除,即在合理确定综合所得基本减除费用标准的基础上,适时增加赡养老人支出、子女教育支出、住房按揭贷款利息支出等专项扣除项目。也就是说,目前工薪所得的税前扣除标准必然要调整,并且由于"综合所得"不低于工薪所得,即便实际税负保持不变,也要求税前扣除标准有所提高,即要提高起征点。因此,当前提高个税起征点符合个税改革的基本方向,也为改革的深入推进提供了基础。

当然,在确定起征点提高幅度时需要考虑到合并工薪所得、劳务报酬和稿酬等收入后的扣除要求,还需考虑基本生活支出增加的影响。另一方面,提高起征点应和优化税率结构结合起来,进一步增强个人所得税调节收入分配、公平税负的作用。要进一步减少税率档次,拉大级距,扩大3%、10%税率的适用范围,减轻中等收入者的税收负担。

提高个人所得税起征点主要是对工薪阶层的收入进行调节。作为配套完善措施,需要同时对低收入和高收入采取相应的收入调节措施,以促进收入分配公平。对高收入阶层而言,财产租赁、转让所得,利息、股息、红利所得等是其收入的主要来源,个人所得税改革仍将这些作为"分类所得",实施分类扣除,不受起征点调整的影响。从促进分配公平的角度,对高收入阶层收入调节的重点是使其缴纳的税收与其收入增加相匹配,限制收入过快增长。在分类扣除的前提下,要缩小个人所得税的免征范围或提高减征标准,提高高收入阶层对个人所得税的贡献;同时加强征管,建立健全个人收入双向申报制度,依法做到应收尽收。建议取消对外籍个人从外商投资企业取得的股息、红利所得免征个人所得税等税收优惠,公平纳税待遇。对低收入阶层而言,由于其收入水平达不到个人所得税起征点,提高起征点不会对其实际收入产生影响,反而会进一步扩大低收入者与中高收入者之间的收入差距。从分配公平的角度,在起征点提高的同时,应及时调整低收入阶层的收入水平,主要体现为提高最低生活保障标准,以确保低收入阶层的生活水平逐步提高,能够共享经济增长和社会发展成果。

王 蕴

从1、2月份数据看全年经济形势及相关政策建议

一、从1、2月份数据看当前经济形势

2015年1—2月份,我国经济受趋势性、周期性因素相互叠加的影响,经济指标普遍低于预期,全年开局略显疲弱。

(一)需求面增长趋缓

从投资看,1—2月份,全国固定资产投资同比增长13.9%,增速比2014年回落1.8个百分点。从环比看,1、2月份投资分别增长1.05%和1.03%,增速较2014年四季度有所回落。工业投资领域,1—2月份采矿业投资以2004年以来从未出现的负增长开局(-2.6%),制造业投资增速也是2004年以来的最低值(10.6%),成为拖累投资整体增长的主要原因。从消费看,1—2月份全社会消费品零售总额同比增长10.7%,增速创下2004年以来的新低,环比增速为0.92%,低于上年四季度0.97%的水平,但扣除价格因素的实际增长为10.9%,与2014年持平,表明消费需求增长基本平稳。特别是,消费中互联网消费大幅增长,贡献3个百分点,表明新的消费热点对消费增长起到良好支撑作用。从进出口看,1—2月份,出口同比增长15.3%,增速比上年12月份加快5.4个百分点,但复杂的外部环境使我国出口增长仍面临诸多不确定因素。受国内需求疲弱、进口商品价格下降等因素共同影响,1、2月份我国进口分别同比增长-19.9%和-20.5%。整体看我国顺差持续高位将成为短期趋势。

(二)供给面增长空间持续收缩

从工业看,今年1—2月工业增长6.8%,是2009年以来的新低,比2014年一

季度、四季度分别回落 1.9 个和 0.8 个百分点,基本延续了上年四季度以来的中高速增长水平。和上年一季度相比,采矿业、电力、热力、燃气及水生产和供应业增速略有加快,而制造业增速下降 2.3 个百分点,尤其是传统产能过剩行业的增速下滑,成为整体工业减速的主要原因。从环比看,1、2 月份工业分别增长 0.47% 和0.45%,也是 2012 年 5 月以来的较低水平,仅比 2014 年的低谷期略高。从服务业看,2015 年 1—2 月份铁路货运量仅为 5.25 亿吨,比上年同期减少 1.1 亿吨,显示经济整体缺少活力。另一方面,受房地产投资持续回落影响,商品房库存明显上升,同时新开工面积、商品房销售面积、房地产开发企业土地购置面积等指标则出现大幅降低。

(三) 通缩压力加大和企业利润下降拖累经济增速趋稳

从价格水平看,尽管 CPI 涨幅从 1 月的 0.8% 上升到 2 月的 1.5%,2 月份 PPI同比下降 4.8%,创下了 2009 年 11 月以来的新低,考虑到节日因素对消费价格的短期影响,综合来看,通货紧缩压力仍未缓解。从企业利润看,从 2014 年下半年开始,受国际大宗商品价格下跌、国内需求疲弱影响,工业企业利润总额增速从 2014年上半年的 11.7% 持续回落至全年 3.3% 的增长水平,下半年开始出现连续负增长。

二、上半年经济形势预测展望

(一) 先行指数显示经济增长短期内难以出现明显好转

首先是制造业 PMI 指数,自上年 7 月份以来制造业 PMI 指数呈现连续下滑,今年 1、2 月份的制造业 PMI 指数均低于 50% 的荣枯线,尤其是具有较显著先行性的新订单指数也是从上年下半年以来持续下滑,1、2 月份更是低于上年末的水平。非制造业 PMI 指数表现较好,1、2 月份基本与上年末持平,新订单指数高于上年年末水平,2 月份的新订单指数更是创下上年下半年以来的新高。综合制造业和非制造业 PMI 指数的表现来看,第三产业可能会继续保持平稳增长,但是制造业表现可能不尽如人意,将成为经济增长的拖累,经济增长短期内难以出现明显好转。

(二) 环比数据显示经济同比增速有可能进一步放缓

与经济同比增速相比,环比增速数据更为敏感,更能反映经济形势的变化,其转折点的出现一般也会领先于同比增速数据,即若环比增速趋于稳定,意味着同比增速的下滑趋势也将结束,若环比增速仍呈下滑趋势,则同比增速的下滑将持续更长时间。从 1、2 月份各个指标的环比增速来看,工业增加值环比增速自上年三季度以来呈持续下降趋势,1、2 月份分别为 0.47% 和 0.45%,较上年末降低 0.25 个和 0.27 个百分点,仍处于下滑通道。固定资产投资环比增速自上年年初以来就呈现波动下滑趋势,1、2 月份分别为 1.05% 和 1.03%,分别较上年末再下滑 0.08 个和 0.1 个百分点。社会消费品零售总额环比增速表现较好,1、2 月份继续保持自上年下半年以来的基本稳定态势。由此可以判断,如果没有更多的稳定经济增长的措施,保持当前的政策力度不变,经济同比增速短期内难以企稳,有可能进一步下滑。

（三）预计一季度经济增速 6.8% 左右,二季度可能进一步下滑至 6.6% 左右

1—2 月份经济数据下行,3 月份受节后生产处于恢复阶段、短期供需矛盾持续发酵、政策存在时滞效应等因素的影响,仍将延续 1—2 月份的趋势。预计一季度二产增速为 6.3%,三产增速为 7.6%,生产法核算一季度 GDP 增速为 6.8% 左右,低于全年 7% 的目标。

假定二季度各指标继续保持 1—2 月份的环比增速,则工业同比增速将较一季度继续下滑 0.8 个百分点,投资同比增速将较一季度继续下滑 0.6 个百分点,消费同比增速将与一季度基本持平。综合来看,如果不出台新的政策,与一季度相比,二季度经济同比增速将呈继续下滑态势,预计将进一步回落至 6.6% 左右,上半年平均经济增速为 6.7% 左右。若要实现 7% 的增长目标,需要三四季度经济增速达到 7.2%。在当前经济形势下实现单季经济增速大幅提升难度较大,而采取进 步措施使二季度 GDP 增速向 7% 靠拢,逐步实现增速止跌回升较为现实。

表 1　主要经济指标同比增速预测(%)

指　标	预测值	
	一季度	二季度
GDP	6.8	6.6
固定资产投资	14.0	13.4
社会消费品零售总额	10.7	10.7
工业增加值	7.0	6.2
服务业	7.6	7.6

三、下一步宏观调控政策建议

为了确保上半年经济增长向全年7%左右的预期目标靠拢,需要宏观政策增加0.3个百分点以上的上拉作用。为此,当前迫切需要抓紧落实已出台政策措施,并出台新的政策措施。一要更进一步发送明确信号,稳住企业和投资者预期。二要抓紧在3、4月份落实预算内投资项目,争取在二季度形成工作量,遏制下行势头。三要充分考虑杠杆类政策的时滞期,及早出台,以期尽快发挥实效。

(一) 近期再次降准降息,进一步发送明确信号

3月底之前再下调准备金率0.5个百分点,一季度数据公布后再下调基准利率0.25个百分点,上半年对重点领域增加信贷投放6000亿元,抓紧落实5000亿元资产证券化,保持人民币兑美元汇率在基本稳定的前提下贬值2%,力争使货币政策拉动上半年经济增长0.22个百分点。

建议年内再下调准备金率1个百分点、基准利率0.5—1个百分点,将全年资产证券化规模增加到1万亿元,力争使货币政策拉动全年经济增长0.24—0.28个百分点。

(二) 3、4月份抓紧落实预算内投资项目,争取在二季度形成工作量,遏制下行势头

3、4月份要抓紧落实预算内投资项目,推动中西部铁路、棚户区改造、重大水利工程等基础设施和民生项目加快开工建设,争取二季度形成工作量。

争取二季度分别实现中央预算内投资规模2500亿元,在二季度完成1万亿元地方政府存量债务置换债券发行工作,减轻地方政府2015年利息负担约250亿元,用于增加地方政府支出。力争拉动上半年经济增长约0.2个百分点。

建议年内二次列支2100亿元中央预算稳定调节基金,使实际财政收支差额扩大到1.83万亿元,将地方政府存量债务置换债券发行规模增加到3万亿元,切实保障在建项目资金和建设进度。力争拉动全年经济增长0.3个百分点。

（三）尽早发挥重大基础设施工程对社会投资的引导扩大作用

按照既利当前又惠长远的原则,二季度抓紧推进城市地下综合管廊建设工程、大中城市立体停车库建设工程等前期工作,配合出台财政奖补政策,引导社会资本积极参与投资,力争三四季度形成工作量。继续助力企业设备更新改造和创新研发投资增长,扩大社会资本进入民生与基础设施领域的范围。力争带动社会投资多增加 1.2 万亿元,拉动三四季度经济增长 0.1 个百分点。

（四）以产业政策"乘法"、"除法"和"加法"对冲"减法"下拉作用

在巩固"减法"效果的同时,着力做好"乘法"、"除法"和"加法",做好劳动密集型出口导向行业机器替代人工的设备更新改造和节能减排设备更新改造,支持进口替代产业在内的短板产业,推动中小微企业转型升级,把稳增长和调结构更加有机结合起来,力争使产业政策在三四季度拉动经济增长 0.03 个百分点。

（五）提高个税起征点,下调社保费率

将个税起征点提高至 5000 元,实现减税 780 亿元,建议二季度研究制订方案,三季度开始实施。二季度下调城镇职工基本医疗保险费率 1 个百分点,三四季度再次上调企业退休人员基本养老金 10%。抓紧制定国内主要机场增设进境口岸免税店政策,力争三四季度实施,促进境外购物消费回流。以上措施预计拉动全年经济增长 0.06 个百分点。

总体来看,如果上述建议的新措施落实到位,预计将拉动上半年经济增长 0.42 个百分点,有望促使上半年经济增长达到 7% 左右的水平。三四季度继续实施货币金融、财政、投资、产业、消费与收入分配等调控政策,有利于稳定经济增长回升势头,确保实现全年 7% 左右的预期增长目标。

宏观院经济形势与调控政策研究小组

研究小组组长:陈东琪

本报告执笔人:宋　立　王　元　刘雪燕

　　　　　　　肖　潇　李世刚　李清彬

　　　　　　　刘　方　张铭慎

应对美元升值加速期的一揽子措施建议

当前,美元步入新一轮升值周期的中后期,升值速度加快,这将是"十三五"时期影响我国外部环境的重要因素。美元加速升值使我国所处的国际市场环境总体趋紧,经济持续平稳发展面临更多挑战和风险。应将短期措施和长期政策结合起来,将防范金融风险与夯实实体经济基础结合起来,多管齐下应对美元加速升值的影响。

一、美元升值步入中后期,升值保持快速势头

(一) 本轮美元升值或持续至"十三五"中后期

美元历经 10 年持续贬值和走弱后,自 2012 年初开始进入温和升值期。2012 年 2 月至 2014 年 7 月,美元广义名义指数震荡上升约 4%,对七种主要货币的名义指数上升近 6%。去年下半年以来,美元升值明显加快。2014 年 7 月至 2015 年 2 月,美元广义名义指数上涨近 12%,对七种主要货币的名义指数上涨近 17%。其中,美元兑欧元、日元、澳元、加元等发达经济体货币的即期汇率升值皆超过 16%,兑印尼盾、墨西哥比索、南非兰特等新兴经济体货币升值均超过 10%,兑巴西雷亚尔升值高达 27%。

表 1   本轮美元升值周期迄今两个阶段的基本情况

升值阶段	起止时间	美元对主要货币名义指数(月度)升值幅度
温和升值期	2012.2—2014.7	自 72.3 升至 76.3,升值近 6%
加速升值期	2014.7—2015.2	自 76.3 升至 89.1,升值近 17%

资料来源:美联储。

1973 年以来,美国经济基本面改善和货币政策收紧推动美元出现过 2 轮升值周期,每轮升值一般持续 6 年左右(参见表 2、图 1)。从对主要货币名义指数看,本轮美元升值周期始于 2012 年 2 月,迄今已逾 3 年,按照历史经验还将持续 3 年左右,整个升值周期将在"十三五"中后期结束。受前两轮周期峰值形成的压力线制约,预计本轮周期美元对主要货币名义指数月度峰值在 120 左右,在前 3 年已上升约 23%基础上,将进一步上升 34%左右。

表 2　1973 年以来美元三轮升值周期的基本情况

起止时间	升值时长	美元对主要货币名义指数(月度)升值幅度
1980. 7—1985. 3	共 56 个月	自 93 升至 143.9,升值近 55%
1995. 4—2002. 2	共 82 个月	自 80.3 升至 112.2,升值近 40%
2012. 2—	迄今 37 个月	自 72.3 升至 89.1,已升值约 23%

资料来源:美联储。

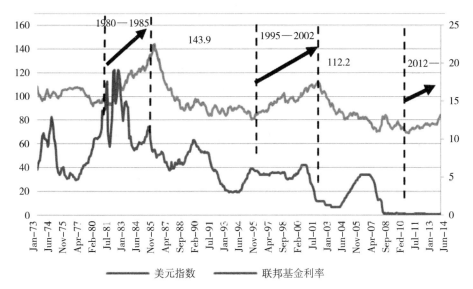

图 1　1973—2014 年美元对主要货币名义指数(月度)和联邦基金利率(月度)走势

注:美元指数 1973 年 3 月 = 100

资料来源:美元指数 1973 年 3 月 = 100

（二）美国经济走强及与主要经济体货币政策分化推动美元加速升值

美国经济复苏渐趋稳固及货币政策逐步回归常态,是推动美元升值的主要原因。金融危机后,主要经济体复苏态势自 2012 年起明显分化。美国经济稳步复苏,欧元区连续两年衰退,日本经济步履蹒跚,主要新兴经济体增速持续放缓。去年 2 季度后,美国经济向好态势更加明显,2、3 季度实际 GDP 环比折年率分别达 4.6% 和 5.0%,全年增长 2.4%;今年 2 月失业率降至 5.5%,已接近正常年份水平。而欧元区经济仍深陷低增长和高失业泥潭,日本安倍经济政策的刺激作用减弱、经济疲态难改,主要新兴经济体明显减速,其中俄罗斯、巴西衰退风险加大。经济复苏进程分化使美国作为资本避险港的作用凸显,成为支撑美元汇率逐渐走高的基本面因素。同时,去年美联储退出量化宽松措施,国际社会对美国加息的预期逐步强化,而欧元区、日本加大实施量化宽松货币政策力度并维持超低利率,主要发达经济体货币政策分化,对资本流入美国产生较强推动力。去年前三季度,美国证券投资和其他投资项下资本流入达 8357.6 亿美元,已远超 2013 年全年的 7227 亿美元。

未来,美国经济有望继续保持复苏态势,在发达经济体中一枝独秀。国际货币基金组织预测,2015—2019 年美国经济年均增速将保持在 2.5% 以上,远远高于欧元区和日本 1.6% 和 0.9% 的年均增速。同时,今年美联储将启动新一轮加息进程,预计持续两年左右;欧元区和日本短期退出量化宽松政策可能性不大,主要新兴市场也在相继采取降息降准等宽松措施,美国与其他经济体货币政策分化态势更趋明显。美国经济复苏相对优势和美联储加息将对国际资本流入产生持续吸引力,对美元升值产生更强推动力,升值速度预计进一步加快。

二、美元加速升值给我国带来的挑战大于机遇

（一）挑战

一是中美摩擦增多。去年,美国对华货物贸易出现 3426.3 亿美元逆差,占美国货物贸易逆差的比重达 47.5%,二者均创新世纪以来最高。美元加速升值将使我对美出口竞争力进一步增强,中美贸易差额或继续呈扩大态势。随着美国新一届总统大选临近,中美贸易逆差或再次成为美政界关注的热点问题,两国围绕贸易

保护、人民币汇率等的摩擦恐明显增多。

二是稳定出口难度加大。在当前人民币兑美元汇率保持相对稳定的情况下，随着美元汇率走强，其他经济体货币对美元纷纷贬值，人民币兑非美元货币将明显升值。国际清算银行测算，去年5月至今年1月，人民币有效汇率指数已上升11.3%。这将削弱我国对非美市场的出口竞争力，抑制出口增长，加大经济下行压力。

三是资本外流压力上升。去年2季度起我国资本和金融账户连续三个季度出现逆差，2014年全年逆差960亿美元。目前我国经济下行压力加大、金融风险上升，随着美国经济稳步复苏和美元加速升值，不排除一定阶段出现资本集中大规模流出的可能性。这将给国内重要资产价格带来下行压力，使人民币汇率承压，削弱外国投资者对我国的信心。

四是企业外债风险显露。截至2013年末，我国企业和金融机构外债余额约8288亿美元，较2008年末增长132.2%。去年前三季度，我国跨境信贷激增36.7%。随着美元加速升值，一些企业外债还本付息压力和国际市场融资成本将明显上升，资产负债表或受到严重冲击，因资金链断裂而发生债务违约、企业破产甚至诱发区域性或局部性金融风险的可能性不容忽视。

五是外部风险因素增加。从历史经验看，美元升值周期往往伴随着局部地区金融动荡，如1980—1985年美元升值引发拉美债务危机（1982年），1995—2001年美元升值引发亚洲金融危机（1997年）等，对国际金融市场和世界经济带来较大冲击。在前几年全球美元流动性充裕的刺激下，发展中国家普遍大量举借外债。截至2014年第三季度，美国以外的非银行借款人举借的美元贷款余额达9.2万亿，较2009年末飙升近50%。2013年末，发展中国家公共和公共担保外债余额较2009年末增长35.8%。目前看，随着美元加速升值，一些经济基础较差、外汇储备不足、抗风险能力较低的国家可能发生债务危机。这将给全球经济复苏带来更多不确定不稳定因素，我国经济发展将面临更加复杂严峻的国际环境。

（二）机遇

一是扩大大宗商品进口。美元加速升值将对石油等国际大宗商品价格进一步产生抑制作用，有利于降低进口成本，对我经济增长总体利好。国际货币基金组织测算，若国际油价维持目前低位，我国2015年GDP增速有望提振0.4—0.7个百分点。美林银行测算，油价下跌10%将推动我国GDP增速提高0.15个百分点。

二是对外金融资产增值。截至 2014 年 9 月,我国持有对外金融资产 6.29 万亿美元,其中储备资产 3.95 万亿。我国对外金融资产中美元资产所占比重较高,美元加速升值使我国持有的对外金融资产增值,增强了外汇储备的购买力,提升了我国全球配置资源的能力。

三、对策建议

(一) 加快构建汇率政策、货币政策和资本账户开放政策的适当组合

允许人民币兑美元汇率温和贬值。基于我国出口市场格局和人民币国际化战略考虑,既要防止人民币与美元同步升值过度抑制出口,又要避免加入竞争性贬值行列动摇国际市场对人民币的信心。为此,要继续推进人民币汇率形成机制改革,增强市场在人民币兑美元汇率中间价生成中的作用,适当扩大汇率浮动区间,允许人民币兑美元温和贬值,减轻欧元、日元和其他新兴经济体货币大幅贬值对我出口带来的压力,发挥出口对经济增长的支撑作用,同时缓解输入性通缩压力。

保持货币政策松紧适度。根据国内外经济形势的变化,适时采取降息、降准、扩大公开市场购买等方式增加货币供给,为经济持续平稳增长创造更加宽松的货币环境,对冲美联储加息和美元加速升值带来的紧缩效应。

加强跨境资本流动监管,防止资本大规模外逃。资本账户开放以便利直接投资和拓宽人民币回流渠道为重点,支持"走出去"和人民币国际化。提高证券投资和其他投资的管制效率,加强短期跨境资本流动的合规监管。

(二) 加大出口稳增长力度,加快实施积极进口战略

大力培育以技术、品牌、质量和服务为核心的出口竞争新优势,深耕发展中国家市场,以优质换优价,对冲人民币升值的不利影响。加快构建以周边为基础、以"一带一路"沿线国家为重点、面向全球的自由贸易区网络,推动贸易自由化便利化,为我国出口创造更加有利的国际市场环境。

抓住国际大宗商品价格处于低位和人民币兑其他经济体货币升值的机遇,扩大战略储备物资进口,支持和鼓励企业建立商业储备,增加自欧元区、日本等发达经济体的先进技术设备、关键零部件和优质消费品进口。

（三）建设更加统一开放的市场环境，加大对外商直接投资的吸引力

统一内外资法律法规，保持外资政策稳定、透明、可预期。积极推进中美、中欧投资协定谈判，加快探索实施对外商投资的准入前国民待遇加负面清单管理模式，扩大服务业开放，进一步放开一般制造业。有效释放市场潜力，增强对外商投资的吸引力，稳定外商投资规模，对冲资本外流压力。

（四）加大外汇储备多元化运用力度

改善对外金融资产结构。抓住美元快速升值和黄金价格承压的时机，适当减持美国长期国债，增持黄金储备。同时，适当增加安全性较好的公司债、股票等证券投资，提高收益率。

支持企业走出去。继续发挥外汇储备委托贷款作用，支持各类金融机构和企业外汇融资，支持企业走出去进行直接投资、并购或承接重大项目。鼓励金融机构在依法合规、风险可控前提下，通过认购可转债、参股等多种方式，支持或直接参与企业对外投资项目。

加大经济外交力度。围绕"一带一路"战略，通过丝路基金、亚洲基础设施投资银行及金砖国家开发银行等支持相关国家和地区基础设施等建设，为拓展我对外经贸合作空间营造良好环境。

（五）加快推动人民币国际化进程

扩大人民币在跨境贸易投资中的使用。特别是加快与"一带一路"沿线国家签订双边本币互换协议，逐步加大人民币对外借贷和直接投资规模，建立健全本币结算清算系统。推动国际货币基金组织尽快将人民币纳入特别提款权（SDR）一篮子货币中，增强人民币国际信用，提升人民币国际地位。

宏观院经济形势与政策研究小组

研究小组组长：陈东琪

本报告执笔人：毕吉耀　姚淑梅

杨长湧

一季度报告

打好"组合拳" 促经济回升

——一季度经济走势和后三季度政策建议

2015年1—2月经济指标总体下滑,不少指标创下国际金融危机以来的新低,经济呈现供需不振、价格低迷、就业少增、收入下降的乏力局面。预计一季度增速可能低于7%的年度增长目标,也低于当前7%—8%的潜在增长速度,经济资源利用不充分,增长效率缺失,更有力度的稳增长政策亟待出台。

一、经济总体下行、局部分化

(一)总体下行压力增大

供给面全面萎缩。一是工业增长进入下行通道,服务业增长压力加大。2015年1—2月规模以上工业增速仅为6.8%,为近5年最低水平。与上年一季度相比,采矿业和电力、热力、燃气及水生产供应业增速略有加快,而制造业增速下降2.3个百分点,尤其是传统产能过剩行业的增速下滑,成为整体工业减速的主要原因。受制造业下行和消费低迷拖累,服务业增长也现回调迹象,1—2月服务业增长指数为7.6%,低于上年一季度0.2个百分点。二是社会货运量增速下降。受生产不旺及产业结构调整影响,1—2月大宗物资运输需求减小。全社会货运周转量同比仅增2.34%,较上年同期下降6.5个百分点,其中铁路货运量同比下降9.1%,水上货运量增速较上年同期下降2.5个百分点。三是发电量增速下降。1—2月发电量8561亿千瓦时,同比增长1.9%,较上年同期下降3.6个百分点。四是PMI指数显示景气不足。3月份,制造业PMI指数虽季节性反弹至50.1%,但反弹幅度明显低于历年同期水平,新订单指数仍呈下行趋势;非制造业PMI由2月份的53.9%回落至53.7%,显示制造业和服务业增长短期难现明显好转。五是产销率下行,库存处于高位。1—2月,工业产品产销率为97.3%,低于上年同期0.3个百分点。3月份制造业产成品库存指数为48.6,处于2013年4月以来的最高位。

需求面整体下降。一是投资增速创国际金融危机以来新低。1—2月,固定资产投资(不含农户)同比增长13.9%,较上年同期下降4个百分点,创金融危机以来的新低。从行业看,制造业、水利和公共设施管理业投资增速下降幅度较大,分别较上年同期下降4.5个、19.5个和3.3个百分点。房地产投资出现企稳迹象,电力和交通运输等基础设施投资增速继续上升。从地区看,中西部地区投资增长更为乏力,1—2月分别较上年全年下降1.6个、0.7个和3.8个百分点。二是消费整体平稳,升级类、新业态、新产业消费快速增长。1—2月,社会消费品零售总额同比增速较上年同期回落1.1个百分点,传统零售特别是限上单位消费品零售增长缓慢,升级类、新业态、新产业消费快速增长。其中,互联网相关业态消费快速增长,网上商品零售额增长47.4%,增速较社会消费品零售总额快36.7个百分点。服务消费增速较快,2015年1—3月,服务业商务活动指数分别为52.9%、53.2%和52.3%,其中住宿、互联网及软件信息技术服务业等行业商务活动指数位于较高景气区间。旅游、文化等产业类消费增长较快,均超过总体消费增速。三是进出口贸易景气度下行。消除季节因素后,出口同比仅增1.2%,远低于消除春节因素之前的15%。消除价格影响后,进口仍呈下降趋势,但降幅较小。1—2月进口金额同比下降20.2%,但进口数量降幅相对较小,如进口原油数量同比增长4.5%,进口铁矿石数量同比仅下降0.9%。

居民、企业、政府收入增速均下降。一是居民收入增速可能下滑。综合各地已公布的相关数据情况来看,就业的相对稳定、农民外出务工行业多样化等因素,促进城乡居民收入的稳步增长,但在经济下行的大背景下,居民收入增长难以避免地出现减速。二是企业效益指标持续恶化。从2014年下半年开始,工业企业利润总额增速开始出现连续负增长,今年1—2月,全国规模以上工业企业利润总额同比下降4.2%。传统行业和产能过剩行业利润总额同比降幅更大,个别企业生产难以为继。三是企业收入下降。1—2月,规模以上工业企业主营业务收入同比增长2.9%,低于上年同期5.1个百分点。受人工成本、要素成本和融资成本上升影响,企业成本上升,1—2月,规模以上工业企业主营业务成本同比增长3.3%,每百元主营业务收入中成本为85.55元,高于上年同期0.3元。企业订单下降,3月份新订单和新出口订单均较2月份下降0.2个百分点,其中新出口订单已经连续6个月低于50%的荣枯线。四是财政面临减收困局,个别省份财政收入现峭壁式下降。1—2月,全国一般公共预算收入仅比上年同期增长3.2%,低于上年同期近8个百分点。考虑部分政府性基金转列一般公共预算影响,同口径增长1.7%,其中税收收入仅增长 0.8%,较上年同期下降 12.5 个百分点。个别省份财政收入现峭壁式下降。从省区市的公共财政收入情况来看,31 个省区市中 27 个公共财政收入同比增速下降,个别地区情况更为严重,财政收入现峭壁式下降,如山西、辽宁、河南和青海等省份,财政收入同比增速下降超过 15 个百分点。

就业同比增幅下降。一是城镇就业主要指标有所下滑。2015 年 1—2 月,城镇新增就业人数 171 万人,同比减少 28 万人。城镇失业人员再就业人数 71 万人,同比减少 9 万人。就业困难人员实现就业 22 万人,同比减少 3 万人。二是从业人员指数继续下滑。制造业和非制造业 PMI 指数中从业人员指数继 2014 年出现同比"双降"的情况之后,2015 年 2 月份又出现了制造业和非制造业从业人员指数环比同比"四降",经济增速趋缓对就业负面影响在进一步释放。三是受全球经济复苏缓慢和中国经济减速的影响,包括外资公司在内的一些企业利润大幅下降,工厂企业的倒闭、裁员将对就业形势和社会稳定已开始产生负面影响。

物价下行压力进一步增大。一是 CPI 走低趋势明显。1—2 月,CPI 同比涨幅降至 1.1%,是 5 年来历史同期的低点,已达通缩临界点,且新增拉涨动力不足,走低趋势明显。二是 PPI 长期处于低位,已连续 36 个月处于负增长区间。三是 CPI 和 PPI 差距持续扩大。CPI 和 PPI 差距持续扩大,2013—2014 年为 4.5 个百分点,2015 年 1—2 月已达 5.5 个百分点。四是 GDP 平减指数大幅回落。2014 年 GDP 平减指数为 0.83%,较上年降低 1.4 个百分点,为 2010 年以来最低值,已基本达到国际货币基金组织定义的通缩标准。第二产业平减指数自 2012 年以来已连续三年为负,由 2011 年的 7% 降至 2014 年的 -1.5%。

(二)局部分化现象显现

虽然经济总体呈下降趋势,但部分地区、部分产业的降幅更深,部分地区、部分产业的增长仍较平稳,经济增长的局部分化现象明显。

从区域看,西部、东北下行明显,中东部趋向平稳,特别是珠三角地区经济仍能保持平稳较快增长。东北、西部降幅较大,1—2 月,东北地区规上工业增加值同比下降 0.6%,西部地区较上年一季度下降 2.4 个百分点。中东部比较平稳,1—2 月,东部地区工业增长较上年一季度下降 1.2 个百分点,降幅低于全国平均水平,中部地区较上年同期加快 0.5 个百分点。珠三角地区整体保持平稳较快增长,深圳、佛山等地工业增长速度较上年同期小幅提高。

从发展模式看,转型升级滞后、缓慢的企业下行压力大,转型升级较早、较快企业的趋向平稳。整体上,大部分偏重依赖产能规模和价格优势占领市场,相对忽视产品结构升级和经营模式转型的企业销售收入和利润水平大幅下降。同时,装备制造、通信设备等行业的部分龙头企业在经济上行周期主动加快转型升级步伐,在产品结构上积极转向风电轴承、数控机床、高端集成电路等中高端产品升级,在经营模式上从传统生产型企业向服务型企业转型,在技术创新模式上由简单模仿创新向与客户协同创新转型,在整体市场衰退的大背景下有效地稳定甚至扩大了市场份额。

从产业看,竞争能力较低的传统产业下行明显,竞争能力较强的新兴产业、业态、产品和企业趋向回暖。钢铁等原材料工业增速大幅回落,1—2月钢铁工业同比增速仅为3.5%,较上年12月份回落近5个百分点。高技术产业、装备制造业增长较快。1—2月,高技术产业增加值同比增长11.2%,比工业增速快4.4个百分点;装备制造业增加值同比增长8.2%,比工业增速快1.4个百分点。尤其是随着消费结构升级,以互联网为基础的新兴产业和新兴业态增长加快。3月份以互联网为代表的信息服务业的商务活动和新订单指数较上月均有明显提升,特别是商务活动指数水平高于去年同期,创自2014年1月以来的新高。

从市场看,国际化程度较低、与终端消费较远的企业下行明显,国际化程度较高、与终端消费较近的企业趋向平稳。相当一部分远离终端消费市场、处于产业链上游的煤炭、建材、有色等领域企业主要按照传统的管理模式和经营方式运作,国际化程度较低,在同产业链下游企业的合作中处于相对弱势地位,容易成为转嫁外部经济风险的对象,在此轮经济下行周期中所受影响较大。更接近终端消费市场的IT、家电、服装等领域企业长期面向全球消费市场,经历了国际金融危机后外需大幅萎缩等严峻考验,国际化经营能力和抗风险能力较强。在整体经济下行压力较大的背景下,这些企业积极引进先进技术和管理经验,加强跨国技术合作和开拓境外新兴市场,有效地稳定和拓展了发展空间,整体绩效较为稳定。

二、今年后三季度首要任务是稳增长

(一) 着力扩大三大需求

稳投资。一是更大程度发挥政府投资的引领作用,把推进重大工程建设作为实施定向调控的重要抓手。围绕"七大工程包"领域项目,加快资金划拨进度,推广政府和社会资本合作(PPP)模式,吸引社会资本进入相关领域,早建成早见效,在二季度末形成工作量,巩固经济稳定增长的基础。二是联手运作新兴产业创业投资引导基金。国家已设立400亿元新兴产业创业投资引导基金,建议下一步中央与省、市联手,扩大基金规模、统筹基金使用、选准培育方向,进一步放大基金对社会资本的撬动作用。三是加快重大基础设施建设项目实施。进一步加大对中西部地区高铁、城市基础设施、棚户区改造、县乡公路、农村电网、农田水利、垃圾处理等欠账多领域的投资。结合"一带一路"、京津冀协同发展、长江经济带等重大区域发展战略,推进基础设施互联互通建设。进一步加快对重大基础设施项目的审批核准进度。四是大力推进重点领域投融资机制创新。抓紧制定创新重点领域投融资机制的相关配套措施和实施细则,切实调动社会资本特别是民间资本参与重点领域建设的积极性。五是加快发展投资基金。建议加快出台促进投资基金发展的政策,通过投资基金的杠杆放大效应,起到"四两拨千斤"的催化和加速作用,集聚社会资本,激发民间投资活力。六是抓紧完善地方政府债券管理制度。尽快出台地方政府项目债券管理办法,以便地方政府开展项目债券发行工作,满足地方政府公共投资的资金需要。

扩消费。一是进一步完善一些领域消费政策。如推进住房公积金异地贷款业务,可首先在主要城市群对住房公积金缴存实行异地互认和转移接续,并限定为支持职工购买首套普通自主住房和改善性住房。二是尽快调低基本养老保险费率并统一全国费率标准。按照国家规定,目前参保基本养老保险需单位缴纳20%,个人缴纳8%,企业和职工普遍反映费率较高,负担较重,建议尽快调低基本养老保险缴纳比例,减轻企业和职工负担。三是提高个税起征点至5000元。个人所得税中60%以上为工薪所得纳税,提高个人所得税起征点有助于降低工薪阶层个税负担和促进税负公平,回应改革需求;有助于提高居民可支配收入,促进消费稳步增长;也有助于完善收入再分配调节机制,为个人所得税综合与分类扣除改革奠定基础。四是稳定居民收入。进一步加大社会保障和就业等财政民生支出,着力提高低收入群体收入,明晰低收入人群的救助范围,加大支持力度,竭力缓解经济下行对城乡低收入居民基本生活的影响。采取多管齐下的措施,理顺收入分配秩序,保证居民收入稳定增长,包括着力解决农民工工资拖欠问题,逐步建立公务员等工资正常调整机制,创新增加居民财产性收入的体制机制,规范企业分配秩序,加快建立有利于调节收入的税收制度等。

促出口。一是加强和"一带一路"沿线国家的经贸投资合作,积极运用亚投行、丝路基金等金融工具支持我国企业参与沿线国家的基础设施建设,带动工程机械、成套装备的出口。二是深入推进贸易便利化改革,加快实施关检合作"一次申报、一次查验、一次放行",推进国际贸易"单一窗口"试点,降低对出口重点企业和信誉良好企业的查验比例,提高通关效率。三是进一步督促金融机构在风险可控的前提下降低外贸企业融资门槛,推动出口信用保险机构适度降低保费,并扩大出口信用保险保单融资,切实帮助企业降低融资成本。四是加快清理和规范进出口环节的收费,切实减轻企业负担。

(二)着力增加有效供给

着力增加公共工程和公共服务投资。通过用好用足早用预算内投资,加快推进具有全局性、基础性、战略性意义的重大公共工程建设和公共服务投资,切实扩大有效投资,形成既利当前又惠长远的新的投资和经济增长点。通过二次列支约2100亿元中央预算稳定调节基金和以前年度结转资金,使实际财政收支差额扩大到1.8万亿元,1000亿元用于减税,将全年减税规模扩大到约5000亿元,切实减轻企业负担;1100亿元用于政府投资,将中央预算内投资规模扩大到4876亿元,通过基建投资拉动经济增长。

着力营造有利于社会投资和民间投资增长的市场环境。通过调整市场参数,特别是降低企业的外部性成本,帮助企业增加有效供给,有效提振社会资本和民间资本的投资信心,激发社会资本和民间资本的投资活力。

三、打好组合拳,发挥政策措施综合效应

宏观政策要进一步释放稳增长信号。财政政策在稳增长中要更有作为。一是抓紧落实地方政府债务置换工作,在初期1万亿元置换规模基础上,再推出2万亿元债券置换,保障地方公共服务的合理投入和公共基础设施建设稳定。二是采取针对性财政措施支持相关战略和地区经济发展。考虑发行中央特别建设国债,支持"一带一路"、"长江经济带"、"京津冀协同发展"等国家战略的重大公益性基础设施建设。加强对东北地区等财政收入增速下降较快、拥有重要产业地区的转移支付额度。三是加大对企业研发技改支持力度。进一步支持、引导企业加大技改投资和设备采购力度,加快完善现行固定资产投资加速折旧政策,通过贷款贴息、抵免税收、政策性贷款有限供给等方式,支持企业研发和技术升级改造。四是下调资源类产品的相关税率。下调资源类产品的增值税税率,由17%下调至13%,下调资源类产品的资源税税率,例如将煤炭资源税由现行税率6%下调至5%。五是适度放宽债务负担较轻地区的发债限制,如放宽其发放专项债券、企业债券的限制,或者通过开行贷款给予更多融资支持。

货币金融政策要继续宽松。一是继续采取"定向+普降"方式降准以充分释放流动性,建议4月一次性下调存准率100—150个基点。二是继续降低存贷款基准利率以有效引导社会融资成本下行,建议4月末继续对称性降息25个基点。三是货币政策工具之间需要做好协调配合,引导货币市场和银行流动性稳中偏松。四是鼓励金融机构继续增大投放至重大战略、重大工程、重点领域项目的信贷资金。五是保持人民币实际有效汇率基本稳定并持续扩大人民币汇率浮动区间。六是进一步扩大资产证券化规模。一方面,可根据证券化产品发行、交易情况适度扩大资产证券化规模至1万亿元。另一方面,推进基础设施资产证券化和优化金融机构资产负债表;基础设施资产证券化的工作方案和试点研究需要及早安排,提前排入工作量。七是加大境外发行人民币债券对国内重点工程和"走出去"重大境外投资项目的支持力度。进一步引导金融机构和国内企业充分利用香港、伦敦、新加坡、法兰克福等离岸人民币中心资金优势和市场潜力,发行人民币债券进行融资并回流使用,向"一带一路"、企业"走出去"等国家战略导向的重大项目提供长期稳定、成本适当的资金。八是加快IPO注册制度改革,促进扩大股市直接融资规模。

产业政策要着力解决过剩产能和高端设备"走出去"。一是建立支持"走出去"综合服务平台。针对企业进出口和对外投资,完善商务部门、海关、检验检疫、外汇等多部门联合服务体系,简化手续、减免费用,尤其在总包项目、技术输出等方面给予更多政策性指导和帮扶。二是尽快消除制约二手设备出口的突出障碍,为国内产品升级腾出市场空间。加快调整完善相关财税政策,进一步规范二手设备出口贸易中的商检、退税等政策,着力解决二手设备进项发票、增值税抵扣、地方执行的认可、出口征税等相关问题,为二手设备出口创造更加有利的条件。三是探索利用外汇储备扶持企业"走出去"的政策机制。将外汇储备与企业的跨国经营战略结合起来,积极探索利用外汇储备推进企业"走出去"的机制和政策;探索成立美元技术创新基金,支持国内企业加强与跨国大公司的技术合作和项目开发。

体制改革要以短期稳增长为核心。再取消和下放60项左右"含金量高"的行政审批事项,取消200项国家层面认定的地方政府审批事项。公布地方政府权力清单、责任清单。清理、废除妨碍全国统一市场和公平竞争的各种规定和做法,出台开展市场准入负面清单制度改革试点办法,推进企业注册"三证合一"等改革,简化和放宽经营场所等限制条件。制定加快完善市场决定价格机制的若干意见,取消绝大部分药品政府定价,输配电价改革试点扩大到内蒙古、四川、上海等地区。出台深化国有企业改革的指导意见,面向社会推出一批中央企业混合所有制改革项目。研究提出石油天然气体制改革方案,在全产业链各环节放宽准入,创建页岩气、煤层气等非常规油气开发新机制。制定非公有制企业进入特许经营领域办法，开展城市地下综合管廊和防洪防涝建设试点。加快实施农村土地改革"三项试点"，开展工业用地市场化配置改革试点，制定农村土地承包经营权抵押担保贷款试点方案，制定农民合作社开展信用合作试点方案。"营改增"实现全覆盖。再批准新设一批民营银行，尽快放开存款利率上限，推出面向个人发行的大额存单，择机推出合格境内个人投资者境外投资试点。加快实施股票发行注册制改革，开展股权众筹融资试点，推出信贷保险等新险种。

"组合拳"要有先后顺序，有些是综合出台，有些是单项出台，掌握时间节奏，防止出现 2009 年一哄而起现象。针对当前经济下行压力，应尽早出台有效发挥稳投资的财政政策——包括启动第二批地方政府债务置换，发行特别国债，尽早出台有效改善投资和消费增长环境的财政政策和产业政策等，及时跟进有利于投资和消费增长的货币金融政策，加快推进重点领域投融资体制机制改革，鼓励和引导社会投资。

宏观院经济形势与政策研究小组

研究小组组长：陈东琪

本报告执笔及参与讨论者：陈东琪　刘雪燕

杨　萍　李大伟

付保宗　常兴华

杨玉峰　贺兴东

稳增长需要打"组合拳"

今年一季度 GDP 增速同比和环比均明显回落,落到受国际金融危机冲击最严重的季度水平,为本世纪以来第二个"增长低谷",进入我们年初预期的"'平缓下行'转化为'快速下滑'"的门槛。如果下一步宏观调控作为不够或作为不当,如果政策偏松操作不加力,经济下行的力量就会强化、深化、泛化,GDP 增速就会快速下破7%这个临界值,量变就会演化为质变,投资者和消费者的心理防线就会崩溃,局部性风险就会演变为系统性风险,就有可能出现本世纪以来第一个内生性经济衰退。

我们应当积极避免这个情景,也有潜力、有条件、有能力避免这个情景。为此,应当搞清楚以下四个问题。

第一个要搞清楚的问题是:今年一季度经济"快速下行"的根本原因是什么?大家会说,原因很多,很复杂。这种说法不错,但未抓到问题的根本原因。我认为,根本原因是有效需求不足,别的都是辅助的、次生的、第二位的解释性原因,都是因果联系中的"果"。有效需求不足是当前一切问题发生之因果联系的真"因",也是解决其他所有问题的"牛鼻子",更是今后实施纲举目张之策的"纲"。通过对比以支出法统计的 GDP(Dg)和以产出法统计的 GDP(Sg)来看总需求和总供给的关系,我们发现,Dg<Sg 的缺口近五年来不断扩大,这个扩大趋势今年以来尤为明显。这有三个突出表现:一是存货大幅增加。工厂、港口和各类仓库的存货不断增加,仓库库容严重不足,这不是由于储能建设太慢,而是被迫性存货增加太快。二是产能过剩率大幅提高。订单减少致使企业产能利用率不断走低,煤炭、钢铁、电解铝、玻璃、水泥、汽车和几乎所有重化产品的产能利用率都降到60%—70%左右,有的产能只有一半处于运营状态,为改革以来最低水平,今年以来产能过剩开始从低端上移到中高端。三是 PPI<CPI 的缺口快速扩大。二者在 2011 年三季度达到峰值后逐步降低,但 PPI 降幅大于 CPI 降幅,2011 年 PPI 上涨率高于 CPI 的差值为 1.2

个百分点,2012—2014 年 PPI 小于 CPI 的差值逐年扩大为 4.4、4.5、4.9 个百分点,今年 1—2 月的平均缺口扩大到 5.8 个百分点。存货大幅增加、产能利用率大幅走低和 PPI<CPI 的缺口快速扩大,都说明有效需求明显小于有效供给:Dg<Sg。

从需求结构看,投资、消费和净出口这三大需求近几年都在减速,但减速最快的是投资需求。关于净出口或顺差。今年 1—2 月和去年同期相比,累计外贸顺差不减反增,从 89 亿美元大幅增加到 1807 亿美元,增加 19.3 倍,即使扣除国际原油、铁矿石等工业原材料和农产品价格下降的因素,今年 1—2 月净出口在总需求中的贡献也明显大于去年同期,可见目前有效需求不足的主要问题是内需不足。关于内需。投资需求不足比消费需求不足更为明显。今年 2 月和去年同期相比,名义消费增长减速 1.1 个百分点,而名义投资增长减速 4 个百分点,扣除物价因素后的实际消费增速从 10.8%上升到 11%,而实际投资增速从 17%下降到 14.5%。显然,今年以来的消费需求增长相对比较平稳,而投资需求增长明显下降,有效需求不足的短板是投资需求。在总供给和总需求、外需和内需、消费和投资这三对关系中,目前矛盾的主要方面是总需求、内需和投资不足。

第二个要搞清楚的问题是:有效需求不足的直接和深层原因是什么? 大家会说,是就业和收入增长减速,是居民和企业对前景不看好,市场预期悲观,购买意愿下降。这些判断都不错,但未抓到问题的实质,未找到有效需求不足的直接和深层次原因。我们认为,去年四季度以来有效需求不足矛盾日益突出,直接和深层次原因是货币不足,是市场上的流动性短缺。从去年 6 月末到今年 2 月末,广义货币供应量 M_2 增速从 14.7%下降到 12.5%,降幅为 2.2 个百分点;而狭义货币供应量 M_1 增速从本来就已经很低的 8.9%进一步降到 5.6%,降幅为 3.3 个百分点。货币减速快于投资和 GDP 减速,显然货币不足是投资不足和经济快速下行的直接原因。进一步看,M_1/M_2 的比率近三个季度大幅度下降,从去年 6 月末的 0.605 降到 0.448。这说明,去年下半年以来的货币金融形势变化,既表现为货币供应总量增速下降,不能适应新常态下经济均衡增长对货币的需要,又表现为货币供应结构出现比较严重的失衡:活期减少、定期增加,居民、企业及机关事业单位将越来越多的存款转活为定、转短为长。这势必降低货币的乘数效应,减少资金市场的有效流动性,进而减少货币的短期有效供给,加剧"融资难、融资贵"。如果考虑去年下半年以来人民币国际化速度加快使得人民币的内外需结构变化加快,人民币的海外结算、支付、交易和储备规模快速扩大形成的国际需求增加,以及人民币汇率从"单向升值"转为"双向波动"所引起的人民币贬值预期增强、国际资本净流出增加使得外汇占款大幅度减少,而商业银行在央行的存款准备金率变化甚微,这些因素都会使本已很大的货币供求缺口进一步扩大,加剧货币供不应求的矛盾。

有人说,去年下半年以来分别两次减息、降准,已给经济注入了大量新增资金,目前货币供应充足,不是流动性不足,而是资金流进了股市,没有进入实体经济。言下之意:不是货币供应总量不足,而是因为体制原因和投资者的赌性使得资金"错配",大部分资金被股市吞噬了!我们认为,这是一个似是而非的判断。首先,资金进入股市虽然会推高股指,但是不会减少流动性总量,买者花钱买进股票,卖者卖出股票收回钱,并将钱用于产业投资或购买消费品,或存入银行、买进债券等,资金都不会消失。上市公司或前期买入上市公司股票的实体企业,目前手头资金相对充足,今年一季度财务报表中的现金流相对较多,主要原因是利用大小非减持获得了大量资金。股市吞噬货币的看法是错误的。其二,2008年国际金融危机以来,中国的股指涨幅虽自去年下半年以来居世界主要股指前列,但是危机低点以来的累计涨幅明显落后于世界主要股指(见表1):

表1 中外主要股指对比

	金融危机以来累计涨幅(%)	去年下半年以来涨幅(%)
标普 500 指数	145	22
道-琼斯工业平均指数	183	19
纳斯达克综合指数	292	28
德国 DAX30 指数	241	37
印度孟买 SENSEX30 指数	290	50
中国上证指数	132	96

因此我们认为,去年下半年以来我国有效需求不足的直接和深层原因主要不是资金"错配",不是结构性矛盾所引起的,而是货币政策紧缩导致货币供应总量不足,市场流动性短缺,经济循环系统缺血、贫血。

第三个要搞清楚的问题是:已经持续20个季度的经济下行,在今年一季度是否已经触底?有人说"一季度是底",有人说"一季度不是底"。我们认为,单从改革开放以来三个中周期的历史走势看,本轮调整时间20个季度,调整幅度41%,均超过前三个周期调整的时间和幅度。但是,我们还不能因此得出"一季度是底"的必然结论。真正能够证明"一季度是底"的充分必要条件是:改革开放和宏观政策的措施操作的有效性。如果下一步改革开放和宏观政策的措施操作有利于稳增长,且措施数量足够多,措施力度足够大,措施配合足够好,措施效果足够优,今年后三个季度的经济就可望结束下行趋势,进入稳中有升的通道。

在全国工业化还处于"中后期"水平,城镇化率仅为55%左右,人均 GDP7500 美元刚过中等收入低门槛,交通等基础设施还未实现互联互通,积累着世界上最大规模的人力资本且对经济的贡献还刚刚开始释放的经济发展新阶段,结束经济周期性下降趋势的关键,不是增长的客观因素不够,不是发展的潜在空间不大,而是改革措施和宏观政策措施的操作不够有力,措施数量不够多,措施力度不够大,措施配合不够好,措施效果不够优。如果这几个"不"改变过来,今年一季度就有可能成为本轮经济下行的终点,就有可能开启新常态下经济周期性上升的窗口。反之,如果宏观政策特别是货币政策不加大放松力度,不着力推出有利于稳增长的改革措施,今年一季度就不是底。所以,判断今年一季度是不是已经见底,关键要看后三个季度的改革措施和宏观政策的操作。

第四个要搞清楚的问题是:改革开放和宏观政策的措施要如何操作,才能结束下行趋势,使经济从谷底走出来?我们认为,任何单一措施都难以奏效,比较好的选择是:近期要围绕着扩大有效需求,打好稳增长的组合拳。首先是稳投资、扩消费、促出口三大需求之间的措施组合。在扩大三大需求的措施组合中,关键要稳投资,今年后三个季度要抓早、抓实、抓好七大投资工程包,使项目尽快落地,建设尽早开工;与此同时要落实好六大消费工程,努力增加居民消费;在此基础上持续推进高铁、装备、中高端制造特别是中高端"过剩产能"走出去,以资本和技术输出带动扩大产品和服务出口。其次是扩大有效需求和增加有效供给之间的措施组合。核心是降低微观经济运行的成本,特别是降低生产者和消费者的交易成本,减少企业和居民的外部性费用。其三是改革开放和宏观政策之间的措施组合。近期要尽可能出台有利于稳增长的改革措施,体制机制改革措施适应稳增长目标和需要,防止抵消稳增长政策的效果,今年后三季度改革的重点任务应当放在政府简政放权,打破垄断,放开市场,取消关卡,给企业松绑,减少外部性负担和包袱,促进投资和贸易便利化。其四是宏观政策内部的货币政策和财政政策之间的措施组合。在目前货币供应明显不足、政府预算内投资资金规模有限特别是中央预算内资金仅占全社会固定资产投资份额不足 0.8% 的情况下,要注意通过发挥 PPP 的作用引导民间投资,尤其要注意"减息降准"等货币政策措施和"减税降费"等财政政策措施的合理搭配,今年后三季度应适当增加"减息降准"的措施操作次数,加大货币放松措施的操作力度。其五是履行调控职能的各有关部门如发改、财政、央行、商务、工信、农业、住建、环保、社保,以及银监、证监、保监、能监等,所选择和出台的调控措施要注意协调配合,形成合力,防止调控措施互相打架和措施效应互相抵消。打好组合拳,还要注意在时空上的协调一致,避免在不同时点、不同空间或同一空间采取互相矛盾的做法。

宏观经济形势与政策研究小组

专家观点：今年后三季度宏观政策的首要任务是稳增长

——宏观院一季度形势分析专家座谈会观点综述

我国经济下行已经持续20个季度。今年一季度，经济指标总体下滑，诸多指标创国际金融危机以来新低，供需不振、价格低迷、就业少增、收入下降。展望全年，要实现7%的年度增长目标，后三季度宏观调控政策的首要任务是稳增长。4月7日，围绕促进今年后三季度经济平稳增长，尽快出台更有力度的稳增长政策论题，宏观院常务副院长陈东琪研究员主持召开专家座谈会，与会专家就当前经济形势和下一步政策取向予以热议。

陈东琪副院长强调，本轮经济下行周期内各类因素和条件已发生重大变化，必须有效组合各类政策工具，确保年度经济增长目标的实现。马晓河副院长指出，面对当下经济发展的主要矛盾和国际经贸环境的严峻形势，下一步宏观调控政策要更加注重需求侧调控。王昌林副院长提出，尽快实施一批重大工程，加快培养壮大新的增长点，加快构建经济发展新动力。吴晓华副院长认为，要尽快组建国家"国际开发署"和"国土开发署"，推动"三大战略"落实，为经济可持续发展提供持续保障。林兆木副院长认为，要尽快落实已出台措施，发挥政策效应。中国投资协会会长张汉亚研究员认为，创新是鼓励企业增加投资的关键。经济所宋立所长建议，应对经济下行，要实现宏观调控两个转变；外经所毕吉耀所长建议，进一步提升出口产品层次，优化出口结构；投资所张长春所长建议，要进一步增加公共产品有效投资；国土所肖金成所长建议，要进一步下调存款准备金率；社会所杨宜勇所长建议，要大力促进养老、文化、健康、体育等社会产业领域的发展；能源所韩文科所长建议，要继续抓紧核电、水电和输电重点工程建设；运输所郭小碚所长建议，要努力推进交通基础设施建设；体管所银温泉所长建议，促改革继续营造经济稳定增长的新环境。

现将专家观点整理如下。

一、经济走势:触底反弹,还是持续下行?

一季度,经济总体下行,供给面全面萎缩,需求面整体下降。后三季度是延续一季度乃至已经持续了 20 个季度的下行态势,还是逐步回暖、触底反弹?

陈东琪认为,判断经济是否触底,必须要找出连续 20 个季度下行的深层次原因,而有效需求不足即是根本原因。他认为,改革开放和宏观政策措施操作的有效性,是真正能够证明"一季度是底"的充分必要条件。如果下一步改革开放和宏观政策的措施操作有利于稳增长,且措施数量足够多,措施力度足够大,措施配合足够好,措施效果足够优,后三个季度的经济就可望结束下行趋势,进入稳中有升的通道。他同时认为,一季度经济快速下行的根本原因是有效需求不足。后三季度如果宏观政策特别是货币政策不加大放松力度,不着力推出有利于稳增长的改革措施,"今年一季度就不是底。"

马晓河认为,当前我国经济运行中的主要矛盾是供求失衡,需求明显不足,而需求中消费需求尤为不足,是导致经济下行的重要原因之一。

宋立认为,已出台政策将拉动 0.34—0.82 个百分点,加上各方改革措施,将拉动 0.47—1.02 个百分点,全年完成 7% 问题不大。

毕吉耀认为,就"三大需求"来看,随着国际经贸环境日趋好转和业已出台的各项政策举措开始发挥效应,经济整体将向好发展。他同时判断:今年出口增长缓慢,出口仍将是个位数增长。他认为,随着我国劳动力工资水平持续攀升,资源、土地、环境压力不断增大,在全球价值链生产加工组装环节的优势减弱,出口竞争力下降;人民币实际有效汇率持续升值,对出口带来负面影响;今年世界经济温和复苏,对我国出口拉动作用有限。

肖金成认为,几千亿元中央财政投资于基础设施和社会事业建设,相对于如此庞大的经济体,犹如杯水车薪。引起经济长期下行的主要动因是存款准备金率太高,货币流动性不足。

韩文科从分析兼具基础性和战略性的能源行业着手,认为经济形势可能愈发严峻,经济回暖可谓困难重重:煤、电需求进一步下降,供大于求加剧;油价短期回升乏力,企业盈利能力继续下降;煤炭向全行业亏损演化。

二、政策选择:落实好现有政策,适时推出新措施

陈东琪认为,当前,我国工业化还处于中后期水平,城镇化率远低于发达国家水平,人均 GDP 刚过中等收入低门槛,交通等基础设施还未实现互联互通,积累着世界上最大规模的人力资本且对经济的贡献刚刚开始释放的经济发展新阶段,支撑经济增长的客观因素多、发展的潜在空间大,只要改革措施和宏观政策措施有力,就有可能开启新常态下经济周期性上升窗口。今年后三季度经济回暖与否,关键要看后三个季度的改革措施和宏观政策的操作。陈东琪同时认为,解决经济下行这一复杂和严峻的问题,任何单一措施都难以奏效,近期要围绕着扩大有效需求,打好稳增长的"组合拳"。包括:"稳投资、扩消费、促出口"三大需求之间的措施组合,其中关键是稳投资,着力实施好发展改革委"7631"工程,及财政、货币、商务和住房等方面的扩内需、促出口措施。

林兆木认为,当前经济发展中最大的问题是已出台的政策不落实,停留在会议讲话和文件上;部分地方政府作为不积极,部分国有企业消极观望。当前,首要任务是把党中央、国务院已经明确的工作部署和政策举措最大限度地落实下去。

宋立认为,下一步宏观调控政策需要把握力度,关键在于落实已出台改革,进一步加大政策力度需要适度。

杨宜勇认为,党中央和国务院高度重视养老、文化、健康、体育等社会产业领域的发展,出台了一系列政策文件,但落实得不够理想。

毕吉耀认为,国务院业已下发的《关于支持外贸稳定增长的若干意见》和《落实"三互"推进大通关建设改革方案》等政策文件应尽快落地坐实。

银温泉认为,落实现有改革措施是当务之急,各地要努力营造经济稳增长的软硬环境。

三、多措并举:努力"稳投资、扩消费、促出口"

关于稳投资。王昌林建议,应抓紧谋划实施一批既利当前、又事关长远的重大工程,加快、加大投资力度。例如,组织实施煤炭清洁高效利用工程,在火电、造纸、石化等行业,加快组织实施清洁生产示范工程等。

宋立建议,要切实把投资重点从基础设施补短板转到民生领域补短板上来,稳定"两发展(发展战略性新兴产业和进口替代产业)"、"两改造(改造劳动密集型

出口导向行业及其替代人工的设备更新改造和各个行业的节能减排设备更新改造)"和"两加强(加强城乡幼儿园等民生领域投资和加强农林、乡村公路、电网、水利等基础设施薄弱环节投资)"。

张长春认为，稳增长要有明显效果，必须增加有效投资。增加有效投资，寄希望于民间投资实现稳增长目标可能是一厢情愿。因此，要更加积极主动地增加市政设施、在收入水平较高的农村地区开展公路或硬化路面户户通基础设施等公共产品投资。创新融资模式以促投资增长，允许商业银行以贷款收益向央行抵押，取得抵押补充贷款，投向公共设施。

郭小碚认为，要进一步加强交通基础设施的瓶颈改造，特别是主要农村居住点断头路、旅游点道路，改善运输环境和条件，进而促进商品和服务消费。

关于扩消费。马晓河认为，稳增长必须更加注重宏观政策的需求侧调控，特别是要像重视投资一样重视消费需求的增长。一是进一步提高个人所得税起征点到5000元，降低部分消费品(比如化妆品、箱包、手表、烟酒)消费税税率；二是进一步提高城乡基本养老财政补助标准，建议对60岁以上老人中西部地区基本养老金财政补助由现在的每月70元提高到150元，东部地区提高到75元，同时相应提高城乡贫困人口救助标准；三是提高对贫困落后地区、低收入人群住房补贴标准，增加对低收入人群子女上职业教育、高等教育补助；四是将农村发展电子商务的设备投资纳入农机具购置补贴政策范围；五是重新在城乡开展家电补贴活动，促进消费稳步回升。

王昌林认为，两大工程有助消费增长。建议：尽快实施"健康中国"工程，发展包括医疗、医药行业在内的健康产业，制定鼓励民间资本兴办医疗机构和养老机构的措施，加强养老和健康服务体系建设，建设一批社区医院，大力发展远程医疗，完善新药研发、生产、流动等环节监管体制，将健康产业培育成为新的支柱产业；尽快实施"百县万辆微型电动车"工程。可考虑在山东、河北等地平原地区，选择100个左右的县作为试点，推进微型电动车普及及应用，将现有乡村道路加宽一倍，加强充电桩等配套服务设施建设。

杨宜勇认同此观点，并强调今年应在养老、文化、健康、体育四个方面，加大服务供给，刺激服务消费：一是进一步放松文化产业领域管制，除加强政治类、宗教类、少数民族类电影的管制以外，其他主题电影生产应该全面放开；二是借鉴日本经验，对婴儿专用产品和老年专用产品增值税减半征，推动养老产业发展；三是加大对公共体育设施运行费用的财政投入，并实行象征性的低收费，对全体居民开放，促进体育用品消费和体育服务业发展；四是进一步降低准入门槛，普遍实行分级诊疗、实现医疗保险住院服务费用全覆盖,加快健康产业发展。

银温泉建议,适应全面建设小康社会广大人民群众的福利需求,必须增加公共服务投资和供给。当下要进一步落实好权力清单、责任清单、负面清单"三个清单",建立政府服务承诺制度,需要政府完成的审批项目,严格规定办结时限。

关于促出口。毕吉耀建议,一是按照国家税务总局《出口退税企业分类管理办法》的要求,督促地方加快落实出口企业分类评定工作,提高退税效率;二是继续深化区域通关改革,加快实施"一次申报、一次查验、一次放行"、"单一窗口"试点,推行"联合查验、一次放行"等通关新模式,提高通关效率;三是加大检验检疫等出口费用减免力度,降低出口企业运营成本。

毕吉耀同时认为,优化出口产品结构对于稳增长意义重大。高铁、核能等装备制造虽然起点高,但受制于项目的成功签署和推进,需求不稳定也不可控。当下的紧迫任务是:加大对我国行业产能庞大、具有竞争优势、拥有自主品牌、国内需求接近饱和、国际市场占有率低的电视、手机、空调、冰箱等耐用消费品的出口政策支持力度

四、瞄准关键:增加有效供给和扩大有效需求

陈东琪认为,扩大有效需求和增加有效供给之间的措施组合,一方面要增加货币供给,增加资金流动性,另一方面要降低微观经济运行的成本,减少企业和居民的外部性费用。改革开放和宏观政策之间的措施组合,体制机制改革措施适应稳增长目标和需要,防止抵消稳增长政策的效果。他同时认为,要注意货币政策和财政政策之间的措施组合,合理搭配"减息降准"等货币政策措施和"减税降费"等财政政策措施。今年后三季度应适当增加"减息降准"的措施操作次数,加大货币放松措施的操作力度

马晓河建议,近期分别再降一次存款准备金率和存贷款利率。

肖金成认同如上观点,并建议年内将存款准备金率逐步降低到16%以下,每月降低0.5个百分点。

张长春建议,要尽快出台实施促进货币流动的相关政策措施:一是增发企业债,通过"债贷组合",定向用于政府和社会资本合作的市政设施建设领域;二是取消商业银行存贷比考核指标,释放商业银行放款能力;三是落实好银行信贷资产证券化实行注册制的改革措施,扩大银行融资能力;四是鼓励商业银行和企业采取排污权、收费权、特许经营权、购买服务协议项下权益质押等方式,增强企业融资

能力。

五、深化改革：努力构建适应稳增长需要的体制机制

陈东琪建议，体制改革要以短期稳增长为核心。再取消和下放 60 项左右"含金量高"的行政审批事项，取消 200 项国家层面认定的地方政府审批事项。公布地方政府权力清单、责任清单。清理、废除妨碍全国统一市场和公平竞争的各种规定和做法，出台开展市场准入负面清单制度改革试点办法，推进企业注册"三证合一"等改革，简化和放宽经营场所等限制条件。

吴晓华建议，要以推动丝绸之路经济带和 21 世纪海上丝绸之路、京津冀协同发展、长江经济带等三大区域发展新战略为契机，为经济持续发展提供强有力的战略支撑，拓展出新的空间。一是尽快组建国家国土开发署，主要负责落实"四大板块"战略、京津冀协同发展、长江经济带战略；二是尽快组建国际开发署，主要负责落实推进丝绸之路经济带和 21 世纪海上丝绸之路战略。

林兆木建议，需要把宏观调控的重点向各类企业转向，要更加注重微观企业的运行和发展。宋立建议，当前应把宏观调控重点从扩大投资转向提高企业生存能力和帮助企业更新设备、技术改造和产品升级上来。韩文科也认为，宏观调控政策重点应适时转向帮助煤炭、电力、石油行业和国有大型企业摆脱困境和实现转型。

张长春建议，改革应对民间资本投资基础设施所需资本金，实行与国有资本一视同仁的政策，政府所出资本金作为国有股份。

郭小碚建议，要进一步简政放权、统筹协调。一是在交通基础设施建设、运输服务价格、运输企业经营准入等方面，进一步取消和下放一批审批核准事项。进一步全面清理非行政审批事项。二是加大交通重大工程推进力度。积极协调国土、环保等项目审批相关部门，共同在确保项目规定条件下，争取按期开工建设。三是认真研究分析政策措施，加人对社会资金吸引，改善社会资金投入环境，加大资金筹措，扩大交通基础设施项目建设规模。

韩文科针对能源企业现状提出，后三季度的稳增长要依托能源产业的快速发展，重点是继续抓紧核电、水电和输电重点工程建设。一是进一步加快太阳能、风能、生物质能等可再生能源发展，继续完善上网电价补贴政策，清理政府拖欠的补贴，结合推进电改，采取降低销售电价等措施加大上网产地消纳力度，扩大消纳。二是适当降低销售电价，减轻加工企业负担。适当关停一些小型煤电机组，给予一定经济补偿，确保大型高效机组多发。三是优化"三大油企"资产，允许油企出售

部分低效资产,改善资产结构;进一步鼓励油气加大对国内页岩气的投资。

银温泉建议,各地要努力落实改革措施,营造经济稳定增长的环境,特别是要加快建立完善国有企业评价体系和推出机制,推进国有企业改革步伐。

李　军　刘中显

五月份报告

政策"组合拳"初见成效
楼市企稳回升尚待时日

受货币政策放松和鼓励住房消费政策的叠加影响,4月份房地产市场已呈现企稳迹象。表现为:房屋交易量回升,二手房市场表现好于新建房屋市场;房价上涨城市数量增加,二手住房价格止跌;一线城市房价全面上涨,二手房市场企稳回升。需关注的是,当前较高的库存水平、较大的企业资金压力以及中长期住房需求增长的放缓,尚不足以支撑市场全面回暖,预计下半年房地产开发投资增速将继续下降。建议关注中小房企资金链趋紧风险,完善房地产税收体系,促进房地产市场区域间平衡发展。

一、多重政策利好作用下,房地产市场呈现企稳迹象

2015年以来,房地产市场政策环境趋好。一方面,货币政策放松对房地产市场运行构成实质利好。继2014年11月央行开启降息通道以来,2015年在经济下行压力不断加大背景下,央行又实施了两次降息和两次降准,目前5年期贷款利率已降至5.65%的历史最低水平。另一方面,支持住房消费的政策有利于前期积压的住房需求的释放。3月30日,央行、住建部、银监会联合发文,进一步完善个人住房信贷政策,支持居民自住和改善性住房需求;北京、上海、辽宁、河南、安徽、浙江、福建、青海、四川等多地提高公积金贷款额度或降低贷款首付比例。在多重政策利好作用下,4月份房地产市场呈现企稳迹象。

房屋交易量回升,二手房市场表现好于新建房屋市场。1—4月,商品房销售面积同比减少4.8%,减幅比一季度收窄4.5个百分点。40个重点城市中,有18个城市商品房销售面积同比增加,其中,宁波、兰州、温州、杭州、长沙、深圳、郑州等城市同比增幅超过20%。4月份单月,商品房销售面积同比变化由负转正,增长

7%,自 2014 年年初以来首次出现同比增加(见图 1)。

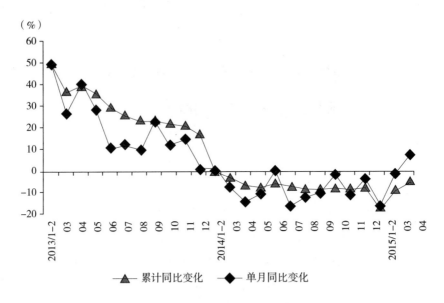

图 1　商品房销售面积同比变化

多数重点城市二手房成交量同比增加。1—4 月,以一线城市北京、深圳二手房成交量分别同比增加 52.7%、70.3%,深圳二手房成交量高于 2009 年以来的同期平均水平。二三线城市天津、苏州、成都、南宁、南昌二手房成交量分别同比增加42.2%、36.0%、14.4%、25.1%、3.3%,除南昌外,其余城市二手房成交量高于 2009年以来的同期平均水平。4 月份,重点城市二手房成交量大幅上升,其中北京、深圳同比增幅超过 80%,天津、苏州、成都、南昌同比增幅超过 40%。

房价上涨城市数量增加,4 月份二手住房价格止跌。2 月份以来,70 个大中城市房价上涨城市数量逐步增加。4 月份,新建住房和二手住房价格上涨城市数分别为 18 个和 28 个,分别比 3 月份增加 6 个和 16 个(见图 2)。

房价环比降幅收窄,二手住房价格止跌。2015 年以来,70 个大中城市新建住房和二手住房价格环比降幅逐步收窄,同比降幅继续扩大。4 月份,新建住房价格环比下降 0.2%,降幅比年初收窄 0.2 个百分点;二手住宅价格环比指数上升至100,价格止跌。但是,新建住房和二手住房价格同比分别下降 6.2%和 5.3%,降幅比上月扩大 0.3 个和 0.1 个百分点(见图 3)。

住房租金涨幅增加。1—4 月,居民消费价格指数中租房价格指数环比累计上涨 1.3%,涨幅比上年同期高 0.1 个百分点。3 月份和 4 月份,租房价格指数分别

房价上涨城市数量

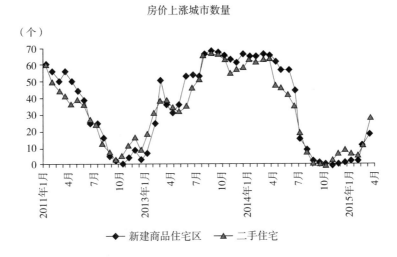

图 2　70 个大中城市房价上涨城市数量

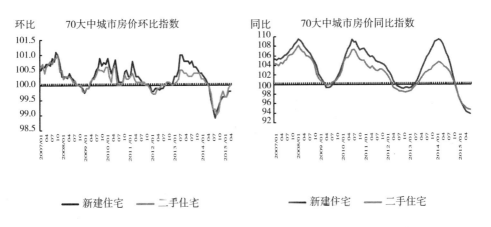

图 3　70 个大中城市房价变化

环比上涨 0.8% 和 0.3%,累计上涨 1.1%,住房租金涨幅为 2005 年以来的同期次高水平(2013 年 3—4 月住房租金累计涨幅最高,为 1.6%)。其中,北京市 3 月份租房价格指数环比上涨 1.7%,上海市环比上涨 0.9%,涨幅明显高于全国平均水平。

一线城市房价全面上涨,二手房市场企稳回升。1—4 月,北京、上海、广州、深圳四个一线城市新建住房和二手住房价格涨幅逐步扩大,环比累计分别上涨 1.1% 和 2.0%。4 月份,一线城市新建住房和二手住房价格环比涨幅分别达到

0.9%和1.6%,价格单月涨幅处于历史较高水平(见图4);其中,深圳和北京房价涨幅最高,新建住房价格分别环比上涨1.8%和0.7%,二手住房价格分别环比上涨2.4%和2.1%。

从量价变化来看,一线城市二手房交易量自去年10月份以来总体呈现环比上升的态势,12月份以来交易量同比持续增加。二手住房价格自2014年10月份以来连续7个月环比上涨,表明一线城市二手房市场已企稳回升。

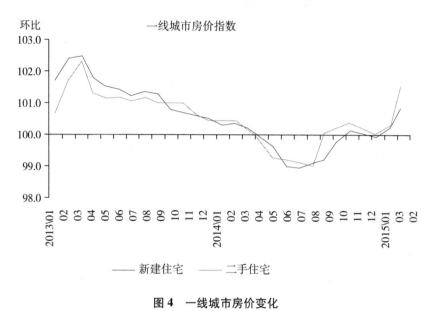

图4　一线城市房价变化

二、存货水平仍处高位,市场全面回暖动力仍显不足

当前房地产市场仍处于去库存的调整过程中。4月末,全国商品房待售面积达到6.57亿平方米,同比增长24.7%。北京、上海、深圳、苏州、福州、惠州、九江等城市商品住宅可售面积均表现为同比增加,部分城市房屋库存量虽比年初有所减少,但仍处于历史较高水平。

房企资金压力加大,开发资金来源出现多年来首次负增长。1—4月,房地产开发资金来源合计为6.98万亿,同比增长1.7%,增幅处于历史低位。其中,本年实际到位资金同比减少2.5%,多年来首次出现负增长(见图5)。"房地产企业本年资金来源/房地产开发完成投资"降至历史同期最低水平,表明企业资金压力较大。

（％）

房地产企业本年资金来源增速

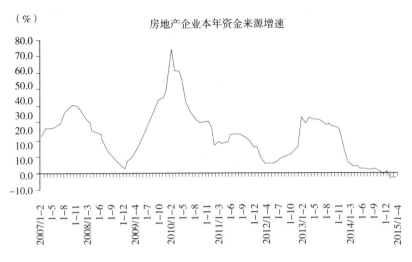

图5　房地产企业资金来源增速

中长期住房需求增长趋于放缓。受人口结构变化影响,我国年轻人占比将较快下降,人口抚养比持续上升,将导致城镇住房需求增长逐步减缓。在目前较高的房价水平下,普通居民住房支付能力不足,中长期住房需求增长的放缓难以支撑住房成交量持续回升。

房地产开发投资增速将继续回落。1—4月,房地产开发投资同比增长6.0%,增速比一季度回落2.5个百分点,比上年末低4.5个百分点。从投资构成来看,建安工程投资同比增长3.7%,拉动投资增长2.8个百分点;土地购置费同比增长22.4%,拉动投资增长3.3个百分点;而以项目开工前期投入为主的其他费用和设备工器具购置费均为负增长,负向拉动投资增速0.1个百分点,反映出房地产开发企业投资意愿下降。受房屋新开工面积大幅下降和土地购置费贡献减弱的影响,预计下半年房地产开发投资增速将继续回落至5%以内。

三、促进房地产市场平稳发展的政策建议

2014年11月22日、2015年3月1日、2015年5月11日,人民银行连续三次下调基准利率,对房地产市场运行构成实质利好。后续货币政策的适度放松,将有利于房地产市场加快结束调整周期。建议保持房地产金融政策的中性稳健,改善市场环境,促进房地产市场健康发展。

关注中小房企资金链趋紧风险。本轮房地产市场调整持续时间已超过1年,

调整幅度超过 2008 年和 2011 年两次市场调整。今年以来房地产开发企业资金压力上升至历史高位,其中中小房企由于融资渠道较少的制约而面临更大的资金压力。部分城市已出现由于中小房企资金吃紧陷入纠纷的问题。建议加强对房地产企业尤其是中小房企资金状况的监管,及时采取预案,防范中小房企资金链断裂风险。

完善房地产税收体系。我国房地产税收体系长期以来保持高交易税负、低持有成本的状况,不利于房屋资产流转,既对存量住房资源的有效利用形成制约,也难以抑制住房投机。建议完善房地产开发、交易、持有环节的税收结构,加快房产税立法,鼓励梯级的住房消费模式,促进住房需求的有效释放。

促进房地产市场区域间平衡发展。我国公共服务的空间分布存在极大的不均衡,优质公共服务资源主要集中在大城市和城市核心区域,使得这些区域住房表现为明显的供不应求,而部分三四线城市则出现供给过剩。建议通过基础设施建设和产业引导,推动城市群发展;合理布局城市内部教育、医疗等公共服务;通过推进公共服务均等化,促进房地产市场的区域间平衡发展。

宏观经济形势与政策研究小组

研究小组组长:陈东琪

本报告执笔人:刘 琳 任荣荣

本报告参加讨论人员:罗 蓉 刘中显

张有生 杨宏伟

杨 晶 姚淑梅

李大伟 李世刚

大宗商品正筑底，破位下行难，强势反转也不易

金融危机以来，美国路透商品分析局全球大宗商品综合价格指数（RJ/CRB 指数）经历了两次迅速下行周期。第一次由 2008 年 7 月初 460 点左右迅速下行至 2009 年 3 月初的 200 点左右，随后迅速反弹；第二次由 2011 年年初的 370 点左右下降到 2012 年 6 月底 270 点左右，随后小幅震荡反弹。2014 年 6 月底以来，RJ/CRB 指数进入第三个下行周期，由 312.8 点波峰迅速回落到今年 3 月 17 日 209 点波谷。3 月份美元指数走弱之后，RJ/CRB 指数开始小幅震荡回调，今年以来整体呈现"V"型走势，5 月 15 日为 230.68 点，与年初持平。本轮下行周期中 RJ/CRB 指数最大跌幅已超 30%，高于上一周期累计跌幅，部分商品价格一度触及生产成本上限，很难再次破位下行。即使如此，受近两年内美元指数仍处升值周期、大宗商品供求关系相对宽松等因素影响，全球大宗商品价格也难以强势反转，预计进入一个相对较长的筑底时期。

一、大宗商品价格显现周期性底部特征

原油价格见底回升。纽约 WTI 原油期货价格由 2014 年年初 95 美元/桶以下的相对低位缓慢升至 6 月中旬 110 美元/桶左右的周期高点，随后"断崖式"下跌至 2014 年年终的 50 美元/桶以下，整体呈现不对称的倒"V"型走势。今年以来，原油价格整体呈现"V"型走势，3 月份到达周期波谷后明显回调。2015 年 5 月 20 日，纽约 WTI 原油期货价格和北海布伦特原油期货价格分别升至 58.76 美元/桶和 64.82 美元/桶的年内高位，较今年最低点分别上升了 34.6% 和 38.8%，高于今年年初水平。在原油新增产能持续下降、美元指数上升第一波周期结束、投资者情绪明显分化等因素共同作用下，原油价格已进入见底后的缓慢回升阶段。

铁矿石价格止跌企稳。2013 年下半年以来,铁矿石价格进入一个较长时间的下行周期,由 2013 年 7 月初 450 点左右一路回落至今年 2 月份 230 点左右。2015 年 3 月份以来,铁矿石价格降幅明显收窄,5 月 20 日中国进口铁矿石价格综合指数为 213.99 点,较 4 月底 208.92 点稍有回升。近期必和必拓等大型供应商扩大产能动力有所减弱,铁矿石价格已经接近生产商成本上限,初显止跌企稳态势。

铜价小幅震荡反弹。伦敦金属交易所(LME)铜期货价格由 2012 年 3 月初 8600 美元/吨的高位震荡回落至今年年初 5600 美元/吨左右。今年 3 月份以来,受美元指数第一波上升后的短期调整、全球铜产量增速低于预期以及智利铜矿受灾等因素影响,铜价开始震荡反弹,5 月 20 日收于 6222 美元/吨,较今年最低位上升 11.1%。这可能意味着年初的铜价成为下降周期的低点。

黄金价格构筑"W"型的短周期双底。COMEX 黄金期货价格自 2014 年 3 月以来进入新一轮下行周期,先后于 2014 年 11 月初、2015 年 3 月中旬在 1150 美元/盎司以下构筑了一个"W"双底形态,今年 5 月逐渐突破 1200 美元/盎司,5 月 20 日为 1209.3 美元/盎司。在投资者情绪分化、部分国家央行黄金储备和老百姓购金需求上升以及金价接近黄金开采成本上限等因素的综合作用下,金价很难下破 1130—1150 美元/盎司。预计在美联储加息时,金价将再次调整,但应不会击穿这个底部。

农产品价格回落势头放缓。受农产品主产地气候良好导致丰产等因素影响,2014 年 4 月底以来,农产品价格进入新的下行周期,大豆、玉米和小麦半年内价格降幅均超过 30%。今年主要农产品再次丰收,年中价格继续下行,5 月 20 日,大豆、玉米、小麦三大主要农产品期货价格分别为 347.3 美元/吨、141.7 美元/吨和 195 美元/吨,分别较今年年初下降了 10.4%、11.3% 和 12.9%。我们认为,受全球农产品主产区收割进度放缓、期货市场投资者情绪分化以及美元指数小周期走弱等因素影响,未来农产品价格降幅可望放缓。

二、三大因素决定全球大宗商品筑底

投资者预期由一致看空转向分化。目前原油、铜、大豆等绝大多数大宗商品已经形成了全球性金融期货市场,期货价格成为大宗商品市场主导价格。大宗商品期货作为一种金融资产,其短期价格波动的直接影响因素是投资者对未来价格的预期。供求关系等基本面因素则通过改变投资者预期影响价格走势。2014 年下半年,随着大多数大宗商品供求关系明显缓和,大宗商品期货市场投资者普遍预期商品价格处于下行周期，市场看空情绪浓厚，反映投资者情绪的芝加哥期货交易所（CBOT）各类大宗商品非商业净多头规模明显下降，净空头明显上升。其中，原油、黄金、大豆期货非商业净多头分别由 2014 年 6 月份的 48 万手左右、17 万手左右、13 万手左右降至年底的 27 万手左右、13 万手左右和 5 万手左右，小麦期货非商业净多头则由年中的 2 万手左右转为净空头，铜期货非商业净空头则由 2014 年 6 月份的 4100 手左右迅速升至年底的 35000 手左右。

我们综合分析认为，从中期动态看，随着大宗商品价格处于相对低位，部分投资者对未来大宗商品价格的预期开始由看空转向看多，期货市场投资者情绪开始分化，能矿类大宗商品投资者看多情绪明显上涨。今年以来，大宗商品内部出现了多空分化现象。CBOT 原油期货非商业净多头稳中有升，目前已回升至 32 万手左右；黄金期货非商业净多头在 13 万手左右大幅震荡；铜期货非商业净空头稳步降至 16000 手左右。小麦、大豆等农产品期货投资者仍然偏向看空，4 月底小麦非商业净空头已经增长到 7 万手左右，大豆净多头也降至 2 万手以下。随着市场多空力量的此长彼消，看多的市场信号受到更多关注，带动能矿类大宗商品价格持续低位震荡甚至小幅反弹。

市场释放更多看多信号。去年下半年，大宗商品供求关系变化向市场释放的信号以看空信号为主，如美国页岩油产量持续上升、OPEC 维持原油产量不变、农产品产量创历史新高等。今年以来，虽然整体上全球大宗商品供求关系并未发生根本改变，但随着大宗商品价格回归历史低位，生产商进一步增产的动力有所减弱，个别企业甚至开始减产，购买方扩大进货量的动力也明显加强，供求关系向市场发出的看多信号明显增加。如近期 OPEC 已正式宣称将在 6 月份会议上讨论原油价格问题，未来减产可能性上升，美国页岩油企业投资动力有所减弱，新增钻井数量连续出现下滑，能源行业就业人数持续下降，均向市场释放出强烈的看多信号，有力地支撑了原油价格反弹。再如，必和必拓等大型铁矿石企业最近决定推迟 2000 万吨的扩产计划，智利国家铜业委员会将 2015 年铜产量的估计值由 1 月份的 600 万吨下调到 594 万吨，俄罗斯央行利用目前黄金低价位时机，今年 4 月大幅增加 30.6 吨黄金储备，均有力地支撑了投资者看多相关期货。

目前大宗商品价格仍处相对低位，原油、黄金等部分大宗商品价格一度触及成本上限，将迫使生产商之间就控制产量达成新的博弈均衡，部分生产商甚至可能减产；从季节性因素看，各国二季度工业产量一般较一季度明显上升，有利于在短期内适度提振需求。我们预计未来 1—2 个季度内，供求关系向市场发送的信号可能仍然以看多为主，将有力支撑大宗商品价格迅速筑底甚至小幅回调。

美元指数阶段性调整。国际大宗商品基本以美元定价,在其他条件不变情况下美元的升、贬会导致大宗商品价格降、升,因此美元指数走势一直是期货市场投资者判断未来大宗商品价格的重要参考指标之一。特别在短期内供求关系变化不大情况下,美元指数变化往往能够在短期内迅速改变投资者预期,导致大宗商品价格剧烈波动。从去年下半年大宗商品价格和美元指数的关系上看,虽然二者负相关强度较国际金融危机前有所减弱,但二者负相关表现依然可见。2014 年 7 月初美元升值加快,到 2015 年 3 月 13 日该指数达到今年年内高点后回落,RJ/CRB 指数的阶段波峰和波谷与这两个时间点基本吻合。

美联储货币政策走势是决定美元汇率走势的主要因素。美联储 4 月份声明称,当对通胀有合理信心且劳动力市场持续改善时,将会启动加息。由于受暴风雪等因素影响,3 月份美国新增非农就业人数明显下滑,一季度经济走势略弱于预期,通胀压力不大,市场普遍认为未来 1 至 2 个季度内美联储加息的可能性较小,不利于美元进一步走强,美元指数可能在 90—95 左右震荡。这将在短期内进一步巩固期货市场投资者对未来价格看多的信心,从而对大宗商品价格形成区间性上行的推力。

三、大宗商品价格筑底仍需时日

美元阶段性调整后仍将进入第二轮上升周期。2015 年一季度末以前的两年时间内,美元指数受 QE 退出影响上涨了 30% 左右,由 76 上升到 100。受一季度美国经济形势低于预期等因素影响,市场对美联储加息预期减弱,美元指数 2015 年 4 月进入小周期调整。但是,美国经济基本面向好态势没有根本改变,一季度不景气很大程度上归于暴风雪等突发事件影响。去年年初暴风雪来袭也导致当年一季度非农新增就业人数和 GDP 增速的明显下滑,而在剔除季节性因素后,美国经济形势仍保持平均复苏势头。与去年相似,今年 3 月份美国非农就业岗位仅增 8.5 万个,同样大幅下滑,但 4 月份迅速回升至 22.3 万个的正常水平,失业率也下降至 5.4% 的 2008 年以来最低点,说明今年一季度美国经济形势转弱更多是个短期性事件,不会改变复苏走势。美联储可能在今年 9—12 月或更晚启动加息计划,这意味着美元指数经过第一波上升后的阶段性调整,仍有再次上升的经济动能,进入第二波上升周期是可预期的。

我们虽然对美元的长周期走势持"长贬"的看法,主要是考虑以欧元和人民币这两大非美货币在国际货币市场的战略空间不断扩大,但这并不影响我们对美元小周期走势持"短升"的判断。从美元"长贬短升"的大趋势看,2012—2017 年美元指数总体上处在"波浪上升"之中。

近年能矿类大宗产品整体上供大于求。一方面,供给量增速放缓,但不会下降。能矿类大宗产品的投资周期往往长达 3—5 年,供给面变化通常要明显滞后于需求变化。当前,大多数能矿类大宗产品在金融危机前价格高企时的新增投资均进入了生产周期。对于已经运行的矿山和油井而言,当初勘探和投资的成本已经成为了"沉没成本",维持生产所需要的流动成本并不高。在能矿类大宗产品整体价格虽然偏低,但仍高于维持生产的流动成本的情况下,大多数企业会采取维持现有矿山和油井的生产,并逐渐减少新增投资的策略。这将使得大宗商品供给不会随着需求疲软而迅速且持续降低,而有一个较长时期的增速放缓过程。

另一方面,需求量难以快速增长。本轮大宗产品需求增速放缓在很大程度上是受全球经济发展重心转向互联网、智能制造等高技术产业,对大宗商品的依赖程度下降的影响,其结构性变化因素可能高于周期性变化。在主要发展中国家推进经济结构调整、发达国家经济增长乏力的背景下,需求在短期内重回迅速增长轨道的可能性较小。OPEC、必和必拓、智利国家铜业委员会等全球主要能矿大宗产品供应者均称,2015 年全球原油、铜、铁矿石供给相对偏松的大格局不会发生根本改变。

近年农产品供求关系相对宽松。与能矿类大宗商品不同,农产品需求相对稳定,其产量则主要受主产地气候影响。目前业界普遍判断今年主要农产品产地遭受自然灾害的可能性不大,农产品有望持续丰收。美国农业部 5 月份的全球农产品供需平衡报告预测称,2015/2016 年全球小麦产量预测值达到 7.189 亿吨,稍低于 2014/2015 年水平,仍为历史次高纪录;玉米、高粱等粗粮产量预测值则较 2014/2015 年上调 960 万吨,再创历史纪录;大豆产量预测值与 2014/2015 年持平。这整体上有利于维持全球农产品供求关系的宽松格局,支撑农产品价格处于相对低位。即便下半年全球农产品主产地遭受小规模的突发自然灾害,考虑到目前农产品已经连续两年实现丰收,全球谷物库存处于历史相对高位,全球农产品供求关系也难以出现明显逆转,价格大幅上涨的可能性不大。

我们预计,大宗商品价格尚未走出本轮下行周期,在未来 1—2 个季度内短期筑底甚至小幅反弹之后,仍可能再次出现小幅震荡回落态势,但会呈现不同品种价格分化的特征。从具体商品看,原油、铁矿石、黄金等大宗商品的价格已接近其生产成本上限,价格将处于长期低位震荡态势;铜等大宗商品价格仍明显高于生产成本,下行空间相对较大。从长周期看,当前低位的大宗商品价格将会明显影响矿产、油井的新增投资,而大宗商品需求仍将稳定增长,供求格局将逐渐由当前的相对宽松转为紧平衡,加之我们预计本轮美元升值将在 2017 年前后结束,此间大宗商品价格有望实现整固底部后的温和上升。

宏观院经济形势与政策研究小组

研究小组组长:陈东琪

本报告执笔人:李大伟

本报告参加讨论人员:罗　蓉　　刘中显

张有生　杨宏伟

杨　晶　　姚淑梅

刘　琳　　任荣荣

李世刚

国际油价"区间波动"与应对策略

去年年中以来,国际油价大幅下跌,布伦特油价从每桶116美元跌至45美元。未来国际油价怎么走?"45"是不是底?我们认为是"底",即使2015年9—12月美联储启动加息,也很难使油价跌破"45"。在较长时间构筑底部后,油价将进入"波段回升",预计今、明两年在45—80美元区间波动。我们应抓住本轮国际油价"区间波动"时机,实施积极的石油战略和政策措施。

一、"45"是底

国际油价从去年6月开始迅速下跌60%,今年1月降至45美元。5月初,布伦特油价反弹至68美元附近,涨幅50%;WTI价格回升至61美元附近,涨幅36%。综合看,国际油价进一步下跌可能性小,"45"是本轮周期的底部,主要依据有:

(一)继续大幅增产的潜力有限

OPEC石油产量已接近历史最高水平。2014年11月OPEC做出不减产决定,其产量继续保持上升趋势。今年4月OPEC原油日产3121万桶,是2012年9月以来最高水平。其中,沙特、伊拉克创下历史最高纪录。IEA认为,OPEC目前原油产量高于市场需求约200万桶。如果继续维持当前增长态势,OPEC富余产能将进一步减少,降至170万桶左右,产能调剂的灵活性降低,难以进一步大幅增加产量。

北美原油生产增速明显放缓。今年美国原油产量将创四十年之最,加拿大原油产量也将持续增加。但是,油价持续下降直接导致北美在用钻机数量大幅减少,从去年9月的2360台减少至今年5月的984台,降幅58%。上游勘探开发活动的收缩已明显影响原油生产,美国轻质原油、加拿大油砂油产量增长均显著放缓。为此,IEA已下调今年原油日产增量预估值至53万桶,下调2016年预估值至2万桶。

上游投资显著下降。受国际油价下跌影响,石油公司效益显著缩水,纷纷调整发展计划,削减预算、退出或延缓项目。BP公司本年度预算削减20%,并终止墨西哥湾两份深水石油钻机合同;康菲公司2015年勘探开发开支削减23%,并推迟北美非常规项目;俄罗斯卢克石油公司今年投资计划削减10%,并退出委内瑞拉胡宁6号采油项目;埃克森美孚今年资本支出削减12%;加拿大森科尔能源公司削减10亿加元,并推迟艾伯塔省北部项目和海上扩建项目。上游投资水平的下降,将直接影响今、明年世界石油供给。

(二) 石油需求稳步增加

发达经济体持续复苏。2013年以来,美国GDP年均增长率升高到2.9%;失业率从两年前的8%下降至今年4月份的5.4%,为近七年来最低。预计2015—2016年度GDP增长3%左右。欧元区今年一季度GDP增长率升至0.4%,超过美国和英国。欧委会预测欧元区经济将进一步好转,2015年GDP增长1.5%,2016年将达到1.9%。日本经济也出现复苏迹象,去年四季度GDP增长0.4%,今年一季度预估值为1.5%。发达国家经济趋稳向好将带动石油消费小幅增长。

新兴经济体整体向好。随着稳增长措施逐步到位,以及"一带一路"战略大力推进,中国经济总体上趋稳向好。印度经济进入快速增长阶段,2014年GDP增速为6.9%。IMF预测,2015—2016年度印度经济将增长7.5%。俄罗斯经济出现企稳回升迹象,卢布兑美元累计升值22%。2016年俄罗斯经济将恢复增长,增速预估为2.3%。新兴国家经济整体向好,特别是个人汽车拥有量持续快速增加,将拉动全球石油需求进一步提高。

总之,在全球经济趋稳回暖的宏观背景下,石油需求将稳步增长。IEA预计2015年全球石油需求将增长111万桶/日,其中非OPEC国家增长83万桶/日。

(三) 生产成本"托底"作用

全球石油供应格局出现重大调整,非常规、深海油气比重提高,勘探开发成本不断上升。中东以外地区陆上原油平均成本为51美元,北美页岩油为65美元,油砂油为 70 美元。海上深水区原油平均成本为 52 美元,超深水区为 65 美元。因此,非常规、深海油气大规模开发致使国际油价很难长期维持在 45 美元以下。

(四) 对冲基金做多原油期货

资本市场意识到原油价格的触底反弹信号,对冲基金大规模入场,做多原油期货,助推原油价格上涨。美国商品期货交易委员会(CFTC)的最新持仓报告显示,4月 21 日当周,纽交所轻质原油的空头仓位大幅减少 32%,长期净多头仓位较前一周增加 40994 手期货和期权合约,达到去年 7 月以来的最高位。空头回补及多头头寸增加,助推了油价反弹。

(五) 地缘政治局势紧张

地缘政治事件频发,增加了市场的不确定性。东乌克兰之争仍在发酵、"伊斯兰国"组织力量扩大、叙利亚内战久拖不决、突尼斯和利比亚持续动荡、也门教派冲突加剧、沙特和伊朗高调介入也门争端等引发局部地区,特别是中东地区局势紧张,成为近期支撑油价回弹的重要因素。

(六) 技术指标支撑

对 2008 年至今的布伦特油价波动趋势进行分析,发现本轮油价下跌已出现了"W"形态的双底,表明继续下跌的可能性小。由图 1 可见,历史最高价格和次高价格确定了压力线位置,最低价格和次低价格确定了支撑线位置,未来一段时间价格将很可能落在这两条线确定的区域内。考虑到供需基本面的调整时间较长,综合判断,今、明年国家油价将在 45—80 美元区间波动,并呈现波段回升态势。

总之,在供需基本面初步改善、成本走高、对冲基金做多、地缘政治紧张等因素共同作用下,国际油价已呈现止跌回升态势,继续下行的动力不足,"45 美元"是本轮油价调整的底部位置。

二、进入窄幅震荡、缓慢上升时期

预计新周期油价将呈现窄幅震荡式缓慢上升态势,今、明年波动区间为 45—80 美元,主要依据有:

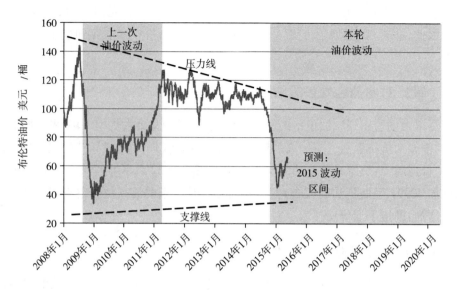

图 1 布伦特油价分析

（一）石油市场由"买方"变"卖方"

油价大幅波动是石油市场各方力量博弈的直接表现。由于美国非常规油气开发取得重大突破,北非、里海等地原油生产能力持续增加,伊朗和伊拉克重返石油市场,世界石油市场出现供应远远大于需求的不平衡局面,导致市场由过去的"买方"之间的博弈转变为"卖方"之间的博弈。一方面,OPEC 等传统石油生产商为争夺市场份额,坚持不减产,试图掌控定价权。另一方面,新兴石油生产商不断降低成本,持续盈利,并伺机扩张。例如,美国页岩油气资源富集的鹰滩盆地石油钻机数量正在不断增加。如果油价进一步回升,边际成本更高的油砂油项目也将重启,供应增加对油价大幅回升造成较强压力。

（二）新能源替代的抑价效应

在全球气候变化和环境污染的双重压力下,低碳化、无碳化已经成为世界能源发展的潮流,减少化石消费是必然选择。经合组织国家中长期能源需求逐步依靠可再生能源来满足,石油需求呈负增长态势。在交通领域,电动汽车正在不断扩张,对石油的垄断地位形成挑战。高油价将进一步促进新能源和可再生能源发展,加快各领域石油替代的步伐。因此,能源转型也对国际油价大幅回升造成较大压力。

（三）美元升值平抑油价

国际油价与美元指数保持较高的负相关性。美国经济复苏,欧盟和日本推行量化宽松的货币政策,推动美元进入新一轮上升周期。今年3月,美元指数上涨至99.649,较2014年6月底升值25%,达到12年内高点,对石油价格上涨构成较强压力。尽管今年一季度美国经济表现欠佳,美联储对美元加息政策出台仍持观望态度,使美元汇率小幅下跌,助推了油价触底反弹。但长期来看,随着世界经济,特别是美国经济的复苏,美元总体表现走强,将阻碍油价过快上涨。

（四）新兴经济体价格承受力相对较低

未来世界石油消费增长的主体主要是中国、印度等发展中国家,特别是印度、东南亚国家有可能取代中国成为世界石油消费增长的中心,但由于印度等国家经济发展水平相对较低,价格承受能力有限,过高的石油价格会抑制其石油需求增长。

综上所述,由于石油市场供需基本面改善尚需时日,替代能源与石油的竞争加剧,美元进入新一轮升值周期等原因,未来国际油价将呈现出缓慢回升态势,今、明年将主要在45—80美元区间波动。

三、应对"缓慢上升"的对策建议

我国应正视国际油价"缓慢上升"的新周期,采取积极措施,大量增加石油进口,提高石油战略储备规模;大力深化国际合作,打造能源强国。

（一）建造巨型油轮储油箱快速增加储备规模

我国建造巨型油轮储油箱具有生产能力充足、技术成熟度高、经济性好、建设周期短的优势。建议以巨型油轮储油方式,快速增加石油战略储备规模。选择靠近原油码头和管网、气象条件适宜的沿海港口,以海滩坐底方式放置,迅速形成新的储油能力。在储油箱建设过程中,可以采取"边建边购"方式,同步从国际市场购买原油,争取今、明年内形成1000万吨的新增储备能力。

（二）利用地下盐穴在2016年内形成新的战略石油储备能力

利用地下老盐腔储备石油,是世界其他国家石油战略储备的主要方式。加快推进江苏金坛、淮安等盐矿储油设施的建设步伐,加强对我国地下盐矿的调研,尽快发现更多符合条件的储油盐穴。

(三) 协调动员社会力量增加石油储备

在国家战略储备库和央企库容已基本饱和情况下,积极动员非传统央企、地方及民营企业参与石油储备设施建设。尽快开展全国性调查工作,摸清家底,挑选出一批库容规模较大、交通运输便利、环保安全达标等条件较好的仓储设施。研究提出短期租用或收购、企业补偿、储库运行管理等配套管理办法,推动在今年内形成约500万吨的社会力量储备能力。

(四) 加快石油储备设施工程建设进度

加快推进国家战略石油储备库二期、三期工程建设。对于三期工程,要加快项目审批,优化程序,缩短审核周期。对于广东湛江和惠州、辽宁锦州、天津、浙江舟山等二期在建工程,加快工程进度,尽快下达资金,落实用地指标,及时协调解决工程建设遇到的困难和问题。要加大原油收储力度,对于已建成的国家战略储备库,要做到应储尽储;对于刚建成的甘肃兰州、新疆独山子国储库,要做好与进口原油管道的衔接,增大收储量。

(五) 加强石油储备的资金保障

目前石油储备成本约为17元/吨年,但国家支付的费用标准仅为12元/吨年,影响投资主体新建储油设施的积极性。随着储备规模扩大,中央财政投资缺口可能进一步加大,加强资金保障至关重要。建议从成品油消费税或石油特别收益金中提取部分资金,建立国家石油储备基金,用于支持国家石油储备工作,包括购买石油、运输、运输保险、装卸、海关手续、管道输送和进口代理等费用。

(六) 深化与石油供应商的合作

充分利用全球油气产业相对低迷的有利时机,深入实施能源"走出去"战略,通过兼并收购、直接投资等多种形式,加快推进海外能源基地建设。发挥我国在"一带一路"、"两走廊"、上海合作组织、亚信会议等区域机构的主导作用,加快推进与中亚—俄罗斯区域能源合作,提高陆上进口能源占比,新增我国海外能源主导区;利用美国减少能源进口的有利时机,加强与中东国家的能源合作,巩固我国海外能源基础区;进一步推进美洲、非洲能源合作,形成多元互补的海外能源保障区。我国油气资源赋存地质条件复杂,造就了一支能打硬仗的勘探开发技术队伍,应充分发挥这一优势,积极开拓国际油服市场。

宏观院经济形势与政策研究小组

研究小组组长:陈东琪

本报告执笔人:张有生　杨宏伟

　　　　　　　杨　晶

本报告参加讨论人员:罗　蓉　刘中显

　　　　　　　　　　姚淑梅　李大伟

　　　　　　　　　　刘　琳　任荣荣

　　　　　　　　　　李世刚

全球股市高风险的识别和效应

2015年4月，全球股票市值继1999年和2007年之后第三次超过全球GDP，海外市场普遍担心全球股市将迎来大幅调整，或将引发类似亚洲金融危机、国际金融危机的金融市场动荡。我们从累计涨幅、估值水平、股价乖离率、恐慌指数和巴菲特指数五个方面，对美、欧、亚有代表性的22个股指的泡沫化程度进行了定量测算。研究结果表明，尽管不同市场股价泡沫度有所差异，但可以基本判断全球股市风险正在聚集，但还未达到泡沫很快破灭的峰值。

一、全球股市风险集聚，但还未达"峰值"

观察股市风险及股价泡沫化程度存在多个指标，如：反映股市与实体经济关系的"巴菲特指数"（一国股票市值/GDP）、一段时间内股价累计涨幅、股票市盈率（PE）等市场估值水平，股价偏离长期趋势线的乖离率（BIAS），反映股价波动率和市场情绪的恐慌指数（VIX指数）等。历史经验显示，股市泡沫生成及膨胀过程中，各项风险指标并非同步提高，不能从单一指标推论股市泡沫化程度，需要综合多个指标加权得到能够客观反映股价风险演进的泡沫度，以全面反映股市所处的泡沫化阶段。

全球股票市值第三次超过GDP。"巴菲特指标"（股票市值/GDP）被视为衡量股价过热程度的重要警示指标。这一指标在1999年和2007年分别达到121%和109%，随后无不例外发生股价大幅下跌，并引发经济金融危机。世界交易所联合会（WFE）统计数据显示，今年4月末全球股票总市值达到74.7万亿美元，根据国际货币基金组织（IMF）推算，今年全球GDP约为74.5万亿美元，股市总市值再度超过GDP总值。这预示着全球股市已进入高风险期，这个时期只要有影响较大的因素冲击，就有可能引发全球股市大幅振荡，进而引发一轮较大的金融市场动荡。

当然,近期出现这个情景可能是或然的,而不是必然的。

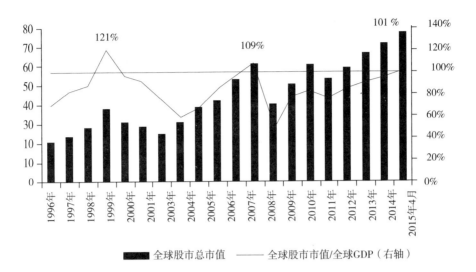

图1　全球股市总市值与全球 GDP 比值(巴菲特指数)

　　主要是因为目前全球股市的体系和结构已经与 1999 年和 2007 年大不相同:第一次股票市值超过 GDP 余额部分中的 59% 来自英国为代表的欧洲市场,第二次股票市值超过 GDP 余额部分中的 72% 来自美国市场,目前的"第三次"则主要来自中国市场。截至 2015 年 4 月末,上海、深圳和香港股市总市值约 15 万亿美元,比 2014 年 1 月提高了 8.1 万亿美元,占同期全球股票总市值增长额的 48%,全球股票市值超过 GDP 余额部分中约 67% 来自于中国市场。这说明,"第三次"全球股市繁荣的重要引擎由传统的欧美发达市场转向以中国为主的新兴市场,这一次的泡沫走势及后续影响将有别于前两次。

　　主要股指自上轮低点以来大幅上涨。一是美国、德国股市领涨发达市场并均创历史新高。截至 2015 年 5 月 8 日,美国纳斯达克、标普 500 和道-琼斯三大股指较 2009 年 3 月低点分别累计上涨 352%、218% 和 181%,上涨时间均持续 74 个月。其中,纳斯达克指数一度突破网络泡沫时期创下 5132 点历史高位,标普 500 和道-琼斯指数也较 2007 年历史高点分别上涨 35% 和 31%。德国股市领涨欧洲市场,法兰克福 DAX 指数较 2009 年低点累计上涨 226%。俄罗斯 RTS 指数、英国伦敦金融时报指数、西班牙 IBEX35 指数、意大利 MIB 指数和法国巴黎 CAC40 指数则分别累计上涨 108%、104%、93%、89% 和 81%,其中,英国伦敦金融时报指数已突破 2007 年历史高点。二是印度尼西亚、印度、菲律宾和中国股市领涨亚洲市场。

印尼、印度和菲律宾牛市启动早、持续时间长,较 2008 年历史低点分别累计上涨374%、364% 和 235%,较 2007 年历史高点分别上涨 82%、28% 和 101%。中国内地和香港股市启动上涨时间虽晚于其他市场,但 2014 年以来涨幅位居全球前列。截止到 5 月 8 日,上证综指、深证成指、中小板指数和创业板指数较 2008 年 10 月历史低点分别累计上涨 151%、160%、323% 和 408%;同期,香港恒生指数累计上涨158%。此外,日本日经 225 指数、韩国综合指数和澳大利亚普通股指数也较 2008年低点分别累计上涨 177%、134% 和 85%。三是主要股市月均涨幅的变化趋势显示风险呈"接力棒"式传递。本轮周期以来,各国股市上涨时间持续 10—79 个月,美欧发达市场和新兴市场股市表现有所分化。美、英、德、法、加五国和印度、印尼、菲、澳四国股市,在 2007 年金融危机后呈现单边上涨格局,上涨时间超过 6 年。巴、俄、意、西、韩、日及中国内地和香港股市上涨时间较短(1 至 3 年)。从 22 个指数月度涨幅变化之间的关系看,股市上涨有从美欧市场向新兴市场溢出传递的效应。就是说,即使美欧股市已达峰值,而由于向新兴市场特别是向正处在快速开放中的中国股市产生"溢出效应",也是有时间差的,何况美欧股市目前离风险高点还有一段距离。

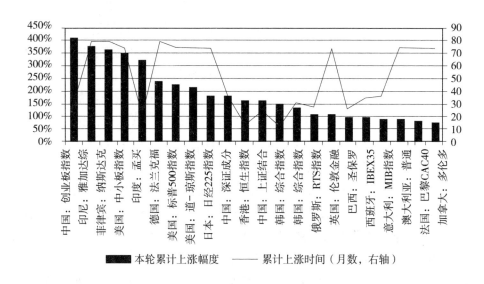

图 2 22 个主要股指数累计上涨幅度和持续时间

注:累计上涨幅度为上轮低点至 2015 年 5 月 8 日间涨幅。

近半数股指估值水平已接近或超过历史高位。本轮周期以来,全球股市市盈率均出现快速上升态势,有 10 个国别股指市盈率已经接近或超过历史高点。其中,加拿大、英国、韩国、澳大利亚股市截至 4 月末的市盈率水平分别为 18、29、18 和 14 倍,已接近各自历史高点;法国、印度、印尼、菲律宾市盈率分别为 24、23、19 和 21 倍,已超各自历史高点。全球股票市值前四位,即美国、中国内地和香港、日本股市的市盈率仍低于历史高点。道-琼斯、标普 500 和纳斯达克三大股指市盈率分别为 17、26 和 19 倍,较 1999 年 27、152 和 45 倍的历史高点仍有较大距离,但已快速接近 2007 年金融危机期间的次高点水平。日本、中国内地和香港股市市盈率较历史高点差距较大,截止到 5 月 8 日,我国创业板市盈率高达 103 倍,为纳斯达克股指市盈率 1999 年最高水平的 2.29 倍,已进入高风险区;中小板股指市盈率为 49 倍,而上证综指和深证成指市盈率分别为 19 倍和 24 倍,明显低于 2007 年 46.7、47.5 倍的历史高点。

表 1   22 个主要股指市盈率及历史高点

全球主要股指	市盈率 (2015 年 4 月)	最高市盈率及时间
1. 美国:道-琼斯指数	17	27(1999 年 3 月)
2. 美国:纳斯达克指数	26	152(1999 年 5 月)
3. 美国:标普 500 指数	19	45(1999 年 5 月)
4. 加拿大:多伦多综合指数	18	22(2001 年 7 月)
5. 巴西:圣保罗 IBOVESPA 指数	5	19(2009 年 5 月)
6. 英国:伦敦金融时报 100 指数	29	34(2001 年 5 月)
7. 德国:法兰克福 DAX 指数	22	35(2000 年 7 月)
8. 法国:巴黎 CAC40 指数	24	22(2001 年 4 月)
9. 意大利:MIB 指数	26	45(2007 年 5 月)
10. 西班牙:IBEX35 指数	28	39(2007 年 6 月)
11. 俄罗斯:RTS 指数	6.2	18(2008 年 1 月)
12. 中国:上证综合指数	19	46.7(2007 年 10 月)
13. 中国:深证成分指数	24	47.5(2007 年 10 月)
14. 中国:中小板指数	49	49(2015 年 5 月)
15. 中国:创业板指数	103	103(2015 年 5 月)
16. 日本:日经 225 指数	19	70(1987 年 4 月)
17. 韩国:综合指数	18	20(2007 年 10 月)
18. 香港:恒生指数	10.4	28(2000 年 6 月)
19. 印度:孟买 Sensex30 指数	23	21.6(2008 年 1 月)

全球主要股指	市盈率 （2015 年 4 月）	最高市盈率及时间
20. 印尼:雅加达综合指数	19	15(2007 年 10 月)
21. 菲律宾:马尼拉综合指数	21	16(2008 年 5 月)
22. 澳大利亚:普通股指数	14	16(2007 年 10 月)

股价乖离率显示主要指数"正向偏离"长期趋势。乖离率(BIAS)反映股价偏离均线程度,当股价偏离趋势值过大时,都存在"均值回归"过程。22 个股指乖离率(偏离 120 日均线)显示,截至 5 月 8 日,全球多数股指乖离率处在高位,表明"均值向下回归"的欲望很强。其中,美国纳斯达克指数、德国法兰克福指数、菲律宾马尼拉指数、印尼雅加达指数和中国创业板指数偏离长期趋势值较大,乖离率在 68%—85%之间,其他股指乖离率在 50%以下。这种"乖离率差异"表明,全球股市活跃趋势仍将持续一段时间,在美联储加息前还不会出现全球股市大幅下调的情景。

恐慌指数尚未预警后续调整风险。股票市场波动性指标(VIX 指数)被称为市场恐慌指数,是股价调整的重要先行指标,可以预警市场重大敏感事件。对比美国标普 500 指数和 VIX 指数走势可以发现,VIX 指数明显提高后,要经历几个月时间才会引发股指大幅下跌。以国际金融危机期间为例,2007 年 1 月至 8 月,VIX 指数由 10.1 的历史低位快速提高至 30.7,标普 500 指数在 10 月开始快速下跌。在股指下跌期间,VIX 指数更是急速上升至 80,加大了股指调整幅度。本轮周期以来,虽然 VIX 指数在 2010 年 5 月、2011 年 8 月也分别达到 45、48 的阶段性高点,但持续时间短暂,股指调整轻微。2015 年以来,VIX 指数在 10—23 之间的低位区间运行,目前尚未出现明显的股市恐慌性风险信号。5 月 12 日,芝加哥期货交易所(CBOE)近 1 亿美元 VIX 期权合约 1 秒钟成交,创造了该产品有史以来最大单笔交易,反映市场多空双方对后市分歧较大。市场分歧越大,越会保持由多空力量胶着的短期相对均衡走势。但是,如果发生系统性事件,VIX 指数大幅飙升,则股市将很快出现恐慌性下跌。

综合以上五项风险指标,我们对全球 22 个股指进行分项风险评级。综合看,本轮周期以来,全球股市各项风险指标并非同步提高,不同指标反映的市场风险程度有较大差异,虽然有的市场、有的指标的风险度已经很高,但是有的市场、有的指标的风险度还不高,因此目前全球股市还未达到泡沫很快破灭的程度和地步。

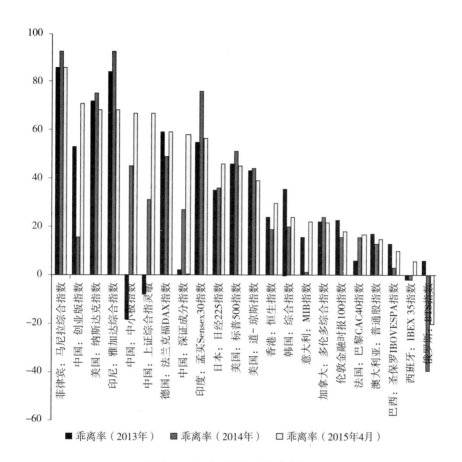

图3　22个主要股指乖离率指标

表2　全球股指风险评级

风险指标评级	累计涨幅	市盈率	乖离率	恐慌指数	巴菲特指数
1.美国:道-琼斯指数	★★★★	★★★	★★★	★	★★★★
2.美国:纳斯达克指数	★★★★★	★★	★★★★★	★★	★★★★
3.美国:标普500指数	★★★★	★★	★★★	★	★★★★
4.加拿大:多伦多综合指数	★★	★★★★	★★	★★	★★★
5.巴西:圣保罗IBOVESPA指数	★★	★★	★★	★★★★★	★★
6.英国:伦敦金融时报100指数	★★★	★★★★	★★★	★★	★★★★

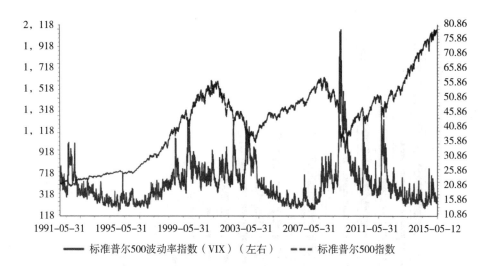

图4　美国标普 500 指数和波动率指数(VIX)

续表

风险指标评级	累计涨幅	市盈率	乖离率	恐慌指数	巴菲特指数
7. 德国:法兰克福 DAX 指数	★★★★	★★★	★★★★	★★	★★★
8. 法国:巴黎 CAC40 指数	★★	★★★★★	★★★	★	★★
9. 意大利:MIB 指数	★★	★★★	★★	★★★	★★★★
10. 西班牙:IBEX35 指数	★★	★★★	★★	★★★	★★★
11. 俄罗斯:RTS 指数	★★★	★★★	★★★	★★★★★	★★★
12. 中国:上证综合指数	★★★	★	★★	★★	★★★★
13. 中国:深证成分指数	★★★	★★	★★★	★★★	★★★★
14. 中国:中小板指数	★★★★	★★★★	★★★	★★★	★★★★
15. 中国:创业板指数	★★★★★	★★★★★	★★★★	★★★★	★★★★
16. 日本:日经 225 指数	★★★★	★★	★★★★	★★★★	★★★★
17. 韩国:综合指数	★★★	★★★★★	★★★	★★★★	★★★
18. 香港:恒生指数	★★★	★★★★★	★★★	★★★	★★★
19. 印度:孟买 Sensex30 指数	★★★★★	★★★★★	★★★★	★★★★	★★★
20. 印尼:雅加达综合指数	★★★★★	★★★★★	★★★★★	★★★	★★★★

风险指标评级	累计涨幅	市盈率	乖离率	恐慌指数	巴菲特指数
21.菲律宾:马尼拉综合指数	★★★★★	★★★★★	★★★★★	★★★★	★★
22.澳大利亚:普通股指数	★★	★★★★、	★★★	★★	★★★

说明:根据各项指标的历史数据及横向比较结果进行区间打分。其中恐慌指数除美国三大股指外使用股指60日波动率代表;巴菲特指数用股票市值/GDP 代表;其他指标同前文。

二、境外股市接近高风险区上限,中国股市处高风险中位

为全面反映股指泡沫化程度,我们选取"巴菲特指数"(一国股票市值/GDP)、股价累计涨幅、市盈率(PE)、股价乖离率(BIAS)和恐慌指数(VIX 指数),进行加权和指数化处理,得到能够反映股指泡沫度的指标。

境外股市接近高风险区上限。我们的研究结果表明,发达市场和部分新兴市场泡沫度进入红色警界区,但还未达到泡沫破灭前夕的最高峰值。截止到 2015 年4 月,美国纳斯达克、韩国综指、印尼雅加达指数、日本日经 225 指数、印度孟买指数、菲律宾马尼拉指数已处于"严重泡沫化"阶段(泡沫度在 90—100 区间);德国法兰克福 DAX 指数、美国标普 500、香港恒生指数、美国道-琼斯指数和澳大利亚普通股指数处于"明显泡沫化"阶段(泡沫度在 80—90 区间);法国巴黎 CAC40 指数、加拿大多伦多指数、英国伦敦金融时报指数和西班牙 IBEX35 指数处于"适度泡沫化"阶段(泡沫度在 70—80 区间);意大利 MIB 指数、俄罗斯 RTS 指数和巴西圣保罗指数处于"温和泡沫化"阶段(泡沫度在 60—70 区间)。

中国股市特别是创业板进入风险区中位。以上证综指和深证成指为代表的主板市场泡沫度低于全球其他市场,尤其是其中的蓝筹股目前仍处在股价从明显低估到回归正常化的阶段。成长中的创业板泡沫化程度明显高于主板,接近上世纪末、本世纪初美国 IT 泡沫破灭前的纳斯达克股指。从 1998 年至 2003 年 3 月纳指上涨 6.6 倍,我国创业板指数从 2012 年至 2015 年 5 月高点上涨 5.2 倍。这种上涨趋势,对资本市场开放以及去年下半年以来政策放松和以互联网+、中国制造2025 等新产业政策做出了充分反映,有其必然性。但是,短期泡沫化程度提高过快可能制约我国新型资本市场发展的可持续性,降低这个市场运行的效率,需要引起资本市场的制度设计者和监管者的高度重视。为了使资本市场的发展逐步进入

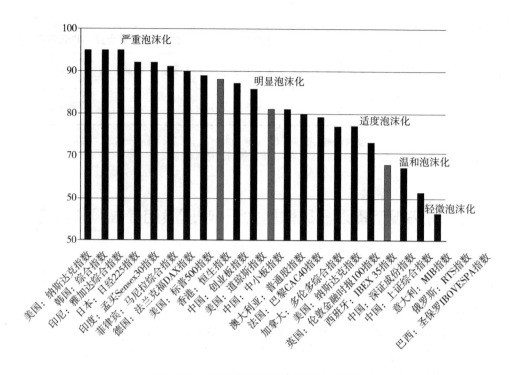

图 5　22 个股指泡沫度指数（2015 年 4 月）

数据说明:根据五大风险指标加权并指数化处理,股价泡沫度数值为[0—100],其中[0—50]为股价处于股价负泡沫区间;[50—100]根据泡沫化程度可以依次划分为"轻微"、"温和"、"适度"、"明显"和"严重"五个区间。

"市场决定"而非"政府决定"的正常轨道,我们对这个市场要做的,不是直接干预,不必盯住股指短期波动,而应将注意力和工作重点放在培育公平、公正、公开市场环境的制度建设上,加大对各种违规交易行为的监控和惩处,以建立和维护股市的公平交易秩序,使其走上健康有效的运行轨道。

三、股市进入高风险区后的效应分析

主要经济体货币政策分化将带动全球股市走势出现差别化。发达国家方面,美联储自 2014 年 10 月退出持续六年的量化宽松,并着眼于最早 2015 年 9 月、最晚 2016 年年中开始近十年来的首次加息,货币政策处在从"紧数量(退出 QE)"向"紧价格(加息)"的转变期;欧央行和日本央行仍在继续加大量化宽松政策力度,扩大债券购买规模,加拿大、澳大利亚等其他发达国家也多次降息,非美经济体货币政策呈现全面宽松态势。新兴市场国家货币政策整体处在放松阶段,今年以来,印度、俄罗斯、印尼、土耳其和中国在内的新兴经济体纷纷降息。因此,主要经济体货币政策分化主要表现在美国与非美经济体之间。美联储加息将成为触发全球股市调整的重要政策信号,但从宣布加息到股市进入调整存在时间差;同时,即便美股呈现振荡下跌走势,其他泡沫风险不高和适度的非美股市也可能继续上涨,全球股市将出现有别于此前共同繁荣的差别化走势。

国际资本快速流动将冲击新兴市场国家。主要经济体货币政策分化将带动部分发达国家股市资金部分撤出转而流入新兴市场。进入5月以来,资金从发达市场向新兴市场速度加快。5月第一周,投资于美国的股票基金流出资金158亿美元,创2014年8月以来流出规模最大的一周,投资于欧洲的股票基金流出15亿美元,为近17周以来首次净流出;同一时期,流入新兴市场股市的资金规模为315亿美元,也创新兴市场股市今年以来最大流入规模。一方面,场外资金大规模快速进入新兴市场股市,会继续推高股价;另一方面,对国际收支条件有所恶化、股市存在高风险的印度、印尼、菲律宾等国负面冲击较大。

国际债券市场和股票市场或重现"跷跷板"的反向走势。股票和债券两个大类资产价格常常表现出此消彼涨的反向关系,但国际金融危机以来,全球流动性充裕推动出现"股债双牛"格局。我们判断,未来一个时期,在全球政策分化和增长分化情况下,"双牛格局"可能有所变化,如果股票价格调整将引发资金再配置进入债券市场,债券价格将重拾上行走势。此外,股市调整也会对大宗商品、黄金和外汇等市场产生影响。可以预见,未来一个时期,国际金融市场整体波动将出现加大趋势。

研究小组组长:陈东琪

本报告执笔人:李世刚

本报告参加讨论人员:罗　蓉　　刘中显

张有生　　杨宏伟

杨　晶　　姚淑梅

李大伟　　任荣荣

从1—4月数据看上半年经济形势

2015年1—4月经济指标总体下滑,不少指标在一季度本就低迷的基础上再次下行,创下金融危机以来的新低,预示经济下行压力进一步加大。一方面,长期存在的行业产能过剩持续挤压供给面增长空间,投资需求受房地产市场影响逐月放缓,收入增长减速、新增就业减少又影响着增长动力的恢复。另一方面,调结构转方式加快进行,高技术产业、新能源汽车、信息消费等新产业、新业态、新模式成为增长亮点,行政审批、商事制度和投融资体制改革更加激发出企业增长的活力与投资意愿。考虑到政策效果的时滞以及2014年二季度基数较高的原因,预计2015年二季度经济增长可能低于一季度7%的增速,上半年经济增长预计为6.9%左右。

一、总体下行压力进一步加大,产业间、地区间分化明显

(一)经济减速特征明显

1. 供给面不振

一是工业增长进入下行通道。1—4月工业同比增长6.2%,比上年同期回落2.5个百分点,3、4月份单月增速只有5.6%和5.9%,创下了金融危机以来的新低。1—4月,采矿业、制造业、电力热力燃气及水生产供应业增速较上年回落0.5个、2.9个和2个百分点。主要行业中,除计算机、通信等电子设备制造业、铁路、船舶、航空航天等运输设备制造业增速略有加快外,其他行业增长均呈现大幅回落,几乎包括了生产类生活类中各类工业品。

二是实物指标回落。1—4月,全国铁路货运发送量完成11.44亿吨,较去年同期的12.6亿吨减少9.2%。其中,国家铁路货物发送量累计完成9.31亿吨,同比减少8.6%。

三是服务业增长压力加大。非制造业PMI指数中商务活动指数继续回落,运输业、零售业等服务业商务活动指数位于临界点以下,业务总量有所减少。

四是信贷扩张略有收缩。4月末,M_2余额128.08万亿元,同比增长10.1%,增速分别比上月末和去年同期低1.5个和3.1个百分点。与微观经济活动更为密切的M_1同比增长3.7%,较上年同期低1.8个百分点,显示流动性对实体经济的支撑依然有限。同时,受银行风险倾向降低的影响,近期降息降准等货币政策并未通过金融机构形成有效传导,更加剧了虚拟经济与实体经济的脱节。1—4月,社会融资总量新增56571亿元,比上年同期减少14996.7亿元。

2.需求面低迷

一是投资增速创金融危机以来新低,呈现全行业、全地区的普遍放缓。1—4月,固定资产投资(不含农户)同比增长12%,较一季度大幅下降1.5个百分点,4月单月增速已经降至7.5%左右。从行业看,制造业、房地产开发投资和基础设施投资(不含电力)全面放缓,分别较一季度下降0.5个、2.7个和2.5个百分点。从地区看,与一季度相比,东部、中部和西部地区投资增速全部回落,分别回落1.3个、0.4个和2.4个百分点。从项目隶属看,中央和地方项目增速均放缓,分别较一季度下降4.7个和1.3个百分点。

二是消费整体平稳。传统零售特别是限上单位消费品零售增长缓慢,升级类、新业态、新产业消费快速增长。1—4月,社会消费品零售总额累计同比增长10.4%,较一季度下降0.2个百分点,主要受到居住类商品增速回落影响,家用电器和音像器材类、家具类、建筑装潢类商品增速放缓拉低消费增速约0.5个百分点。传统零售增速较慢,限额以上企业消费品零售总额累计同比增长7.5%。消费升级类、文化消费类商品保持较高增速,体育娱乐用品类、通信器材类和书报杂志类均保持较高增速。

三是进出口贸易不及预期。1—4月,出口增长1.6%,较一季度下降3.1个百分点。消除季节因素后,出口同比较一季度下降1.3个百分点。进口同比下降16.2%,较一季度下降约4个百分点,消除季节因素后,进口虽仍呈下降趋势,但降幅较一季度缩小约9个百分点。从国别看,1—4月,对美、欧、日、东南亚国家及香港地区出口增速全部下降,其中对东南亚出口增速较一季度下降约8个百分点。从商品类别看,出口增速下降主要是受农产品和机电产品出口增速放缓所致,分别较一季度下降2.7个和2.5个百分点。

四是能源消费增长持续放缓。1—4月,各种能源消费增速均下降。煤炭消费量同比下降7.8%左右;1—3月,全社会天然气表观消费量增速较上年同期下降约

6.6个百分点;柴油表观消费量较上年同期下降0.1%,全社会用电量增速较上年同期回落4.6个百分点。

3.居民、企业、政府收入增速均下降。一是居民收入增速下滑。2015年一季度全国居民人均可支配收入实际增长8.1%,较上年同期下降0.5个百分点。二是企业效益指标持续恶化。1—3月,全国规模以上工业企业利润同比下降2.7%。三是财政收入持续下滑,多省份财政收入增速下降,个别省份财政收入出现大幅负增长。1—3月,全国公共财政收入同比增长3.9%,较上年同期下降5.4个百分点,31个省市中只有5个省市财政收入增速同比提高,辽宁、吉林等4省市财政收入负增长。

4.新增就业同比减少

一是受经济增速放缓影响,行业用工需求减少。今年以来,制造业PMI中从业人员指数保持在48%上下的收缩区间波动,4月份较上月下降0.4个百分点至48.0%,显示制造业企业用工数量仍在不断减少;非制造业PMI中从业人员指数自2月份开始进入收缩区间并不断减少,非制造业企业用工量也呈回落态势。一季度,全国城镇新增就业324万人,同比减少20万人。全行业用人需求均较上年同期有所减少,制造业、批发和零售业、住宿和餐饮业、建筑业等分别减少17.1%、12.0%、14.0%和24.4%。

二是受产业升级影响,结构性供过于求成为主要矛盾。从用工需求看,对技术等级或职称有明确要求的岗位占全部岗位的比重达到52.6%,对专业技术职务有要求的占19.3%,具有初、中级专业技术职务的占17.9%。从供给看,满足技术等级或支撑的和具备专业技术职务的分别占51.1%和18.5%,具有初、中级技能的占27.4%。相反,高级工程师、高级技师等岗位空缺与求职人数比率较大。

5.物价下行压力进一步增大。一是CPI走低趋势明显,1—4月CPI均值为1.27%。二是PPI长期处于低位,已连续38个月处于负增长区间。三是CPI和PPI差距持续扩大。2013—2014年两者差距为4.5个百分点,2015年1—4月已达近6个百分点。四是GDP平减指数大幅回落。一季度GDP平减指数为—1.05,较上年同期下降1.5个百分点。

(二) 行业间、地区间分化明显

虽然经济总体呈下降趋势,但不同地区、不同产业的降幅存在差异,经济增长的局部分化现象明显。

从区域看,中西部降幅更大,东部地区相对更为平稳,特别是珠三角地区经济增长仍能保持平稳较快。1—4 月,东部地区工业增加值增速同比下降 1.6 个百分点,中部和西部地区分别下降 2.3 个和 3.7 个百分点。珠三角地区整体保持平稳较快增长,深圳、珠海等地工业增长速度较上年同期小幅提高。

从产业看,一是产能过剩行业内部呈现分化。1—4 月,十种有色金属、氧化铝产量分别增长 8.3% 和 15.2%,较上年同期加快 2.9 个和 7.3 个百分点。相比之下,粗钢、水泥、平板玻璃产量则分别下降 1.3%、4.8%、6.4%,与上年相比不仅增长由正转负,而且回落幅度达到了 10 个百分点之多。二是工业中高技术新兴产业增长较快。1—3 月,电子信息制造业同比增长 12%,高于上年同期 0.7 个百分点,也高于工业整体水平 5.6 个百分点;软件业务收入同比增长 17.5%,其中信息技术服务实现收入同比增长 20.1%,领涨软件行业,占比扩大接近一半。三是汽车中新能源汽车发展迅速。虽然 1—4 月汽车总体产量同比增长 3.2%,增速较上年回落 5.1 个百分点,但新能源汽车产量大幅增加,1—4 月累计达到 3.44 万辆,同比增长近 3 倍,其中纯电动乘用车生产 1.61 万辆,增长了 1.3 倍。四是与消费升级相关的新业态加速扩张。受"互联网+"的国家战略带动,1—4 月,全国网上商品和服务零售额同比增长 40.9%,其中网上商品零售额同比增长 40.3%,占社会消费品零售总额比重进一步扩大。

二、二季度经济有望见底,上半年经济增长约 6.9% 左右

综合来看,与一季度相比,二季度经济将呈继续减速态势,且上年二季度增速为年内高点,可能会造成一定影响。但随着稳增长政策效应逐步释放,供需双方对经济增长的支撑作用将有所加强。三季度,政策的短期效果将进一步发挥,经济有望在结构调整中逐步迈向新的平衡状态。综合考虑基数等因素,预计二季度增速为 6.8% 左右,上半年经济增长 6.9% 左右。

(一)先行指数显示制造业将进一步拖累经济增长

首先是制造业 PMI 指数,自 2014 年 7 月份以来制造业 PMI 指数呈现连续下滑,今年 1—4 月连续 4 个月的制造业 PMI 指数均低于 2014 年年末,尤其是具有较显著先行性的新订单指数也是从 2014 年下半年以来持续下滑。非制造业 PMI 指数总体表现较好,但 3—4 月呈下滑趋势。综合制造业和非制造业 PMI 指数的表现来看,第三产业可能会继续保持平稳增长,但是制造业表现可能会不尽如人意,成为经济增长的拖累,经济增长短期内难以出现明显好转。

（二）环比数据显示经济同比增速有可能进一步放缓

与经济同比增速相比，环比增速数据更为敏感，更能反映经济形势的变化，其转折点的出现一般也会领先于同比增速数据，即若环比增速趋于稳定，意味着同比增速的下滑趋势也将结束，若环比增速仍呈下滑趋势，则同比增速的下滑将持续更长时间。从 1—4 月各个指标的环比增速来看，工业增加值环比增速自上年三季度以来呈持续下降趋势，3、4 月份比 1、2 月份更低，仍处于下滑通道。固定资产投资环比增速趋于平稳，3、4 月份与 1、2 月份基本持平。社会消费品零售总额环比增速基本与上年末持平，但 3、4 月份呈下降趋势。由此可以判断，经济同比增速短期内难以企稳，有可能进一步下滑。若 5、6 月份环比延续 3、4 月份的走势，二季度经济增速将回落至 6.6% 左右。

（三）已经出台的稳增长政策可为二季度带来约 0.2 个百分点的增长

目前已出台以及 6 月底前拟出台政策可有效拉动上半年的经济增长，预计可拉动二季度经济增长 0.2 个百分点。其中起到主要作用的政策包括：第一，妥善解决地方政府融资平台公司在建项目后续融资问题，将部分下半年支出项目提前至第二季度执行，6 月底前预算内投资计划基本下达完毕等将有效发挥财政逆周期调节作用。第二，适时适度进一步降息降准政策、对开行等政策性银行增加信贷规模、PSL 扩容、境外发行人民币和外币债券等政策将进一步提供货币宽松环境，降低融资成本，有利于实体经济发展。第三，吸引社会资本参与城市停车场建设支持政策、合理放宽新建纯电动乘用车生产企业投资项目和生产准入等稳增长效应明显。

综合来看，在稳增长政策的支持下，二季度经济增长有望实现企稳，预计同比增速为 6.8% 左右。

（四）供给需求皆呈走弱态势

工业方面，由于行业目前仍处于去库存、去产能阶段，工业需求短期仍难有提升，但"互联网+"等新产业、新业态将对工业增长形成支撑作用，贡献有望进一步加大。预计二季度规模以上工业将保持 6.3% 左右的增长，上半年增长 6.4% 左右。

服务业方面，房地产及其关联产业减速仍是第三产业下滑的主要原因，运输业、零售业等增长活力将难以在二季度出现明显改观,金融业也可能因此陷入疲弱状态。预计二季度、上半年服务业均将增长 7.9% 左右。

投资方面,1—4 月,基础设施投资、制造业和房地产投资均下降。随着中央稳增长政策的进一步出台,基础设施投资增速有望回升。受惠于房地产相关政策的调整,4 月份 30 个大中城市商品房成交面积增速较 3 月份大幅提高近 8 个百分点,资金来源降幅趋缓,预计房地产投资将逐渐趋稳。制造业投资受制于低迷的市场需求,难以出现大的好转。总体看,预计上半年投资增长 11.5% 左右。

消费方面,预计消费增长总体保持平稳。一是当前消费者信心较强,今年 3 月份消费者信心指数为 107.1,比上年末上升了约 2 个百分点。二是人均可支配收入增长稳定,一季度全国居民人均可支配收入实际增长 8%,高于经济增速,对消费增长将起到支撑作用。三是低通胀环境有利于消费增长。预计上半年消费增长 10.5% 左右。

进出口方面,虽然我国同主要经济体的贸易仍保持平稳增长,但国内外向型经济转换与外需增长乏力将成为短期出口的主要特征。从环比看,出口有望保持平稳增长,预计二季度出口将增长 2.6% 左右,上半年增长 3.7% 左右。同时,基于工业领域供需矛盾长期存在与服务业商务活动短期不旺的判断,预计进口将维持 1—4 月水平,二季度将减少 17.3% 左右,上半年减少 17.5% 左右。

表 1　主要经济指标同比增速预测(%)

指　标	实际值	预测值
	一季度	上半年
GDP	7.0	6.9
固定资产投资	13.5	11.5
社会消费品零售总额	10.6	10.5
出口	4.9	3.7
进口	−17.6	−17.5
工业增加值	6.4	6.4
服务业	7.9	7.9

三、政策建议

（一） 加大盘活财政存款力度，腾挪国库现金支持重大项目投资和匹配地方政府债务置换

盘活地方财政存量资金，加快推开地方国库现金管理，扩大腾挪至商业银行账户资金规模，有利于解决地方面临的多重问题。一是用于基础设施建设等重大项目投资，起到稳定地方经济增长的作用。二是用于购置地方政府债券，灵活匹配财政存款腾挪节奏与地方政府债务置换节奏，减小债务置换对地方中小持债金融机构冲击。三是成为地方政府融资窗口期内的备选融资渠道，切实防范基础设施建设基金遍地开花、政府与社会资本合作（PPP）不断异化、地方政府加杠杆有所抬头等相关风险。

（二） 将 PSL 由国开行向其他政策性银行和商业银行扩容，支持棚改、基础设施建设和"走出去"等重大项目

一是弥补基础货币投放不足的缺口。按照今年12%的 M_2 增速目标、货币乘数4.1—4.2计算，全年新增基础货币需求仍有1.4—2.2万亿元缺口。除继续降准之外，通过商行 PSL 是流动性管理工具箱中的较好选择。二是缓解商业银行在放贷能力扩张之后并未全部投向实体经济的困局，继续发挥定向调控的精准优势。三是降低实体经济融资成本。目前商业银行负债成本居高不下，如果 PSL 能够成为商业银行稳定持续、成本适当的融资渠道，将有效压低银行负债成本，降低贷款利率。

（三） 发行特别国债，提高个税起征点增加政府与居民税收

一是建议二季度中央发行特别建设国债1000亿元，由中央直接使用支持农村路网建设、垃圾处理以及节能环保领域投资等，用于有效改善农村薄弱环节基础设施条件，推动新农村建设。二是建议2015年10月1日起，将个人所得税起征点提高至5000元，各档次税率保持不变，用于进一步提高居民可支配收入，扩大消费规模。三是建议小额贷款公司为小微企业提供信贷服务取得的利息收入可以从5%减为按3%征收营业税，在计算应纳税所得额时，按90%计入收入总额。

（四）提高城镇居民最低生活保障标准，拉动居民消费

一是城乡居民最低生活保障标准分别上调 15% 和 20%，将中央财政支付比例提高 10 个百分点，保障城乡困难群众基本消费水平和促进消费扩大，进而拉动 GDP 增长，并增加中央财政在低保补助中的比率，降低地方财政压力。二是下调城镇职工基本医疗保险费率 1 个百分点，降低企业社保缴费负担，降低经营成本，促进就业，提高居民收入预期，并为降低中低收入群体的社保缴费负担，从而有效增加居民可支配收入，促进消费增加。

（五）扩大农村学校改造、路网联通、节能环保投资工程包

一是建议中央预算内投资安排 300 亿元，并采取税收优惠、模式创新等鼓励性政策，用于农村闲置学校改造、路网联通等公共设施投资。其中，农村学校改造安排预算内投资 100 亿元，农村路网建设安排预算内投资 200 亿元。二是建议中央预算内投资安排 70 亿元，并采取税收优惠、利息补贴等鼓励性政策，用于加强新能源汽车、雾霾治理产业等节能环保领域投资。

刘雪燕　肖　潇

美联储货币政策导致美元波动

美元历经 10 年持续贬值和走弱后,2012 年步入新一轮升值周期。2012 年 2 月至 2014 年 7 月,美元指数(美联储美元对主要货币名义汇率月度指数,下同)上升约 6%。2014 年 7 月至 2015 年 3 月,美元升值明显加快,美元指数由 76.33 升至 91.67,8 个月内升值 20%。2015 年 3 月下旬起,美元指数小幅回落,4 月美元指数为 90.87,较 3 月贬值 0.87%(参见表 1)。目前看,美联储加息预期延后,美元进入阶段性调整期。随着美联储启动加息进程,美元可能进入“升值第二阶段”,并创出本轮上升周期的峰值。长远看,美元小周期升值仍然难以改变其大周期趋贬的趋势。

表 1　本轮美元升值周期阶段性变化情况

升值阶段	起止时间	美元对主要货币名义指数(月度)升值幅度
温和升值期	2012.2—2014.7	(17 个月)自 72.3 升至 76.3,升值 6%
加速升值期	2014.7—2015.3	(8 个月)自 76.3 升至 91.7,升值 20%
调整期	2015.3—2015.4	(1 个月)自 91.7 降至 90.9,贬值 0.9%

一、美元由快速升值步入阶段性调整期

美元自 2012 年步入新一轮升值周期,2012 年 2 月至 2014 年 7 月,美元呈现温和升值态势,美元指数上升 6%。

2014 年 7 月以来,美元呈现加速升值态势。2014 年 7 月至 2015 年 3 月,美元指数由 76.33 升至 91.67,8 个月内升值 20%。其中,美元对欧元、日元、英镑、加元、澳

元和瑞士法郎等主要货币的月均汇率分别升值20%、18%、12%、18%、18%和9%。

2015年3月下旬起,美元指数小幅回落。4月美元指数为90.87,较3月贬值0.87%;其中,欧元、日元和英镑等对美元汇率分别升值3.6%、1%和4.2%。5月15日美元指数为87.58,较3月13日的峰值93.37下跌6.7%。

二、美联储加息预期是影响美元走势的主要原因

(一) 美联储退出量化宽松,加息预期增强推动美元快速升值

金融危机后,主要经济体复苏态势自2012年起明显分化。美国经济稳步复苏,欧元区连续两年衰退,日本经济步履蹒跚,主要新兴经济体增速持续放缓。去年2季度后,美国经济向好态势更加明显,2、3季度实际GDP环比折年率分别达4.6%和5.0%,全年增长2.4%。与美国经济向好发展形成明显对比,欧元区经济仍深陷低增长和高失业泥潭,日本安倍经济政策的刺激作用减弱、经济疲态难改,主要新兴经济体明显减速,其中俄罗斯、巴西衰退风险加大。经济复苏进程分化使美国作为资本避险港的作用凸显,成为支撑美元温和升值的基本面因素。

随着2014年美联储逐渐退出量化宽松,市场对美国加息的预期逐步强化,国际资本加快流入美国推动美元快速升值。与此同时,欧元区、日本加大实施量化宽松货币政策力度并维持超低利率。主要发达经济体货币政策分化,进一步加大了资本流入美国的推动力。去年前三季度,美国证券投资和其他投资项下资本流入达8357.6亿美元,已远超2013年全年的7227亿美元。

(二) 经济表现不佳,美联储加息预期延后拖累美元指数小幅下滑

受恶劣天气、港口运输中断、美元走强及能源企业大幅减少支出的影响,今年一季度美国实际GDP初值年率仅增长0.2%,远低于去年四季度的2.2%和三季度的5%。随后商务部发布的数据显示,经季节性因素调整后,美国3月份贸易逆差扩大43.1%至513.7亿美元,为2008年10月以来最高的贸易逆差水平。之前假设贸易逆差拉低一季度GDP增速1.25个百分点,贸易逆差大幅上涨后还将拉低GDP增速0.5到0.7个百分点。市场普遍认为,一季度GDP终值很可能呈现萎缩,经济开局低迷将迫使美联储推迟加息,美元指数小幅回落。美联储4月议息会议显示,6月升息的可能性基本排除,预计9月之前美联储都会按兵不动。

与此同时,近期主要经济体进一步放宽货币政策的可能性不大,非美货币持续

贬值空间有限。欧央行宣布自今年3月至2016年9月实施量化宽松,每月购买600亿欧元债券。无论从购债总量占GDP比重还是从央行资产增速看,欧央行量宽力度都与美联储QE3相当。加之欧元区经济2014年已走出衰退,经济增长动能增强,通缩风险有所降低,欧央行进一步放宽货币政策的必要性不大。日本央行自去年10月扩大量质双宽松(QQE)规模后,迄今维持货币政策未变。日本央行预计,2015财年经济增长1.5%—2.1%,2016财年上半年CPI能够达到央行2%目标,届时央行货币调控可能转向。英国经济增长势头较为强劲,一季度GDP同比增长2.4%,失业率已降至5.6%,卡梅伦成功连任,政局稳定,英国央行收紧货币政策的可能性加大。

由此可见,与去年下半年相比,随着美联储加息预期推迟,主要发达经济体货币政策进一步分化的可能性不大,非美货币继续贬值的推动力有所减弱。未来美元指数上涨动力依旧不足,美元进入阶段性调整期。

三、美联储启动加息将推动美元步入本轮升值周期第二阶段

(一)若美联储9—12月加息,美元将进入本轮升值第二波

二季度以来,美国经济增长动能有所增强,通胀和就业市场稳步改善。4月核心CPI同比增长1.8%,与3月持平;环比增长0.3%,创2013年1月以来最大升幅。4月非农就业岗位增加22.3万个,远高于3月份的8.5万。就业市场参与率提高0.1个百分点至62.8%,失业率降至5.4%,为2008年5月以来最低,逐渐趋近美联储认为的5.0%—5.2%充分就业区间。房地产市场回暖,4月份新屋开工113.5万户,创2007年11月以来新高。美联储主席耶伦5月22日表示,如果经济如预期持续改善,将在年内择机启动加息。目前看,一季度经济形势转弱更多是短期事件,不会改变美国经济持续复苏态势。美联储可能在今年9—12月或更晚启动加息计划。这意味着美元指数经过第一波上升后的阶段性调整之后,仍有再次上升的经济动能,进入第二波上升周期是可预期的。

不过,为避免加息过快过猛给美国经济带来冲击,美联储货币政策正常化将采取审慎稳健的步骤,加之主要经济体货币政策进一步分化的预期减弱,美元升值幅度预计将相对平缓,美元指数还将历经至少两个阶段方能到达本轮升值周期的峰值。

（二）本轮美元升值周期将在"十三五"上半期结束，美元将延续大周期趋贬的趋势

1973年以来，美国经济基本面改善和货币政策收紧推动美元出现过两轮升值周期，每轮升值一般持续5—6年左右（参见表2、图1）。从对主要货币名义指数看，本轮美元升值周期始于2012年2月，迄今已逾3年，按照历史经验还将持续2—3年左右，整个升值周期将在"十三五"上半期结束，美元仍将延续长期走贬的大趋势。受前两轮周期峰值形成的压力线制约，预计本轮周期美元对主要货币名义指数月度峰值在120左右，在前3年已上升约26.8%的基础上，将进一步上升30%左右。

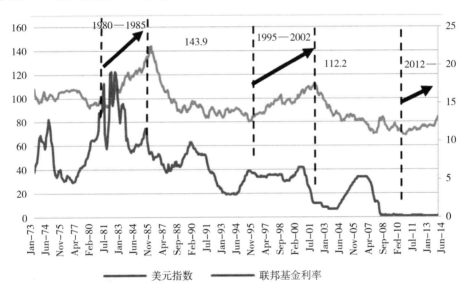

图1　1973—2014年美元对主要货币名义指数（月度）和联邦基金利率（月度）走势（美元指数1973年3月＝100）

表2　1973年以来美元三轮升值周期的基本情况

起止时间	升值时长	美元对主要货币名义指数（月度）升值幅度
1980.7—1985.3	共56个月	自93升至143.9，升值近55%
1995.4—2002.2	共82个月	自80.3升至112.2，升值近40%
2012.2—	迄今38个月	自72.3升至91.7，已升值约26.8%

姚淑梅

六月份报告

股市暴跌源自多重短期利空，但"长牛"趋势未变

6月19日，沪深股市出现恐慌性、踩踏式暴跌，尾盘近千股跌停，上证综指收报4478点，暴跌307点，跌幅高达6.42%；深证成指收报15725点，暴跌1009点，跌幅高达6.03%；中小板综暴跌6.14%；创业板综暴跌5.46%。当日，两市成交金额合计1.29万亿元，创1个月来最低值。6月15日—19日五个交易日下跌了四天，周跌幅达13.32%，创7年来最大周跌幅。两市总市值一周下跌9.24万亿元，打破股市25年来单周市值损失历史纪录。按照目前有效账户数1.75亿户计算，单周户均浮亏5.28万元。

一、资金面收紧引发市场预期变化是暴跌主要原因

股市暴跌并非趋势反转，而是对短期资金环境变化的一次剧烈反应。在人民银行短期流动性控制、证监会加大场外配资监管、新股发行资金冻结、产业资本大规模减持、银行备战年中考核等多重因素影响下，近期股市资金面有所收紧，加之前期大量获利盘兑现需求旺盛，股价呈现急跌走势。

一是股票市场资金面有所收紧。宏观流动性方面，虽然整体流动性宽松环境并未改变，但由于央行近期公开市场零投放，造成资金阶段性偏紧。市场资金利率呈现全面上涨，其中周四涨幅最大，交易所隔夜回购加权利率大涨867BP，7天Shibor利率创下最近两个月最高，国债逆回购利率也明显飙升。从经验上看，无风险利率显著提高可能会引发股价明显下跌。

二是新股批量申购"抽血"效应明显。6月15—19日，批量新股集中申购冻结资金逾6万亿元，其中国泰君安的单只募集资金超300亿元，创5年多来A股最大IPO，存量资金逢高减仓导致个股剧烈下跌。

三是产业资本大规模减持加剧市场动荡。今年以来净减持额超过 4500 亿元,其中 4—5 月减持超过 2000 亿元,远高于去年全年 1149 亿元的水平。上市公司大股东减持对市场造成短期脉冲式供给压力。

四是证监会对场外配资监管力度加大。本轮牛市以来,股票配资平台、P2P 公司、担保公司、小贷公司等场外配资成为股市重要增量资金,估计总规模已超万亿元。去杠杆进程中,场外高杠杆比例配资的爆仓形成的被动性平仓效应加剧了市场震荡,按照杠杆比例的不同,股价跌 20% 以上就可能爆仓,进而形成强制性平仓,造成市场恐慌情绪和非理性杀跌。

二、短中期市场维持震荡格局,但"长牛"趋势未变

短期来看,市场超跌反弹后将持续震荡以释放风险。资本市场的常态就是有涨有跌,从 2008 年 8 月 18 日以来股价暴跌(当日跌幅超过 5%)后的走势来看,多数在第二交易日有所反弹,且单次指数暴跌并不构成趋势反转的充要条件。此次暴跌是本轮牛市以来最大级别的一次调整,由于本周下跌过快过猛,市场已严重超跌,乖离率较大,短期可能迎来技术性反弹,但短线走势已明显由强转弱,市场或将面临月度级别的短期调整。

表1 2008 年以来上证综指暴跌日及后续走势

日 期	当日涨跌幅	第二日涨跌幅	第三日涨跌幅	后一个月涨跌幅	走势形态
2014 年 12 月 9 日	-5.43%	2.93%	-0.49%	1.86%	上升通道
2013 年 6 月 24 日	-5.30%	-0.19%	-0.42%	2.96%	下跌通道
2010 年 11 月 12 日	-5.16%	0.97%	-3.98%	-2.51%	上涨顶板
2010 年 5 月 17 日	-5.07%	1.36%	-0.27%	-1.83%	下跌通道
2009 年 8 月 31 日	-6.74%	0.60%	1.16%	4.19%	回调
2009 年 8 月 17 日	-5.79%	1.40%	-4.30%	3.21%	回调
2009 年 7 月 29 日	-5.00%	1.69%	2.72%	-12.42%	上涨顶部
2008 年 11 月 18 日	-6.31%	6.05%	-1.67%	6.10%	底部
2008 年 10 月 27 日	-6.32%	2.81%	-2.94%	8.58%	下跌底部
2008 年 10 月 6 日	-5.23%	-0.73%	-3.04%	-19.60%	底部
2008 年 8 月 18 日	-5.34%	-1.06%	7.63%	-10.55%	下跌通道

资料来源:上证综指,WIND

中期来看,市场较大概率进入牛市第二阶段的"盘整市"。本轮 A 股市场全面牛市行情,大节奏类似于 1996—2001 年间的"牛市—盘整市—牛市",可能延续三到五年,且有三大阶段:一是去年 7 月到今年 6 月的持续上涨;二是目前突破 5000 点之后的季度性甚至年度性调整、震荡;三是持续数年的上涨。目前市场很可能处于第一阶段尾声,之后将进入调整阶段。

长期来看,本轮牛市支撑因素并未改变。本轮牛市有望伴随我国经济转型的全过程,是多层次资本市场的大牛市,包括主板、创业板、新三板、OTC 甚至港股,通过发展直接融资来解决经济问题,推动经济转型和改革。股权投资大繁荣,能实现多方共赢。政府部门可以通过资产证券化,解决地方债务问题、盘活存量、推动创新。企业部门可以利用牛市降低融资成本、降低负债率、"去杠杆"。社会财富通过资本市场实现保值增值、参与创业创新。真正的牛市有其自身的形成逻辑,短期时点性的市场起伏不会逆转趋势演进。

三、需要关注潜在风险,引导市场回归常态

面临 5000 点重要关口,越来越多的市场风险正在显现。

一是当前股市已经存在非理性和泡沫成分。经历本轮上涨后,A 股证券化率(股市总市值与 GDP 的比值)快速提升。截至 6 月 12 日,沪深股市总市值达 71.25 万亿元,证券化率已经高达 109%,比去年 7 月的 55% 翻了近一倍,比 2013 年最低点证券化率翻了三倍,快速接近 2007 年 122% 这一历史最高水平。之所以值得警惕,在于历史教训显示,经历了 2007 年的快速繁荣,2008 年股市惨跌,当年年末证券化率回落至 38%,开启持续六年的熊市。随着市值飙升,主板及创业板市盈率也相对较高。数据显示,当前上证 A 股市盈率约为 23 倍,而在数月之前,其市盈率还不足 10 倍。深证 A 股市盈率接近 80 倍,中小企业板 94 倍,创业板高达 151 倍。更有一些业绩亏损、市盈率为负值的股票仍然能够涨幅跑赢大盘。增长过快,且脱离了业绩支撑的股价上扬,已经体现了一定的非理性和泡沫成分。

二是经济持续低迷,改革预期领先于政策落地。本轮资本市场与经济面脱离是一个明显特征,而脱离基本面太久的牛市不可持续。数据显示,5 月份宏观经济数据仍然低于预期,特别是 1—5 月固定资产投资继续下滑至 11.4%。与此同时,改革红利的释放尚待时间,改革并未取得实质性进展之前过度透支政策利好同样存在风险。

三是股市出现"负财富效应"。股票等资产价格上涨一直被认为可以起到财

富效应,带动经济增长,美国本轮经济复苏中的股市便是例证。但是,伴随着我国资本市场快牛,并未看到明显财富效应,反而是负的财富效应,即居民推迟消费,资金进入股市。例如,5月社会消费品零售总额同比名义增长10.1%,依然保持低位;汽车消费大幅减缓,2015年3、4、5月,汽车消费同比增长仅为-1.3%、1.6%、2.1%,形势不容乐观。

四是资金流入实体经济效果有限。根据统计,5月以来,沪深两市有多达1403名高管(或其亲属)进行减持,合计减持24亿股,套现569亿元。5月以来,因上市公司大股东或高管违规减持,深交所已对22家上市公司发出监管函,数量超过深交所当期发出监管函总数的1/4。如果产业资本只是利用股市上涨时机大规模减持圈钱,将造成资金进一步错配,与引导资金进入实体经济的初衷有所背离。

活跃的股票市场是我国当前经济运行中为数不多的突出亮点,需要在保护良性健康的投资者预期和市场活力的同时,下一步在股市逐步进入"盘整期"后,应加大对各类交易行为风险的监管警示,培育公平、公正、公开市场环境的制度建设,更好发挥股票市场对实体经济的积极促进作用。

李世刚

实现"稳增长"目标　政策仍需加力增效

——基于对广东经济形势的调研

广东是我国经济规模最大的省份,是全国改革开放的前沿,也是创新驱动和转型发展的先行地区。了解其经济发展态势对更好地把握和判断我国整体经济形势走向,具有重要参考意义。为此,宏观院经济形势分析课题组于6月16—18日赴广东省深圳、东莞和广州三市就广东省上半年经济形势进行了专题调研。调研期间,课题组与广东省、深圳市、东莞市的发展改革、经济和信息化、商务、统计、金融监管、国土等政府部门进行了座谈,与平安银行、深交所、盐田国际、华为、万科、中海地产等企业代表进行了交流,并实地走访了前海管理局,参观了腾讯、广汽集团和广交会工作部等企业和单位。现将调研情况总结如下。

一、广东经济运行平稳且呈现筑底回升势头

2015年1—5月,广东经济保持平稳运行,预计实现地区生产总值26919.6亿元,增长7.4%,增幅比一季度提高0.2个百分点。主要经济指标与2015年一季度相比有小幅回升,显示出经济企稳向好。

(一) 四个支撑和先行指标持续回升

今年以来,反映经济运行的先行指标表现为四个"持续回升":一是用电量持续回升。1—5月,广东全社会用电量增长2.7%,增幅比一季度回升1.5个百分点;工业用电量同比增长1.02%,分别比1—4月和1—3月回升0.99个和1.41个百分点,其中5月当月增长3.93%,比4月当月回升2.95个百分点;制造业用电量同比增长0.3%,由负转正。二是货运量增速持续回升。1—5月,全省货运量同比增长5.1%,增幅比1—4月回升0.1个百分点,比1—3月回升

3.3 个百分点。主要港口货物吞吐量同比增长 2.4%,比 1—4 月回升 0.7 个百分点。三是银行存贷款增速持续回升。5 月末广东全省金融机构本外币存款余额同比增长 15.1%,增幅比 4 月末提高 1.4 个百分点,贷款余额增长 11.1%,增幅比 4 月末提高 0.3 个百分点。四是制造业 PMI 指数持续回升。5 月份全省制造业采购经理指数为 51.5,比 4 月回升 0.4 个百分点,已连续 3 个月位于荣枯线上方,该指数 5 项权重指数中,生产量、新订单、配送时间指数分别比 4 月回升 2.3、1.1 和 0.4 个百分点。

(二) 半数以上工业行业增速和效益均提升

今年 1—5 月,广东规模以上工业实现增加值 10863.5 亿元,同比增长 7.3%,增幅与 1—4 月持平。5 月当月增长 7.5%,比 4 月当月加快了 0.5 个百分点,连续两个月呈小幅回升态势。在制造业 31 个大分类行业中,5 月当月增速超过 4 月的有 17 个行业,占半数以上。与此同时,企业的效益有所好转,1—5 月规模以上工业企业实现利润总额 1647.7 亿元,同比增长 4.3%,增速比一季度提高 3.8 个百分点,比全国平均水平(-1.3%)高 5.6 个百分点。在有统计的 39 个工业大分类行业中,有 29 个行业利润增速同比增长,其中电子信息业利润总额同比增速超过两位数,达到 11.8%。

(三) 经济转型稳步推进

一是工业继续向中高端迈进。1—5 月,全省先进制造业和高技术制造业分别完成增加值 2869.0 亿元和 5227.8 亿元,同比增长 8.6% 和 8.9%,增幅比规模以上工业平均增长水平高出 1.3 个和 1.6 个百分点,占全部规模以上工业增加值的比重分别达到 48.1% 和 26.4%。同期,战略性新兴产业增速比 GDP 增速和规模以上工业企业平均增速分别高 3.7 个和 3.9 个百分点。先进制造业和高技术制造业成为引领工业增长的重要行业,在经济增长中发挥了引擎作用。二是民营经济活跃。1—5 月,规模以上民营经济工业增长 11.9%,比规模以上工业企业平均增速高 4.6 个百分点。民间投资增长 18.5%,增幅比全省平均水平高 1.3 个百分点,占全省固定资产投资的比重为 58.6%,同比提高 0.9 个百分点,拉动全省投资增长 11.0 个百分点。三是工业技术改造投资迅猛增长。1—5 月,全省工业技术改造投资 822.81 亿元,同比增长 78.5%,增速比 1—4 月提高 6.8 个百分点。工业技术改造投入力度的加大为下一阶段制造业转型奠定了较好基础。

（四）内外贸易亮点显现

一是出口同比和环比增幅提高。1—5月广东出口增长2.2%,增幅比1—4月提高0.7个百分点,比去年同期(-15.0%)提高17.2个百分点,也比全国平均水平高1.5个百分点。二是外贸结构调整取得进展。1—4月,全省加工贸易"委托设计+自主品牌"方式出口比重为68.0%,比去年底提高1.8个百分点。同期,服务贸易占对外贸易比重由去年的8.5%提高到10.7%。三是外贸新业态增长迅速。1—4月,全省23家综合服务试点企业出口55.3亿元,增长41.1%。四是信息、网络消费快速增长拉动国内消费。1—5月,全省实现社会消费品零售总额12315.3亿元,扣除价格因素实际增长10.5%,增速与1—4月持平。同期限额以上通讯器材类零售额、批发零售业网上商品零售额分别增长49.7%和24.5%,显著高于国内消费的平均增幅。

（五）创新能力较强地区的质量型增长特征明显

从全省来看,产业结构调整早、转型快的地区经济增长质量更高,深圳市即为典型代表。这表现在以下方面,一是创新创业活跃。1—5月,深圳PCT国际专利申请量增长18.7%,达4851件,占全国的半壁江山。1—4月,全市新登记商事主体14.2万户,累计达到185.9万户,居全国大中城市之首。二是新兴产业发展态势好。一季度全市七大战略性新兴产业增加值增长11.5%,高于地区生产总值增速3.7个百分点,占地区生产总值的35.9%。华为、中兴、腾讯等创新型龙头企业营业收入增幅均达到30%以上。同期,全市先进制造业和高技术制造业分别占规模以上企业工业增加值比重的76.3%和64.8%,同比分别提高4.0个和6.3个百分点。1—5月,全市手机出口同比增长37.8%,增速高于全国平均水平19.6个百分点,占全国手机出口的19%;跨境电子商务交易额达到127.4亿美元,同比增长3.4倍;技术进出口金额55亿元,同比增长2倍。三是前海等新型功能区更具活力。一季度前海新增企业5457家,同比增长105.8%。截至5月底,前海金融及金融配套服务机构超过1.7万家,占全部入区企业56%,金融业集聚效应明显。

二、经济回升向好的基础并不牢固

尽管上半年广东经济保持平稳运行,重要指标继续回升,但工业产品的国内外市场需求仍然疲软,实体经济经营仍然困难,经济增长的可持续性并不强。

(一) 部分地区和行业增长乏力

虽然全省经济总体呈好转态势,但不同地区、不同产业的降幅存在差异,经济增长地区和行业分化现象明显。分地区来看,经济欠发达的东翼和山区以及经济转型尚未见成效的珠三角部分城市增速较低。1—5月,东翼和山区地区生产总值增速分别比全省平均水平低0.6和0.9个百分点。新兴产业尚未发展起来的东莞市1—5月规模以上工业企业增加值同比仅增长3.3%,增速为全省各市倒数第二。分行业来看,部分装备制造业和轻工行业增速回落。1—5月全省计算机、通信和其他电子设备制造业,电气机械和器材制造业,汽车制造业增长值增幅比1—4月分别回落0.6个、0.6个和0.1个百分点。深圳机械装备业同比增长5.2%,比1—4月增速回落2个百分点,服装鞋帽等行业同比下降5.3%,较1—4月降幅扩大0.6个百分点。

(二) 个别行业快速增长的可持续性有待观察

在股市行情大幅上扬、房地产限购政策放松的带动下,上半年广东特别是深圳市金融业、房地产业增长迅猛。1—5月,广东金融业增加值同比增长21.7%,比同期地区生产总值增速高出14.3个百分点;深圳金融业增加值同比增长20%左右,增速为同期地区生产总值增速和2014年金融业增加值增速的两倍多。1—5月广东商品住宅销售额和销售面积同比分别增长26.9%和23.9%,深圳和东莞商品房销售面积分别增长40%和40.5%,深圳商品房均价同比上涨16%。这两大行业大幅快速增长成为上半年广东全省特别是深圳市经济保持平稳增长的重要因素,但两大行业后续发展趋势仍有较大不确定性。总体看,股市和房市"同向繁荣"势头今年下半年难以持续。从房市看,销售量和价格下半年可望继续"向好",但从股市看,单边大幅上升势头不可持续。这会在一定程度上影响下半年部分企业的融资预期和居民的财产收入预期。

(三) 国内外市场需求总体低迷

1—5月,广东出口增长虽有所回升,但加工贸易下降10.7%,跌幅比1—4月扩大0.9个百分点。工业出口交货值同比仅增长0.1%,比上年同期回落1.8个百分点,比1—4月放缓0.8个百分点,且已连续三个月增速放缓,其中,5月当月工业出口交货值同比下降2.1%。5月初刚闭幕的第117届广交会到会采购商数量和出口成交总额分别比 2014 年春交会下降 1.8% 和 9.6%,也从另一角度反映出国际市场需求不旺的情况。1—5 月,全省工业品内销 31273.44 亿元,同比虽增长 4.8%,但增速比上年同期回落 5.9 个百分点,比 1—4 月回落 0.1 个百分点。5 月份全省工业生产者出厂价格指数下降 3.0%,连续 37 个月负增长,表明市场需求仍然疲软。

（四）金融风险有所显现

伴随着经济增速下调,银行不良贷款有所增加,一些隐性风险逐步显现化。以深圳为例,5 月末不良贷款余额同比增长 9.3%,不良贷款率为 1.07%,虽低于全国平均水平,但与今年年初相比上升 0.17 个百分点,且今年以来的增量超过了去年全年的增量,继续了 2014 年以来不良贷款不断增长的趋势。从深圳市来看,金融风险呈现出产能过剩行业向上下游传递、民间借贷向银行体系传递、表外贸易融资风险向表内传递、网贷公司向银行系统传递的态势。

（五）企业经营成本较高

一是融资成本仍然偏高。1—4 月,广东商业银行贷款年化加权平均利率为 6.95%,虽然同比下降了 0.39 个百分点,但仍高于工业中小企业平均成本费用利润率 5% 左右的水平。此外,商业银行对小微企业贷款普遍在基准利率基础上上浮 20%—30%,小额贷款、P2P 网络贷款等民间融资一年期利率更是高达 18.8% 和 14.2%,表明中小企业融资成本明显更高。二是用工成本明显增加。今年 5 月 1 日起,广东最低工资标准平均上调 19%,其中广州、深圳、东莞最低工资标准分别由 1550 元、1808 元、1310 元提高到 1895 元、2030 元、1510 元,涨幅分别为 22.3%、12.3%、15.3%,劳动密集型制造业和服务业的成本有所提高。

（六）产业发展的相关配套政策措施不健全可能影响其效果释放

调研中华为公司反映,目前包括美国、日本、韩国、欧盟各国在内的诸多国家均加大对新一代移动通信技术 5G 的研发投入,力求在尚无形成国际公认技术标准的背景下抢占战略主动权。而我国政府在引导企业参与 5G 国际标准制定方面重视程度不够、支持力度不足,一旦形成由发达国家主导的国际标准,将制约未来我国移动通信产业的发展及应用。广汽集团公司反映,当前新能源汽车正在成为汽车行业的新增长点,但受制于电池技术、充电设施、政策体系等因素,特别受充电桩等基础设施建设严重滞后的影响,新能源汽车发展缓慢。东莞相关部门则认为银行贷款"贷新还旧"政策未覆盖大中型企业,在一定程度上影响了这些企业的发展。

三、"稳增长"政策仍需加力助效

1—5月广东经济企稳回升但基础并不牢固的情况,在一定程度上反映了我国经济增长的总体态势,下半年乃至今后一段时期,要按照"稳中求进"总基调要求,"稳"字当头,实施"政策措施增效力、改革措施添活力、结构措施强动力"的宏观指导方针,总量性政策、结构性政策和结构性改革三者都要同步加码,为下半年"稳增长"从而实现全年"7%左右"增长目标再添一把火、再加一把力,筑牢经济增长基础,推动经济持续平稳增长。

(一) 进一步加大财政支持力度和进度

保持5月份以来的财政支出进度,积极落实财政性资金支持的公共投资项目,尽快尽早落地,进一步释放公共需求,增加公共产品和公共服务供给,提高财政政策对"稳增长"的贡献度。

(二) 实施进一步宽松的货币政策举措

2014年11月以来,央行先后三次降息、两次降准,向市场释放流动性,资金供给略有增加,消费和投资开始增强。建议下半年适时适度降低存款准备金率和贷款基准利率,适当增加商业银行可用头寸和市场流动性。

(三) 加快出台资本市场改革举措

加快推进资本市场改革,早日实行企业上市融资备案制,形成由企业和投资者主导的市场化股票供求机制,发挥资本市场在服务实体经济和稳增长、调结构中的积极作用。进一步促进债券市场、私募股权和创投基金发展,支持中小微企业依托全国中小企业股份转让系统展开融资,拓宽企业特别是中小企业融资渠道。

(四) 加大支持产业转型升级的措施力度

深圳和东莞的经济增长态势分化显示出创新驱动、转型升级的紧迫性和重要性,政府需要加大对产业转型升级的支持力度。一是强化对企业创新发展的支持。可考虑对科技含量高、有自主知识产权的高端装备制造企业实行更大力度的税收优惠,取消享受研发优惠政策的产业限制,实现普适性研发加计扣除政策。进一步提高企业教育培训费税前列支比例,将培训费从现行工资总额的 2.5% 提高到 5%,提高企业业务培训的积极性。进一步加强技术改造投资,支持传统制造业特别是劳动密集型产业开展"机器换人"。对进口生产性型或研发型设备的费用按照海关报关的金额给予一定比例的资金补贴。二是积极培育发展战略性新兴产业。通过贷款贴息、建立股权式基金等多种方式,加快推动有市场前景的科研成果迅速产业化。

（五）着力培育外贸竞争新优势

引导和支持外贸出口企业发展电子商务、网上销售等新模式,拓展出口销售渠道。支持广交会等国家品牌展会加强 O2O 线上线下一体化销售平台建设,打通内外贸通道。结合"一带一路"建设、沿线国家基础设施互联互通等,制定重要国别的产能合作规划,完善财税金融、优惠贷款、对外合作的支持力度,推动具有产能优势的行业和外贸出口的主导产品"走出去",拓展国际市场。

（六）优化企业发展的政策环境

一是积极推动参与国际 5G 技术标准制定。加强与欧盟新一代信息技术标准的合作,共同推动研究和制定国际 5G 技术标准,帮助掌握 5G 技术的华为等国内领先企业成为最新技术标准的制定者和行业发展的引领者,抢占新一轮信息技术革命的发展制高点。二是完善新能源汽车配套政策。在电池蓄电技术研发、充电桩安装、推广使用等方面加大政策支持力度。制定国家充电设施建设总体规划,明确基础设施的建设相关细则。国家财政设立专项资金,对充电设施的网络化布局给予一定补贴,探索多方参与的集投资、运营、服务为一体的创新商业模式。地方政府制定私人充电设施建设方法,做好政府规划建设部门、电网、房地产和物业等的协调工作。三是完善金融政策。可考虑将大额存单试点扩大到所有商业银行,将"贷新还旧"政策实施对象从中小企业延伸到大中型企业,维持其正常的资金链。在尊重金融机构经营自主权、鼓励金融创新、继续减少行政审批的同时,切实加强金融监管,研究制定促进互联网跨界金融健康发展的指导意见,防范金融风险及其传递。

（七）促进房地产市场平稳健康发展

保持房地产市场平稳,避免大起大落,不仅对于增强经济发展可持续性有重要作用,对于稳定和吸引优秀人才也有积极作用。按照逐步实现去行政化、让市场在资源配置中起决定性作用的要求,在全面取消"限价"、"限售"、"限签"等影响房地产市场正常运行的行政干预手段的同时,允许"住房限购"城市根据当地市场实际完善住房"限购"政策,继续实施差别化金融、税收政策。扩大住房公积金跨地区异地互认使用。支持各地探索研究回购库存商品住房作为保障性住房的具体做法。

宏观院经济形势与政策研究小组

研究小组组长:陈东琪

本报告执笔人:洪群联　申　兵

　　　　　　　刘中显

参加调研人员:陈东琪　黄汉权

　　　　　　　罗　蓉　刘中显

　　　　　　　姚淑梅　申　兵

　　　　　　　刘雪燕　洪群联

发挥政府投资在"稳增长"中的积极作用

2015 年 1—5 月,我国固定资产投资累计增长 11.4%,是自 2001 年以来的最低月度增幅。90 年代中后期以来,只有在亚洲金融危机严重的 1998 年 2—3 月和 1999 年 8 月到 2000 年 5 月间才出现过投资月度增速低于当前的情况。1—5 月同期相比,2009 年,固定资产投资累计增速达 32.9%;2010—2011 年,增速下降到 26%左右;2013—2014 年,增速再次下滑到 20%;2015 年,增速进一步下跌到 11%。近几年中,投资增长明显回落了几个台阶,成为 GDP 增速一路下滑的主要原因。近期,投资增速继续降低的可能性依然存在,即使触底回升,仍可能再次下行。

在投资增速下降过程中,政府投资的表现又是怎样的呢?由于没有全部政府投资的统计数据,只能根据预算内资金增长情况做分析。1—5 月,固定资产投资资金来源增长了 6%,其中,预算内资金累计增速只有 10.3%,国内贷款下降 6.3%,利用外资下降 26%,自筹资金增长 9.6%,预算内资金增速虽然略高于全部资金来源,但对投资的支撑作用并不明显。在亚洲金融危机的 1999 年,全部资金来源月度增速也大多低于 10%,但预算内资金增速却高达 40%—60%,政府资金的强势介入,有力地促进了全社会投资增速的回升。与当时相比,当前预算内资金的增速不高,对整个投资增长的贡献有限。

由于我国经济正处于增长速度换档期、结构调整阵痛期以及前期刺激政策消化期的"三期叠加"阶段,不仅表现为经济增速的放缓,更表现为增长动力的转换、经济结构的再平衡以及发展模式的系统转型,经济增长过程中困难与挑战增多。此时,民间资本长期涉足的传统行业收益明显下降,新兴产业的进入存在障碍,投资者的未来预期不容乐观。1—5 月,民间投资增长 12.1%,只比全部投资增幅略高,远低于 20%的上年同期增速。2012—2015 年同期相比,全部投资增速下降了 8.7 个百分点,而民间投资增速则下降了 14.6 个百分点,民间投资增速下降幅度明显高于全部投资。可见,民间投资增长动力不足,无法形成对全部投资的有效支撑,现阶段需要政府投资发挥更大的作用。

政府投资的规模要适度。与以往积极财政政策实施过程中常设定政府投资规模目标相比,此次政府投资扩张需要根据经济形势下行趋势,进行相机抉择,积极的同时又要稳妥。根据财政部年初的预算安排,2015 年,中央基建投资 4776 亿元,只比上年增加 200 亿元。未来如果经济持续下行,中央基建投资规模应有所扩大,中央财政赤字也将相应增加。1998 — 2008 年,我国累计发行长期建设国债11300 亿元,2004 年以后,长期建设国债发行规模逐年减少。近年来,我国没有再发行长期建设国债。为弥补赤字,可考虑重启长期建设国债发行,但一定要控制好具体的发行规模,防止国债发行对通货膨胀产生重大影响,对民间投资产生挤出效应,以及导致债务风险的明显加剧。

政府投资的方向要选对。本轮政府投资应重在提升质量,弥补短板,形成带动。加大地级以上中心城市公办幼儿园的建设力度,重点建设服务失能、半失能老人的公立养护设施;实施中心城市的旧城改造和中小城镇市政改造,推进城市的扩容和功能的提升;加大水、大气、土壤污染治理,促进重点流域、生态敏感区和脆弱区的环境改善;重点推进国家公路网"断头路"建设,加快重要通道拥挤路段扩容改造,以"一带一路"建设为核心,重点推进交通基础设施互联互通。以中西部地区和集中连片特困地区为重点,加大农村电力、公路、水利设施的政府投入,统筹实施农村扶贫开发。发挥好政府资金杠杆和政策引领作用,支持新技术、新模式、新业态、新产业发展。

政府投资的资金要保障。实施"稳增长"政策,中央政府不能唱"独角戏",地方政府的积极参与与协同十分重要。自 5 月份以来,包括河南、河北、吉林、安徽、云南、四川等 13 个省(区)相继出台"稳增长"的政策措施,推动重大项目建设,促进产业转型升级,加快技术创新步伐。当前,中央政府项目投资具有较好的资金保障,地方政府则面临偏紧的政策环境,其投资能力受到较大的限制。要提高地方政府对中央"稳增长"政策的响应力和执行力,就要给地方政府提供相应的财力和手段。与地方政府公益性和准公益性项目投资需求相比,2015 年地方债规模仍然偏小,要进一步增加地方政府一般债券和专项债券的发行规模;恢复部分融资平台的政府融资功能,使得平台公司能够依托政府信用,利用贷款、信托、企业债券等多样化方式融资;仿照铁路建设"以地养路"新模式,实施城市道路、水利、教育、文化、体育等公共投资项目综合开发。

政府投资的方式要得当。创新财政投入方式。政府应充分运用资本金注入、投资补助、贷款贴息等综合手段,切实提高项目贷款偿还能力,降低项目投融资和经营风险,提高商业银行贷款的积极性。创立产业投资基金。由政府部门牵头或出资,积极吸收更多社会资金的参与,并按照母基金模式运作产业投资基金,即在母基金后,再利用自身信用、资金、行业等优势向出资人募集资金,形成子基金。充分发挥投资基金的引导作用。健全融资担保服务体系。完善财政对中小企业融资担保的风险补偿机制,逐年增加风险补偿资金的额度,拓宽补偿范围,适度提高补偿比例。发挥政策性银行在"稳增长"中的重要作用,通过财政注资、财政借款、利用邮政储蓄等方式,拓宽政策性银行融资渠道。

刘立峰

利用金价低位震荡　增加黄金储备

2009—2012 年间,受欧债危机频繁发酵,美国主权债务违约风险上升等因素影响,全球避险性购金需求迅速增长,带动黄金价格从 2009 年年初 850 美元/盎司的低位增长至 2012 年 10 月初 1700 美元/盎司左右的高位。2012 年 4 季度以来,欧债危机和美国债务危机渐趋缓和,美元汇率逐渐转入上行周期,导致黄金价格开始震荡下行,多次触及阶段性底部,2014 年 11 月 6 日达到此轮下行周期目前最低位 1142 美元/盎司。2015 年 4 月份以来,受美元汇率短期下行等因素影响,黄金价格一度出现小幅反弹,但整体仍处低位,6 月 26 日收于 1175.2 美元/盎司。预计未来一至两年内,美元汇率走势和供求关系变化仍将支持黄金价格低位小幅震荡,我国宜利用此有利时机适当增持黄金储备,更好地发挥黄金储备在推动人民币国际化进程、提升我国在全球货币金融体系中的地位以及优化储备资产结构的作用。

一、黄金储备在各国储备资产中处于极为重要的地位

(一) 发达国家是全球黄金储备的主要持有者

截至 2015 年 6 月底,全球官方黄金储备规模为 31949 吨,其中储备规模排名前十经济体中有 7 个是发达国家(美、德、意、法、瑞、日、荷),这 7 个国家所持有的黄金储备规模占全球黄金储备总规模的 58.9%,其中,美国一国持有的黄金储备就高达 8133.5 吨,占全球黄金储备规模的 25.45%。

(二) 黄金是发达国家国际储备资产的主要品种

为维持美元在国际货币体系中的霸主地位,美国接近四分之三的国际储备资

（单位：吨）

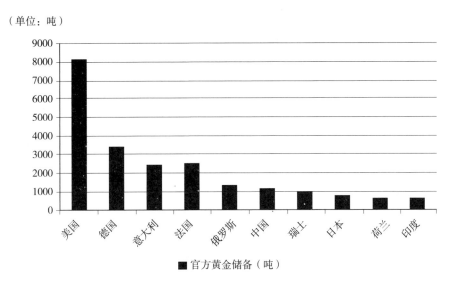

图1　全球官方黄金储备排名前十的国家

产均为黄金储备;德国、意大利、法国、荷兰等欧洲发达国家黄金储备占国际储备资产比重也均在50%以上。在主要发达国家中,只有日本受本国黄金资源储量匮乏、日美政治同盟关系密切等因素影响,其国际储备资产主要以美国国债等外汇储备资产为主,黄金储备占比仅为2.3%。

（三）金融危机以来发展中大国频繁增持黄金储备

金融危机以来,俄罗斯、哈萨克斯坦、土耳其等发展中大国为防范国际金融风险和推进"去美元化",持续增持黄金储备。俄罗斯已连续八年增持黄金储备,其黄金储备规模由2007年年初的400.27吨迅速增至2015年6月份的1246.6吨,其中2014年以来黄金储备增持量高达205.89吨,已成为黄金储备规模最高的发展中国家。哈萨克斯坦、土耳其等国黄金储备规模也持续上升,2014年至今两国黄金储备增持量分别高达52.1吨和29.46吨。

二、我国官方黄金储备规模明显偏低

（一）黄金储备规模与经济总量并不相称

2015年6月,我国官方黄金储备为1054.1吨,占全球黄金储备总额的3.3%,

在各经济体中位居第六位,低于美国、德国、意大利、法国和俄罗斯。但若以经济规模进行折算,我国单位 GDP 拥有的官方黄金储备仅为 0.1 吨/10 亿美元,在全球前二十大经济体中仅列第 15 位,不但落后于美、德、日等发达经济体,也落后于印度、俄罗斯、土耳其等发展中经济体。

(二) 黄金储备在国际储备资产中所占比重偏低

根据全球黄金协会的数据,2015 年 6 月黄金储备仅占我国国际储备资产的 1.1%,在 98 个经济体中仅位居第 91 位,仅高于中国香港、特立尼达与多巴哥、捷克、哥伦比亚、巴西、加拿大和匈牙利。大多数欧美发达国家黄金储备占国际储备资产比重在 50% 以上,印度、俄罗斯、土耳其等发展中大国也分别为 6.1%、13.3% 和 16.1%,明显高于我国。

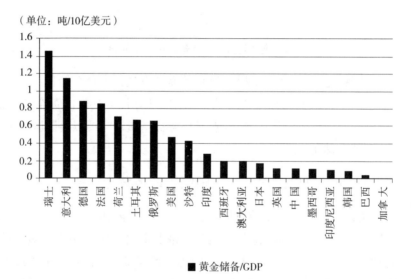

图 2　全球前二十大经济体单位 GDP 黄金储备拥有量排名

三、保持相对充足的黄金储备规模意义重大

(一) 有利于加快推进人民币国际化进程

加快推进人民币国际化进程是我国走向经济强国和货币强国,成为全球货币治理体系的重要参与者和决策者的必经之路。黄金储备依托其安全性高、价值稳

定、最后清偿能力强的优点,一直是本币信用的最重要保障之一。目前货币国际化较高的美、德、法等欧美发达国家,均持有大量黄金储备用于支撑本币信用;俄罗斯等发展中国家持续增持黄金储备的重要目的之一也在于为提高本币的"含金量",摆脱对美元的过度依赖。保持相对充足规模的黄金储备能够有效地维持人民币币值稳定和增强人民币信用,对推进人民币国际化进程有重要的意义。

(二) 有利于提升人民币在国际货币体系中地位

在金本位制下,黄金储备规模是决定一国货币在国际货币体系中地位的主要因素。布雷顿森林体系崩溃后,国际货币体系日益向着货币多元化、金融自由化的方向发展,一国货币在国际货币体系中的地位更多取决于该国的经济和金融综合实力。然而,黄金储备作为全球普遍承认的唯一最后支付手段,仍是各国货币在国际货币体系中地位的重要支撑,国际金融机构在评价各国货币信用时普遍将黄金储备规模作为重要的参考指标。保持较为充足的黄金储备,对提升人民币在国际货币体系中地位,增强我国在国际金融体系中话语权意义重大。

(三) 有利于我国国际储备资产多元化

目前我国的国际储备资产以外汇储备为主,而外汇储备资产中又以美元国债等美元资产为主。虽然美元国债是全球流动性相对良好、风险较低的资产,但国际储备资产过度集中于收益率较低的美元国债既导致我国资产端收益率偏低,对外净投资收益长年为负,也加大了国际储备资产面临的汇率风险。相较美元国债,黄金储备的内在价值不会受各国货币贬值影响,用于国际支付时不受本国货币信用变化的制约,增持黄金储备对减少汇率波动风险、防范对美元的过度依赖、提高储备资产收益水平均有非常重要的意义。

四、未来一至二年内黄金价格仍将低位小幅震荡

(一) 黄金需求将整体保持稳定

与其他大宗商品不同,工业生产所消费的黄金规模相对稳定,黄金需求的大幅变动主要来源于避险性购金需求变化和各国央行增持黄金储备。2010—2012 年,在欧债危机持续发酵、美国两党债务上限纷争加剧的影响下,美元、欧元等货币信用风险迅速上升,各国央行频繁增持黄金储备,避险性购金需求迅速增长,2010、

2011 年全球黄金消费量分别同比增长了 13.9% 和 12.2%,带动黄金价格大幅上涨。2012 年 4 季度以来,欧债危机整体趋于平复,美国经济整体基本面逐渐转好,全球避险性购金需求也明显回落。2014 年全球黄金消费量仅为 3923.6 吨,同比下降 4%,较 2011 年的历史最高位下降了 14.4%。

目前欧元区经济初显复苏势头,欧债危机压力整体有所缓解,美国经济也在稳步复苏之中。虽然希腊债务危机、乌克兰危机等因素仍对全球经济带来诸多不确定性,但未来 1—2 年内出现类似欧元区解体、美国主权债务严重违约等重大风险事件的可能性不大,黄金需求整体将保持相对稳定,支撑价格处于相对低位。

(二)黄金供给增速将明显放缓,但仍相对宽松

金融危机之后,随着黄金价格的不断上升,各大黄金企业加大了黄金勘探和开采力度,同时致力于发展再生金生产,带动黄金年产量升至 2011 年的历史最高位 4500 吨,2012 年以来也均保持在 4200 吨以上,2014 年为 4278.2 吨,同比增长 0.6%,仍处供过于求格局。

2014 年全球黄金平均开采成本为 749 美元/盎司,加上设备折旧、管理费用、间接支出等的综合成本约为 1300 美元/盎司左右。目前国际金价在 1200 美元/盎司左右波动,已低于综合成本,相当一部分黄金企业已减少新增投资规模甚至减产,黄金供给增速将继续放缓。但目前黄金价格仍显著高于矿山的日常运行维护成本,未来一两年内现有绝大多数矿山仍将保持正常生产,黄金供求关系相对宽松的格局不会在根本上逆转。

(三)美元阶段性调整后仍将进入第二轮上升周期

今年一季度,受美国经济形势低于预期等因素影响,市场对美联储加息预期减弱,美元指数 4 月份以来一度进入小周期调整。但是美国 1 季度经济收缩 0.2% 很大程度是暴风雪等突发事件的结果,经济整体向好的趋势并未改变,2015 年 5 月美国新增长就业岗位达 28 万人,创去年年底以来最大增幅。美联储预计在今年 9—12 月或更晚启动加息计划,美元指数经过第一波上升的阶段性调整之后仍有再次上升的动能。2015 年 6 月 26 日美元指数为 95.60 点,相较 6 月 10 日 94.59 点的年内低位已开始小幅回调。

从近年来黄金价格和美元指数的关系上看,二者负相关程度虽较金融危机前有所减弱但依然可见,美元指数的再次上升将会加大黄金价格的下行压力。

综上所述,未来 1—2 年内,受供需关系整体仍较缓和美元指数处于上升周期

等因素影响,黄金价格很可能在1150—1300美元/盎司之间的低位小幅震荡,出现类似2009—2011年价格暴涨的可能性不大。而在2017年之后,美元汇率很可能进入一个新的下行周期,现行主要黄金矿山储量也可能大幅下降,供求关系将再度呈现紧平衡格局,推动黄金价格再次进入上升周期。

五、把握黄金低价位有利时机积极增持黄金储备

(一)小规模分批量增持黄金储备规模

从我国经济总量和外汇储备规模看,将我国的黄金储备规模扩大到4000吨以上较为适宜。但考虑到短期内大规模增持黄金储备会导致国际黄金市场剧烈波动,增加购金成本,建议在2017年年底前将黄金储备规模提高到2000吨左右。为减少全球黄金市场的波动,建议采取类似俄罗斯、土耳其等经济体的做法,分批量小规模渐进增持黄金储备。在当前黄金供求关系相对宽松的格局下,每月增持的黄金储备规模可保持在20—30吨之间,稍高于俄罗斯的增持量。

(二)适度减少在纽约中央金库的黄金储备所占比重

为防范金融风险,提高金融自主性,俄罗斯、德国等经济体均将部分在纽约中央金库的黄金储备运回国内储藏。建议我国政府出于推动人民币国际化进程等考虑,将部分在纽约中央金库的黄金储备运回国内储存;综合考虑运输成本、政治敏感性等因素,也可将新增黄金储备部分存放在国内。

(三)适度放宽黄金进口管制

目前我国只有少数商业银行等单位具有黄金进出口权。由于大多数商业银行缺乏检验手段和精炼能力,目前进口非标准金受到较大限制,在一定程度上影响了对海外黄金资源的充分利用。建议国家进一步放宽黄金进口管制,适当支持金融机构和大型黄金企业进口非标准金,然后运用自身技术和精炼能力加工成标准金,在满足国内黄金市场需求的同时根据需要转换成国家黄金储备。

李大伟

下半年房地产市场走势与政策举措

一、当前房地产市场下行趋势得到初步遏制，市场分化明显

2015 年上半年，在货币政策持续放松、房地产政策力促消费等政策影响下，房地产市场下行态势逐步放缓企稳，其中一线城市已经明显回升，二线城市企稳，多数三四线城市仍然处于调整态势。房地产开发建设活动滞后于销售好转，新开工面积和土地购置面积维持负增长，投资增速持续创新低。

（一）商品房交易量降幅明显收窄，一线和二线城市交易量同比变化由负转正

2015 年前 5 个月，全国新建商品房销售面积同比下降 0.2%，降幅比年初收窄 16.1 个百分点。其中，4 月份和 5 月份，商品房交易量连续两个月同比增长，分别增长 7.0% 和 15.0%。分区域看，前 5 个月，一线城市和二线城市商品房销售面积同比变化由负转正，分别同比增长 6.0% 和 3.8%，三四线城市销售面积继续负增长，同比下降 2.5%（见图 1）。重点城市二手房成交量自年初以来持续同比增加。

（二）5 月份新建住房价格降幅收窄，二手住房价格环比上涨，一线城市房价涨幅创历史新高

2015 年 2 月份以来，70 个大中城市房价上涨城市数量逐步增加。5 月份，新建住房和二手住房价格上涨城市数分别为 20 个和 37 个，分别比 4 月份增加 2 个和 9 个；新建住房价格环比降幅收窄，二手住房价格 4 月份止跌，5 月份出现本轮市场调整以来的首次环比上涨（见图 2）。

分区域看，一线城市新建住房和二手住房价格自去年年底以来持续上涨，5 月份房价涨幅创历史新高，新建住房和二手住房价格分别环比上涨 2.8% 和 3.8%，

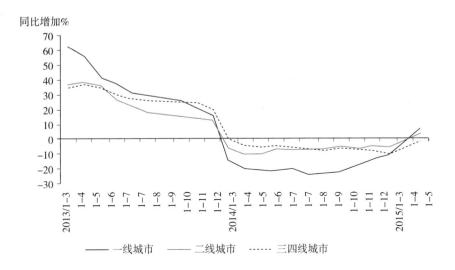

同比增加%

图1　各类城市商品房销售面积同比变化

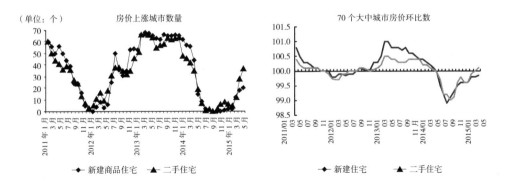

图2　70个大中城市房价变化

其中,深圳房价涨幅最高,新建住房和二手住房价格分别环比上涨6.6%和6.3%。二线城市房价4月份止跌,5月份小幅上涨,新建住房和二手住房价格分别环比上涨0.1%和0.2%。三四线城市房价仍表现为环比下降。

（三）新建房屋库存量出现近年来的首次下降,一二线城市库存减少

截至2015年5月末,全国商品房待售面积65666万平方米,比上月减少15万平方米,商品住宅待售面积43025万平方米,比上月减少121万平方米。新建商品

房屋库存量出现 2012 年以来的首次下降。

5 月末,北京、上海、广州、深圳四个一线城市和以苏州、福州为代表的二线城市,商品住宅可售面积均比年初下降,但以泉州、南充为代表的三四线城市商品房可售面积仍呈继续增加态势。

(四) 房地产开发投资增速继续下降,房地产企业房屋新开工和土地购置面积同比减幅有所收窄

房地产开发投资增速较快下滑。前 5 个月,房地产开发投资同比增长 5.1%,增速比上月下降 0.9 个百分点,比去年全年下降 5.4 个百分点。房屋施工面积同比增加 5.3%,增速比上月减小 0.9 个百分点,比去年全年低 3.9 个百分点。

房地产企业房屋新开工面积和土地购置面积两个先行指标同比减幅有所收窄。前 5 个月,商品房屋新开工面积同比减少 16%,减幅比上月收窄 1.3 个百分点,连续两个月减幅收窄;土地购置面积同比减少 31%,减幅比上月收窄 1.7 个百分点(见图 3)。

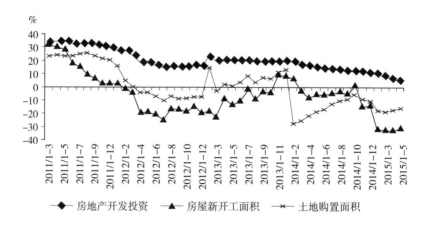

图 3 房地产开发投资、房屋新开工与土地购置情况

二、预计下半年房地产市场继续去库存,市场分化持续

本轮房地产市场调整始于 2014 年 2 季度,市场呈现量价齐跌的态势,房地产开发投资增速大幅下滑。2015 年 4 月份以来,在降息降准、"3·30"政策、多个地方出台促进房地产市场平稳健康发展相关政策、房地产开发企业优惠促销措施的

多重因素作用下,房地产市场下行趋势得到初步遏制,初现了企稳迹象。但总体来看,去库存仍是市场主基调。预计下半年商品房屋销售面积小幅增加,房价基本平稳,房地产开发投资增幅继续下降。

(一) 下半年房价保持基本平稳的可能性较大

随着房屋交易量的回升,预计下半年房价将逐步企稳,在市场去库存过程中,房价总体保持基本平稳的可能性较大。判断理由如下:

第一,货币政策环境的持续利好有助于促进房地产需求的释放。继 2014 年 11 月央行开启降息通道以来,2015 年央行又实施了三次降息和三次降准,目前五年期以上银行贷款利率降至 5.4%、五年期以上公积金贷款利率降至 3.5% 的历史较低水平。利率的下降对住房需求释放形成实质利好,成为助推房价企稳回升的因素。央行二季度城镇储户问卷调查结果显示,未来 3 个月内准备出手购买住房的居民占比为 14.7%,较上季提高 0.9 个百分点。根据模型估计,下半年商品房销售面积小幅增加,全年销售面积同比涨幅在 5% 以内。

第二,中长期住房需求增长放缓制约着房屋交易量的持续较快回升。多重利好因素叠加作用下,4—5 月份商品房成交量达到仅次于 2013 年同期的次高水平,5 月份单月成交量创历史同期最高。但从住房需求的中长期变化趋势来看,我们认为近期交易量快速增长态势难以持续。人口年龄结构的变化特征显示,我国年轻群体数量进入长期性下降通道,2014 年我国结婚登记对数结束 2006 年以来的持续较快上升态势而出现约 40 万对的下降,预示着住房刚性需求正逐步放缓。

第三,房地产市场仍处于去库存调整过程中。虽然 5 月份商品房待售面积和部分城市商品住宅可售面积均出现环比下降,但纵向来看,目前房屋库存仍处于历史较高水平。在房屋交易量中占比超过 65% 的三四线城市,房地产市场仍呈现量价齐跌的态势。

第四,韩国房地产市场去库存调整的经历表明,房价企稳后仍会持续较长时间的底部盘整。韩国 90 年代初房地产市场调整的背景与我国现阶段相似。从其经历来看,1991 年 5 月—1993 年 12 月,房价持续下行,1994 年 1 月以来,房价止跌企稳,但总体呈现底部盘整的态势,直至 1996 年才出现小幅回升。

(二) 预计下半年房地产开发投资增速继续下降,全年增速降至 3% 左右

2015 年前 5 个月,房地产开发投资同比增长 5.1%,比去年全年低 5.4 个百分

点。从房地产开发投资构成来看(见图4),建安工程投资同比增长2.7%,比去年全年大幅下降7.7个百分点,对投资增长的拉动降至2.1个百分点;土地购置费同比增长18.4%,拉动投资增长2.9个百分点;以项目开工前期投入为主的其他费用(不含土地购置费)同比增长1.7%,企业设备工器具购置费负增长2.3%,二者合计拉动投资增速0.1个百分点。

受房屋新开工面积大幅回落的影响,预计下半年房屋施工面积同比增幅将继续呈现回落态势,由此导致建安工程投资增速继续下降。综合考虑房地产开发投资各项构成的影响因素及变化,我们通过构建投资增速合成模型和工程建设量预测模型,估计得出,2015年全年房地产开发投资增速将降至3%左右。

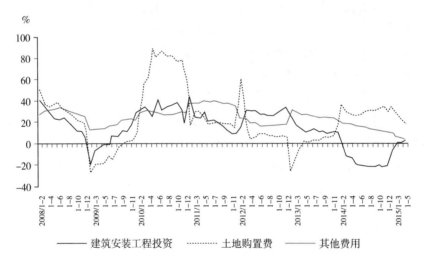

图4 房地产投资各项构成的变化

三、政策建议

短期来看,消化库存仍然是房地产市场的主基调,但住房市场表现的区域分化加大。建议按照因地制宜的原则,以地方政府为主完善促进房地产持续健康发展的相关政策。

(一) 灵活住房保障方式

建议明确可用于安置的商品房购买条件、税费减免等政策,积极推行棚户区改造货币化安置。在住房存量较大的城市,通过市场收购或长期租赁等方式筹集公租房房源;探索采取购房券或租房券补贴的方式,对低收入住房困难群体进行住房保障。

(二) 积极引导和支持合理住房消费

建议通过税收政策和交易管理,鼓励卖小买大、卖旧换新、卖远买近的住房改善需求和房屋空间置换需求;探索城乡统筹的土地与住房制度改革,支持农村转移人口的住房消费;有序推进基础设施和基本公共服务同城化,推进城市群发展,引导住房需求在大中小城市之间合理分布。

(三) 降低二手房交易成本

建议研究完善房地产税收体系,降低二手房交易成本;完善相关政策设计,允许住房抵押贷款转让,减少二手房交易的成本和风险;房地产市场调整压力大的城市,可采取税收补贴政策,稳定住房消费。根据我们的调研,税收政策对稳定住房消费效果明显。例如,长沙天心区在 2014 年 9 月 26 日出台购房契税补贴 1 个百分点的政策(执行至 2014 年 12 月 25 日),这期间住房交易量明显增加。

任荣荣　刘　琳

谨防结构性通缩向全面通缩演化升级

在 1929—1933 年那场影响世界政治、经济、军事格局的全球性经济危机爆发之后，通货紧缩这一论题开始为政府、商业、学界所关注，而日本在 20 世纪 90 年代之后陷入长期通货紧缩的发展现实，更为引发了国内学者的研究热潮。较为一致的观点是，通货紧缩或因供给过剩，或因需求萎缩而导致价格总水平的持续下降；如果控制不当，通货紧缩造成价格信号失真，扭曲经济资源配置，抑制资本形成，威胁到货币信用制度，导致经济衰退与失业增加，且具有恶性循环的趋势，严重时可能导致长时期的经济衰退，与通货膨胀相比，更不受政府欢迎。无论经济学家如何界定通货紧缩，良性抑或恶性，宽容抑或恐慌，欢迎抑或厌恶，这一经济金融现象都在各个经济体不期而发生着，且呈现愈发频繁、波及范围更广、影响程度愈深的发展态势。

20 世纪 90 年代以来，我国经济高速增长的同时，历经两次较为严重的通货紧缩。第一轮是 1997 年亚洲金融危机后，PPI 于 1997 年 6 月至 1999 年 12 月连续 31 个月、2001 年 4 月至 2002 年 11 月连续 20 个月出现负增长，降幅最大达到 5.7%；CPI 则从 1998 年 4 月至 2000 年 2 月连续 21 个月、2002 年 2 月至 2002 年 12 月连续 10 个月出现负增长，降幅最大达到 2.2%。第二轮是 2008 年国际金融危机后，PPI 于 2008 年 12 月至 2009 年 11 月连续 12 个月出现负增长，降幅最大达到 8.2%；CPI 则从 2009 年 2 月至 2009 年 10 月连续 9 个月出现负增长，降幅最大达到 1.8%。两轮通缩均是在受到外部危机的强烈冲击，货币流动性急剧收缩的情况下发生的，程度较为严重。面对严峻的经济形势，党中央、国务院及其有关部门审时度势，增发国债、扩大基础设施投资、提高居民收入、培育重点产业、支持成立大型企业集团，特别是 2008—2011 年间实施了 4 万亿经济刺激计划，CPI、PPI 在较短时间内恢复了增长。

截止到 2015 年 5 月，我国 PPI 已连续 39 个月负增长，同时 CPI 走低趋势明显,引发了社会各界对通缩问题的普遍担忧。从当前数据看,我国价格总水平下行压力正在增大,通货紧缩风险进一步加剧。谨防生产性、结构性通缩向全面通缩演化升级,是必须要予以高度重视的紧迫性问题。

一、结构性、生产性通缩向全面通缩演化的 风险正在加剧

当前,我国经济正处于增长速度换档期、结构调整阵痛期以及前期刺激政策消化期的"三期叠加"阶段,不仅表现为经济增速的放缓,更表现为增长动力的转换、经济结构的再平衡以及发展模式的系统转型,经济本身确为价格总水平下行造成压力。尽管经济增速、就业、收入等宏观经济指标仍处相对较高水平,而且 CPI 仍在正区间,尚难确判我国经济已处通缩状态,但以 CPI 上涨 3%左右的宏观调控政策理想目标为标准,我国事实上已存在的生产性、结构性紧缩确有向全面通缩发展演化的明显趋势。

一是 PPI 长期处于负增长区间,加大 CPI 下行压力。截止到今年 5 月,我国 PPI 已连续 39 个月同比下降,持续时间创改革开放以来最长。今年 1—5 月,工业生产者出厂价格平均同比下降 4.57%,比上年同期均值下降 2.7 个百分点;工业生产者购进价格同比下降 5.55%,比上年同期均值也下降了 3.45 个百分点。PPI 持续下降,对生产、销售、利润、投资、税收、就业和收入产生紧缩效应,从供给和需求两端对消费价格产生挤压,加大了 CPI 下行压力。

今年 1—5 月 CPI 均值为 1.26%,比上年同期下降 0.98 个百分点,3—5 月 CPI 环比分别下降 0.55、0.21、0.17 个百分点。尽管 CPI 总体上仍处于正区间,消费品价格水平呈总体稳定、温和上涨态势,但若扣除食品和石油价格、政策因素影响之后的核心 CPI 可能低于 1%,而 1%为学界普遍认为中高速增长阶段的通缩预警阀值。

二是看 CPI 与 PPI 加权指数,通货紧缩形势难言乐观。在 GDP 平减指数需要季度数据支持的情况下,CPI 与 PPI 加权指数更能反映当前价格总水平。今年 5 月份,CPI 与 PPI 加权价格指数为-1.6%,比上月回落 0.1 个百分点,自 2014 年 10 月份开始连续 8 个月处于负值区间,说明我国通缩压力尚未得到根本的缓解。

值得注意的是,PPI 与 CPI 缺口逐年扩大,2012、2013 和 2014 年二者差值分别为 4.4、4.5 和 4.9 个百分点,今年 1—5 月进一步扩大到 5.8 个百分点,似乎否定了 CPI 的下行是因 PPI 下降所致。我们认为,PPI<CPI 的缺口快速扩大,说明了当

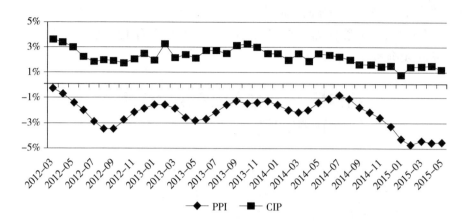

图1　2012年3月以来我国PPI、CPI走势

前有效需求明显小于有效供给,当前经济结构性问题突出。CPI包含制造业之外的服务业价格水平,PPI负增长、CPI正增长表明,工业品价格下行和服务价格上涨压力并存,工业领域产能过剩与服务业领域供给不足同在。

三是牛市出现"负财富效应",资产价格波动可能加剧通缩预期。美国本轮经济复苏证明,股票、房地产资产价格可以起到财富效应,带动经济增长。反观我国,伴随着资本市场快牛、房市呈现企稳迹象,反而表现出"负财富效应",居民推迟消费,资金进入股市、房市。5月份,社会消费品零售总额同比名义增长10.1%,依然保持低位;汽车消费大幅减缓,今年3月、4月和5月,同比增长仅为-1.3%、1.6%和2.1%,形势不容乐观。

而且,产业资本大规模减持加剧市场动荡,资金流入实体经济的效果有限。今年以来,净减持额超过4500亿元,其中4—5月减持超过2000亿元,远高于上一年全年1149亿元的水平。5月以来,因上市公司大股东或高管违规减持,深交所已对22家上市公司发出监管函,数量超过深交所当期发出监管函总数的1/4。如果产业资本只是利用股市上涨时机大规模减持圈钱,将造成资金进一步错配,与引导资金进入实体经济的初衷有所背离,进一步为CPI下行加压。

二、多因素促成本轮价格总水平下行和通缩压力

与1998—2002年由亚洲金融危机和2009年由国际金融危机分别引发相比,目前面临的通缩压力原因更为复杂,既有技术进步、劳动生产率等良性因素,也有

经济循环障碍等不良因素;既有以产能低端过剩为主要特征的供给方面原因,也有投资不振、消费滞缓、外需疲软"三驾马车"有效需求不足的原因;既有国内"三期叠加"、前期货币政策偏紧、商业模式创新方面的原因,也有国际市场容量收窄、大宗商品价格下降、市场竞争加剧方面的原因。

一是前期过度投资造成相当严重的产能过剩,是通缩压力加大的结构性原因。2008—2011 年,为了应对国际金融危机的冲击,我国迅速作出了现在看来有些过度的反应,推出了包括十大产业振兴规划在内的 4 万亿投资计划,低端产能延缓退出,再加上财税分配导致地方政府过度重视产业投资,惟 GDP 的政绩考核体制极易造成投资冲动,不完善的企业产权制度推动投资预算软化,不健全的资源要素市场规则扭曲了企业的经营成本,不完善的产业政策阻碍产业有效进入与退出,如此市场与非市场性因素综合作用的结果自然是产能过剩。

随着政策的刺激作用逐渐消退,调结构、促转型的不断深化,需求逐步回落至相对合理水平,产能过剩发展成为普遍性问题。目前,我国产能过剩风险已从钢铁、船舶、水泥、平板玻璃、电解铝、光伏等行业向上下游行业和关联产业链蔓延。根据国家统计局数据,2013 年我国工业企业产能利用率仅为 78.2%,其中粗钢、电解铝、风电设备、太阳能光伏电池产能利用率更低。2014 年,我国规模以上工业企业利润总额同比仅增长 3.3%,也说明我国工业领域的产能过剩的严重程度。

二是国内外经济发展环境发生深刻复杂变化造成总需求不足,是我国通货紧缩压力加大的根本原因。首先看投资需求。2008—2011 年间的短期内投资总量的快速增加一定程度上制约了后期的投资增速,2012 年我国投资增速开始下台阶,2014 年全社会固定资产投资增速仅为 15.3%,创 2002 年以来最低增速。今年 1—5 月,我国固定资产投资累计增长 11.4%,这是自 2001 年以来最低月度增幅。目前,投资增速继续降低的可能性依然存在,即使触底回升,仍可能再次下行。除此之外,房地产、制造业和基础设施三大主要投资构成均显现增速回落的态势。房地产开发投资增速从 2011 年的 27.9% 下降至 2014 年的 10.5%,今年 1—5 月继续回落至 5.1%,5 月末待售商品房面积达 6.56 亿平方米,去库存压力仍然较大。受产能普遍过剩和企业经济效益下滑的影响,今年 1—5 月,制造业投资增速较上年同期下降 4.2 个百分点。受地方政府债务限制,基础设施投资增速下滑更为严重,今年 1—5 月,水利和公共设施管理业分别比上年同期下降 20.3 和 10.1 个百分点。

区分投资主体,民间投资不振的形势更为严峻。1—5 月,民间投资增长

12.1%,远低于20%的上年同期增速。2012—2015年同期相比,全部投资增速下降了8.7个百分点,而民间投资增速则下降了14.6个百分点。民间投资增速下降与融资难度进一步加大有直接关系。根据央行的调查,2014年第四季度,企业融资难度感受指数为55.8%,较2014年第三季度和2013年同期分别上升0.3个1.6个百分点,连续6个季度上升;银行贷款获得难度为55.1%,较2014年第三季度下降0.4个百分点,较2013年同期上升0.8个百分点。

民间投资增长动力不足,无法形成对全部投资的有效支撑,确需政府投资发挥更大的作用。而1—5月全部固定资产投资资金来源仅增长6%,其中预算内资金累计增速只有10.3%,虽略高于全部资金来源,但对投资的支撑作用并不明显。投资增速维持中速增长态势,难以回到前几年20%以上的高增速阶段,将直接影响对工业品的需求,降低其价格涨幅。

其次看消费需求。2014年,我国社会消费品零售总额增长12%,为2003年以来的最低增速。今年1—5月,社会消费品零售总额同比增长10.4%,再创近年来新低。居民消费需求不足,与就业和收入有最为直接的关系。今年1—5月,我国就业景气呈现下行态势,城镇新增就业、失业人员再就业和困难人员就业一度全部负增长,此后略有好转但仍显乏力。5月份,制造业从业人员指数为48.2%,比上一月小幅提高了0.2个百分点,但仍低于50%的荣枯线。自2012年6月以来,制造业从业人员指数已持续36个月收缩。而非制造业从业人员指数近一年持续收缩,持续时长和下降幅度都达到历史最高位。

与此同时,经济增速下滑对居民收入增长的影响开始显现。①企业利润下降导致居民收入增收乏力。一季度,全国居民人均可支配收入实际增速比上一年8.3%的实际增速放缓0.1个百分点,其中工资性收入下滑较快,下降了0.9个百分点。②农民工增收态势放缓。2014年,农民工的收入增速比2013年的收入增速有较大的下降,尤其是在建筑业、批发和零售业、交通运输、仓储和邮政业,其下降幅度都超过了6%,今年这一态势未见转变。③财政对收入分配的调节能力开始下降。在财政收入增速放缓的新常态下,以税收和社会保障为主要手段的再分配调节机制面临挑战,通过对弱势人群的转移支付来调节收入分配的能力进一步下降。而且我国居民收入差距较大,2014年基尼系数仍高达0.469,一定程度上也制约了消费增长。

再看外需增长。全球经济增长缓慢的格局没有得到明显改善。2015年,全球经济增长美国"一枝独秀",欧洲经济低迷,日本通货紧缩,新兴市场下行压力加大,美国经济复苏难以改变全球市场短期需求不足的局面。OECD国家2015年一季度实际 GDP 增速放缓至 0.3%,低于 2014 年四季度的 0.5%。一季度美国通胀率上涨 0.9%,1—2 月份欧盟与欧元区通胀年率分别为 −0.2%、−0.3% 和 −0.5%、−0.6%。

由于世界经济没有恢复到国际金融危机前的水平,加之近年来贸易摩擦加大,市场竞争加剧,我国外贸增速连续 5 年呈下降态势。2014 年,我国出口增长 6.1%,增速比危机前的 2007 年下降 19.9 个百分点;2014 年,我国进口仅增长 0.5%,明显低于危机前 20% 的增速。今年 1—5 月,我国进出口同比下降 7.8%,其中出口增长 0.8%,进口下降 17.2%。进口增速下降主要由于大宗商品价格下降,国内需求疲软是次要原因,当前的贸易顺差更多的是衰退性顺差。

三是前期货币政策偏紧操作,是当前乃至今后一段时期通缩压力加大的直接原因。由于对国际金融危机的冲击做出了过度反应,超常规经济刺激造成 2010 年下半年至 2012 年一季度物价大幅上涨,央行开始上调存贷款基准利率和人民币存款准备金率。人民币贷款平均加权利率 2011 年三季度上升至 8.06% 的高位,到 2014 年底仍达到 6.77%。以市场化的拆借利率看,今年 5 月隔夜拆借利率为 1.33%,以 PPI 计算的真实利率为 5.93%,已接近甚至高于我国许多制造行业的平均利润率或许多企业的投资回报率。2010 年年初至 2011 年年中,我国 12 次上调存款准备金率,中小型存款金融机构存款准备金率由 14% 上调至 19.5%,目前依然维持在 14.5%;大型存款类金融机构存款准备金率由 16% 上调至 21.5%,目前依然维持在 18.0% 的高水平。相对较高的贷款利率和较高的存款准备金率制约了工商业企业贷款需求和商业银行的贷款投放能力。以金融机构存贷差为例:2011 年为 24.5 万亿人民币,2012、2013 和 2014 年分别为 27.0 万亿、30.4 万亿和 30.6 万亿,今年 1—5 月达到 41.5 万亿,呈现不断扩大的势头,一定程度上也说明了实体经济的融资处境。

再看货币供应量增长。今年 1—5 月,广义货币供应量 M_2 增速平均为 11.2%,低于 2015 年年初确定的 12% 的预期值。3 月份和 4 月份,狭义货币供应量 M_1 的增速分别仅为 2.91% 和 3.67%,处于 1991 年有统计数据以来最低水平。

三、防通缩将长期成为我国经济政策的重要取向

通货紧缩最终影响到民众就业和收入,且各国普遍缺乏治理经验,与通货膨胀相比更不受政府的欢迎。随着经济市场化改革的大力推进,我国去产能任重道远,

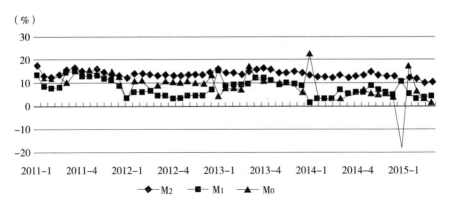

图2　2011年以来我国货币供应量增速

扩需求障碍重重,经济结构调整短期难以完成;目前债务率处于高位,去杠杆压力大,货币政策不具备大幅度宽松的条件。而且,人口结构发生重大变化,国际大宗商品低价位运行依然,美元进入升值周期,生产和消费模式日新月异,将极大地影响市场预期,从供需两侧深远地影响着经济增长和价格总水平,尚难排除结构性通缩进一步加剧甚至演变为整体性通缩的可能性。

一是老龄化社会提前到来,"未富先老"造成长期的通缩压力。人口老龄化的通缩效应强于通胀效应。中国的人口老龄化呈现倒梯形结构,与美国的柱形结构(青年和老年一样多)、印度正梯形(年轻人多老年人少)相比,更显现为年轻人少、老年人多的特征。

2013年,我国0—14岁、65岁及以上人口比重分别为16.4%、9.7%,分别比2003年下降了5.7个百分点和提高了2.2个百分点,2014年老龄化率为15.5%。与其他年龄段的人相比,老年人在退休后收入水平相对较低,购买能力下降,消费需求趋于平稳,人均消费随着年龄增长而减少,住宅、汽车、家电等耐用消费品部门需求下降最为明显。同时,由于老龄化加快,导致低储蓄率和放缓劳动参与率,从而增加了经济增长率下降的可能性和长期通缩压力。少年、婴儿占总人口比重的下降,以及中青年老年抚养比的提高,极大程度上挤压了消费增长的空间。2008年以来,社会消费品零售总额增速确也呈现随着老年抚养比的上升而下降的趋势,可以佐证人口结构的变化将长期影响经济运行和物价涨跌。

二是国际重要大宗商品供应充裕,进一步强化我国价格下行压力。去年6月底以来,全球大宗商品综合价格指数(RJ/CRB指数)进入下行周期,由312.8点波峰迅速回落到今年3月17日的209点波谷,本轮下行周期中RJ/CRB指数最大跌幅已超30%。纽约WTI原油期货价格由2014年6月中旬的110美

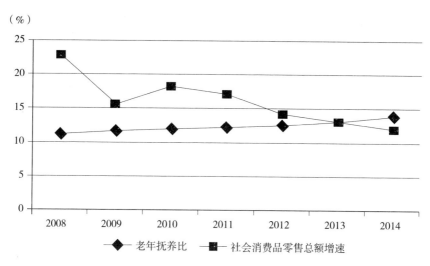

图3 近年我国社会消费品零售总额与人口结构变化关系

元/桶左右下跌至 2015 年 6 月 20 日的 60 美元/桶左右;今年 4 月初国际现货铁矿石价格跌破 50 美元/吨,创十年新低。6 月 15 日中国进口铁矿石价格综合指数为 236.62 点,虽较 3—5 月稍有回升,但与 2014 年 7 月中旬相比降幅达 30%以上;伦敦金属交易所铜期货价格由 2012 年 3 月初 8600 美元/吨震荡回落至今年 6 月 20 日的 5667 美元/吨。国际大宗商品价格的外部传导加剧了国内物价下行的压力。

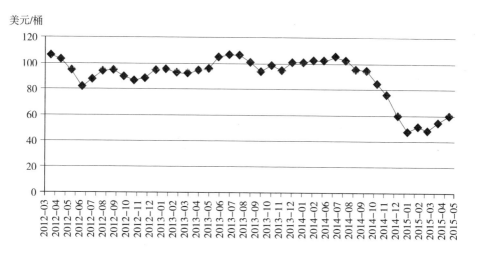

图4 纽约 WTI 原油期货价格

未来一段时期,由于近年来全球气候好转,全球重要农产品生产和储备持续增加,石油等主要能源卖方博弈造成供应持续增加,而全球经济增长乏力和转型发展导致石油增速下降。两类商品对PPI和CPI影响的基础性,价格大幅止跌回升尚需时日。当前,在科技进步和政策支持下,我国粮食生产实现"十一连增",净进口10年增长2倍多,而全社会口粮总量在迅速下降,我国粮食供给进入历史上最充裕的时期,挤压食品价格的上扬。目前,我国CPI中食品所占比重近50%,农产品及副食品价格持续走低下降将导致价格总水平的下降。国际油价近期尽管呈现"波段回升"的态势,但要达到116美元/桶的历史高位尚需时日,也将对我国经济形成输入型通缩压力。

单位:百万吨

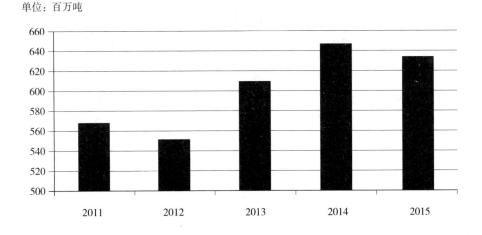

图5 国际粮农组织全球粮食库存量

三是美元进入长周期的升值阶段,资金外逃影响我国基础货币投放。根据历史数据,美元指数呈周期性波动,一般在经历10年周期下跌后,就会进入5—7年的上涨周期。奥巴马政府的新能源革命与页岩气革命,可能推动美元2014—2019年进入第三轮上涨周期。与美元走强呼应,国际资本流动"急剧逆转",资金开放开始外逃。外汇占款的快速下降,极大程度上影响我国央行基础货币的投放,造成经济中实际流通的货币进一步减少,促动价格下行。2015年4月央行口径外汇占款环比减少459.42亿元,为连续三个月负增长。历史数据也一定程度上验证了如此逻辑。自2014年年初开始,美国货币政策转向,对中国形成第三次"输入型通缩"。美国退出量宽,美联储加息导致美元走强,欧洲央行和日本央行的反向操作进一步强化了美元的强势,美元指数走出一波强势行情。截止到目前,美元强势攀升,且与我国 PPI 出现负增长几乎同步。

另外,近年来,人民币国际化进程加快,越来越多的国家和地区用人民币进行国际结算、支付、储存,人民币国际需求大幅度增加,必然分流部分货币供应。而且,外汇占款影响的货币投放超常规低速增长,更显得难以满足新的货币需求,价格总水平下行依此有了货币基础。

四是商业模式加快创新,消费和生产降成本现象更加突出。伴随着居民消费结构升级、专业化分工程度深化、新技术的突破和信息化的推进,我国制造品供应链生产模式开始大为推广,采购成本、库存成本、物流成本、加工成本等在人力成本上涨的同时不同程度地表现下降趋势。更为直观的表现是,网络零售、快递、移动电子商务、跨境电子商务、互联网金融、在线旅游等新型业态蓬勃发展。这些商业模式无一例外地体现了服务快捷、价格低廉、质量上佳特征,刺激广大消费者的消费热情。

2014 年,全国网上零售额达 27898 亿元,同比增长 49.7%,占社会消费品零售总额的 10.6%。其中,限额以上单位网上零售额 4400 亿元,增长 56.2%。今年 1—5 月,全国网上零售额同比增长 39.3%,占全社会消费品零售总额的比重提高到 11.4%。由于网上商品和服务的成本比实体店低,价格也相对更便宜,其销售比例上升带动了整体商品价格的下降。

四、创新思路,谨防结构性通缩向
全面通缩演化升级

通货紧缩已成为当前全球经济面临的最大威胁。通货紧缩的直观表现是价格总水平的持续下行,而价格下行是国民经济综合运行的表象特征,是经济实际增长率低于潜在增长率的客观反映。国外的经验表明,治理通货紧缩的措施,财政税收和货币政策在内的国内宏观经济政策、对外经济政策、产业关系调整政策和金融体系合理化政策都是基本的政策领域,各国要视具体情况选择最适宜可行的对策。

我国在治理通货紧缩方面已积累了一定的经验,当然也储备了诸多教训。与前两次通缩发生时的国内外经贸环境、生产生活方式变革、经济社会发展背景相比,当前的形势更为严峻,必须要创新治理思路,调整治理手段和政策工具,谨防结构性通缩向全面通缩演化升级。

一是坚持处理好"实体经济与虚拟经济、中央政府与地方政府、国内经济与国

际经济"三大关系,为经济长期持续平稳增长增强动力。处理好"实体经济与虚拟经济"的关系是指,当前我国经济运行复杂,面临的形势前所未有,经济虚拟化程度大幅提高,传统调控思维已难以适应当前形势,要求要尽快调整调控思路,防止经济政策为虚拟经济所绑架,要尽快将财政税收政策、货币信贷政策、价格政策、投资政策、消费政策的着力点调整到实体经济上来。

处理好"中央政府与地方政府"的关系是指,面对当前地方政府普遍缺乏政策请诉权和政策探索权,没有合理的政策空间的现实,要探索建立新型中央政府与地方政府关系,抑制当前反腐倡廉高压下地方政府"怕干事、怕有事、怕出事"的负面情绪,激发地方政府发展地方经济的积极性、主动性和创造性。

处理好"国内经济与国际经济"的关系是指,改变传统上鼓励和支持国内低端产能"走出去"的一贯思路,建立新型对外经贸关系,全面推进高端装备、战略性新兴产能、现代服务产能尽快尽早"走出去",依靠产品品质和服务质量,在激烈的国际市场竞争中淘汰落后产能,培育高端产业。

二是坚持"去产能、扩需求、松货币、促改革"多措并举,促进经济发展基本面回稳向好发展。"去产能"要求,加强项目审批和标准约束,加快淘汰落后产能;培育壮大新兴产业,培育支撑经济平稳健康发展的接续产业;结合"一带一路"战略,积极推动国内产能"走出去"。

"扩需求"要求千方百计扩大就业,增加居民收入,特别是中低收入人群的收入水平,进一步提高社会保障水平,提高居民消费能力;适当扩大中央预算资金支持的公共投资,提高公共设施和公共服务的供给能力,重点支持基础设施和城乡公共服务领域的薄弱环节;尽快落实"一带一路"、长江经济带、京津冀经济圈、振兴东北和其他优化空间发展的大型基础设施建设项目;扩大由政府资金引导、民间资本参与的公共投资项目。

"松货币"是指在经济实际增长明显低于潜在增长率的背景下,安排货币供应只能采取"被动适应"的措施,建议年内适时适度再次降低存款准备金率,适当增加商业银行可用头寸和市场流动性;在真实利率高于名义利率的背景下,采取切实措施进一步降低实体经济融资成本;积极培育和发展直接融资市场,加快推进新股发行注册制改革,进一步促进债券市场、私募股权和创投基金发展,支持中小微企业依托全国中小企业股份转让系统展开融资。

"促改革"要求,利用价格环境相对宽松的有利时机,年内适时上调城市自来水、煤气、电、垃圾处理等部分公用事业价格;加大财政对教育、社会保障、农村基础设施和重大装备制造等方面的投入力度,在经济条件较好的地方试点发行市政债;

加快研究出台全面放开"二孩"生育政策,为长期应对通缩压力奠定人口基础;适当扩大棉花和大豆目标价格试点范围,适时开展玉米目标价格;适时提高个人所得税起征点,提高居民可支配收入。

宏观院经济形势与政策研究小组

课题组长:陈东琪

协调人:刘中显

参加人员:洪群联　胡文锦

上半年报告

"组合拳"初见成效　"稳增长"还需加力

——上半年经济走势和下半年政策建议

从 2015 年 1—5 月和部分 6 月份高频经济指标来看,经济运行寒风中有暖意,宏观调控"组合拳"政策初显成效,短期经济运行中的积极因素正在逐步形成和积累,经济增长有望于二季度触底,下半年温和回升。但前期累积的过剩产能仍需一段时间才能逐步化解,库存压力依然很大,企业经营仍然困难,经济内生增长动力不足,下行压力依然较大。下半年在落实已出台政策基础上,需要再添一把火,再加一把力,继续加大政策"组合拳"力度,确保实现全年增长目标。

一、政策"组合拳"初见成效,"稳增长"基础仍不牢固

(一) 改革和政策"组合拳"效果初显

供给面整体微回暖。一是工业增长环比小幅回升。受上游煤炭金属采矿业、食品纺织等消费品行业和设备制造业等较快回升拉动,4、5 月份工业增速改变前三个月持续下滑势头,环比实现小幅回升,5 月份当月增速较 3 月份提高 0.5 个百分点。从地区看,5 月份工业生产两升一平,东部和西部地区较上月分别加快 0.2 个和 0.5 个百分点,中部地区与上月持平。二是企业开始回补库存。受大宗商品价格回调和企业预期转好影响,自 3 月份开始,工业企业结束自 2014 年末以来的持续去库存过程,开始主动回补库存,4 月份产品库存较 2 月份增加 1508 亿元。三是社会货运量增速回升。受工业增长小幅回升的影响,4 月份大宗物资运输需求有所回升,社会货运量增速较上月提高 5.5 个百分点。5 月份,铁路货物发送量环比增长 2.73%,公路货运量增速环比提高 7.5 个百分点。四是景气指数持续回升。制造业 PMI 连续 4 个月回升,持续保持在荣枯线以上。服务业 PMI 总体保持平稳。PMI 指数中生产指数、就业指数、新订单指数和新出口订单指数全部回升。

4—6月,汇丰制造业和服务业 PMI 指数均呈回升趋势。消费者信心指数连续两个月回升至 109.9。

需求面稳中略有进。一是政府预算内投资加快。5 月份政府预算内投资同比增长 10.3%,较上月提高 3.1 个百分点。二是计划新开工项目增加。3—4 月,固定资产投资新开工项目数持续回升,约为上年年底的 1.5 倍。计划总投资额增长也呈回升趋势,5 月份较 4 月份提高 19.2 个百分点。三是实际消费增长回升。5 月份,社会消费品零售总额名义增速较上月提高 0.1 个百分点,实际增速提高 0.3 个百分点。传统零售特别是限上单位消费品零售增长缓慢,升级类、新业态、新产业消费快速增长。1—5 月,全国网上零售额同比增长 39.3%,限额以上单位通信器材同比增长 37.6%,较上年同期大幅加快 18.1 个百分点,5 月单月较上月提高 4.5 个百分点。旅游、休闲娱乐、绿色消费等消费升级领域服务消费增速较快,均远高于消费整体增速。四是出口降幅收窄。3—5 月,出口连续三个月同比负增长,但降幅在收窄,5 月较 4 月收窄 9.3 个百分点,出口形势在好转。对美国出口实现 7.8% 的中高速增长,对欧盟、日本、东盟和中国香港的出口跌幅都连续 2 个月收窄。加工贸易负增长,一般贸易正增长,贸易结构改善。1—5 月一般贸易同比增长 14.6%,远高于全部出口增速。五是部分能源消费增速回升。1—5 月,全社会用电量增速较 1—4 月回升 0.13 个百分点,5 月单月增速为 1.579%,较上月回升 0.3 个百分点。5 月份全社会表观天然气消费量达到 135 亿立方米,环比上升 6%。

就业和居民收入平稳向好。一是就业总体保持平稳增长。由于创业型就业增加和服务业就业吸纳增强,上年底以来就业保持平稳增长。2015 年 1—4 月城镇新增就业 445 万人,与 2014 年基本相当。5 月份,城镇居民的失业率比上月下降了 0.05 个百分点,比去年同期下降了近 0.25 个百分点。大城市调查失业率仍为 5.1% 左右,比上月有所下降。二是居民收入保持较高增速。就业形势稳定支持了居民收入平稳增长。虽然一季度 GDP 增速比去年下降了 0.4 个百分点,但居民人均可支配收入按照可比价格同比增长 8.1%,高于 GDP 增速。

物价持续下行中现转好迹象。一是核心 CPI 连续两月上升。自 3 月份以来,核心 CPI 呈现逐月上升,5 月份较 3 月份上升了 0.12 个百分点。二是 PPI 环比呈现转好。5 月份 PPI 环比负增长 0.09,较年初上升了 1.2 个百分点,基本回到上年同期水平。三是大宗商品价格小幅回升。2014 年,大宗商品价格有一个较大幅度的下滑,而今年年初以来,部分大宗商品价格已经停止下跌,呈现企稳小幅回升迹象。国际原油价格由年初的 46 美元左右上升到 6 月份高于 60 美元。

房地产市场出现积极变化。一是库存首现减少。商品房库存自 2012 年 4 月以来呈持续上升态势,持续时间长达 3 年多,2015 年 5 月末商品房待售面积比 4 月末减少 15 万平方米,库存首现减少。二是销售环比上涨。1—5 月,商品房销售面积降幅收窄,其中住宅销售面积同比止跌,商业营业用房销售面积也同比增长,增幅约 3.9%。另外,连续 14 个月累计负增长的商品房销售额,在 1—5 月数据中也首次出现了正增长,涨幅 3.1%。三是销售转好带动价格上涨。5 月份,全国 100 个城市(新建)住宅平均价格环比由跌转涨,上涨 0.45%。虽同比仍下跌 3.73%,但跌幅较上月收窄 0.73 个百分点。北京、上海等十大城市(新建)住宅均价环比上涨更快,达 0.99%,涨幅较上月扩大 0.87 个百分点。四是量价回升利好房地产投资。1—5 月,房地产开发企业到位资金降幅比 1—4 月收窄 0.9 个百分点,房屋新开工面积降幅收窄 1.3 个百分点,土地购置面积降幅收窄 1.7 个百分点。

股市市值大幅增加,融资功能增强。截至 2015 年 6 月 25 日,上证 A 股报收 4527 点,较上年底上涨 40%,上市公司总市值达到 57 万亿元,较上年底上涨 53.5%。截至 2015 年 5 月,我国境内资本市场共有 147 家企业进行了 IPO,融资总额达到约 848.2 亿元。证监会将加快 IPO 企业审核,预计 A 股市场全年将有超过 200 宗以上 IPO 交易,全年融资金额超过 1500 亿元。同时,市值的增加有利于上市公司进行再融资以及开展收购兼并活动。

(二)"稳增长"的基础仍不牢固

工业增长回升基础不扎实。一是工业增长持续保持低速。1—5 月,规模以上工业增加值同比增长 6.2%,远低于上年同期和多年来同期水平,甚至低于 2009 年同期水平。二是部分地区仍呈下行趋势。虽然 6 月份全国工业增长实现小幅回升,但东北、中部部分省份仍呈下行趋势,个别地区下行幅度进一步放大,如山西、河北等省份。三是库存波动可能影响未来工业增长。虽然在大宗商品价格趋稳和企业预期转好的影响下,企业自 3 月份以来开始回补库存,但目前企业库存仍处于高位。若未来出现去库存趋势,则将拉低工业增长。

投资增长动能不足。一是投资增速处于历史地位。1—5 月固定资产投资增长 11.4%,处于 2001 年以来的最低水平。二是房地产投资尚未启动。虽然房地产市场出现积极变化,但从房地产销售回升到房地产投资扩大存在一定的传导期,且传导的幅度也存在不确定。三是利润负增长制约企业投资。自上年 9 月份以来企业利润连续负增长,极大地制约了企业扩大投资。四是财政收入下降约束地方政府投资。1—4 月,全国大部分省份财政收入增速低于去年同期,部分省份呈现大幅负增长。

出口增长仍具不确定性。一是外需对经济支持有限。发达经济体"结构性复苏",美国经济进口弹性下降,金砖国家和新兴市场仍未走出下降调整周期,都使得我国出口空间受限。5月中国出口同比-2.5%,略好于4月,仍处在非常低的水平上。二是先行指数仍不景气。自上年四季度至今年5月份,PMI指数中新出口订单指数连续低于荣枯线。自年初以来外贸出口先导指数逐月下降。三是未来不确定性因素增多。美联储加息、美元汇率走势、主要贸易伙伴经济表现等诸多不确定性因素都将影响未来的外需走势。

企业经营依旧困难。一是融资难、融资贵问题仍很突出。虽然央行多次降息降准,增加市场流动性,但企业尤其是中小企业的融资难融资贵问题仍很突出,部分中小企业的贷款利息达到15%以上。二是企业经营综合成本上升。1—4月,工业企业每百元主营业务收入中的成本为85.9元,较年初提高了0.35元,处于2011年以来的历史高位。三是企业产品最终需求依然疲软,去杠杆、去产能过剩和去泡沫化在一定程度上制约着有效需求的释放,房地产投资下降周期目前仍未出现终结迹象,这些因素都使得企业订单特别是对传统企业的投资品订单明显不足,使企业经营总体上仍然处在困难之中。

部分指标仍未转好。从耐用消费品看,汽车销量增长依然呈现减速趋势,下半年可能出现负增长。从投资品看,水泥、钢材等商品价格仍然下跌。截至6月20日,水泥价格仍呈持续下跌趋势,每吨较上年同期下跌70元。从货币供应量看,虽然4月份以10.1%的速度见"小周期"低点后,于5月份提高到10.8%,但是M_1/M_2的比率仍处历史低位,表明货币效率依然很低,有效流动性未见明显扩张。从融资看,社会融资规模仍呈下降趋势。1—5月社会融资规模总量较上年同期下降18.9%。

二、经济运行中背离和分化特征明显

就业对经济增速放缓的抗压性增强。自2010年以来,我国经济增速逐年下滑,但城镇新增就业屡创新高。今年一季度GDP增速较上年同期下降0.4个百分点,但城镇新增就业人数仍达到324万,虽同比有所减少,但较上年四季度增加84万人。原因有二,一是人口结构发生了变化。自2013年开始,15—64岁劳动力年龄人口总量出现下降,劳动力供给减少减轻了就业压力。二是产业结构调整。服务业在经济总量中的比重逐渐提高,其对就业的吸纳能力较第二产业更强。

经济增长与部分先行指标增长背离。1—5月,发电量同比负增长0.1%,铁路货运量同比负增长 9.42%,与一季度经济 7% 的增速和 1—5 月 6.2% 的工业增长速度背离。其原因,一方面是产业结构发生变化。高耗能工业增速放缓和服务业占比提升改变了用电量增速和经济增速之间弹性关系。与工业相比,服务业的能耗更低,服务业每亿元增加值的耗电量仅为工业的 15% 左右。另一方面是货运结构更加多元,对铁路运输依赖度下降。伴随公路、水上、航空运输的快速发展,铁路运输在货运总量中的占比逐年下降,自 2010 年以来下降了约 4 个百分点。

货币供应量与 CPI 走势背离。1—5 月,货币供应(M₂)同比增长 11.2%,较上年同期降低 1.9 个百分点,同期 CPI 同比下降 0.96 个百分点,二者走势违背了一般规律。这在一定程度上反映出货币供给对实体经济需求的支撑仍"相对不足",也在一定程度上压低了 CPI 水平,货币政策仍需进一步宽松。

CPI 与 PPI"开口"扩大。2012 年初以来,CPI 与 PPI 走势分化,CPI 持续保持正增长,而 PPI 则连续 39 个月负增长。且自 2014 年下半年以来二者差距持续扩大,今年 5 月份 CPI 高出 PPI 达 5.81 个百分点。主要原因,一是服务价格上升为 CPI 提供支撑。伴随消费升级,服务业价格稳中走高,自 2014 年以来平均高出 CPI 0.6 个百分点。二是国内"去泡沫、去杠杆、去产能"一定程度上压低了 PPI。三是国际大宗商品价格持续走低,无疑为本就低迷的 PPI 指数雪上加霜。

贷款增速与 GDP 增速呈现弱相关趋势。扣除 1—2 月异常值后,今年 3—5 月新增贷款同比增长 2.4%,较上年同期大幅下降 6.5 个百分点,远大于经济增长的下降幅度。其原因是在今年资本市场总体活跃、"股债双牛"的背景下,企业的融资渠道更加多元化,非贷融资比重上升,1—5 月企业债券融资和股票融资占比较上年同期提高 3.4 个百分点。

地方 GDP 与全国 GDP 差额快速缩小。在国家和地方分别核算 GDP 数据的情况下,地方统计总和呈现持续高于全国 GDP 总量的趋势。2014 年该差额明显缩小,地方 GDP 总和比全国 GDP 超出 4.78 万亿元,相当于全国 GDP 的 7.5%,较上年下降 2.9 个百分点。今年第一季度,地方 GDP 总和与全国 GDP 差额为 2230 亿元,仅相当于全国 GDP 的 1.6%。目前看,随着 2015 年加快推进地区 GDP 统一核算改革,地方 GDP 总和高于全国 GDP 的趋势将很快扭转。

地区间发展差距扩大,转型较早较快区域发展较好。一是珠三角整体好于全国。1—5 月份,珠三角地区工业同比增速平均为 7.2%,高于全国 1 个百分点。二是珠三角内部也存在分化。珠三角内部转型更快的深圳市 1—5 月工业实现同比增长 7.5%,高于上年同期 1 个百分点,珠海市增长 10.1%,高于上年同期 1.5 个百分点。而转型相对较慢的东莞市则只有 3.3%,同比下降 4.6 个百分点。三是东北老工业基地和资源能源省份增长塌陷。1—5月山西省工业同比负增长 3.3%,辽宁省和黑龙江省分别负增长 6.1% 和 0.3%。

企业间发展差距扩大,转型较慢较晚企业发展更为困难。整体上,大部分偏重依赖产能规模和价格优势占领市场,相对忽视产品结构升级和经营模式转型的企业销售收入和利润水平大幅下降。同时,装备制造、通信设备等行业的部分龙头企业在经济上行周期主动加快转型升级步伐,在产品结构上积极转向风电轴承、数控机床、高端集成电路等中高端产品升级,在经营模式上从传统生产型企业向服务型企业转型,在技术创新模式上由简单模仿创新向与客户协同创新转型,在整体市场衰退的大背景下有效地稳定甚至扩大了市场份额。

三、下半年要"三措并举",为"稳增长"再添一把火、再加一把力

我们预计上半年 GDP 增长 6.9%,为"7% 左一点"。为了实现全年"7% 左右"的增长目标,就需要下半年增长"7% 右一点"。从目前国内外有效需求总体上不足、来源于企业和居民家庭的微观动力不强、"三去"(去杠杆、去过剩、去泡沫)任务依然艰巨等因素看,如果政府的宏观政策不加力,有利于"稳增长"的改革措施和促进结构升级的措施不再添一把火,单纯依靠内生性的自发市场力量,很难达到这样一个预期目标。因此我们建议,下半年乃至今后一段时间,要按照稳中求进总基调总要求,按照"改革措施添活力、结构措施强动力、政策措施增效力"的"三措并举"思路,以"五个着力点"加快进度落实已有措施,加大力度推出新措施,筑牢增长基础,推动经济逐步转向持续回升的轨道。

(一) 以"三稳"方式着力扩大有效需求

稳投资的重点。一是结合"一路一带"、长江经济带、京津冀协同发展、新型城镇化发展等重大战略,加大对轨道交通、水利、石油储备、核电等大型基础设施项目的投资力度,加快对运用新技术新工艺、市场有需求、竞争力强的新增大型投资项目的审批进度。二是拿出部分财政资金支持 PPP 项目,以引导社会资本更加积极参与节能环保、公共教育、医疗卫生和养老等基础设施和公共服务的投资。三是落实城镇居民保障房建设、棚户区改造和农村危房改造投资计划,引导房地产企业投资预期,促进房地产投资稳定增长。

稳消费的重点。一是加快推进事业单位薪酬制度改革,改善和稳定事业单位

人员收入预期。二是加快建立国有企业股权激励机制,增强国企职工财产收入预期。三是在教育、文化、旅游、健康、信息、节能和食品安全等领域,进一步培育新的消费热点。四是加快建立全国统一的个人征信体系,改善消费环境。

稳出口的重点。一是着力支持出口企业发展跨境电子商务、网上销售等新模式,拓展出口销售渠道。二是认真落实出口企业分类评定工作,提高退税效率。三是加快实施"一次申报、一次查验、一次放行"试点,推行"联合查验、一次放行"等通关新模式,加大检验检疫等出口费用的减免力度,降低出口企业运营成本。四是结合"一带一路"建设,在持续推进高铁、装备、中高端制造特别是中高端"过剩产能"走出去的同时,加大对电视、手机、空调、冰箱等我国耐用消费品出口的政策支持力度。

(二) 总量政策措施的着力点

财政政策方面。一是保持5月份以来的财政支出进度,促使财政资金支持的公共投资项目尽快尽早落地。二是在全面落实初期1万亿元地方政策债务置换的基础上,加快推出2万亿元地方债务置换额度,以提高地方公共投资能力,特别是保证东北等财政减收较快地区的定向支持。三是继续加大对企业研发技改支持力度,进一步完善固定资产投资加速折旧政策,包括通过贷款贴息、抵免税收、政策性贷款等方式支持企业研发和技术改造升级。四是尽快提高个人所得税起征点,从目前3500元提高到5000元以上,提高居民消费能力。五是提高城镇居民最低生活保障标准,增加中央财政在低保补助中的比率。六是尽快调低城镇基本养老保险和职工基本医疗保险费率,降低企业和职工社保缴费负担。七是扩大住房公积金跨地区异地互认使用,支持各地探索研究回购库存商品住房作为保障性住房的具体做法,允许"住房限购"城市根据当地市场实际完善住房"限购"政策,继续实施差别化财政税收政策。

货币政策方面。一是在观察6月28日降息25个基点和降准50个基点效果的基础上,下半年保持利率基本稳定,视情况进一步降低存款准备金率,如果6、7月份经济回升趋势比较明显,降准幅度可选择100个基点左右,如果回升趋势较弱,可将下半年的降准幅度提高到150个基点左右。二是继续有效操作公开市场业务,重点放在增加短期资金供给,而不是抑制短期资金需求。三是在落实取消存贷比基础上,将大额存单试点扩大到所有商业银行,将"贷新还旧"政策实施对象从中小企业延伸到大中型企业。四是通过资本市场增发、发行优先股、债转股和外汇储备注资等多种方式,补充商业银行和政策性银行资本金。五是引导金融机构和国内企业利用好香港、伦敦、新加坡、法兰克福等离岸人民币中心资金优势和市场潜力,扩大境外人民币债券的发行规模,增加发行对象国和发行品种,允许所融资金回流使用。

(三) 结构性政策——产业政策措施的着力点

一是对科技含量高、有自主知识产权的高端装备制造企业实行更大力度的税收优惠,取消享受研发优惠政策的产业限制,实现普适性研发加计扣除政策。二是提高企业教育培训费税前列支比例,将培训费从现行工资总额的 2.5%提高到5%,提高企业业务培训的积极性。三是对传统制造业特别是劳动密集型产业开展"机器换人"给予政策支持。四是对进口生产性型或研发型设备的费用按照海关报关的金额给予一定比例的资金补贴。五是通过贷款贴息、建立股权式基金等多种方式,加快推动有市场前景的科研成果迅速产业化。六是积极推动参与国际 5G技术标准制定,加强与欧盟新一代信息技术标准的合作。七是完善新能源汽车配套政策,在电池蓄电技术研发、充电桩安装、推广使用等方面加大政策支持力度。八是支持国内企业在跨国资产并购、资源采购、设立研发中心等方面合理使用外汇储备资金,促进国内企业的国际项目研究开发和技术合作。

(四) 改革措施的着力点

一是进一步推进国有企业产权结构、治理机制、人事制度、薪酬体制等方面的改革。二是尽快在全国范围实行工商营业执照、组织机构代码和税务登记"三证合一"的登记制度。三是加快建立健全社会信用体系和信用奖惩机制,通过信用评价影响企业设立、贷款、税收优惠等。四是加快实施企业上市融资注册制,形成由企业和投资者主导的市场化股票供求机制,发挥资本市场在服务实体经济和稳增长、调结构中的积极作用。五是尽快建立产业退出和援助机制,通过失业保障、下岗员工再就业培训、资金和项目支持等方式,对产能退出行业进行直接或间接援助。

宏观院经济形势与政策研究小组
研究小组组长:陈东琪
执　　笔　人:陈东琪　刘雪燕
　　　　　　　姚淑梅　罗　蓉
参加研究人员:陈东琪　黄汉权
　　　　　　　罗　蓉　刘中显
　　　　　　　姚淑梅　申　兵
　　　　　　　刘雪燕　洪群联

专家观点:经济初步企稳　政策不能止步

——宏观院上半年经济形势与下半年政策建议专家座谈会观点综述

　　进入 5 月份,我国部分宏观经济指标开始显现回稳迹象,能否依此判断二季度经济已筑底,如何加快释放前期出台政策的刺激效应,如何尽快尽早出台更有力度的"稳增长"政策。围绕以上三个重大论题,6 月 29 日,宏观院陈东琪常务副院长主持召开专家座谈会。与会专家就如下 7 个问题予以热议:①能否判断二季度经济筑底,三季度能否回升;②当前经济回稳的基础是否牢固;③如何定位下半年总量性政策、结构性政策和结构性改革的着力点;④当前经济运行中出现哪些值得重视的向好迹象和突出问题;⑤如何做好下半年的政策增量工作;⑥可否进一步实施区域性的定向政策措施;⑦下半年大宗商品市场、资本市场、房地产市场、消费品市场将呈怎样的发展态势。

　　陈东琪强调,5 月份经济数据有所改观,但企稳基础仍不牢固。下半年乃至今后一段时期,要按照"稳中求进"总基调要求,"稳"字当头,实施"政策措施增效力、改革措施添活力、结构措施强动力"的宏观指导方针,总量性政策、结构性政策和结构性改革三者都要加码,为下半年"稳增长"从而实现全年"7% 左右"增长目标再添一把火、再加一把力,筑牢企稳回升的基础,推动经济持续平稳增长。

　　现将与会专家观点整理如下。

一、经济走势:筑底回升,还是继续下行?

　　5 月份,工业增加值、工业企业利润、PMI、房地产市场、货币供应量、货运量、用电量部分指标比前 4 个月要好一些,可否以此判断二季度经济总体形势筑底回升?

　　陈东琪认为,随着 2014 年以来各项经济政策刺激效应的进一步发挥,特别是 6 月 27 日央行"双降"政策的施行,向市场释放出积极信号,经济短期企稳可期。

中国投资协会会长张汉亚研究员认为,从目前投资、工业发展的情况看,二季度经济将进入谷底,三、四季度经济增长将回升,全年可实现"7%左右"的增长目标。社会所常兴华研究员认为,5月份,城镇新增就业、城镇调查失业率重要指标保持了总体稳定的发展态势,而外来非农户籍失业率和青年失业率出现较大降幅,显示了就业形势的积极变化,一定程度上反映了经济形势趋于好转。

与会专家基本认同二季度经济止跌这一判断,但是否就此转向,看法有所不同。

马晓河副院长认为,当前我国经济运行中的主要矛盾是总供给和总需求失衡,关键是总需求明显不足。制造业投资、房地产投资依然不景气,依靠公共投资拉动投资增长有"小马拉大车"之嫌,政府有力市场无力;消费增长缓慢,扩大消费"有口号没实施",政府消费需求用力不足。总体上看,投资增长的氛围正在形成,工业企业也呈筑底迹象,但判断经济总体向好为时尚早。

经济所臧跃茹副所长也认为,从各项指标看,制造业企业可谓喜忧参半,显现企稳迹象,但由于市场需求不振、行业产能过剩、盈利能力不佳、资金后传困难等方面的影响,发展态势还有待观察。关于消费增长,总体趋势是稳中有升,对经济增长的支撑作用有所增强。

外经所毕吉耀所长认为,5月份,出口有所回升,进口继续下滑。相对于一季度,1—5月出口增幅明显放缓,进口降幅略有收窄,进出口总值降幅扩大,稳定外贸增长的难度依然较大。下半年我国出口难有明显改观,总体上可能略好于上半年,但是外贸促进经济回升仍需时日。

投资所张长春所长判断,在无较大内外部冲击的条件下,全年投资增速稳定在11%左右的概率较大,支撑经济回升有一定困难。

产业所余东明副所长认为,我国制造业由高速增长向中高速增长的探底过程仍未完成,"去产能"、PPI下行压力较大,对经济回升持谨慎态度。

运输所汪鸣副所长认为,上半年运输方面出现了一些积极因素,但未根本扭转下滑趋势。下半年,由于国际市场不振和国内需求减弱,以及经济结构带来的运输强度的下降的长期趋势性影响,下半年货运量增速总体放缓趋势短期难以扭转。

能源所韩文科所长从能源供需角度考察经济运行,认为能源供需依然处在非常宽松的状态,电力消费处于超低增长时期,煤炭消费持续负增长,天然气消费增速回落较大;供应侧的电力过剩进一步加剧,煤炭产能过剩加剧。据此判断,能源消费尚难支持下半年经济持续回升。

二、回稳基础:显现向好迹象,负向问题颇多

关于回稳基础,与会专家观点基本一致。5月份数据明显好于1—5月份平均数据,表明经济运行中向好发展的因素在增多,这与前期的经济刺激政策有直接关系。难以回避的是,向好基础仍不牢固,负向问题颇多。

陈东琪认为,生产领域的需求和库存仍不乐观,区域经济不平衡发展问题更为突出,进出口特别是进口形势依然严峻,制造业投资维持小幅增长,二三线城市房地产市场复苏缓慢,工业企业利润仍呈下降状态,微观经济基础对宏观经济政策反应不灵敏,全年"稳增长"目标的实现仍需做出更大努力。

马晓河认为,依靠政府扩大公共投资而刺激经济增长的方式,将对结构调整造成巨大隐患。健康增长是经济增长的应有之义,依靠快上"高大上"项目拉动投资将可能造成资源极大浪费,不如将资金用于扩大消费上。消费平稳增长是经济健康运行的牢固基础。

臧跃茹认为,从企业经营情况看,回稳向好的基础并未筑牢:私营企业盈利能力下降、企业"融资难、融资贵"问题未明显缓解、"新三角债"迫使企业再陷困境、企业转型升级缓慢、生产企业对宏观政策刺激反应失灵。扩大消费的基础更为显性化:基础设施供给不足、布局不合理、政策缺乏配套,社会投资本投资消费设施面临规划、前置审批、企业性质界定的隐形约束。

毕吉耀认为,1—5月份,我国对欧元区、日本、巴西、俄罗斯等进出口贸易额均下滑,对欧盟和美国贸易微弱增长。考虑到主要经济体复苏步伐不一致,外需环境依然疲弱。

张长春认为,除市场因素外目前制约投资明显回升的因素有三:一是部分省级发改和财政两家协调共同审批切块下达资金,延缓项目实施进度;二是市县项目严格招投标后,建设进度有所放缓;三是地方公共工程争取银行贷款遭遇更加严格的审查,融资受阻。

余东明认为,服务业进入管制改革进展缓慢,制造产品包括高技术产品创新能力弱,国际贸易摩擦加剧,产业结构分化更为突出,总体回升基础仍需筑牢。

肖金成认为,一定要重视地区经济分化的新情况,东北地区、山西和内蒙古资源性地区下行压力较大,与东部地区的平稳发展、西部地区的较快增长形成明显对比,亟须研究和出台相关支持政策。

常兴华认为,因为经济下行对就业的压力一直存在,甚至愈趋明显,如从业人

员指数持续收缩、就业的行业性地区性矛盾不断加剧等。下半年要更加关注结构性就业矛盾,特别是高校毕业生就业问题。

汪鸣认为,运输对经济增长和结构调整具有先导性的指示作用,前些年未予足够重视导致运输创新不足,制约了运输对经济增长时效、质量方面的作用力。

韩文科判断,下半年煤炭消费会持续负增长,电力消费继续维持超低增长态势,石油消费变化不会太大,天然气消费增长进一步放缓,"弃风弃光"现象依然严重,决定了下半年能源经济难以大幅回升。

三、政策取向:转变调控思维,释放政策效力

关于下一步调控思路和政策出台,与会专家一致认为,当前亟待创新调控思维,落实好已出台政策,适时适度推出新政策,新政策仍要坚持"稳"字当头。

陈东琪认为,当前要对微观经济主体缺乏对宏观经济政策刺激的灵敏反应这一问题,予以重视。当前的经济政策取向,要继续促"稳"。如果政策得力,"稳增长"取得积极进展,全年经济增长 7%—7.2%,"十二五"增长可达 7.85% 左右,将为"十三五"奠定较好的基础。下一步,我们要着力在政策措施、改革措施、结构措施三方面做好前瞻性研究,为促进经济回稳向好做好政策储备。

马晓河认为,上一轮通缩时期,政府反应过度,加大投资。本次经济下行,政府反应过慢,错过了去年的好时机,今年则用力过大、过度,渐进性特征不明显,需要改变如此调控思维。中长期经济平稳健康发展,建议要在以下几个方面着力:①尽快调整投资结构,减少高排放投资项目,增加对消费有刺激作用的公共投资,如医疗、卫生、教育、养老、市场设施、饮水净化等;②再次增加基本养老财政补助标准,提高大病统筹补贴,提高报销比例,同时相应提高城乡贫困人口救助标准,增强中低收入者的消费能力;③进一步提高个人所得税起征点到 5000 元,降低部分消费品(比如化妆品、箱包、手表等)消费税税率,适当下调增值税税率;④积极推进国企市场化改革。

吴晓华副院长认为,与前两次经济下行发生时的国内外经贸环境、生产生活方式变革、经济社会发展背景相比,当前的形势更为严峻,必须要创新治理思路,调整治理手段和政策工具,要注意处理好"实体经济与虚拟经济、中央政府与地方政府、国内经济与国际经济"三大关系,为经济长期持续平稳增长增强动力。一是处理好"实体经济与虚拟经济"的关系。当前我国经济运行复杂,面临的形势前所未有,经济虚拟化程度大幅提高,传统调控思维已难以适应当前形势,要求要尽快调

整调控思路,防止经济政策为虚拟经济所绑架,要尽快将财政税收政策、货币信贷政策、价格政策、投资政策、消费政策的着力点调整到实体经济上来。二是处理好"中央政府与地方政府"的关系。面对当前地方政府普遍缺乏政策请诉权和政策探索权,没有合理的政策空间的现实,要探索建立新型中央政府与地方政府关系,抑制当前反腐倡廉高压下地方政府"怕干事、怕有事、怕出事"的负面情绪,激发地方政府发展地方经济的积极性、主动性和创造性。三是处理好"国内经济与国际经济"的关系。改变传统上鼓励和支持国内低端产能"走出去"的一贯思路,建立新型对外经贸关系,全面推进高端装备、战略性新兴产能、现代服务产能尽快尽早"走出去",依靠产品品质和服务质量,在激烈的国际市场竞争中淘汰落后产能,培育高端产业。

张汉亚认为,任何经济政策发挥效应都需要一定的时滞,不要操之过急。建议:①为"稳增长"确需上项目,但要重视投资效益、后续运行和环境评估,要做好项目建设的可行性研究;②资金面可以再宽松一些,建议存款准备金率再下调1—2个百分点;③完善有力的产权保护机制,发挥企业创新主体的作用,加快落实国家自主创新政策,促进产业创新。

臧跃茹建议,面对当前形势,要更加重视企业的微观作用。要增强政策有效性和普惠性,更好地服务实体经济发展,更有力地支持经济转型升级。建议:对已出台的政策要及时跟踪实施效果,促进落地;及时出台普惠性政策,切实降低企业融资成本;进一步加大财税政策"扶小助微"支持力度;调整完善政府促消费的思路和方式,加大政府投入,尽快补齐消费基础设施的短板。

毕吉耀建议,要综合运用多种政策手段促进出口增长,稳定我国在全球主要市场的份额。一是加强与"一带一路"沿线国家的经贸投资合作,积极运用亚投行、丝路基金等金融工具支持我国企业参与沿线国家基础设施建设,带动工程机械、成套设备的出口。二是深入推进贸易便利化改革,加快实施关检合作,实现"一次申报、一次查验、一次放行"。三是进一步督促金融机构在风险可控的前提下降低外贸企业融资门槛,推动出口信用保险机构适度降低保费,并扩大出口信用保险保单融资。四是加快清理和规范进出口环节的收费,切实减轻企业负担。

张长春建议,稳投资要区分近期和长期重点。近期重点是:做好债贷组合,做好企业债PPP组合,管好市场预期。长期重点是:解决地方债务融资能力问题,解决地方政府发展的动力压力机制问题。房地产今年的重点任务是:创新金融政策、保障房政策、公共租赁政策等消化库存。

余东明建议,不要对当前的经济形势过于悲观,反应过度。下一步政策制定要从关注增长速度转向更多地考虑经济社会发展需要和企业诉求；要构建有利于"去产能"、提质增效的政策环境；要抓紧落实国务院已经出台文件的配套措施。

肖金成建议，地区经济分化的幅度不同，而原因相同，就是需求不足，归根结底在于市场实际利率远高于名义利率或法定利率。要加强宏观调控，继续下调存款准备金率。保持适度规模前提下积极调整投资结构。政府投资领域重点放在交通和城镇基础设施、扶贫开发与新农村建设、生态建设与环境保护、公益性民生和重大国际性工程项目等领域。加快培育新的消费增长点。要促进扩大健康服务、教育培训、文化娱乐、家政服务、旅游休闲、智能生活等领域的服务消费，有力拓展和释放有效需求。

常兴华建议，提高就业率要作为政府追求的重要经济目标之一。今后的就业战略的导向要从扩大数量向提质增效转变；要力求保证就业的总体稳定，采取措施解决困难行业和地区的就业问题；要从教育供给的角度和产业需求的角度，"双管齐下"解决高校毕业生就业难的问题；要充分利用现代技术和信息化手段，提升就业服务能力。

汪鸣建议，当前应抓住运输能力缓解的机遇，加快运输结构调整和组织优化步伐，提高传统物资运输的服务质量与效率；针对国际铁路集装箱运输、快递快运、电商物流等上升势头好、发展潜力大、附加价值高的运输服务创新领域，加大综合性运输枢纽等设施的建设，改善汽车、大宗农产品冷链、电子商务、快递快运等区域性分拨条件；优化运输服务创新发展的政策环境，开展多式联运等试点示范，加快运输服务的综合化、一体化发展。

韩文科建议，"稳增长"要多措并举，从能源方面看，要加大推进能源行业国有企业市场化改革力度，化解企业经营困难，保持企业创新和研发能力，增强企业市场竞争力。

体管所银温泉所长提出，下半年改革应抓紧实施既能化解当前矛盾、又立于长远发展的改革，抓好已出台改革方案的落地实施，为市场主体放权、让权、赋能、松绑，激发创业与投资的动力、活力、潜力，为更好转化发展动力提供条件支撑和保障，不断提升我国潜在经济增长率。建议：①继续深化行政审批制度改革，取消和下放"含金量高"的行政审批事项，取消国家层面认定的地方政府审批事项等，以"指尖上的服务"打造精干政府；②推进投融资体制改革，在公共服务、资源环境、生态建设、基础设施等重点领域再推进一批 PPP 项目落地；③充分利用地方政府债务的系统性风险正逐步消除的有利时机，加快地方政府通过发债方式拓宽城市建设融资渠道;④顺应大众创业、万众创新的时代要求,推进股票发行注册制改革,多措并举提高直接融资比重;⑤进一步扩大"营改增"产业范围,加快研究出台建筑业、房地产业、金融保险业和生活性服务业的"营改增"试点方案。

李　军　刘中显整理

七月份报告

当前实体与虚拟经济背离情况及对策思路

——兼论"实冷虚热"及解决方案

今年以来,实体经济总体偏冷,各项指标持续回落,5月以来,经济有企稳迹象,"实冷"局面将有所改观。虚拟经济存在结构性过热现象,资产价格结构性分化趋势明显:股票市场此前大幅上涨,近期持续大幅下跌,明显降温;房地产市场有所升温,部分地区有偏热迹象。我们认为:资产价格干预应更有针对性、更加具体,尽量避免使用总量政策影响资产价格;应选择二季度数据集中发布的时机,传递更加明确的稳增长政策信号,间接起到稳定资产价格的作用;财政政策、尤其是税收政策应更加有所作为,三季度有必要进一步推出货币宽松政策。

一、实体经济总体偏冷

从1—5月和6月份部分高频经济指标来看,实体经济总体偏冷。寒风中蕴育暖意,前期出台的宏观调控政策初显成效,短期经济运行中的积极因素正在逐步形成和积累。

(一) 各项指标持续回落

供给面全面萎缩。工业增长持续保持低速。1—5月,规模以上工业增加值同比增长6.2%,远低于上年同期和多年来同期水平,甚至低于2009年同期水平。货运量增速放缓。受生产不旺及产业结构调整影响,1—5月大宗物资运输需求减小。全社会货运周转量同比仅增4.4%,较上年同期下降2.4个百分点。发电量增速为0.22%,较上年同期下降5.45个百分点,为近年来同期最低水平。企业效益指标持续恶化。从2014年下半年开始,工业企业利润总额增速开始出现连续负增长,今年1—5月,工业企业利润总额同比下降0.8%。传统行业和产能过剩行业同比降幅更大,如采矿业下降59.8%,个别企业生产难以为继。

需求面整体下降。投资增速处于历史地位。1—5月固定资产投资增长11.4%,处于2001年以来的最低水平。消费整体平稳。1—5月,社会消费品零售总额同比增速较上年同期回落1.7个百分点,传统零售增长缓慢,升级类、新业态、新产业消费快速增长。进出口贸易下行。消除1—2月的异常数据后,3—5月,出口同比负增长8%,进口同比下降15.5%,分别较上年同期降低8.4个和11.4个百分点。能源消费增长持续放缓。1—5月,煤炭消费量同比下降3.3%左右;反映工业生产和物流运输景气状况的燃料油表观消费量下降17.3%;全社会天然气表观消费量增速较上年同期下降5.4个百分点;全社会用电量增速较上年同期回落4.1个百分点。

就业和居民、政府收入增速均下降。居民收入增速下滑。一季度全国居民人均可支配收入实际增长8.1%,较上年同期降低2个百分点。城镇就业主要指标有所下滑。2015年1—4月,城镇新增就业人数445万人,同比减少28万人。财政面临减收困局。1—5月,全国一般公共预算收入比上年同期增长5%,低于上年同期近3.8个百分点。个别省份财政收入现峭壁式下降,如辽宁、黑龙江等省份,财政收入负增长15%以上。

物价下行压力进一步增大。CPI走低趋势明显。1—5月,CPI同比涨幅降至1.26%,是5年来历史同期的低点,已达通缩临界点,且新增拉涨动力不足,走低趋势明显。PPI长期处于低位,已连续39个月处于负增长区间。CPI和PPI差距持续扩大。2013—2014年为4.5个百分点,2015年1—5月已达5.8个百分点。GDP平减指数大幅回落。一季度GDP平减指数为-1.05%,进入国际货币基金组织定义的通缩区间。第二产业平减指数自2012年来已连续三年为负,由2011年的7%降至2015年一季度的-4.2%。

(二)宏观调控效果有所显现

供给面环比微回暖。工业增长环比小幅回升。4、5月份工业增速改变前三个月持续下滑势头,环比实现小幅回升,5月份当月增速较3月份提高0.5个百分点。企业开始回补库存。受大宗商品价格回调和企业预期转好影响,自3月份开始,工业企业结束自上年末以来的持续去库存过程,开始主动回补库存,4月份产品库存较2月份增加1508亿元。社会货运量增速回升。受工业增长小幅回升的影响,4月份大宗物资运输需求有所回升,社会货运量增速较上月提高5.5个百分点。5月份,铁路货物发送量环比增长2.73%,公路货运量增速环比提高7.5个百分点。景气指数持续回升。制造业PMI连续4个月回升,持续保持在荣枯线以上。PMI 指数中生产指数、就业指数、新订单指数和新出口订单指数全部回升。4—6月,汇丰制造业和服务业 PMI 指数均呈回升趋势。消费者信心指数连续两个月回升至 109.9。

需求面稳中略有进。政府预算内投资加快。5月份政府预算内投资同比增长 10.3%,较上月提高 3.1个百分点。计划新开工项目增加。3—4月,固定资产投资新开工项目数持续回升,约为上年年底的 1.5倍。计划总投资额增长也呈回升趋势,5月份较 4月份提高 19.2个百分点。实际消费增长回升。5月份,社会消费品零售总额名义增速较上月提高 0.1个百分点,实际增速提高 0.3个百分点。出口降幅收窄。3至 5月份,出口降幅收窄,5月较 4月收窄 9.3个百分点,对美国出口实现 7.8%的中高速增长,出口形势在好转。一般贸易增长 14.6%,远高于全部出口增速,贸易结构改善。部分能源消费增速回升。1—5月,全社会用电量增速较 1—4月回升 0.13个百分点,5月单月较上月回升 0.3个百分点。5月份全社会表观天然气消费量达到 135亿立方米,环比上升 6%。

物价持续下行中现转好迹象。核心 CPI 连续两月上升。自 3月份以来,核心 CPI 呈现逐月上升,5月份较 3月份上升了 0.12个百分点。PPI 环比呈现转好。5月份 PPI 环比负增长 0.09,较年初上升了 1.2个百分点,基本回到上年同期水平。大宗商品价格小幅回升。年初以来,部分大宗商品价格已经停止下跌,呈现企稳小幅回升。国际原油价格由年初 46美元左右上升到 6月份高于 60美元。

二、虚拟经济存在结构性过热

去年下半年以来,虚拟经济持续偏热,主要表现在股票市场,但随着近期股指持续大幅下跌,股市明显降温。近期房地产有所升温,部分地区有偏热迹象。债券市场总体平稳,大宗商品现货和期货市场仍表现低迷。

(一)股市持续升温,暴跌之后热度回落

股市总市值快速膨胀。截至 2015年 5月末,上海、深圳和香港股市总市值约 14.4万亿美元,比上年同期提高了 7.5万亿美元,占同期全球股票总市值增长额的 60%,全球股票市值超过 GDP 余额部分中约 72%来自于中国市场。

股市证券化率达到近年来高点后有所回落。股市总市值与 GDP 比例在 6月 12日达到近年来 109%的高点,之后随着股价下跌有所回落,截至 6月 26日,证券化率降至 89%。

四大指数累计涨幅估值提升较为明显。截至 6 月 26 日,上证综指、深证成指、中小板指数较前期低点分别累计上涨 143%、158% 和 340%,创业板指数累计上涨 423%。四大指数市盈率明显提高。截至 6 月 26 日,上证综指、深证成指、中小板指数和创业板指数分别为 17、34、37 和 83 倍。

股市资金呈现大幅净流入。2014 年下半年股市资金流入约 9000 亿元,2015 年上半年猛增至 3.5 万亿元左右。保证金和杠杆融资是资金流入的两大重要来源,今年上半年,保证金累计净流入 2.7 万亿元,场内券商融资业务余额增加 1.2 万亿元,分别占同期股市资金流入的 77% 和 35%。2014 年下半年股市资金流出约 7400 亿元,今年上半年增至 1.25 万亿元左右,大股东减持和增发是两大资金流出点。

居民股市参与度大幅提高。在股市"赚钱效应"带动下,尤其是"一人多户"政策推出后,股民队伍迅速扩大,沪深两市新开户人数从每周几万增加到几十万甚至几百万,参与股票交易的有效活跃账户数也快速增加。截至 6 月 13 日,沪深两市股票账户总数 2.16 亿户,其中有效账户 1.75 亿户,持仓账户 6821 万户,活跃账户 5467 万户,以此计算,目前全国有约 8% 的自然人(或企业)参与股市,其中交易活跃群体的比例约为 2%。

股市暴跌之后热度有所回落。近十日内,沪深两市股指连续出现恐慌性、踩踏式暴跌,主要源自资金面收紧引发市场预期变化导致的非理性抛售。两市总市值 9 日内由 76.3 万亿下跌至 58 万亿,市值下跌 18.3 万亿,按照目有效账户数 1.75 亿户计算,户均浮亏 10.5 万元,打破股市 25 年来市值损失纪录。股市暴跌之后,价格风险逐步释放,市场活跃度明显下降,股市前景难以预料。

(二)房地产市场有所升温,局部地区出现价格暴涨

房地产库存首现减少。商品房库存自 2012 年 4 月以来呈持续上升态势,持续时间长达 3 年多,2015 年 5 月末商品房待售面积比 4 月末减少 15 万平方米,库存首现减少。

量价回升利好房地产投资。1—5 月,房地产开发企业到位资金降幅比 1—4 月收窄 0.9 个百分点,房屋新开工面积降幅收窄 1.3 个百分点,土地购置面积降幅收窄 1.7 个百分点。

销售环比上涨。1—5 月,商品房销售面积降幅收窄,其中住宅销售面积同比止跌,商业营业用房销售面积也同比增长,增幅约 3.9%。连续 14 个月累计负增长的商品房销售额,在 1—5 月数据中也首次出现了正增长,涨幅 3.1%。

销售转好带动价格上涨。5月,全国100个城市(新建)住宅平均价格环比由跌转涨,上涨0.45%。虽同比仍下跌3.73%,但跌幅较上月收窄0.73个百分点。北京、上海等十大城市(新建)住宅均价环比增幅0.99%,涨幅较上月扩大0.87个百分点。

深圳等部分地区房地产价格出现暴涨。自3、4月份以来,深圳房价领涨全国,在4、5月份出现持续性飙涨,个别热点区域如前海、龙华、蛇口涨幅高达40%以上,其中,从股市盈利的投资客占比持续上涨。上海房地产市场有所升温,一些上市公司高管股票套现团购高端楼盘,资金开始从股市往高档楼盘转移。类似现象在北京也有所发生。

三、结论和政策建议

(一)"实冷虚热"短期有所缓解但中期仍将持续

短期看,"实冷虚热"矛盾或有缓解。从5月份一些宏观经济运行指标数据看,实体经济有企稳迹象,市场多数机构预测,6月份经济可能筑底,三、四季度可望有所回升,实体经济"冷"的局面将有所改观。虚拟经济方面,股票市场已经大幅回调,深圳等个别地方房地产市场强劲反弹,价格大幅上涨,资产价格出现结构性变化的趋势,虚拟经济热度有所回落。

中期看,"脱实向虚"趋势仍将持续。受经济增速换挡、经济结构调整、新兴产业短时期难以接续传统产业、改革红利释放尚需时日等因素影响,实体经济部门资金回报率难以有效回升。这种情况下资金流向虚拟经济部门、追求短期较高回报在所难免,"脱实向虚"趋势仍将持续一段时间。虚拟经济部门结构性过热现象仍将持续,实体经济与虚拟经济的矛盾仍然存在。

(二)虚拟经济保持适度热度仍有利于实体经济进一步恢复

从国内外经验来看,虚拟经济与实体经济一定程度的偏离是常态。"实冷虚热"固然不好,但如果虚、实两方面都冷下来,可能情况更糟。面对当前实体经济部门偏冷、虚拟部门存在结构性过热的局面,政策的着力点不应是抑制虚拟部门发展,四处寻找泡沫、出台政策抑制,而应更多在发挥虚拟部门对实体部门的带动作用方面下功夫。事实上,本轮股票价格上涨过程中,资本市场的融资功能得以恢复、有利于扩大投资,股票财富效也对增加消费起到了正面作用。

（三）干预市场必须直接针对交易行为、力度必须超出预期

围绕资本市场的大量调控实践表明，对一般幅度的市场波动，宏观政策应相对超脱。但如果市场波动大到可能引发经济、社会危机的程度，政府决定干预，则必须下狠手、下重手。货币政策作为总量政策，通常无力应对短期市场危机。市场极度恐慌、面临崩溃情况下，干预政策必须直接针对交易行为、力度必须超出市场预期，降低印花税率、平准基金入市、大交易商约谈、修改交易规则，直至在重大事件冲击发生情况下临时关闭市场等，都构成政策工具箱的内容。

（四）年内政策着力点应是稳定实体、间接影响资产价格

正确选择时机，传递准确政策信号。资产价格是总量政策决策重要的参照指标，但政策力度的确定、尤其是出台时机的选择，不应针对资本市场。目前，股票市场将政策信号视为"快消品"，把中长期改革红利、结构转型成效、创新创业绩效，直接转化为短期的资产价格变动。对此不能迁就，不宜因市场变动，仓促出台新的总量政策，以免市场过快消化政策预期，进一步放大市场波动幅度。建议选择二季度实体经济数据密集出台的时间点，密集出台一批高强度、多领域的刺激政策，既表明实体经济不企稳、政策决不鸣金收兵的决心，又向市场表明政策不干预股票价格、市场自主选择自担风险的态度。

财政政策、尤其是税收政策应更加有所作为。当前，虽然一些地方债务负担较重，财政支出压力较大，但中央财政和此前被排斥在债券发行门槛之外的县市平台，仍有较大负债空间。中央投资和县市投资仍可有所作为，应尽早启动、用好用足，争取转化为年内的经济增长。税收政策的使用应更有创造性，可选择那些收入总盘子不大、直接针对居民、市场预期影响深远的税种，果断大幅调整。如，此前上海曾经实施个人收入所得税房贷税前抵扣政策，该政策与个税改革方向一致，对于增加中产阶级收入、促进消费、拉动房地产市场等有明确作用，可在房地产市场低迷的二三四线城市大胆采用。

进一步推出大幅宽松货币政策。引导资金流向实体经济部门非一日之功，短时期内只有进一步宽松，才有可能增加流向实体经济部门的资金总规模。当前存款基准利率及市场利率远高于货币政策失效的"零利率陷阱"水平，存款准备金率更是远高于我国此前类似经济增速时期的准备金率，"挤牙膏"式的操作不足以改变市场预期，应在三季度推出新的大幅度"双降"政策，表明货币政策稳增长的坚定决心。新一轮政策出台后，政府与资本市场之间、监管方与投资者

之间,有可能达成新的共识,形成信任关系,资本市场才可能趋于稳定。此外,直接债权资本流向较为确定,对实体经济支持更加直接,因此债券市场发展仍然是重要方向。

经济所形势分析课题组

课题负责人:臧跃茹

执笔人:张岸元　刘雪燕

李世刚

改变股市大起大落格局的根本途径是调整交易制度

股市在过去 16 个交易日经历暴跌。截至 7 月 6 日收盘,相比 6 月初最高点,上证综指、深证成指、中小板指和创业板指分别累计下跌 26.9%、33.7%、33.6% 和 38.2%,日均跌幅在 1.7%—2.4% 不等。如此大幅快速暴跌已属严重股灾,中小散户损失惨重,市场恐慌性抛售造成股价无底洞式下跌。与 2008 年的暴跌不同,这一次股市大起大落有一个突出特点,即市场拥有此前没有的股指期货工具,并且现行股票现货"T+1"、股指期货"T+0"的交易制度不同步,破坏了期现市场联动关系,助涨了市场做空杀跌力量,加大了股价暴跌速度。近期推出的一揽子救市政策出发点正确,但主要针对资金面,仍治标不治本。为了稳定股市,保护投资,限制投机,我们建议尽快调整股指期货交易制度,短期将"T+0"调整至"T+3"、至少调整至"T+2",以公平一致期现交易制度,起到鼓励投资、限制投机、遏制做空的作用,并与其他已出台政策一起发挥合力推动市场尽快回归稳定。

一、本轮股市大起大落现象更加严重

股市大起大落特征明显,与利用股指期货过度多空投机不无关系。股市本轮周期以来,大起大落特征较以往更加明显。一方面,上涨更为快速。从各指数较启动前期低点翻倍所用时间来看,2007 年牛市期间,上证综指、深证成指用了 8.5 个月;去年以来,两大指数翻倍时间缩短至 7.5 个月,而中小板指和创业板指翻倍所需时间更短,分别只用了 6 个月和 4 个月。相比之下,海外成熟股市指数翻倍所需时间较长,如美国道琼斯指数和纳斯达克指数自 2007 年底部之后翻倍经历了 58 个月。另一方面,下跌更为剧烈。2008 年股市暴跌期间,上证综指从 6124 点高位下跌 30% 用了 77 个交易日,而本次指数暴跌 27% 只用了 15 个交易日。其实,近期暴跌的原因在前期上涨时就已经出现,本轮股市周期与以往有两点显著不同,一是场内场外融资盘杠杆资金大进大出,二是市场利用股指期货进行多头空头过度投机。近期针对前者出台的政策较多,而对后者尤其是股指期货市场交易制度缺陷的关注和呼吁不够。

已推出救市政策主要针对资金面,方向正确但治标不治本。股市暴跌以来,尤其是 7 月 4、5 日,各部委、监管部门、市场机构协力密集出台救市政策,包括央行为证金公司提供流动性支持、汇金入市、保险资金增持、养老金入市、IPO 暂停放缓、21 家券商 1200 亿资金入市、QFII 规模大幅提高、25 家公募基金入市增持、上市公司回购增持、私募基金联合声明等。总体来看,政策出发点是好的,但主要针对市场资金层面,缺乏修改调整目前明显不公平、不合理市场交易制度的举措,其中,调整股票"T+1"、股指期货"T+0"交易制度就是当前救市工具箱中应及早动用的优先选项。

二、股票现货期货交易制度不公平是根本原因

股票"T+1"、股指期货"T+0"交易制度不公平、不合理。目前股指期货交易制度不但没有形成约束股价过度波动的风险防范作用,反而大大加剧了股票现货市场的波动风险,这主要源于股票现货交易"T+1"、股指期货"T+0"交易制度的不同步。股指期货设置的门槛把中小投资者挡在门外,只能进行股票现货交易,当天投资买入一旦失误,即使知道错了也没法卖出纠错。而机构大户可以凭借股指期货"T+0"的优势及时买进卖出对冲保值,这样既可以拉高诱多套牢散户,也可以砸盘抛出及时出逃。此外,投机客广泛使用程序化交易策略进行"裸卖空",对于大盘暴跌的影响力成倍放大。可以看到,过去 16 个交易日中的 8 个暴跌交易日,每次 A 股现货暴跌都是从股指期货大量卖空开始的。这样的交易制度让众多中小散户处在"任人宰割"的劣势地位,而投机客则利用期现迟滞进行多空转换、大肆套利,与公平一致的市场制度建设相悖。

海外力量可能借此制度缺陷做空市场。据彭博社 6 月 4 日报道,今年 4 月份曾豪言做空德国国债是"一辈子只有一次的机会"的"债券之王"比尔·格罗斯,对外公布了他的下一个做空目标——中国深圳股市。从这些海外投机者惯用做空策略来看,虽然 QFII、RQFII 和借助沪港通渠道进入 A 股市场总体规模有限,但仍存在针对这一期现市场不同步进行套利做空的可能性。

虽然股指期货"T+0"是国际通行交易制度,但更适用于成熟市场。从美国、欧

洲、香港等股指期货市场来看,"T+0"是目前通行的交易制度设计,并且所有股指期货和现货市场交收制度都是同步的。但"股市 T+1,期货 T+0"并存的格局也并非我国独有,1996 年 5 月—1997 年 1 月期间,韩国市场在推出 Kospi200 股指期货初期,其股票市场维持"T+1"交易,股指期货实行"T+0"交易。这一时期,Kospi200 指数跌幅为 19%,利用股指期货做空踊跃,期现市场交易制度的不同步具有一定作用。

三、尽快改变不合理的股指期货交易规则

将股指期货交易制度由"T+0"调整至"T+3",至少是调整到"T+2",不让股指期货平台成为独一无二的"做空"平台,给恶意炒作者带来可乘之机。尽快起到鼓励投资、限制投机、遏制做空的作用。与其他已出台政策一起发挥合力推动市场尽快回归稳定。

将股指期货与现货市场、融资融券的操作规则统一起来。去掉股指期货现有规则中对于部分机构只能套保、不能自由做多的限制,降低股指期货资金门槛要求。

李世刚

从短期救市转向长期稳市

——对当前股市有关问题的看法和建议

今年 6 月下旬以来,我国股市恐慌性下跌,引起了各界关注,促使各有关调控部门采取了史无前例的救市措施。从短期看,这些措施的出台,出发点是好的,并产生了一定的即期的稳市效果。但是,"救市"正在引发很大争议。在股市出现超预期的上涨和下跌时,到底应该采取什么样的应对之策,如何将短期稳定和中长期持续健康发展结合起来,值得我们认真分析原因,汲取教训,再谋良策。

一、最近股市大跌的主因

暴涨造成暴跌。从上涨看,去年 6 月底到今年 6 月中,上证综指由 2064 点大幅暴涨至 5174 点,涨幅达 150%,时间不到一年,翻倍时间仅为 7.5 个月。其中,中小板指和创业板指翻倍时间仅为 6 个月和 4 个月。而 2007 年牛市的上证综指、深成指翻倍时间为 8.5 个月。海外成熟股市的指数翻倍所需时间更长,美国道琼斯指数和纳斯达克指数自 2007 年底部之后翻倍经历了 58 个月。从下跌看,2008 年股市暴跌时的上证综指从 6124 点高位下跌 30% 用了 77 个交易日,而本次上证下跌 30%、中小板和创业板下跌 40% 左右仅用了 16 个交易日。股市前期的暴涨必然潜藏着暴跌的风险,过度的泡沫必将引发快速的泡沫破灭。

股指期货推动大起大落。与前三轮股市周期(1990 — 1996,1996 — 2005,2005 — 2014)不同,自去年 6 月以来开始的本轮股市运行最大特点之一是股指期货推出,并实行与股票现货不同的交易规则,股票现货买卖实行 T+1,而股指期货实行 T+0,这种不一致的交易规则实际上是控制了股票投资,鼓励了投机。因为股票现货当天买进,要次日才可卖出,在市场下跌风险发生时,股票现货不能当天出清,而股指期货当天可以多次买进卖出,这既会放大做多,也会放大做空,从而套住遵循 T+1 交易规则的股票现货投资者。从近期市场表现看,股指期货平均跌幅大大超过现货指数,特别是跌幅较大的六个交易日,期货贴水次数多,幅度大。股指期货三个合约的交易量每周依次迅猛增大,近三周与前三周平均交易量相比,IH1507 和 IF1507 分别增加 8% 和 5%。在近期暴跌的三周中,股指期货三个合约交易量迅猛增大。第二周平均比第一周增加 45%,第三周比第二周连续递增 57%,第二周后半周(6 月 25 日)开始恶意做空机构与主力明显增加,振幅显著加大。

"两融"放大市场波动。从融资买入股票看,今年 6 月中旬市场中的融资盘总量达到 4.5 万亿元,其中 2.5 万亿是场内融资,2 万亿是场外融资,大规模流动性的涌入迅速推高了股指。下跌时,资金杠杆负反馈诱发恶性循环,放大下跌效应。融资盘的高资金成本和强制平仓机制也成为了市场下跌的放大器。融资盘平仓和股指下跌之间形成相互加强的恶性循环,股市下跌时资金大量流出,7 月初融资余额连续多日流出近千亿。这种融资盘的资金大量流出造成市场大恐慌,推动股市暴跌。

监管不当助涨助跌。证券监管部门对大面积、高杠杆的股票交易风险未能及早预警。股票信用交易并不是什么新鲜事,但是本轮 A 股大面积、高杠杆、低限制的配资买卖甚至是场外巨额配资买卖实属罕见。监管部门对增量场外配资账户采取禁止接入券商信息系统的刚性措施引发连锁反应。尤其是 6 月中旬正式下发的《通知》,触发场外配资盘剧烈的去杠杆过程,一般情况下去杠杆是市场自我调节、自我动态平衡的必由之路,但是在股指处于高位(上证指数处历史第二高位 5178 点、创业板指 4000 多点)时,由于信息掌握和预案准备不充分,证监会对场外配资釜底抽薪,引发连锁反应。从期货推出时机看,也欠妥。在 A 股烈火烹油的今年 4 月 16 日推出上证 50 和中证 500,使本轮股市正常的下调立刻转为暴跌。主力合约成为暴跌的做空主力,也是中小票的大杀器。加之,分业监管模式导致各监管机构没有办法做到以通力合作的方式有效监控风险,危墙越垒越高。另外,政策缺乏定力。在股市大涨时期,不断出台刺激股市上涨的各种政策,助推股市上涨。市场暴跌之后,监管部门很快又回到市场维稳的传统行为模式上来,凡是有助于止跌的措施无所不用其极,最近三周暴跌之前,监管机构还在严控"两融"风险指标,而当暴跌袭来时,又急急忙忙放松了这些风控指标。

二、救市需要注意的问题

股市暴跌以来,尤其是 7 月 4—9 日,各部委、监管部门、市场机构同时密集出台救市政策,包括:央行为证金公司提供流动性支持,汇金入市,保险资金增持,养老金入市,IPO暂停放缓,21家券商1200亿资金入市,QFII规模大幅提高,25家公募基金入市增持,上市公司回购增持,私募基金联合声明,证金公司在大幅增持蓝筹股之后加大对中小市值股票购买力度,央行承诺对证金公司无限流动性,财政部承诺不减持上市公司股票,保监会对符合条件的保险公司投资单一蓝筹股的比例上限由占上季度末总资产的5%调整为10%,社保理事会严禁各公募基金持有的社保组合卖出股票等。总体上看,这些政策措施的出发点是好的,也产生了一些短期效果,但是这种效果难以持续,并会扭曲市场结构,造成巨大的道德风险,误导投资者行为,埋下新的大起大落隐患,不利于股市长期稳定,尤其是过度行政干预会改变股票市场的市场化改革方向。这就要求我们:

宏观调控者不能既当裁判员又当运动员。为解决股市短期暴跌而采取的一系列政府主导的救市行为,既表现出股市交易规则制定者的角色,如暂缓新股发行等行为,也表现出证交所等实际决策者和"国家队"的实际出资人身份,通过直接或间接出资参与股市买卖,以行政命令等方式引导大资金入市或通过多种形式给予流动性支持。这不利于制度改革与行业监管的有效推进,更进一步加剧了市场信息不对称性与规则不公平性,影响了市场的有序运行和交易的正常判断。监管部门既不应该认为只涨不跌才是健康的股市,也没必要将监控的主要注意力放在股票价格的短期下跌上,而是应对融资融券、场外配资和杠杆的负面作用有清晰的认识,严厉查处和解决股市中人为操纵行为,下决心查处违规杠杆资金入市,注重培养市场预期与稳定投资者情绪,营造公平一致的市场环境。

不能轻易用撒钱方式救市。一方面,用行政方式止跌助涨后,往往由于流动性不可持续而使市场陷入恐慌,导致股指再次下降,彼时行政手段的效果将边际递减,股市恢复的时间可能因此而更长;其次,由于股市基本的供需关系和资金基础并未得到彻底厘清和改善,使得快速止跌后面临再次暴涨暴跌的风险。另一方面,撒钱救市本身会进一步强化资金向股市的高度集中,减少资金流入实体经济,从而影响实体经济的持续性金融支持,破坏实体和虚拟经济的良性关系,严重影响经济的基本面。

不能以直接买卖股票的方式稳市。宏观调控应该是立足于一致性规则下的公平调控,但当前股市调控中,股市信息不对称与规则不公平将导致根据市场信息变化无法形成有效预判,个别投资者利益往往会绑架政府意志,使得"今天政府推动的买入者赚钱,昨天市场推动的卖出者赔钱",严重影响了市场的公平性原则,更增加了潜在的股市寻租空间。由于政府干预,导致大量散户盲目投资个别政策型股票,在干预减少时更加重了之前已有的累积风险。同时,短期政策行为可能加速股市去杠杆、去泡沫进程,使得场外配资资金疯狂出逃,导致踩踏式、恐慌式暴跌,更容易导致公众增强对股市本身预期的恶化。

三、短期救市和中长期防止大起大落的对策建议

对于近期股市的"大落",既需要依法采取公开、透明的有力措施稳定预期,更需要以此为契机,深化资本市场体制改革,依靠制度力量保证股票市场的稳定发展,从根本上消除大起大落再次发生的机制。

将"砸钱救市"改为以改革和完善市场制度方式的"制度稳市"。全面系统地调整改革当前我国股票市场的两融制度、期现交易制度、IPO制度、增发配股制度、大股东减持制度、信息披露制度、市场交易行为监管制度和违规惩戒制度等,向市场发出明确有力的维护股市长远健康发展信号。尽快设立国家资本市场平准基金,基金的资金来自央行对财政部的特别贷款,设定相应的还款期限和利率,投资收益用于充实投资者保护基金。该基金每天购买股票数量和金额在收盘后向社会公布,直至该基金认为市场处于平稳状态后为止。

明确政府"救市"的触发标准和场景,避免政府的过度反映。政府"救市"的"市",通常是在重大的突发性事件冲击(战争等)和经济全面危机(如1929年大萧条和2008年国际金融危机)影响时的市场。目前这一轮股市大涨,导致泡沫化之后,出现快速下跌,比如创业板以一年不足的时间从500多点涨到4000多点之后,出现快速下调,具有一定的市场合理性,不具备政府大规模、全面强力救市的条件。

形成股票市场自动调节机制。今后要把我国股票市场建设成为真正的市场,将目前的"政策市"改造为真正的"市场市",让股市自行定价、自主调整、自动修正、自由发展,政府要做的是为市场化的股市创造公平交易的规则和秩序,严控严惩市场操纵,实施公开透明的信息披露制度等。

建立防控股市暴涨的机制。要防止股市"大落"和暴跌,首先就要防止股市"大起"和暴涨。股市的涨跌在相当大程度上受到供求关系的影响,在大量资金进入股市追逐少量股票时就容易形成暴涨。从制度和政策安排上,提高上市公司质量,制衡大股东、庄家操纵股价及相互勾结的内幕交易机制,鼓励长线投资,切实阻断银行信贷资金短期内大量涌入股票市场通道,构建一个动态稳定均衡的股市运行和发展机制,防止过多的资金追逐过少的股票,缓解投资者的盲目乐观情绪,防止其过度投机行为。

建立公平统一的期、现交易制度。实现股市稳定有效运行的根本途径是：实行公开公正公平的交易制度。一是要建立期、现同规的交易制度，将目前的股票现货 T+1 和股票期货 T+0 的不公平交易制度改变为或者都是 T+1 或者都是 T+0 的二者一致的交易制度。为了改变目前股市投机意味很浓，股指大起大落的格局，建议将股指期货改为 T+2 甚至 T+3，股票现货交易维持 T+1，更大程度地保护股市投资，严控股市投机，以引导股市稳定发展。二是建立防止"裸卖空"机制。三是使期货保证金比例保持在较高水平。四是提高股指卖空手续费。

建立常态化的金融协调监管机制。研究重构混业经营条件下的"一行三会"金融监管架构，增强"一行三会"分业监管的协调性和有效性，切实加强投资者利益保护，切实建立起投资者主要通过股份分红而不是通过股价涨跌价差获得回报，严厉打击各种欺诈上市、恶意圈钱行为，切实改变股市"重融资、轻投资"的传统，将股市真正建设成为包括上市公司、券商、中小散户在内的共担风险的投资联合体，完善机构询价和原始股东股份计价以及再融资、减持必须同分红挂钩制度，改变股市只知圈钱而不思回报的"圈钱市"和"造富机器"形象。

宏观院经济形势与政策研究小组

课题组长：陈东琪

执 笔 人：吴晓华　刘雪燕

肖　潇

参加人员：陈东琪　吴晓华

刘中显　罗　蓉

刘雪燕　肖　潇

下半年消费新问题和扩消费举措

今年上半年数据显示,虽然消费运行总体平稳,但增速处于十年来的历史低位。下半年可能出现的传统行业裁员、企业员工收入下降以及股市震荡造成财富缩水等问题,有可能成为消费进一步下行的压力,需要提前谋划,及早出台相关促进消费增长的措施,以有效发挥消费对"稳增长"的基础性作用。

一、下半年消费运行面临的主要问题

部分地区和行业可能出现大规模裁员,影响消费能力。今年以来,虽然就业形势总体稳定,但经济下行对就业的压力一直存在,甚至愈趋明显。如从业人员指数持续收缩,就业的行业性、地区性矛盾不断突出。部分行业尤其是传统行业和产能过剩行业的生产出现较大幅度萎缩,煤炭、钢铁等产能过剩行业的用工需求呈疲软态势。加之上半年订单进一步减少,预计企业下半年生产经营会更加困难,部分企业可能会出现较大规模的裁员。在部分以重化工业、能源产业为主导产业的地区,如东北三省、山西等地经济增速下降幅度更大,就业形势堪忧,如果经济继续下行,这些地区甚至可能出现较大规模的集中裁员。大规模裁员一旦发生,员工收入来源断绝,将对消费增长造成冲击。

企业效益持续下降影响员工收入增长。自去年9月份以来,工业企业效益持续负增长,今年1—5月,全国规模以上工业企业利润总额同比下降0.8%,部分企业经营难以为继。调研反映,保定中兴汽车公司自4月份起,一线员工工资由平均3000元降低至平均1900元,下调约30%。长城汽车公司虽未调降工资,但部分工厂由原来的单休改为双休,员工实际收入减少。企业效益持续下降将直接制约员工收入增长,限制新增消费甚至可能消减现有消费存量。更甚者,消费的下降会减少对产品的需求,企业总需求下降,对企业生产产生紧缩影响,将进一步造成企业效益下降,进而形成恶性循环。

股市大幅震荡造成财富缩水。自6月15日至7月13日,中国股市从5178点跌至3970点,跌幅达23%,约20万亿市值蒸发。中小散户损失惨重,据统计,户均损失30多万元,极大打击了投资信心。从当前走势看,下半年股票市场继续震荡基本成定局,证券从业人员收入预期下降。股票市场大幅震荡不仅使之前股市上涨带来的财富效应消失殆尽,造成居民财产性收入大幅缩水,而且已经影响到居民实际收入,直接抑制了居民实际可支配收入的增长,必将遏制消费增长。

缺少新的消费热点。在实施了家电下乡、汽车下乡、家电以旧换新、节能家电补贴等几轮消费刺激政策之后,家电、通讯设备在城乡已经基本普及,新增消费空间有限。当前多个城市实行机动车购买限制政策,并且未来还可能有更多的城市加入"限购"行列,汽车消费已经进入到负增长时期,4、5、6月份全国汽车销售分别负增长0.49%、0.4%和2.3%。6月份我国手机出货量也呈负增长(-10.2%)。养老、健康、教育文体等服务性消费的总体规模还比较有限,增加供给和释放消费需求尚需时日。当前消费增长处于"青黄不接"的状态——传统消费热点已经降温,新兴消费热点尚未形成,消费快速增长缺乏有力的支撑。

二、进一步扩大消费的主要抓手

针对下半年消费平稳增长可能面临的问题和困难,应从稳就业、促收入、提信心和补短板等方面,多措并举扩大居民消费,为"稳增长"奠定良好的基础。

扩调并举,缓解就业结构性矛盾。一是要有效增加就业岗位。加大对就业困难行业和困难地区的就业援助力度。鼓励企业、行业和社区联手开发社会服务项目,大力发展社会服务等产业,促进结构转换和就业增加的统一。二是加大商事改革后续支持力度。包括出台小微企业安置就业优惠政策,开通小微企业直接融资渠道,解决好小微企业从业人员收入分配和社会保障领域制度安排等。三是要解决好高校毕业生就业问题。进一步消除制度壁垒,增加高校毕业生就业灵活性和流动性。如在户籍改革上,可允许高校毕业生将户籍自愿留在生源地。可考虑建立全国统一的高校毕业生档案库,以增强高校毕业生的流动性等。进一步引导各级政府及相关部门从市场准入、税费负担、数据信息、服务平台等多角度全方位支持大学生创业创新。四是就业服务逐步转向精准化。加快构建互联互通的劳动力供求信息网络,促进劳动力供求双方的高效对接。

多渠道增加低收入者收入。一是要进一步提高低保标准。各地在财力许可条件下,进一步提高城乡居民最低生活保障标准,保障低收入群体基本生活。二是提高新农保和城居保的基础养老金最低标准。按照国务院部署,今年全国要基本实现新农保和城居保制度合并,并与职工基本养老保险制度相衔接。下半年,可考虑提高新农保和城居保的基础养老金最低标准,大致达到人均150元左右,既能为制度合并奠定基础,也能一定程度上缓解经济下行对低收入群体基本生活的影响。同时,要积极研究并出台基础养老金动态调整方法。三是要提高对低收入群体就业技能培训。考虑实施"低收入群体培训工程",扩大公益性技能培训、就业培训、创业培训对低收入人群的覆盖率,免费对失业、转岗低收入群体进行再就业技能培训。四是进一步明晰和扩大低收入人群的救助范围。除扩大临时救助范围外,对教育救助、医疗救助等范围进一步明晰,并有所扩大。

尽快改革和健全事业单位绩效工资制度。作为机关事业单位养老保险制度改革的配套措施,今年出台了机关事业单位工资标准调整方案和职业年金办法,有助于提高机关事业单位人员可支配收入。但由于事业单位工资改革迟迟未能实质性推进,工资标准调整以及建立职业年金等政策实际上也不能有效落实,什么时间能够落实也没有明确的说法。工资制度改革的滞后严重影响了事业单位人员未来收入预期,也直接抑制了其消费增加。目前事业单位人员占城镇总就业的10%左右,这部分群体工资制度不完善且未形成工资正常增长机制,会制约整体居民收入正常增长,也限制了消费扩大。应尽快完成事业单位分类改革,加快落实事业单位工资改革,健全真正反映激励机制的绩效工资制度,促进工资水平正常增长,从而增加相关人员可支配收入,提高其消费能力。

扩大个人所得税扣除项目并将扣除标准提高到5000元。今年已出台了允许个人购买商业健康保险支出在当年按年均2400元的限额进行个人所得税税前扣除的政策,如果按月平均,相当于提高个税起征点约200元。考虑到购买商业健康保险支出的一般是收入相对较高的群体,对于中低收入阶层,实际上可能难以享受到该项优惠,为扩大个税优惠范围和进一步提高中低收入群体的可支配收入,建议进一步扩大个人所得税扣除项目和提高扣除标准。如允许将赡养老人支出、子女高等职业教育支出、自住商品房按揭贷款利息支出以及"双创"贷款利息支出等在5000元以内部分予以税前抵扣,相当于将个人所得税起征点提高到5000元。考虑政策出台必要的程序,如果从2015年10月1日起开始实施,粗略估算,预计平均税率降幅约20%,年内大约可实现减税200亿元,预计拉动2015年经济增长约0.005个百分点。

尽快调整完善交易制度以稳定股市恢复投资信心。针对近期股市暴跌,各部委、监管部门、市场机构协力密集出台针对市场资金面的救市政策。但通过比较分析,我们认为本轮股市大起大落在很大程度上与利用股指期货过度做空投机有关,股票"T+1"、股指期货"T+0"交易制度不公平(从美国、欧洲、香港等股指期货市场来看,股指期货和现货市场交易制度都是同步的)。与过度杠杆化是根本原因。投机力量利用无限制的股市融资和交易制度的不公平几乎无成本地大幅做空股指,恶意打压市场,大肆套利。而目前已出台各项"撒钱"护盘、托盘措施效果非常有限,治标不治本,无法从根本上抑制股市大幅下跌,近几个交易日的市场走势已经印证了这一结论。因此,当前稳定股市的关键是调整不完善的交易制度。一种方案是尽快将股指期货交易制度由"T+0"调整至"T+3",至少是调整到"T+2",大幅提高做空投机成本,压缩做空投机空间,遏制做空投机。另一种方案是暂停股指期货交易,尽快消除恶意做空对市场的伤害,待对相关制度进行深入细致研究后再出台具体的完善交易制度的政策。只有尽快调整不完善的交易制度,才能与前期已出台政策发挥合力推动市场尽快回归稳定,恢复投资信心,从而保障居民投资性收入合理增长和增强消费能力。

加大政府投入力度补齐消费基础设施的短板。针对当前消费增长点"青黄不接"的问题,既要继续挖掘传统消费热点增长潜力,又要加快培育形成新的消费热点,其中一个关键问题就是要补短板。一方面,着力补齐传统消费的农村基础设施建设短板。家电、汽车等消费在城市已经开始降温,而在农村由于配套设施不完善,如农村电网基础相对薄弱、供电可靠性和质量较低,农村道路质量较差、通达性有待提高等,制约了相关消费。要进一步加大农村电网改造升级力度和农村道路等基础设施投资建设力度,彻底解决设施发展滞后对农村居民家电、汽车等消费的制约作用。另一方面,着力补齐新兴消费的基础设施建设短板。①加快建设 4G、光纤宽带等信息基础设施,尽快实现城市无线网络全覆盖,提高农村互联网接入水平,为居民通过手机终端消费提供必要的网络支撑。②增加旅游基础设施中央投资资金,支持旅游厕所、停车场、道路、顾客中心等基础设施建设。利用旅游基金等撬动社会资本,支持重点旅游线路建设自驾车营地。③加大财政投入,建设社区养老日间照护中心、老年人餐食提供场所和设施,以及社区老年服务中心。采取购买服务或服务外包的方式,为居家养老的老年人提供生活照料、家政服务、餐饮配送和医疗保健服务。

王　蕴　常兴华　刘雪燕

货运上半年走势及下半年建议

一、上半年货运下行总趋势未改

货运总量增速下行,货运结构出现积极因素。今年上半年,完成全社会货运量209亿吨,同比增长4.2%。其中,除铁路外,公、水、航货运量规模均实现了增长,同比增速分别为6.2%、3.3%和7.0%。但是季度增速回落,铁、公、水、航货运量增速较一季度分别下降0.6、0.2、1.9和1.9个百分点,铁、公、水货运量较去年同期增幅分别下降7.7、2.8和2.7个百分点。

由于运输企业积极加快服务创新,主动按照客户需要进行服务方式和内容调整,各运输方式累计货运量增速环比略有好转,民航累计货运量增速同比保持上升,铁路行包、快运、国际集装箱运输量保持较快增长,运输结构调整正在积极进行中。

表1 2015 年上半年货物运输完成情况

2015 年上半年	货运量 (亿吨)	上半年同比增速 (%)	增速比一季度 (百分点)	增速比去年同期 (百分点)
合　计	209.12	4.2	-0.3	-3.3
铁　路	17.01	-10.2	-0.6	-7.7
公　路	162.86	6.2	-0.2	-2.8
水　路	29.21	3.3	-1.9	-2.7
民　航	0.030	7.0	-1.9	1.0

大宗物资运输需求明显减少,铁路货运量降速下破两位数。受大宗物资运输需求明显减少影响,铁路货运量自去年年初开始的下滑态势有所加剧,今年上半年

完成货运量 17.0 亿吨,同比下降 10.2%,半年度降速首次突破两位数。其中,6 月份当月降速达到 12%,创月度降速新高。分货类看,煤炭发送量同比下降 11.1%,是造成铁路货运量下滑的首要原因,钢铁、非金属矿石、焦炭、粮食等铁路传统大宗物资发送量同比下降也均在 10% 以上,粮食发送量下降更是超过 30%。

港口吞吐量低速增长。今年上半年,我国规模以上港口完成货物吞吐量 56.7 亿吨,同比增长 2.6%,增速较去年同期下降 2.6 个百分点。其中,外贸吞吐量同比下降 0.6%,内贸吞吐量同比增长 4.2%;沿海吞吐量同比增长 1.6%,内河吞吐量同比增长 5.0%;集装箱吞吐量同比增长 6.1%,总体上内贸上升、外贸下降,内河快于沿海,集装箱好于散货。从月度数据看,增速在 3、4 月份下降之后,5、6 月份又回稳向好,上半年整体呈现先减速后加速的探底回升态势,但增速依旧维持低位,加快增长的趋势尚不明朗。

运输盲目竞争现象加剧。由于运输能力供不应求矛盾得到明显缓解,一些领域因能力过剩而导致盲目竞争现象开始加剧。一是"中欧班列"开行出现一定盲目性。自 2011 年重庆开行"渝新欧"班列后,武汉、成都、郑州、苏州、义乌等地已先后"效仿",兰州、西安等更多地区正加紧筹备,上半年各种中欧班列累计开行 242 列,同比增长 210%。各地在"中欧班列"开行上,普遍存在运输需求不足和成本较高问题,实施政府补贴的可持续性不够,合理性也受到质疑。二是沿海港口低价竞争现象加剧。煤炭、矿石等港口货运需求减少,使沿海港口同质性矛盾凸显,各港口低价竞争现象加剧,近期调研发现,唐山港京唐港区以港口使费优惠 6 元/吨的超低价格手段争抢曹妃甸港区货源,使很多本应在曹妃甸港上岸转运的货物,改转至京唐港上岸。

二、下半年货运继续下行,但积极因素增加

货运量增速总体将趋稳。下半年,受欧洲经济低迷影响,国际贸易可能依然不振,加之国内经济增速很难有大的改观,以及产业结构调整导致的运输强度的继续下降,且前期出台的各项稳增长、促改革政策很难立刻带来运输需求的显著增长。预计下半年货物运输将保持与上半年相近的态势,全社会货运量增速稳中趋降可能是大概率事件。预计全年完成货运量在 455 亿吨左右,增速约为 5.5%,其中,铁、公、水、航分别完成货运量约 34 亿吨、358 亿吨、63.4 亿吨和 640 万吨,增速为 -10.0%、7.4%、6.0% 和 7.7%。

货运领域积极因素将增加。上半年货运领域的一些积极因素,在创新驱动和

结构调整推动下,将会继续对行业发展产生效益放大、效率增强的作用。一是快递市场活力将进一步激发。1—5月,全国快递服务企业业务量累计完成68.1亿件,同比增长42.7%,下半年,伴随着电子商务深入发展,以及"互联网+"技术在快递领域的应用范围扩大,以及城市在快递便利化方面政策的支持加大,智能制造、跨境电商、农村电商等新服务规模壮大,快递将"向外"、"向西"、"向下"积极推进,预计全国快递业务量仍将保持40%以上的增速。二是铁路全品类物流业务将进一步扩大。上半年,铁路进一步完善了零散货物、批量货物、普通行包、高铁行包在内的零散货物快运体系,全路零散货物快运发送量达到981万吨,是去年同期的115倍,日均装车量达到1802车,同比增长36.6%,预计下半年铁路全品类物流业务仍将保持高速增长,将为铁路带来新的增长点。此外,航空货运、内河水运、集装箱铁路国际联运等领域前期增长势头仍将延续。

三、货运新常态下应抓紧转型升级

加快引导货物运输服务转型升级。抓住货物运输能力缓解、运输需求结构变化的机遇,加快运输服务结构调整和组织优化步伐,积极引导运输服务在拓展现代物流业务、开展多元化增值服务基础上的转型升级。一是引导铁路货运发展全程物流。深入推进铁路货运组织改革,调整原有运输组织最优和保障核定装载率等考核标准,设计更加灵活的运输产品,开行定时定线班列和高铁快运列车,发展全品类物流、提供全流程服务、开展全方位经营、实行全过程管理,实现运输、仓储、货代、加工、信息等业务融合发展,拉长铁路货运产业链,推进铁路运输与其他运输方式、与生产生活的联动发展。二是引导港口货运实施"T"型发展战略。一横为传统板块,一竖为物流增值服务,在做强、做精传统业务板块业务基础上,结合"一带一路"战略、自贸区建设与发展,以加快"港产城"融合发展,培育和拓展保税物流、物流金融、冷链物流、现货交易、期货交割等服务功能,实现"物流、贸易、金融、信息"四位一体发展。三是引导内河航运向大型化、专业化转型。加快实施长江经济带战略,以加快推进船舶标准化为契机,淘汰和改造老旧货运船舶,大力发展有利于提高运输效率和船闸通过能力的标准化船舶;同时鼓励航运企业兼并、重组,发展大型化、专业化运输,并转换经营机制,完善公司化治理,促进规模化、集约化经营;依托内河枢纽港口,积极发展多式联运,为内河企业转型升级提供延伸、扩张服务支撑。四是鼓励跨运输方式的综合运输服务。鼓励运输企业进行运输服务创新,打破运输方式之间的界线,为跨运输方式的多式联运、运输代理、信息服务、运输平台等运输服务创新业态发展创造条件。

加强特定运输领域资源整合。针对"中欧班列"和沿海港口等领域的盲目竞争问题,建议深化研究铁路、港口产业结构调整与服务创新,加强资源整合,提高运输资源利用效率。对于"中欧班列",一是逐步减少地方政府补贴,运用市场机制淘汰不经济班列;二是结合"一带一路"战略实施,选址设立"中欧班列"统一集运枢纽,整合各地发往中亚、欧洲的班列资源,提高班列利用率。对于沿海港口,一是适度限制港口规模扩张,防止港口能力过剩,消除过度竞争的根源;二是严格落实《全国沿海港口布局规划》中各港口功能定位,强化分工、密切合作,建立区域港口群协同发展机制;三是加快港口集疏运系统建设,解决最后一公里问题,为港口分工合作创造条件。

宏观院经济形势与经济政策研究小组

课题组长:陈东琪

执 笔 人:贺兴东　刘昭然

参加人员:陈东琪　吴文化　高国力

　　　　　杨　萍　刘中显　罗　蓉

　　　　　张有生　王　蕴　任荣荣

　　　　　刘雪燕　洪群联　杨　晶

利用能源供大于求形势
推进能源生产和消费革命

今年以来,随着一系列"稳增长"措施与政策逐步推行,我国经济总体上保持平稳运行,主要经济指标处于合理区间。二季度经济运行较一季度有所好转,规模以上工业增加值止跌回升、出口负增长趋势得到扭转,服务业增加值持续攀升、货运量增速同比增加。另一方面,拉动经济增长的"三驾马车"动力不足。上半年全国固定资产投资同比仅增11.4%,为十几年来的最低,消费热点不多,出口恢复较快增长难度大,企业生产运营困难加剧,融资难的问题没有得到有效缓解。我国经济运行的新特点使能源供需形势出现一些新变化。能源消费增长速度继续显著下降,供应能力总体过剩,供需矛盾更加突出,能源企业效益严重下滑。建议大幅削减能源领域投资,加快淘汰落后产能,大力推进能源结构调整和优化,进一步深化能源价格改革。

一、能源供大于求成为新常态

能源需求增长乏力。受宏观经济增速放缓、高耗能行业不景气的影响,全国能源需求增速进一步放缓。

煤炭延续前几年低迷态势。1—5月,全国煤炭销量13.17亿吨,同比减少1.27亿吨,下降8.8%。煤电、钢铁、建材和化工等高耗煤行业增长乏力是煤炭消费量持续下降的主因。1—5月,火电发电量同比下降3.1%;钢材同比增长2.2%,回落3.9个百分点;水泥、平板玻璃产量同比分别下降5.1%、5.7%。

天然气消费首次出现负增长。由于存量气与新增气价格并轨,天然气与煤炭比价关系更趋于不合理,同热值天然气与煤炭价格比高达4,发电和工业用气需求持续低迷,终端煤改气的积极性严重受挫。石油价格持续低位震荡,交通部门油改气的步伐明显放缓。今年1—5月,天然气消费同比增长4.0%,是近十几年来最低。其中4、5月份,天然气表观消费量首次出现同比下降,分别降低5.9%和5.0%。

成品油消费维持平稳增长,柴油消费止跌回升。随着国际油价低位徘徊,上半年国内成品油价格连续五次下调,刺激了成品油消费。1—5月成品油表观消费量11304万吨,增长4.4%,高于去年同期1.8个百分点。其中,汽油消费同比增长9.4%,高于去年同期0.5个百分点。柴油消费同比增长0.4%,扭转了前几个季度持续下滑趋势,出现企稳迹象。

电力消费略有增长,工业用电量持续不振。1—5月,全社会用电量21889亿千瓦时,同比增长1.1%,增速同比回落4.2个百分点。其中,第一产业和第二产业用电量均同比下降0.8%;第三产业同比增长8.3%,增速提高1.9个百分点;居民生活同比增长4.9%,增速降低1.5个百分点。工业用电量持续不振,但降速呈现减缓势头。1—5月,全国工业用电量同比下降0.8%,增速降低5.7个百分点;全国制造业用电量同比下降0.1%,增速降低5.5个百分点。化学原料制品、非金属矿物制品、黑色金属冶炼和有色金属冶炼四大高载能行业用电量同比下降1.7%,增速回落6.0个百分点。

能源生产能力过剩加剧。随着前几年开工建设的能源基建项目陆续投产,能源生产能力持续大幅增加。

煤炭产能严重过剩。随着"十二五"前期开工新建的煤矿逐步投产,全国煤炭总产能仍在50亿吨左右,产能严重过剩。1—5月,尽管煤炭累计产量同比减少1.15亿吨,但仍比同期累计完成销量高出8600万吨。

电力装机容量过剩加剧。尽管电力需求增长缓慢,但是新增发电装机容量持续增加。截至5月底,全国6000千瓦及以上电厂装机容量13.5亿千瓦,同比增长8.8%,远高于发电量增速。全国新增发电生产能力3243万千瓦,比上年同期多投产308万千瓦。其中,火电多投产628万千瓦。新增发电装机过度超前,使得发电设备利用小时数显著下降。前5个月,全国发电设备累计平均利用小时1601小时,同比下降133小时,降幅同比扩大97小时。其中,火电设备平均利用小时1813小时,同比下降186小时,降幅同比扩大189小时;核电设备平均利用小时2187小时,同比下降166小时。在发电设备利用率大幅度降低的背景下,由于电源与电网建设不协调,弃水、弃风、弃光现象仍普遍存在。

石油炼制能力富余量不断增加。随着我国石油消费量不断增加,国内炼油能力持续较快增长。2014年,全国炼油能力达到每年6.7亿吨,而实际原油加工量为4.88亿吨,炼油能力明显过剩。按照建设规划,2015年我国炼油能力将超过7亿吨,原油加工量5亿吨左右,产能过剩的问题将进一步显现。为了应对石油炼制能力过剩,不断加大成品油出口规模。1—5月我国累计出口成品油1173万吨,同比增长0.2%;进口成品油1269万吨,同比下降1.8%。

低价使能源企业盈利下降。国内外能源市场供大于求矛盾造成各品种能源价格普遍下跌,能源企业利润大幅下滑,能源行业发展陷入困境。

煤炭行业整体亏损严重。5月底,环渤海动力煤综合平均价格415元/吨,较年初又下降了100元,降幅超过20%。煤炭价格持续下跌导致行业效益大幅下滑。1—5月,煤炭开采和洗选业规模以上工业企业主营业务收入10258.4亿元,同比下降13.6%,实现利润168.5亿元,同比下降66.8%。在41个工业大类行业中,煤炭开采业利润下降幅度位居第三。

石油行业利润大幅度缩水。我国石油天然气资源地质赋存条件较复杂,埋藏深、丰度低、储层渗透性差,造成开发难度大,勘探开发成本相对较高。此外,东部油田开发进入中后期,普遍采用三次采油技术,含水率高,稳产难度大,边际成本越来越高。在国际油价低位徘徊阶段,国内油气企业特别是上游企业利润大幅度降低,有的处于亏损状态。

煤电企业效益不佳。煤炭价格下跌有利于煤电企业经济效益提升。但是,由于发电能力过剩,煤电发电小时数显著下降,极大地影响了煤电企业经济收益。此外,年初重新启动煤电价格联动,下调了煤电上网价格,也对煤电企业效益产生了不利影响。再者,随着新的更严格的排放标准出台,煤电企业节能减排投资力度加大,运行成本也将明显升高。

能源发展困境仍将延续。一是经济发展进入新常态,产业结构调整升级的力度不断加大,能源需求增长动力明显减弱,工业领域能源需求出现"断崖式"的下降。据测算,2002—2011年,能源消费年均增长速度超过8%,2012年以来年均增长速度减缓至3.2%,煤炭由8.5%下降到2.6%,电力由11.1%下降到4%左右。二是在经济新常态下对能源需求的变化预估不足,对经济和社会发展与能源需求增长"脱钩"的新特征认识不到位,煤炭与电力生产能力建设投资没有做出及时有效的调整,产能仍在不断增长。2012年经济新常态特征已经很明显,但是当年煤炭开采与洗选业和电力行业投资均达到历史最高水平。煤矿和电厂建设周期相对较短,不到两年,当年开工建设的煤矿和电厂纷纷进入投产运行阶段。三是为了促进经济稳定增长,能源基础设施被当作投资拉动经济增长的重要领域,2013年、2014年,尽管煤炭开采与洗选业投资略有下降,但下降幅度不大。电力领域投资不降反升。能源领域产能建设严重超前,化解产能过剩的难度非常大。

二、应对能源新常态的政策建议

下一步,应着力解决能源领域普遍供大于求、产能严重过剩、行业发展后劲不足等问题,促进能源产业健康发展。

合理控制能源领域投资。严格控制煤炭开采与洗选业投资,东中部地区停止建设新煤矿。合理控制火电新开工项目和投产规模,严格控制电力富余地区的电源项目开工规模,集中消化现有电力供应能力;在雾霾较严重区域,停止建设常规燃煤发电项目。结合电网建设和市场需求情况,合理控制水电、风电等清洁能源发电项目的开工和建设节奏。在弃水、弃风地区注重调峰电源的布局和建设。

加快淘汰低效落后产能。进一步加大力度,压缩非法产能,要求煤矿严格按照核准能力安全生产,将区域煤炭新增产能与淘汰落后产能挂钩,以保证未来几年煤炭供给保持稳定。实行煤炭"减量开发"措施,发挥市场价格的调节作用,使煤炭落后产能逐步、有效退出,促进煤炭开采行业提质增效、走出低谷。

切实推进化石能源清洁高效利用。推动煤炭全产业链的清洁利用,提高煤炭集中高效发电比例。在电力供需相对宽松的背景下,按照国家和地方出台的《大气污染防治行动计划》和《煤电节能减排升级改造行动计划》的要求,合理安排好现有燃煤发电机组的清洁改造任务,利用先进煤电技术对既有火电厂进行大规模技术改造,有效提高发电效率、降低污染物排放量。

深化各品种能源价格改革。利用能源市场供需相对宽松的有利时机,进一步深化各品种能源价格改革。成品油价格改革已取得初步成效,应尽快从政府定价推向企业直接定价,同时加强政府监管。天然气已完成存量气和增量气并轨,应进一步推进上海石油天然气交易中心的现货交易规模,力争尽快形成区域性市场价格。深入研究和推进电力价格改革。进一步提高资源税、环境税、能源消费税,将外部成本内部化,理顺能源品种比价关系。

宏观院经济形势与政策研究小组

课题组长:陈东琪

执 笔 人:张有生　杨　晶

参加人员:陈东琪　吴文化　高国力

杨　萍　刘中显　罗　蓉

张有生　王　蕴　任荣荣

刘雪燕　洪群联　杨　晶

多措并举力促下半年工业经济回升

今年上半年,工业特别是制造业增速下降,拉动了整体经济的低位运行。进入5、6月份,工业增加值、工业企业利润、PMI、货运量、用电量等经济指标初步显示企稳迹象,部分行业、部分地区调结构、促转型稳步推进。但工业特别是制造业低位运行的大趋势尚未根本扭转,投资、消费、出口短期内难有大的起色,新的增长点正在培育之中,化解严重过剩产能尚需时日,企业内生增长动力仍显不足,工业回稳基础并不牢固,下行压力依然较大。下半年要多措并举,力促工业经济回升,确保实现全年"稳增长"目标。

一、工业回稳基础不牢

一是增速仍处历史低位。今年上半年,规模以上工业增加值同比增长6.3%,较一季度回落0.1个百分点,比上年同期下降2.5个百分点,延续了去年下半年以来累计增速逐月下滑的态势。1—5月,规上工业企业主营业务收入同比增长1.3%,利润下降0.8%,分别比上年同期大幅回落6.8个和10.6个百分点。二是市场信心仍显不足。6月份,制造业PMI指数为50.2,虽连续4个月处于临界点之上,但仅维持小幅扩张。其中,新订单指数、从业人员指数分别比上月回落0.5个和0.1个百分点,表明制造业市场需求增速放缓、用工量持续减少。而且,目前企业库存仍处高位,若未来出现去库存趋势,将可能进一步拉低工业增长。

三是行业分化愈发明显。与去年同期相比,诸多行业增速大幅放缓甚至出现负增长。今年1—5月,28个制造业行业中,除计算机、通信和其他电子设备制造业增速有所加快外,其余行业主营业务收入同比增速均不同程度下滑,部分行业出现负增长。

四是部分地区仍呈下行趋势。东北老工业基地和资源能源省份经济增长塌

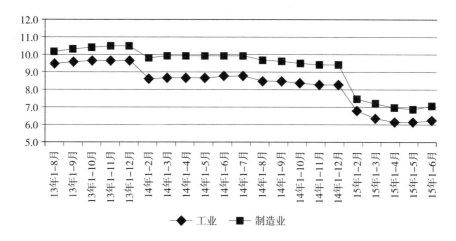

图1　规模以上工业增加值增速(%)

陷。今年以来,东北地区规上工业增加值连续5个月负增长且降幅扩大,6月份增速虽明显缩窄至-0.4%,但仍维持负增长。1—5月山西省规上工业增加值同比下降3.3%。

二、受需求和供给双重制约,下半年工业经济将回升,但力度有限

下半年乃至未来较长时期,需求疲软和产能过剩仍将是导致工业增长动力持续减弱的根本原因。在国内消费增长趋于稳定、投资需求不足、政策效果显现仍需时间、国外需求增长难有改善的影响下,工业增速出现明显回升的可能性较小,但随着同期基数的降低和政策拉动效果的逐步显现,下半年特别是四季度有望进入温和回升阶段,预计全年工业增加值增速在6.5%左右。

(一) 从需求侧看,投资、消费、出口"三驾马车"拉动工业回升向好的力量有待加强

投资增速12%左右。近年来我国固定资产投资增长出现明显下滑,全社会固定资产投资增速由2011年初的24.7%剧烈下降到今年上半年的9.3%。鉴于近期经济下行主要是内部因素影响、结构转型作用的结果,且经济增长已进入中高速阶段,与当年受亚洲金融危机冲击时期明显不同,投资增长从高速进入中高速可能更具有长期性特征。分行业看,基础设施投资受地方政府财税收入增长减缓,且融资

平台政府融资功能剥离影响,难以形成对中央政府投资的有力支持。房地产投资受市场出现企稳回暖迹象刺激可能会有所增长,但高库存时期从销售回升到投资扩大存在较长时期的传导期,且传导幅度存在不确定性。制造业投资受传统产业产能过剩问题突出、利润增长缓慢影响,新增长点动力源相对薄弱、体量较小,难以弥补煤炭、钢铁、有色、建材等投资下滑的缺口。据此判断,下半年乃至未来较长时期投资增速不可能太高,难以恢复到 2011 年以前水平,平均增速将下降一个台阶,预计全年投资增长可能在 12% 左右。

消费增长 11% 左右。今年以来消费品市场总体趋势是稳中有升。下半年消费增长除社会保障不健全、7000 万贫困人口、居民收入增速放缓等长期性问题外,许多新增问题需要面对。一是传统行业和产能过剩行业企业效益下降,可能导致大规模的裁员或减薪。以重化工业、能源产业为主导的部分地区,经济增速大幅下降,就业形势堪忧,将对消费增长造成冲击。二是从当前走势看,下半年股市持续震荡基本成定局,投资者财产性收入增长不确定性增加,必将遏制消费增长。三是新的消费热点尚在培育之中。目前城乡已经基本普及家电、通讯设备,新增空间有限。今年一季度,全国智能手机市场出货量同比下降 2.5%,是过去 6 年以来首次出现季度同比下滑,表明市场可能已接近饱和。汽车销量增长呈现减速趋势,6 月份全国乘用车累计销量同比负增长 1%,下半年可能继续负增长。消费增长点总体上呈现传统热点已降温、新兴热点尚未形成的特点,消费快速增长缺乏有力的支撑。可以判断,下半年乃至未来较长时期消费增长相对平稳,预计全年消费增长可能达到 11% 左右。

出口增长 3% 左右。上半年我国出口仅增长 0.9%,出口形势依然严峻。下半年,扩大工业品出口仍受到诸多因素制约。一是世界经济虽然总体上略好于上年,但主要经济体的经济复苏存在较多不确定性。美国经济进口弹性下降,欧元区经济复苏力度有限,日本通货紧缩的阴霾犹在,印度、巴西和南非等主要新兴经济体存在资本外逃风险,俄罗斯受欧美联合制裁和国际油价下跌的影响经济衰退将进一步加剧。而且,发达国家再工业化和制造业回流,也挤压了我国制造业出口空间。二是人民币综合有效汇率持续升值。去年下半年以来美元持续快速升值。表面上人民币对美元名义汇率有所贬值,但实际上受各国纷纷放松货币政策和美元升值的带动,其他主要货币普遍持续贬值,导致人民币综合有效汇率持续上升,严重削弱我国出口商品价格竞争力。截至 3 月,人民币实际有效汇率指数连续 9 个月上涨,已突破 130 的历史新高,预计这种态势仍将继续。三是工业消费品仍占我国出口产品较大份额,由于技术门槛较低,且与东南亚国家以及印度、巴基斯坦等国比较,劳动力成本、资源要素成本、产业链延伸优势不在,工业品出口将面临更为激烈的竞争。可以判断,下半年我国工业品出口难有明显改观,总体上可能略好于上半年,预计全年出口增长3%左右。

(二) 从供给侧看,诸多行业产能过剩、工业企业经营依旧困难短期内难以缓解

产能过剩压力。当前产能过剩已成为我国经济发展中的普遍性问题。产能过剩从钢铁、船舶、水泥、平板玻璃、电解铝、光伏等行业向上下游行业和关联产业链蔓延。根据国家统计局数据,2013年我国工业企业产能利用率仅为78.2%,其中粗钢、电解铝、风电设备、太阳能光伏电池产能利用率更低。截至今年6月,我国PPI已连续40个月同比下降,上半年规上工业企业利润负增长,也说明我国工业领域产能过剩的严重程度已经超出正常市场承受范围,弱化需求增加带来的复苏动能,通过价格下行传导削弱企业盈利能力。

企业经营困难。主要表现在:一是融资成本仍然较高。虽然央行多次降息降准,但企业融资难、融资贵问题仍很突出,部分中小企业的贷款利率达到15%以上。二是用工成本明显增加。截至目前,今年全国已有14个省份上调最低工资标准,深圳、上海两地月最低工资标准超过2000元,广州、深圳、东莞最低工资标准涨幅分别达22.3%、12.3%和15.3%。三是企业经营综合成本上升。1—5月制造业企业每百元主营业务收入中的成本为86.09元,较年初提高了0.43元,处于2011年以来的历史高位。由于成本上升、经营困难,导致投资能力下降,影响了企业扩大再生产。上半年,制造业固定资产投资同比增长9.7%,比上年同期下降5.1个百分点,处于2004年以来的最低水平。其中,仅食品、计算机通信制造行业投资增速达15%以上,纺织、化学、钢铁、有色、机械、汽车等行业投资增速大多低于10%。

三、多措并举,力促下半年工业经济稳步回升

(一) 着力促进工业结构调整和转型升级

一是振兴装备、冶金、石化、轻纺等传统支柱产业。中长期内,装备、冶金、石化、轻纺等传统支柱产业仍是带动我国工业乃至经济增长和解决就业问题的重要力量。要加快贯彻落实《中国制造2025》,支持产业技术升级,提升制造、工艺和管理水平。全面推进传统制造业绿色改造,制定绿色产品、绿色工厂、绿色园区、绿色

企业标准体系。加快实施智能制造发展战略,推进工业互联网、大数据、机器人等智能化应用,促进传统支柱产业向价值链中高端发展。

二是培育壮大新一代信息技术、高端装备、生物医药、节能环保等新兴产业。要立足国内需求和产业技术路线,引导生产要素流向具有发展前景的新兴行业。通过完善新药研发、生产、流通等环节监管体制,积极推动参与国际 5G 技术标准制定,完善新能源汽车电池蓄电技术研发和充电桩安装等配套措施,创造良好政策环境,培育壮大新一代信息技术、高端装备、生物医药、节能环保等产业新增长点。

三是有区别地化解过剩产能。加强产业退出法律法规体系建设,完善化解过剩产能的激励和约束政策,积极探索能耗和排放指标交易,坚持利用市场机制淘汰落后产能。对于光伏等符合现代产业发展方向而因国内外市场短期调整出现过剩的产业,要有保护地化解,核减近期产量,储备生产能力,加快技术研发和工艺再造。对于煤炭、冶金、化工、纺织等高库存、高污染、低竞争力的产业,坚定不移地退出或重组。尽快建立产业退出和援助机制,通过失业保障、下岗员工再就业培训、资金和项目支持等方式,对产能退出行业进行直接或间接援助。建立完善预警机制,引导企业主动退出过剩行业。

(二) 积极推进国际产能合作和"走出去"

一是瞄向重点市场。积极做好国内产能与"一带一路"沿线国家,尤其是很多亚洲、非洲、中欧国家市场的对接,更好契合不同国家和地区的需求。

二是优化出口结构。改变传统上鼓励和支持低端产能"走出去"的一贯思路,全面推进高端装备、战略性新兴产能尽快尽早"走出去"。要从以"消费品出口"为主,逐步转向更加注重"投资品出口"。坚持"走出去",装备制造业先行。在持续推进高铁、装备、中高档制造特别是中高端过剩产能"走出去"的同时,加大对电视、手机、空调、冰箱等耐用消费品出口的政策支持力度。财政安排专项资金重点支持高新技术、先进制造业、优势行业的对外投资合作,重点用于可拉动国产装备出口的境外重大基础设施工程项目和国际产能合作项目。探索利用产业基金、国有资本收益、外汇储备等渠道支持高铁、电力装备、汽车、工程施工等装备和优势产能"走出去",实施海外投资并购。

(三) 注重增加国内需求

一是增加消费需求。加快推进事业单位薪酬制度改革。进一步提高个人所得税起征点至 5000 元,积极推进个人收入分项计征改为综合计征所得税。再次增加基本养老财政补助标准,提高大病统筹补贴和报销比例,提高城乡贫困人口救助标准。进一步完善消费设施,加强农村电网改造建设,带动农村小家电的推广应用。尽快实施"百县万辆微型电动车"工程,可考虑在山东、河北等地平原地区,选择100个左右的县作为试点,推进微型电动车普及和应用,拓宽现有乡村道路,加强充电桩等配套服务设施建设。

二是扩大投资需求。紧紧围绕"一带一路"、长江经济带、京津冀协同发展、新型城镇化等重大战略,加大对轨道交通、水利、石油储备、核电等大型基础设施项目的投资力度,加快对运用新技术新工艺、市场有需求、竞争力强的新增大型投资项目的审批进度。落实城镇居民保障房建设、棚户区改造和农村危旧房投资计划,引导房地产企业投资预期,促进房地产投资稳定增长。充分利用资源型城市和地区加快转型发展的有利时机,财政支持 PPP 项目,引导社会资金更加积极参与节能环保、教育、医疗和养老等基础设施和公共服务的投资。

(四)努力降低企业融资成本

在落实取消存贷比基础上,将大额存单试点扩大到商业所有银行,将"借新还旧"政策延伸到大中型企业。加快实施企业上市融资注册制。严格监管金融机构直接或间接提高企业贷款利率,对提高贴现率、保证金等形式的行为,探索建立"金融机构服务地方红黑榜"。

宏观院经济形势与政策研究小组

课题组长:陈东琪

执 笔 人:刘中显　洪群联　胡文锦

参加人员:陈东琪　关文化　高国力

　　　　　杨　萍　刘中显　罗　蓉

　　　　　张有生　王　蕴　任荣荣

　　　　　刘雪燕　洪群联　杨　晶

就业形势总体稳定　结构性矛盾凸显

——2015 年以来的就业形势及下半年预测

一、就业总体呈稳定态势

今年以来,我国就业形势保持了总体稳定的态势。一是城镇新增就业出现好转。上半年,累计实现城镇新增就业 718 万人,虽比去年同期有所减少,但二季度新增就业比上年同期增加了 1 万人,已完成全年目标的 71.8%。二是城镇调查失业率稳中略降。国家统计局月度劳动力调查结果显示,今年 5 月份、6 月份大城市调查失业率均在 5.1% 左右,与 2 月份、3 月份持平,比 4 月份略有下降。从一些地方的就业情况看,就业形势未见有大的"拐点式"变化,尽管经济存在继续下行压力,但在全国重点地区,并未出现农民工集中返乡的情况。广东、浙江等地区春节后的农民工返岗率在 90% 以上,一些地方依然存在"民工荒"现象。国家统计局 5 月份的调查结果显示,65 个大城市外来非农户籍失业率和青年失业率甚至有了较大降幅,一定程度上显示了就业形势的积极变化。

近两年经济减速但就业总体稳定。去年 4 个季度经济增速都在 7.4%,今年上半年减缓到 7.0%,但城镇新增就业超额完成上半年任务,调查失业率维持在 5.1% 左右。出现"经济减速"与"就业增长"并存的"背离"现象。

表1　经济增长与就业情况(2004Q1—2015Q2)

	经济增速 (%)	城镇新增 就业(万人)	城镇登记 失业率(%)	城镇调查 失业率(%)
2014Q1	7.4	344	4.08	5.17
2014Q2	7.4	393	4.08	5.05
2014Q3	7.4	345	4.07	5.00

	经济增速 （%）	城镇新增 就业（万人）	城镇登记 失业率（%）	城镇调查 失业率（%）
2014Q4	7.4	240	4.09	5.10
2015Q1	7.0	324	4.05	5.10
2015Q2	7.0	394	—	5.10

就业形势总体稳定的原因由以下四个方面。一是劳动力需求总体上仍在增加。虽然我国经济增速有所回落，但总体平稳，且创造的经济总量还在扩大，对劳动力的需求也在增加。二是促进就业创业的政策效应在不断释放。今年以来"大众创业、万众创新"战略的实施，极大激发了大众创业热情，扩展了就业空间，也带动了就业增长。如商事制度改革后，新登记注册企业数量呈"井喷"式增长，市场新主体的快速成长吸纳了大量劳动力。今年4月份，全国新登记注册市场主体134.6万户，同比增长12.0%，其中个体工商户93.5万户，增长17.1%。5月份，创业人员占全部就业人员的比重比1月份上升了0.12个百分点，为创业做准备的失业人员占全部失业人员的比重比1月份上升了0.17个百分点。更多的失业人员准备创业，而非等待或者寻找工作，无疑有利于就业形势的稳定。三是服务业快速发展，有助于增加劳动力需求。随着我国经济进入新常态，经济结构调整步伐不断加快，服务业占比相对提升较快。与此相应，非制造业引领就业增长的特点更加明显。服务业相对较快发展，进一步增加劳动力需求的同时，也有利于促进劳动力结构的改善，为我国就业稳定打下坚实基础。四是劳动力供给相对下降。今年以来，我国劳动力市场求人倍率一直保持高位，不同地区和技术等级的劳动力全面供不应求。全国100个城市公共就业服务机构的招聘和求职信息显示，今年一季度，劳动力市场的求人倍率高达1.12（劳动力市场的岗位需求量超过求职者供给量12%左右）。求人倍率已经连续18个季度保持在1以上，近6个季度都大体保持在1.1以上。分地区和劳动力技术等级看，东、中、西部劳动力市场全部都呈现出用人需求大于供给的状况，初级、中级、高级技术等级的岗位需求全部大于相应的求职人数。结构性矛盾带来的劳动力供给的减少，一定程度上缓冲了经济下行对就业的负面影响。劳动力供求双降，很大程度上意味着我国劳动力供给进入了持续减少的新阶段。从长周期看，劳动力无限供给时代

的结束,必然会缓解长期存在的就业压力。

二、经济下行对就业的压力一直存在且愈趋明显

当前的就业形势总体稳定,但必须看到,经济下行对就业的压力一直存在,甚至愈趋明显。如今年以来劳动力市场反映出,在用工旺季罕见地出现了"供需双降"的情况。从历史数据看,我国城镇新增就业的增速(增幅)和经济增速密切相关。近几年来,随着经济增速逐年放缓,城镇新增就业增速从2010年的5.99%直线减少到2013年的3.48%,到去年更是直线跌落到0.92%。如果今年经济下行较快,势必将对城镇新增就业增速产生影响。再有,从国家统计局月度数据库发布的从业人员指数看,今年5月份,制造业从业人员指数为48.2%,比4月份小幅提高了0.2个百分点,但仍然低于50%的枯荣线,意味着制造业企业的就业人员总量呈萎缩态势。自2012年6月份以来,制造业从业人员指数已经连续36个月低于50%。今年5月份,非制造业从业人员指数为47.6%,比4月份下降了1.3个百分点,不仅仍然低于50%的枯荣线,而且已经下降到历史最低点。自去年7月份以来,除今年1月份短暂回升至略高于50%的水平以外,非制造业的从业人员指数已经有10个月位于枯荣线以下。以从业人员指数反映出的"就业景气"显然在一个下行通道中,这与经济下行的影响是不无关系的。

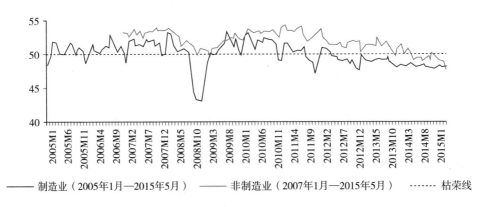

图1 制造业和非制造业从业人员指数(2005.1—2015.5,%)

从行业、地区情况看,目前就业的行业性和区域性问题突出,隐性失业现象在不断加剧。如煤炭、钢铁等产能过剩行业的用工需求一直呈疲软态势,东北三省、山西等地的就业形势堪忧。近年来,东北三省每年流失的人才多达200万左右,沈

阳、长春等大城市常年处于城市就业压力排行榜的前列。依赖煤炭和钢铁等过剩产业的山西等地区，自去年以来遭受了剧烈的就业冲击，在一些城市，单一的产业结构无法吸纳亏损行业的城镇职工，虽然企业没有大幅裁员，但隐性失业问题日趋突出。

三、下半年就业仍将保持总体稳定，但结构性 矛盾会更加突出

就业形势仍将保持总体稳定的态势。从主要就业指标看，进入今年以来，城镇新增就业、失业人员再就业和困难人员就业一度全部出现负增长，到二季度，城镇新增就业情况开始出现好转，比上年同期有所增加。城镇调查失业率，今年以来一直保持稳定，5月份、6月份甚至比4月份下降了0.05个百分点左右。今年下半年，在一系列"稳增长"政策作用下，宏观经济增速有望在三季度或下半年企稳。经济下行趋缓和国家一系列促进就业创业政策的出台，就业形势仍将保持总体稳定的态势。

结构性就业矛盾将愈发显现。当前，从业人员指数不断收缩和求人倍率持续上升，似乎陷入了"就业景气悖论"。背后的实质性问题在于，就业结构型矛盾的日趋突出。以新兴产业发展为例，近几年来，一些地区着力发展新兴产业，以提振地区经济发展，而新兴产业在促进经济增长的同时，也承担了承接部分转移劳动力的职能。实际上，劳动者专业素质整体上尚难以满足新兴产业的要求，大多新兴产业发展面临着突出的劳动力供需失衡问题。据相关调查，山东各地参加招聘会的信息技术、生物科技、新能源类新兴行业企业占到与会企业的22%，成为吸纳就业的生力军，但寻求到合适的劳动力却并非易事。再有，产能过剩等就业困难行业很难在短期内"扭转"颓势，一些地区经济结构调整也很难在短期内完成，均会加剧就业结构性矛盾。

高校毕业生就业问题将更加突出。今年高校毕业生将达749万，为历史最高水平，高校毕业生就业压力将进一步扩大，持续多年的"大学生就业难"仍会继续。高校毕业生就业除总量压力外，更多将面临就业需求结构性差异和矛盾的压力。从今年高校毕业生就业需求情况看，民营中小企业、二三线城市需求会明显上升，而就目前的一些相关调查看，毕业生对就业的期望值与社会需求有着明显差别。应该看到，现阶段高校毕业生就业难的问题，更多体现在教育供给与产业需求不对接的结构性问题上。由此，解决高校毕业生就业难的问题，必须"双管齐下"。从

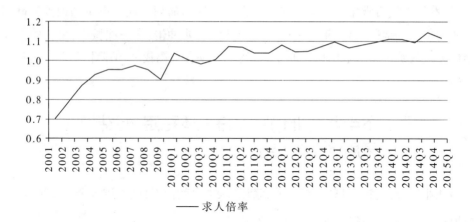

图 2   2001 年以来我国劳动力市场求人倍率

教育供给的角度,需要在不断完善现有就业创业政策支持的基础上,向就业教育培养阶段延伸,通过就业创业的意识培养、潜能开发、专业辅导和孵化模拟,使学生在毕业时具备相应的就业创业能力;从产业需求的角度,则需要支持企业加快转型升级,优化岗位结构,尽量为毕业生提供清晰的职业上升通道;同时,要引导各级政府及相关部门从市场准入、税费负担、数据信息、服务平台等多角度全方位支持创业创新。

常兴华　顾　严　魏国学

股市大幅震荡将通过三大渠道影响
下半年经济回稳向好

本次股市大幅震荡从三个方面对短期经济增长形成负面冲击。一是股市交易金额下降直接导致金融业增加值增速回落。二是居民财富缩水导致消费增速回落。三是股市融资规模下降不利于扩大投资。综合测算,以上冲击将分别下拉今年三、四季度 GDP 增速 0.35 和 0.25 个百分点,下拉 2016 年上半年 GDP 增速 0.47 个百分点。应及早研判和应对股市震荡对实体经济的苗头性、倾向性影响,财政货币政策需要进一步加力增效,在对冲股市震荡的负面影响基础上,打好富余量,切实保证下半年"稳增长"目标的实现。

一、交易量骤减引发金融业增加值增速明显回落

上半年股市繁荣带动金融业在第三产业中担当稳增长的托底重任。今年一、二季度 GDP 同比增长均为 7.0%,二、三产业增速走势出现明显分化。第二产业累计增速回落至 6.1%,对 GDP 增长贡献率降至 40% 以下,创 1990 年以来新低。第三产业累计增速则回升至 8.4%,对 GDP 增长贡献率达 56.8%,创历史新高。在交运仓储邮政、批发零售、住宿餐饮、金融、房地产以及其他服务业等六大行业中,股市繁荣带动金融业快速增长,一、二季度增速大幅提升至 15.9% 和 18.9%,增速在六大行业中一枝独秀。从内部构成来看,金融业增加值由银行业的存贷款余额、保险业的保险公司保费收入和证券业的股市成交金额决定,前两者增速均相对平稳,沪深两市成交额增速则持续走高。因此,上半年股市繁荣是金融业托底经济下滑的主因。今年 6 月 15 日以来,股市大幅震荡,市场出现量价齐跌的局面,对金融业增加值增速形成负向冲击。在经历了 6 月底、7 月初的大幅震荡后,A 股市场的交易量可能难以重回前期高点,三、四季度金融业增加

值增速也将随之逐步下滑。

定量分析表明股市震荡通过券商和银行渠道,将下拉今年三、四季度 GDP 增速 0.18 和 0.11 个百分点。借鉴 A 股市场经验,可以测算股灾对金融业增加值的冲击程度,进而推算对 GDP 增速的直接影响。一是通过券商交易佣金和融资业务收入的影响渠道,将下拉三、四季度 GDP 增速 0.16 和 0.1 个百分点。股灾对券商收入最直接影响是交易佣金和融资融券中的融资收益减少。历史经验表明,A 股市场在遭受重大冲击之后,成交金额增速走势将出现大幅下挫。以 2007 年 10 月份开始的股灾为例,当年第四季度成交金额环比下跌 33.3%,2008 年一季度环比增速小幅回升至 7.6%;2010 年一季度成交金额环比下跌 21.7%,二季度环比增速回升至-5.4%。本次股灾也不例外,6 月 16 日至 7 月 15 日的 21 个交易日内,A 股市场成交金额较前 21 个交易日大幅减少 30%。券商交易佣金收入方面,假设今年三季度股票交易金额环比下降 30%、四季度环比回调至 7%,对应的交易佣金标准为 0.06%,则相较于二季度,三、四季度券商佣金收入将分别减少 353 亿元和 295 亿元。券商融资业务收入方面,今年 6 月中旬融资余额达到 2.23 万亿元,如果三、四季度融资余额减少至 1.3 万亿元和 1 万亿元,假设"两融"利息率为 8%,则三、四季度融资收入将分别减少 186 亿元和 246 亿。综合以上两方面估计,本次股灾将使三、四季度券商佣金、融资总收入同比减少约 35% 和 21%,预计下拉三、四季度 GDP 增速 0.16 和 0.1 个百分点。

表 1 股灾冲击券商收入对 GDP 的下拉作用

	股票成交金额（万亿）	股票成交金额环比（%）	融资余额（万亿元）	两融金额净增加（万亿元）	佣金收入较二季度增加（亿元）
2015 年三季度	68.56	-30	1.3	-0.93	-352.6
2015 年四季度	73.36	7	1	-1.23	-295
	两融收入较二季度增加（亿元）	上年同期券商收入（亿元）	对券商收入冲击（%）	对金融业增速冲击（%）	拖累 GDP（%）
2015 年三季度	-186	1556.1	-34.6	-2.2	-0.16
2015 年四季度	-246	2602.8	-20.8	-1.3	-0.1

二是通过减少银行中间业务收入的影响渠道,将下拉三、四季度 GDP 增速 0.02 和 0.01 个百分点。目前,银行入市理财资金规模达到 2 万亿元,股灾影响下预计银行入市资金将减少至 1 万亿元。假设管理费在 1%的水平,则三、四季度理财收入受股灾影响将减少 100 亿。初步测算,股灾通过银行收入下降的影响渠道,将下拉三、四季度 GDP 增速 0.02 和 0.01 个百分点。

表 2　股灾冲击银行收入对 GDP 的下拉作用

	银行入市理财资金(亿)	银行理财收入增加额(亿)	去年同期商业银行收入(亿)	对银行收入冲击(%)	冲击金融业增速(%)	拖累GDP(%)
2015 年三季度	10000	−100	31000	−0.32	−0.26	−0.02
2015 年四季度	10000	−100	42000	−0.24	−0.19	−0.01

二、居民财富缩水导致消费增速逐步回落

股灾造成居民财富大幅缩水,经验显示可能导致消费增速下滑。数据显示,2014 年我国居民新增财富中,40%来自于房地产、17%来自于银行理财、16%来自于存款、12%来自于股票,其他包括信托、基金、保险等金融产品,居民财富配置呈现多元化特征。本次股灾使居民财富中的股票类资产价值大幅缩水。尽管居民消费并不完全由其现期收入决定,股灾也不会大幅改变居民未来收入水平,财富存量大幅缩水却会改变居民未来可支配财富总量,从而改变其短期消费水平。从国际经验看,美国在 1987 年股灾、2000 年互联网泡沫破裂和 2008 年金融危机爆发后,个人消费支出增速均出现了因财富缩水而大幅下滑的现象。日本家庭消费增速也曾在 2008 年金融危机和 2010 年次贷危机中大幅下跌。A 股市场与美国、日本股市并无根本区别。我国居民消费增速在 2007 年 A 股暴跌之后也出现了大幅下滑,社会消费品零售总额增速由 2008 年 7 月份的 23.3%大幅回落至 2009 年 3 月份的 14.7%。

表 3　居民财富缩水对 GDP 增速的下拉作用

	悲　观	中　性	乐　观
对应上证综指点位	3500	3900	4300
总市值(万亿元)	50	53	58

	悲 观	中 性	乐 观
流通市值(万亿元)	41.5	44	48
2015 年三季度市值损失占 GDP 之比(%)	−9.42	−5.99	0
2016 年一、二季度消费增速冲击(%)	−1.40	−0.90	0
2016 年 GDP 增速冲击(%)	−0.36	−0.47	0

定量分析表明股市震荡造成居民财富缩水,将下拉 2016 年上半年 GDP 增速 0.47 个百分点。影响居民消费的主要因素是居民收入和资产价值,且两者对居民消费影响存在时滞。定量分析表明,我国居民收入增速(以 GDP 增速代表)领先居民消费增速 4 个季度,资产价值变化幅度(A 股流通市值季度平均变化占 GDP 比重)领先居民消费增速 2—3 个季度。当 A 股季度平均流通市值较上一季度减少,达到 GDP 的 1% 时,未来 6—9 个月的社会消费品零售总额的名义增速将下滑约 0.3%。在上证综指 3900 点的中性情景下大致估算,股灾将下拉 2016 年上半年消费增速 0.9 个百分点,考虑到消费占 GDP 的比重约为 52%,将下拉 2016 年上半年 GDP 增速 0.47 个百分点。

三、股市融资功能暂失不利于扩大投资

股灾之后往往伴随股市融资规模下降。过去十余年历次金融危机冲击之后,我国 A 股市场融资规模均出现大幅下降。2008 年金融危机爆发后,A 股融资规模下降近一半;2010 年次贷危机后,A 股融资规模出现连续三年下降。本次股灾之后,即使是一揽子救市政策中的 IPO 暂停放缓,二级市场低迷也将传导至一级市场,引发股市融资规模下降。值得注意的是,股市融资大幅下降伴随投资增速的回落。其中,2008 年金融危机后,我国固定资产投资完成额同比增速由 2009 年三季度的 38.1% 骤降至 2010 年四季度的 18.2%。虽然本次股灾严重程度无法与 2008 年金融危机相比,但其对股市融资能力和固定资产投资的后续影响仍值得关注。

定量分析表明股市震荡造成融资规模下降和固定资产投资减少,将下拉今年 GDP 增速 0.08 个百分点。可以通过估算 IPO 暂停对股权融资以及固定资本形成的影响,来判断对 GDP 增速的下拉作用。今年上半年 IPO 规模为 1470 亿元,假定 IPO 暂缓而非停止,同时下半年 IPO 募资规模下降至 600 亿元,考虑到今年上半年股权质押率在 40% 左右,意味着下半年新增 IPO 融资可通过质押贷款再获得 240

亿元,两者相加预计下半年融资规模为 840 亿元,较上半年减少 1218 亿元。去年资本形成总额为固定资产投资的 56.4%,因而 1218 亿元固定资产投资对应的固定资本形成总额约为 687 亿元,将下拉三、四季度 GDP 增速 0.17 和 0.14 个百分点,下拉今年全年 GDP 增速 0.08 个百分点。

表 4 IPO 融资下降对 GDP 增速的下拉作用

	IPO 募资（亿元）	股权质押融资（亿元）	对应资本形成总额（亿元）	去年同期GDP 累计值（万亿元）	去年同期GDP 当季值（万亿元）	拖累 GDP增速（%）
2015 年一季度	459.9			13.29	13.29	
2015 年二季度	983.8			27.87	14.58	
2015 年三季度	300	120	237	43.50	15.63	-0.17
2015 年四季度	300	120	237	63.65	20.14	-0.14
2015 年全年				63.65	63.65	-0.08

综合来看,本次股市大幅震荡将下拉今年三、四季度 GDP 增速 0.35 和 0.25 个百分点,下拉 2016 年上半年 GDP 增速 0.47 个百分点。当前需要及早研判股市震荡对实体经济的苗头性、倾向性影响,在巩固前期"稳增长"政策效果的同时,财政货币政策需要进一步加力增效,在对冲股市对经济增长负面影响的基础上,打好富余量,保障下半年稳增长目标的实现。

李世刚

八月份报告

可持续的中高速增长

——避免经济失速的货币政策措施建议

今年上半年宏观经济数据公布后,各界对 GDP 增长 7%的分析很多。到底应怎么评价7%这样一个增长速度? 科学的态度和方法是,不要孤立看这个7%,而要在系统分析各数据之间的内在逻辑及其变化基础上,既纵比又横比,既看其"形"又见其"势",深刻理解7%的位势影响、内涵支撑和持续性,准确把握我国经济新常态发展的态势、走势和趋势。据此我认为,今年上半年我国经济增长 7%,既有科学的内涵支撑,又具有未来可持续性,对国内和世界经济周期性复苏和中长期可持续增长具有深刻影响和意义的中国经济不会出现衰退和危机。

一、7%是一个中高速的增长

去年年底的中央经济工作会议,针对世界经济调整、分化和国内发展"三期叠加"的新形势,做出了今年我国经济社会发展的环境更复杂、困难会更大的判断,在统筹考虑各方面因素基础上,主动将今年经济增速预期目标确定为7%左右,比去年7.4%实际增速下调0.4个百分点。实践证明,这个主动调整是正确的,具有科学预见性。今年一、二季度 GDP 增速都是 7%,以"缓中趋稳"方式结束了自2010 年二季度以来持续 22 个季度的下行态势。在发达国家宏观政策和经济增长明显分化,新兴经济体几乎同步减速,国内外经济共同转型,世界市场需求低迷的大环境下,我国经济实现 7%的增长确实来之不易。这个来之不易的增速,从国内、国际两个纬度看,都属于中高速增长。

从国内看,7%的增长在改革以来的增长史中不是最低,而属于"中高速",虽然与前 36 年年均 10%的"高速"相比下降了 3 个百分点,但是比只有"周期性调整"而无"周期性调整和结构性调整重叠"的 1989 年、1990 年年均不足 4%高出了3 个百分点。尤其是,在体量规模按不变价格计算今年上半年比 15 年前同期扩大了

60 倍左右的基础上,实现一个百分点增速的经济内涵容量要比以往大得多。在 4000 亿元或 40000 亿元体量规模的基础上增长 10% 无疑属于高速,而在超过 650000 亿元规模的基础上增长 7% 至少不能算是低速。

从国际看,7%增速虽然略逊于处于规模小、基数低发展阶段的印度(经济总量和人均 GDP 均为中国的 1/5)的增速,但是远超世界和其他主要经济体的增速。按照国际货币基金组织 4 月份和 7 月份的预测,中国经济今年增速大约是发达经济体(2.1%)的 3.2 倍,是新兴市场和发展中经济体(4.2%)的 1.6 倍,其中是美国的(2.5%)的 2.7 倍、欧元区(1.5%)的 4.5 倍和日本(0.8%)的 8.5 倍。如果按 7%测算,今年中国对世界经济增长的贡献率仍是最高的,其对世界的"中高"意义和影响也是显而易见的。

二、7%是一个有支撑力的增长

今年上半年按季度统计的 GDP 增长是一条直线,但按月度统计的主要经济指标大部分表现为温和的"V"型曲线,显示主要经济活动自 4、5 月以来开始回稳向好。

从供给看,不仅整个上半年服务业增速达到 8.4%,比去年同期提高 0.5 个百分点,而且相对较慢的工业生产的增速也出现了连续 3 个月回升,今年 4、5、6 月,规模以上工业增加值同比分别增长 5.9%、6.1% 和 6.8%,增速分别比上月加快 0.3、0.2 和 0.7 个百分点。占 GDP 比重近 90% 的工业和服务业止跌回稳,必然推动总体经济止跌回稳,由此可见经济在二季度回稳而不是继续下行"破 7"是有产业支撑的。

从需求看,上半年实际消费增长 10.4%,虽然比去年增速放缓 0.4 个百分点,但 4、5、6 月同比分别增长 10%、10.1%、10.6%,6 月份增速比 3 月份高 0.4 个百分点。相对而言,投资和出口是今年需求增长的短板,但这两个指标二季度也出现了回稳迹象,固定资产投资增长二季度和一季度持平,而出口增速虽然上半年仅为 1%,但 4—6 月出现负转正,从 3 月份同比-15%提高到 6 月份环比正增长 8.8%。由于上半年进口同比增长-15.5%,货物和服务贸易实现顺差 2632.47 亿美元,为去年同期的 2.53 倍,净出口对经济增长的贡献率提升。由此可见经济在二季度回稳而不是继续下行"破 7"也是有需求支撑的。

从区域看,占全国 GDP 比重大、转型早的长三角、珠三角等地区,上半年经济增长快于全国水平,其中,长三角地区除上海与全国 GDP 增速持平外,江苏、浙江、安徽三省 GDP 增速均快于全国,尤其是浙江省上半年的 GDP 增速达到 8.3%,比去年上半年和全年分别加快 1.1 和 0.7 个百分点。除山西外的中部经济增长8.5%。GDP 排名前五位的广东、江苏、山东、浙江、河南的经济增速二季度快于一季度。由此可见经济在二季度回稳而不是继续下行"破 7"更是有地区支撑的。

三、7%是一个质量更高的增长

首先是结构更优,档次更高。生产和消费的体制机制改革创新加快,推动生产方式和消费方式转变加快,进而推动生产、产业结构以及消费结构转型升级加快。从产业结构看,结构转型升级延续了近几年服务业加快发展的趋势。今年上半年服务业增加值的增速比去年同期加快 0.5 个百分点,从 7.9%加速到 8.4%,由此带动服务业占经济总量的比重提高 2.1 个百分点,从 46.6%提高到 47.4%。这种以工业为主导的产业结构向以服务业为主导的产业结构转变符合从工业社会向后工业社会转变的正确方向。从行业结构看,一是在服务业中,金融、信息、文化、旅游等现代服务行业发展加快。金融业增加值增长,今年上半年比去年加速 7.7 个百分点,从 9.7%加速到 17.4%,金融业占经济总量的比重提高 2.4 个百分点。电信业务总量今年上半年同比增长 23.2%,其中移动互联网接入流量同比增长93.6%,移动数据及互联网业务同比增长 39.3%,软件业务收入同比增长 17.1%。电子商务同比增长 39.1%,其中非实物商品网上零售额增长 41.9%,实物商品网上零售额增长 38.6%,占社会消费品零售额的比重提高到 9.7%,对社会消费品零售额增长的贡献率提高到 28.7%。电影票房收入占全球票房收入在去年提高到12.53%并成为仅次于美国电影票房收入的基础上,今年上半年同比增长超过48%。国内旅游人数在去年上半年增长 14.5%的基础上,今年上半年增长 9.9%,超过 GDP 增长速度。二是在工业中,制造业从中低端向中高端转型升级加快。"两高一资"行业增速明显回落,以电子信息、数控机床、机器人、轨道交通、智能电网、航天航空和医疗机械等为代表的高端装备制造快速增长。今年上半年规模以上电子制造业、高技术产业的增加值同比分别增长 10.8%和 10.5%,明显高于工业增加值增长。机器人、铁路机车增速达到 50%以上。三是高耗能行业减速,节能减排行业加速。今年上半年高耗能工业增加值增长 6.4%,同比回落 1.7 个百分点。粗钢、钢材产量的增速分别从去年上半年的 3%和 6.4%减速到-1.3%和 2%。虽然汽车产、销增长同比均减速 7 个百分点,分别从 9.6%和 8.4%减速到 2.6%和1.4%,但是新能源汽车分别增长 2.5 和 2.4 倍。从需求结构看,一方面,投资占比下降,消费占比上升。消费对 GDP 增长的贡献率今年上半年比去年上半年提高 5.7 个百分点,从 54.3%提高到 60%。另一方面,在大众消费中,以衣、食为主的中低档小额消费占比下降,以住、行、医、文化和信息为主的中高档大宗消费占比提高。今年上半年与互联网相关的电子产品消费增长强劲,智能手机、智能电视内销额增长继续保持在 10%以上,医疗电子、汽车电子、智能穿戴设备、智能家居等内销额增长超过 15%。

其次是效益更好,民生更实。质量的归宿是效益,效益的归宿是民生。之所以说今年上半年 7%是一个质量更高的增长,是因为它实实在在改善了民生,增进了人民福利。一是增加了就业,今年上半年全国城镇新增就业 718 万人,完成全年目标任务的 71.8%。初步匡算 GDP 每增加 1 个百分点带动城镇新增就业从过去 5 年和去年上半年的 81.3 万人和 99.6 万人增加到今年上半年 102.6 万人。二是增加了收入,今年上半年全国居民人均可支配收入同比实际增长 7.6%,比经济增速高 0.6 个百分点,其中农村居民人均可支配收入实际增长 8.3%。居民收入增长快于 GDP 增长、农民收入快于市民收入增长,表明 7%的经济增长是在收入分配关系改善、农民收入增长相对更快的基础上实现了更公平更惠民的增长。三是增加了消费,由于农民等中低收入者的边际消费倾向更高,7%的公平增长是一种扩大消费的惠民型增长。

四、7%是一个可持续的增长

7%既是今年上半年的宏观业绩,也是一个可持续性的增长速度。这主要是因为我国经济发展的韧性、潜力和回旋余地大,改革开放、创新创业、转型升级和宏观政策不断带来新活力,增加新动力,释放新能量,拓展新空间,促进新增长。

改革开放添活力。改革方面,以结构性改革促结构调整升级,以结构调整升级促经济提质增效,加快简政放权,深化财税、金融、价格、汇率、国企和社保等方面的改革,打破行业垄断和地区分割,降低商务注册门槛,推进公平准入,形成统一有序公平竞争的市场体系,全面构建市场在资源配置中起决定作用的新机制。开放方面,加快实施"一带一路"战略,共同建立跨国产能和装备制造合作集聚区,依托自贸区扩围扩容,逐步开放商务、金融特别是资本市场,扩大离岸人民币结算和双边货币互换规模,推进人民币国际化,促进投资、贸易便利化,建立更高层次更高水准的开放经济体系,带动资本、技术、装备、服务、品牌走出去。我国已经取消和下放了 139 项行政审批事项,中央层面投资核准事项累计减少了 76%,取消了非行政许可审批的类别。自贸区建设从上海扩大到天津、广东和福建等地,1+3 格局基本形成。以深圳前海为引领加快了金融市场开放,扩大了利率、汇率浮动区间,推行了沪港通。亚投行和丝路基金已启动运行,初步选定了钢铁、有色、铁路、电力等 12 个重点领域与部分国家签订了合作协议,一批重大国际合作项目已经落地。这些措施不断释放出改革开放红利,极大地激发了企业和投资者的积极性,增添了市场活力,为实现 7% 左右的增长目标提供了持续性源泉。

创新创业增动力。按照中央和国务院总体部署,今年以来全面实施创新驱动发展战略,促进大众创业万众创新,激发千千万万市场主体特别是大学生的创新创业热情。伴随商务环境宽松、投资贸易便利和互联网信息平台催化融合,新技术、新产品、新模式、新业态、新产业不断涌现,众筹、众创、众包、众服"四众"亮点纷呈,新企业如雨后春笋一般不断生发。今年上半年,全国新增企业 200 万户,同比增长近 20%,平均每天注册新企业 1.1 万户。广东省 1—5 月有约 24 万户新企业注册,日均注册超过 1600 户,5 月底突破 700 万户,占全国 10%,按 1.07 亿人口算,15 个广东人中有一个老板。浙江省近两年新增企业 135 万户,年均增长 16.4%,平均每 41 个浙江人有一家企业,其中 90% 为私企。今年上半年新注册私企 10 万户,到 6 月底企业、个体工商户和农业专业合作社等各类市场主体突破 440 万户,同比增长 12.6%。这些新市场主体大多从事金融、健康、信息、旅游等服务业,市场创新意识和技术创新能力都很强,这为宏观经济持续增长提供了巨大的微观动力。

转型升级强实力。支撑经济持续增长 7% 左右的巨大能量和空间来自转型升级。首先,全面推进以农民工市民化以及集约、智能、绿色、低碳为导向的新型城镇化建设,不仅人口城镇化率从目前 55% 左右提高到 2020 年 60% 以上将带来巨大的城市基础设施和公共服务的大量投资和消费,为经济持续增长创造数量规模庞大的外延型投资和消费需求,而且上述导向将形成潜力巨大的内涵型投资和消费需求。其次,以服务化率提高为特征的后工业化与以"绿色"和"中高端"相融合的新型工业化加快发展,既会继续扩大工业发展的数量规模,又会提高工业发展的质量水准,这两方面的融合发展都会创造巨大的工业生产和消费的新需求,推动地区和全国经济持续增长。其三,在人口红利逐步减少后,随着国民受教育程度提高,大学和研究生毕业、出国人员回国、海外中高端技术人才流入的数量不断增加,人力资本规模迅速扩大,必将快速推动研究开发,加快专利增长,促进技术创新和技术进步,释放质量型人口红利,从而形成取之不尽、用之不竭的发展源泉。数量外延型模式逃不脱"矿山越挖越空、资源越用越少"的边际效益递减规律,而"脑子越用越灵、知识越用越多"的质量内涵型模式则可以实现边际效益递增。今年我国大学毕业生将超过 750 万人,出国留学人员回国创业将接近 55 万人,从海外引进专家和技术人员将接达到 45 万人次。这会快速提高我国就业大军的素质,为全面提升核心竞争力和经济增长持续性提供强有力的人力资源支撑。

宏观政策加效力。首先,去年下半年和上半年出台的一系列稳投资、扩消费、促出口政策措施的效果将以累积方式进一步释放。其次,今年 7 月以来推出的新政策措施将逐步产生效果。例如,机关事业单位增加工资将对全国居民收入和消费产生直接影响。其三,后续政策工具箱储备充足。一方面,国家债务率不高,发债空间较大,有条件扩充投资工程包、消费工程包和走出去工程包的内容;另一方面,国民储蓄率较高,储蓄转为投资和消费的余地较大,在国内"CPI 低胀、PPI 通缩"和国际大宗商品价格走低的背景下,货币政策松紧操作的空间较大。只要我们加快调试宏观调控理念,创新调控方式,完善调控手段,就有信心有能力为今年下半年和明年的经济在稳增长上再鼓一把劲,在促改革调结构上再加一把力,巩固经济运行稳中向好的势头。

陈东琪

"稳增长"的重要抓手

——加快释放新的产业增长点的发展潜力

一、新的产业增长点潜力巨大

近年来,我国市场需求、技术进步、生产要素条件等发生趋势性变化,产业结构进入新旧增长点的转换期,一些传统的增长点对经济增长的拉动力减弱,同时一批新的产业增长点快速发展壮大。我们估算,到 2020 年,我国新的产业增长点潜在产值规模将达 60—80 万亿元人民币(下同)。其中,健康、文化、节能环保和新能源、新一代信息技术、高端装备制造、旅游等产业将发展成为新兴支柱产业。

健康产业,产值规模估计在 14—16 万亿元。健康产业主要包括生物医药、医疗器械和医疗服务、养老、保险等健康服务业,是一个具有刚性需求特点的行业,被称为继信息技术产业之后的全球"财富第五波"。近年来,在市场需求快速增长的拉动下,我国健康产业快速发展。2011—2014 年,医药工业年均复合增长率达 16%,医疗器械销售额年均增速约为 19%,全国卫生总费用支出年均增速超过 16%,健康保险收入年均增长超过 30%。未来一段时期,随着城乡居民收入水平的不断增长、人民群众健康意识的不断增强、老幼人口比重的不断提升,我国将发展成为全球最大的健康市场。预计到 2020 年我国健康产业产值规模将达到 14—16 万亿元,其中健康服务业约为 8 万亿元。

文化产业,产值规模估计在 11—16 万亿元。近年来,我国文化产业发展势头迅猛,文化产业增加值年均增速在 15% 以上。其中,2010—2014 年全国电影票房收入年均增长 30% 以上,以互联网广告、网络游戏、手机出版等为主要内容的数字出版行业 2006—2012 年间实现营业收入年均复合增长率 44.5%。未来一段时期,伴随消费结构升级加快、公共文化体系不断完善、文化体制改革深入推进,特别是适应互联网时代的数字出版、数字音乐、文化创意和设计服务等迅猛发展,文化产业将快速发展,预计到 2020 年我国文化产业总收入在 11—16 万亿元,文化产业增加值占 GDP 比重达 6% 以上。

节能环保与新能源产业,产值规模估计在 11.6—14 万亿元。"十一五"以来,我国对生态环境要求的不断强化,节能环保产业保持以年均 15%—20% 的速度增长,2014 年节能环保产值规模达到 3.8 万亿元、新能源产值规模达到 1 万亿元。今后一个时期,我国能源资源压力趋紧、节能环保与新能源装备自主化进程加快、可再生能源电力性价比稳步提升以及到 2020 年实现单位 GDP 的 CO_2 排放量比 2005 年下降 40%—45% 的约束性目标,节能环保与新能源产业将继续保持较高增速,预计到 2020 年总产值规模可达 11.6—14 万亿元。

新一代信息技术产业,产值规模估计在 10—14 万亿元。当前全球信息产业技术变迁和创新日新月异,信息技术加速渗透融合,新技术、新产品、新业态、新商业模式不断涌现。目前我国物联网、云计算、移动互联网、大数据等新一代信息技术产业正处于发展初期,"十二五"时期年均增速保持在 30% 以上,全国互联网和移动互联网用户已分别超过 6 亿和 8 亿户。未来一段时间,互联网经济将继续快速发展,预计到 2020 年新一代信息技术产业产值规模将达到 10—14 万亿元,其中物联网、云计算和大数据行业规模约为 6—8 万亿元,移动互联网规模约为 6 万亿元。

高端装备制造业,产值规模估计在 8—10 万亿元。近年来我国装备制造业增速总体呈现下降态势,但航空航天、轨道交通装备、海洋工程装备、智能制造等高端装备制造业快速发展,这些行业"十二五"期间年均增速超过 25%,其中航空航天设备、轨道交通装备、智能制造增速分别在 20% 以上、30% 和 25% 左右,"十二五"末期高端装备产业总产值将达 3.2 万亿元。未来 5 年,随着低空空域开放范围进一步扩大、空天技术民用进程加快、高铁"走出去"加速推进以及先进机器人应用范围大幅拓展,将带动高端装备产业快速发展,预计到 2020 年我国高端装备产业规模在 8—10 万亿元。

此外,旅游、新型金融、新材料、现代物流、教育培训、绿色农业等行业也具有很大发展潜力,将成为推动我国经济社会发展新的增长动力,需要重点进行培育和发展。

二、当前制约新的产业增长点发展的主要瓶颈

尽管近年来我国新的产业增长点发展较快,但其规模效应仍不明显,发展的巨大潜力还未充分释放出来。当前紧迫的任务是,加快破除如下四大瓶颈。

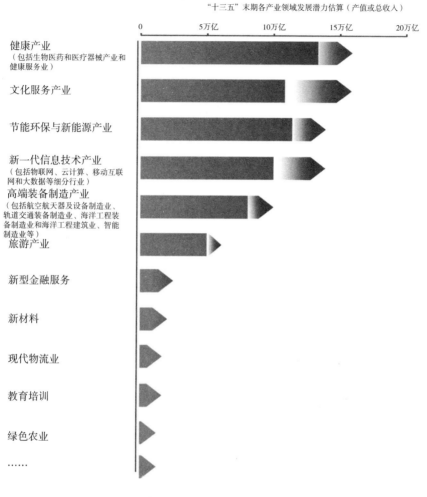

图1 2020年部分新的产业增长点产值规模潜力估算

管理体制不健全,行业准入、市场监管不适应新产业增长点发展的瓶颈。新的产业增长点集中了新技术、新产品、新业态、新模式,新生产力与旧管理方式之间的矛盾日益凸显,出现了一些政策空白点和管理盲区,不利于其健康发展。例如,目前健康产业分别由发改委、卫计生委、药监局、工信部、科技部、教育部、中医药管理局等十多个部门管理,但缺乏统一的协调机制,新药审批速度慢等问题长期得不到解决,严重影响企业创新和生产的积极性。又如,近年来移动互联网技术快速渗透到传统汽车租赁、医疗、零售等领域,催生了互联网打车、移动医疗、移动支付等新业态和商业模式,但适应这些新业态发展的规章制度和管理办法缺失,制约了互联网经济新业态的健康成长和快速壮大。再如,通用航空在我国的发展潜力非常巨大,但受制于低空空域开放迟迟难以取得突破性进展的影响,导致目前我国通用航空产业规模很小。

相关金融、政府采购、人才政策不完善不配套的瓶颈。在金融支持方面,由于新的产业增长点多处于发展初期,企业一般规模较小、不确定性较强,轻固定资产、重无形资产等特征明显,不适应传统的商业银行贷款模式,而我国天使投资、创业投资又不发达,现有中小板、创业板准入门槛较高,对企业持续营利、净利润、净资产等有较高要求,企业普遍反映融资难、融资贵,甚至发出"天使投资像魔鬼、风险投资太谨慎"的感慨,严重制约新兴企业的发展壮大。在市场需求政策方面,目前我国一些新兴行业已初具规模,部分产品技术经济性达到了国际先进水平,但缺乏需求侧政策的有力支持,难以做大做强。比如,目前我国部分中高端医疗器械已经达到较高水平,并且有的产品优于进口产品,但由于招投标机制不完善,这些国产产品很难进入国内大的医院。一些行业如光伏实行了补贴政策,但许多企业反映,补贴发放程序冗杂,拖欠等问题突出,大大增加了企业的财务成本和发展风险。在人才培养方面,由于新兴产业领域对人才的专业需求往往具有新学科、多领域交叉特点,而目前国内教育体系的专业主要按照传统领域和方向设置,不适应新的产业增长点快速壮大对人才的需求。

技术经济性不高和商业模式不清晰的瓶颈。当前部分新的产业增长点技术经济性还不高、商业模式模糊,缺乏稳定的盈利预期,使潜在需求转化为有效需求受到极大限制。例如,目前纯电动汽车的购置成本和使用成本均大大高于燃油汽车,且在使用过程中究竟采取什么样的商业模式还需要探索,由此导致了新能源汽车发展缓慢。又如,虽然近年来光伏的发电成本大幅下降,但仍然大大高于火电成本,企业的发展主要依靠国家补贴。节能产品、节能服务的推广也遭遇了"要么政府补贴、要么环保人士买单"的尴尬局面,企业应用节能减排及环保设备,更多的是一种受环保制度倒逼而不得已为之的行为,单纯算经济账则得不偿失。

创新体系不健全、核心技术缺失的瓶颈。例如,目前我国医药行业95%以上都是仿制药,全行业研发投入占销售收入的比重不到1%,而发达国家在10%以上,不大不强的问题十分突出。又如,虽然近年来我国新一代信息技术产业发展迅猛,但国内市场约60%传感器、80%传感器芯片、100%微机电系统芯片严重依靠进口,云计算领域美国企业的私有云产品在我国市场占有率高达70%,与世界信息产业强国存在很大差距。形成如此局面,与缺乏核心技术有直接关系。

三、突破瓶颈,加快释放新的产业增长点发展潜力

"十三五"时期是我国新的产业增长点加快发展壮大、攻坚拔寨的关键时期。需要采取力度更大、针对性更强、作用更直接的措施,大力推进,加快将新的产业增长点培育成为国民经济发展的新动力。

消除制约新的产业增长点发展壮大的体制机制障碍。认真落实《国务院关于改革药品医疗器械审评审批改革的意见》,切实解决注册申请积压、审批时间长等问题,鼓励研究和创制新药。进一步完善药品价格、集中招标采购等体制机制。探索养老产业公私合营试点,多渠道多方式引导社会资本进入养老业,加快培育壮大健康产业。加快低空空域开放步伐,推动通用航空产业发展。大力推进资源要素价格改革,完善排污收费征收和使用办法,加快建设适应风电、光伏太阳能发展的电网及运行体系,进一步完善可再生能源发电配额制度。加快文化产业改革步伐,推动落实带薪休假制度。

强化需求侧政策的引导。推进实施健康养老家政、信息、绿色、旅游休闲、教育文化体育等消费工程,促进消费潜力释放,拉动新的增长点发展。加大对新的产业增长点产品和服务的政府采购力度,优先支持具有自主知识产权和品牌的国内产品。加快研究制定《政府采购协定》下政府采购优先购买和必须购买国内产品的目录。进一步研究完善首台套、首批次产品和服务的应用鼓励政策。加强新能源汽车充电设施、宽带基础设施、基因测序服务体系等建设。在城市社区、风景名胜区等建设规划中,明确新能源汽车使用比重和目标。在公用设施、宾馆商厦、写字楼、居民小区等建设中明确高效节能建筑材料、太阳能辅助供电设施、节能办公设备等使用比例。结合"一带一路"战略实施,加强出口信贷等政策的支持,积极推动高铁、核电、移动通信、节能环保等产品和企业"走出去"。

加强金融、人才等政策支持。继续加大国家新兴产业创投计划对新一代信息技术、生物和健康、高端装备制造、节能环保、新能源、文化创意等支持力度。大力发展天使投资、创业投资和产业投资基金,研究设立新兴产业投资基金。加快企业上市制度注册制改革,研究建立未盈利企业上市的制度安排,简化股票和债券市场融资程序。支持商业银行、政策性银行加快业务创新,完善知识产权评估作价机制。大力发展政府支持的担保机构,改进征信和信息服务。在人才政策方面,支持有条件的高等院校有重点、有选择地开设新学科、新专业,加大新的产业增长点领域的人才培养。鼓励高校和企业围绕新的产业增长点发展需求,建立联合培养机

制。结合"千人计划"等实施,加大对新的产业增长点领域复合型、领军型优秀国际人才吸引力度。

提升创新能力。加快落实创新驱动发展战略和系列重大部署,切实推动大众创业万众创新,加快实施"互联网+"行动计划。围绕做大做强新的产业增长点,在新一代信息技术、生物医药与医疗器械、高端装备制造、环保与新能源装备等领域,组建一批国家级创新中心,集中一批多领域、跨学科的科学家和技术专家,着力加强原始创新和集成创新。加快建立健全移动互联网、大数据、机器人和智能制造、节能与新能源汽车等领域的技术标准体系。大力推动商业模式创新,借鉴国际经验,加快研究制定一批针对性和操作性强的商业模式创新专项政策和实施方案。

姜　江　洪群联

当务之急是暂停股指期货交易

从今年6月中旬到8月25日73天间，沪指从5000点以上暴跌到3000点以下，8月18—26日6个交易日的累计跌幅竟达1000点，下跌速度更甚于6月中旬至7月初的暴跌，惨烈程度，史所未见。本次股市暴跌进一步恶化了市场预期，加大了实体经济下行压力，阻断了企业直接融资渠道，也反映出上一轮依靠真金白银的救市政策虽然短期内稳定了市场，但尚未触及引发股市暴涨暴跌的根源。因此，当务之急是暂停股指期货交易，削弱股票市场投机属性，清除股市急涨暴跌的根源，促使股票市场向2500—2600点左右的长期价值均线平稳回归。

一、近期股市暴跌影响

直接造成金融行业增速放缓，进一步加大经济下行压力。得益于股票市场的持续繁荣，今年上半年，金融行业增加值同比增长17.4%，对经济增长的拉动达到1.4个百分点，贡献率达到20%。而近期股市暴跌将直接造成金融行业增速放缓，这将进一步加大经济下行压力，使本就处于低迷时期的实体经济雪上加霜。

股市暴跌的负财富效应影响居民消费。一是影响证券从业人员收入。上半年，21家上市券商净利润同比增幅达到227%，从业人员收入同期高速增长。股市暴跌后，证券从业人员收入将随之大幅减少。二是影响投资者资产性收入。股市暴跌将直接造成投资者的资产收入大幅缩水，减少前期积累的财富效应。据估计，本次暴跌中，投资者人均损失超过4万元。当前收入的减少和未来收入预期下降将对居民消费扩大造成限制。

股市暴跌阻断企业直接融资渠道。据统计，2015年上半年，沪深股市IPO共计187宗、189家A股上市公司实施定向增发，非金融上市企业共实现直接融资4.55万亿元，规模达到上年同期的近两倍，高于上年全年融资总额。股市暴跌后，

IPO 暂停,多家企业的定增计划推后或搁置,企业的直接融资渠道被阻断。尤其是代表未来发展方向的新兴产业、高科技产业和创新领域等亟须借助股权融资扩大融资规模的企业受影响更加严重。企业融资渠道狭窄,产业投资扩大进一步受限,经济转型与结构改革的进程也将因此受阻。

二、前期救市措施未解决市场急涨暴跌的根源

评价救市是否成功,一是从短期来看,是否稳定了市场,避免了系统性金融风险;二是从长期来看,是否成功塑造了积极的市场情绪,构建了稳定的市场机制。

从第一方面看,前期救市措施短期是有效的。前期救市措施通过加大权重股的购买稳定了市场指数,加大中小票购买缓和了市场资金的出逃情绪,短期内稳定了市场,上证指数在 3421 点触底后实现反弹。前期救市显然也基本上解决了因金融机构配资而可能引发的金融体系坏账,避免了因此导致的系统性金融风险。但从第二方面看,前一轮的救市未能塑造稳定的市场,并未解除股市急涨暴跌的根源。虽然上一轮救市中对股指期货的开仓标准等做了一些限制,但显然力度不够。从股指点位看,8 月 25 日上证综指报收 2964.97 点,已经跌破上一轮国家队真金白银救市的“政策底”。且当前的暴跌更甚于前一轮,8 月 18—25 日的 6 个交易日,上证综指从 3938.21 点跌至 2964.97 点,暴跌近 1000 点,跌幅达 24.7%,仅 24、25 两日就下跌了 412.26 点,24 日单日更是创下 8 年来最大跌幅。

三、当务之急必须暂停股指期货交易

特殊时期暂停股指期货交易并非没有先例。一是历史上发达国家救市均采取期指禁空令。在资本市场特殊救市阶段,暂停指数期货交易有利于市场和交易情绪尽快稳定,美国、英国、法国等多国政府均曾出手救市,最先采取的手段为对期指发布禁空令。25 日,美股盘前,标普、纳斯达克和道琼斯股指期货均跌逾 5%,触发熔断机制,使美国三大交易所股指期货暂停交易。二是在我国证券史上也曾暂停期货交易。因为 1995 年 3.27 国债事件,我国也曾暂停国债期货交易(股指期货交易和国债期货交易都是指数标的期货,原理相似)。三是从理论上讲,是否暂停股指期货交易,也都在于政府抉择,并无绝对标准。鉴于我国当下情况,尤可考虑如此操作。

单边市阶段的股指期货交易通过杠杆交易获利的激励极强,极易造成暴涨暴

跌。期货市场和现货市场的不同之处在于，股指期货交易开出的空单和多单无需当日交割，只需等到每月的股指期货交割日进行集中交割，到时候将空单和多单进行轧平，只进行头寸交割。因此，理论上讲，当日股指期货交易能开出的空单和多单是没有上限的，这显然会放大现货市场交易上的波动。所以，相对于现货市场上任何有限量资金的进入和救市，其量能都无法与股指期货交易所具有的杠杆作用相比。特别是在单边牛市或熊市中，股指期货通过杠杆交易获利的激励极强，将极大地放大现货市场的价格波动。8 月 24 日股指期货全线跌停，尽管盘中石化双雄和保险成为最后一根救命稻草，但依然难敌股指期货做空来得凶猛，致使沪指几近跌停。而这也正是上轮救市政策主要通过现货市场操作而使效果不佳的根本原因。

前期我们建议的股指期货交易时限从 T+0 调整到 T+2 的措施，目前看来力度略显不足，亟须出台力度更大的措施。在当前市场悲观情绪蔓延，单边市场预期形成时，即使把股指期货交易时限从 T+0 调整到 T+2 甚至 T+3，虽然可能通过增加交易的不确定性，从而在一定程度上减少期货交易数量，但仍然无法消除其对现货股票市场价格形成的引导作用。所以当前必须暂停股指期货交易，方可减少在单边市场预期下股指期货尤其是股指期货空单可能形成的更大破坏。

四、暂停股指期货交易的效果预期预评估

有利于清除股票市场急涨暴跌的根源。本轮股票市场急涨暴跌创下 90 年代以来历次周期波动之最，股指翻倍仅用 7.5 个月，较之 2007 年牛市缩短 10%。其中，中小板指和创业板指翻倍更快，用时仅为 6 个月和 4 个月。与暴涨相伴而来的则是暴跌更深，本次上证下跌 30%、中小板和创业板下跌 40% 左右，用时仅为 2008 年股市暴跌的四分之一。究其原因，则是股指期货的推出，并实行与股票现货不同的交易规则，助推了股市的暴涨暴跌。股票现货买卖实行 T+1，而股指期货实行 T+0，这种不一致的交易规则实际上是控制了股票投资，鼓励了投机。因为股票现货当天买进，要次日才可卖出，在市场下跌风险发生时，股票现货不能当天出清，而股指期货当天可以多次买进卖出。这既会放大做多，也会放大做空，造成股市单边大幅上涨或者单边急速下跌，从而实现双向盈利。改变期货交易规则，由 T+0 向 T+2、T+3 转变，甚至当前非常时期暂停股指期货交易，有助于改变股票市场的投机属性，从根本上清除急涨暴跌的根源。

有利于保护中小投资者利益。股指期货起源于 1982 年美国堪萨斯期货交易

所(KCBT),当时,美国居民户直接持股市值占股票总市值比例30%左右。而2010年4月16日中国证监会批准沪深300股指期货合约正式上市交易时,我国散户直接持股市值占股票总市值比例超过80%。在这种条件下,开放股指期货根本无法起到套期保值的作用。因为股指期货交易需要很高的多学科教育背景和市场操作能力,一般中小散户投资者不具备股指期货交易能力。此时开放股指期货市场,违背了市场的公平原则,使中小投资者处于弱势地位。我们必须全面学习发达国家的经验,在不具备开放股指期货的市场条件下,证监会应该暂停股指期货交易,只有当中国居民户直接持股市值比例下降到30%以下时,才宜再次开放股指期货。

有利于促使股票市场向2500—2600点的长期价值均线回归。自上年6月份以来,上证综指从当时的2000左右一路飙升至今年六月份的5000点左右,但同期中国经济增速却呈持续减速,明显是没有经济基本面支撑的投机性上涨。暂停股指期货交易,可削弱股票市场的投机属性,促使其更多向投资市场回归,股票市场回归中长期价值均线则成为必然。我们分析了上证指数的周期波动,发现我国股市牛熊市周期平均接近五年。从市场指数走势看也是如此,五年均线能够很好地平滑市场的剧烈波动,显现出市场的长期趋势。借此我们推断我国股票市场的中长期价值均线应是在五年均线附近。另外,我国政府对国民经济的规划通常以五年计、中央和地方政府领导均是五年换届,这些因素也给建立在五年均线基础上的价值均线提供了依据。照此推测,当股指期货交易暂停,股票市场更多地向投资属性回归,则市场指数将可能逐步平稳趋向五年均线,即向2500—2600点左右的长期价值均线回归,并在一段时期内将以此为中轴进行窄幅波动。

刘雪燕　肖　潇　杜秦川

全球股市暴跌是市场规律作用的结果

最近一周,全球股市暴跌,呈现快速崩盘之势。从8月19日收盘至24日最低,美国三大股指分别下跌10%、11.5%和14.5%;欧洲斯托克50指数下跌13.3%;德国DAX30指数和法国CAC40指数分别下跌12.6%和13.4%;荷兰阿姆斯特丹指数和西班牙IBEX35指数分别下跌14.5%和11.8%;英国富时100指数和日经225指数分别下降10%和12.2%;瑞典斯德哥尔摩30指数和印度孟买SENSEX30指数均下跌9.5%。同期,我国上证综指、深成指和创业板指分别下跌15.9%、15.4%和16.3%。这一次股市暴跌,是一个全球同步现象,没有一个国家和地区例外。

本轮股市暴跌的原因是什么?有人认为,"全球股市暴跌由中国引起",将责任推给中国,似乎中国应对全球股市暴跌负责。这是想当然的偏见,没有科学根据,是对全球股市缺乏全面系统了解的误判,完全没有道理!

首先,从股市见顶回落时序看,美、欧、印在前,中国在后。从全球股市在2008年后反弹见顶及后续回落情况看,印度孟买SENSEX指数最早于去年3月4日见顶后回落。欧洲市场多数在今年上半年陆续见顶,其中,德国DAX指数、西班牙I-BEX35指数和法国CAC40指数分别于4月10日、4月13日和4月27日相继见顶回落。美国股市见顶稍晚,道琼斯指数、标普500指数分别于5月19日、5月20日升至本轮高点。相比之下,中国股市见顶最晚,上证综指于6月12日才达到本轮高点。从主要股指见顶回落的次序看,印度和欧美主要股市的见顶回落早于我国股市见顶回落,本轮全球股市的市场化调整并非由中国引起。

其二,上涨下跌是一个市场规律。从上涨看,去年6月底到今年6月中旬,上证综指由2064点上涨到5174点,不到一年上涨150%,翻倍时间为7.5个月,比2007年牛市的上证综指翻倍时间(8.5个月)更短。这种短期的快速上涨是不可持续的,暴涨必然在或早或晚的时候暴跌。海外市场特别是欧、美、日、印等主要股指的翻倍时间虽然长一些,但持续近6年的上涨累积了巨大涨幅。自2008年年底部以来,美国纳斯达克、印度孟买SENSEX、德国DAX、美国标普500、日本日经225指数累计涨幅分别达到413%、373%、331%、320%、265%。从这些国家股市波动的历史看,经历了多倍增长且超过平均周期时间后,股市向下调整是一个必然趋势。大幅上涨必然引发大幅下降,全球股市前期暴涨潜藏的巨大风险必然要通过暴跌来释放,一旦某个具有全局性意义的影响因素如美联储加息等对市场产生直接冲击,就会使本已过度的股市泡沫出现快速破灭。暴涨引发暴跌,是一个普遍的市场规律!

其三,本轮股市暴跌的深层次原因是全球性调整深化及国际金融和产品市场系统性风险释放。国际金融危机后的全球经济在近两年出现了"双速复苏"趋势,但是这个"双速复苏"非常疲软脆弱,美欧发达国家的量化宽松政策并未根本改变这个疲软脆弱的趋势,而以量化宽松政策为特征的凯恩斯主义政策反而使一些国家的负债和国际收支出现严重恶化,这使得靠注入货币流动性支撑的股市泡沫的持续性面临巨大压力。在全球产能和产品严重过剩,有效需求增长明显跟不上有效供给增长,从而通货紧缩成为一些国家宏观经济运行和发展的巨大瓶颈时,国际投资者对市场前景越来越担忧。同时,美联储货币政策加息预期带动美元步入升值周期,欧、日和许多新兴市场国家货币宽松的政策空间越来越窄,都在很大程度上加强了高风险偏好的金融资本从泡沫化程度已经很高的市场撤出的意愿,加之美联储货币政策变化导致美元汇率在国际货币市场上的波动放大,都使得全球股市承载着快速下调的压力,在全球化、信息化空前发展的新环境下,各国、各地区的股市同步暴跌也就随之产生了。

其四,本轮全球股市暴跌的直接导火索是美联储加息政策预期变化。8月20日凌晨2:00,美联储7月份联邦公开市场委员会政策会议纪要被彭博误操作提前泄露,其中"多数美联储官员认为已接近加息时刻"的表述,被市场认为美联储加息将会提前。纪要公布后,美国联邦基金利率期货价格显示,美联储选择在12月份会议上首次加息的可能性由前日52.2%大幅上升至66.9%,这加剧了市场不安情绪,成为引发本轮全球股市暴跌的最直接导火索。从近几个月国际货币市场波动与美联储货币政策信号披露的相关关系变化来看,美联储货币政策的任何一个微小变化,都会对高风险偏好市场如股市、债市、期市、汇市以及大宗商品市场产生极大的影响。

李世刚

九月份报告

正确认识和防范当前跨境
资本外流风险

自去年三季度以来,我国跨境资金呈净流出的态势,导致储备资产持续减少。受国内经济增速放缓和人民币汇率贬值预期等内外部多重因素的影响,跨境资本外流尤其是隐蔽性资本外流迅猛增加。但目前看,我国跨境资本流动风险总体可控,需积极释放汇率稳定预期信号,减少恐慌性资本外逃,梳理资本流出渠道,使更多隐蔽性资本外流纳入监管视野。

一、近期我国跨境资本加速外流

跨境资本流出增多,外汇储备大幅减少。2014 年下半年以来,我国跨境资本流动表现为净流出,而且流出规模迅猛增加。从国际通行口径看,2014 年第三季度,我国国际收支平衡表中的资本和金融项目逆差(不含储备资产变动)为 91 亿美元,第四季度迅速扩大到 308 亿美元,今年一季度更是达到 975 亿美元。其中,直接投资保持持续净流入,证券投资今年一季度开始表现为净流出,其他投资从去年 2 季度开始净流出 695 亿美元以来,规模不断攀升,到今年一季度净流出规模达到 1398 亿美元,增长 1 倍。由于资本和金融账户逆差大幅增加,导致我国外汇储备大幅减少。截至 2015 年 8 月末,外汇储备规模达到 35574 亿美元,比去年年底减少 2856 亿美元。

境内企业等主体债务去杠杆化(减少贷款)和境外机构和个人减少在我国的货币和存款是其他投资项下净流出的主要渠道,说明企业主要采取减少外汇贷款的财务运作规避汇率风险。以 2015 年一季度为例,这两项共导致 922 亿美元的跨境资本流出,而 2014 年一季度,该两项跨境资本流入 810 亿美元。同期,我国居民的境外货币和存款没有异常波动。

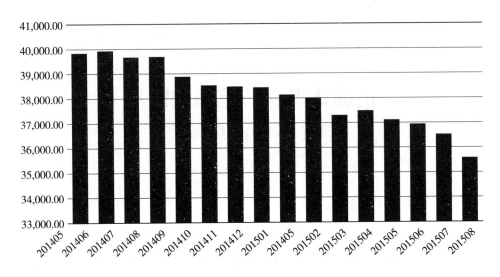

图1 我国外汇储备变动趋势

外汇市场求大于供,结售汇表现为逆差且差额较大。与跨境收付对应的是非银行部门结售汇(或银行代客结售汇),主要反映企业和个人在实现跨境资金收付前后,卖给银行外汇(结汇)或从银行购买外汇(售汇或购汇)的数额。从今年1—8月份情况看,我国贸易顺差为3654.9亿美元,比去年同期扩大1倍多,但只有5、6两个月结汇大于售汇,3月份和7月份结售汇逆差分别高达660亿和434亿美元。从今年逐月情况看,进出口差额有所收窄,由2015年1月的600亿美元减少到7月的430亿美元,在贸易顺差减少和直接投资净流入增速放缓的情况下,今年以来结售汇逆差扩大表明企业购汇意愿增强。8月11日央行调整人民币对美元中间价定价机制进一步引发人民币贬值预期,资本外流压力进一步加大。8月银行结售汇逆差435亿美元,银行代客远期结汇签约690亿元人民币,远期售汇签约4974亿元人民币,远期净售汇4284亿元人民币,远期售汇规模比7月翻了一倍以上。

隐蔽性资本外流规模有所扩大。从2014年二季度开始,我国国际收支平衡表上净误差和遗漏为负,三季度开始,每季度的误差和遗漏都在600亿美元左右。综合常用的计算隐蔽性资本外流的残值法、直接法和克莱因法等粗略估算,2015年一季度我国隐蔽性资本外流500亿美元左右。虽然这些方法计算隐蔽性资本外流的实际规模不一定精确,但仍可以根据变化趋势判断去年三季度以来,我国隐蔽性资本流出规模呈现不断扩大的走势。

表 1　2014 年以来国际收支平衡表上净误差和遗漏　（亿美元）

	2014 年一季度	2014 年二季度	2014 年三季度	2014 年四季度	2015 年一季度
经常账户差额	70	734	722	670	756
资本和金融账户差额	−315	−386	−90	−4	−179
直接投资	537	393	445	712	505
证券投资	223	146	235	220	−81
其他投资	178	−695	−772	−1,239	−1,398
储备资产	−1,255	−224	1	300	802
净误差和遗漏	245	−348	−632	−666	−577

二、三大原因导致跨境资本净流出

今年以来,我国跨境资本延续了去年三季度以来的净流出态势,主要原因有三。

企业走出去步伐加快。2014 年我国吸引外资 1195.6 亿美元,对外直接投资达到 1231.2 亿美元,首次超过吸引外商直接投资,而且对外投资增速达到 15%,而吸引外资的增速仅 4%。2015 年 1—7 月份,我国吸引外资 766.3 亿美元,对外直接投资 635 亿美元,差额比去年同期减少 30%。对外投资增加,不仅会带来直接投资项下的资本外流,而且会带动对外贷款业务的相应增加,今年一季度对外贷款就达到 185 亿美元。

人民币汇率双向波动导致境外融资减少。在过去几年人民币单边缓慢升值的环境下,由丁境内利率较高,企业一般选择境外融资、境内结汇,以期望获得利差和人民币升值的双重收益。随着人民币双向波动态势的形成,企业境外融资风险加大,导致企业开始大规模偿还存量贷款。今年以来,人民币汇率双向波动使无风险套利机会减少,偿还国外美元贷款成为企业的理性选择,也成为跨境资金流出的主要渠道。

人民币汇率贬值预期推动跨境资本外流。在存在人民币贬值预期的情况下,企业更愿意选择偿还外币债务,进行本币借贷,企业“资产外币化、负债本币化”的财务运作导致跨境资金净流出增加。人民币贬值预期不仅导致正常的资本外流,而且投机套利资本也参与其中。去年年底以来,境外美元对人民币报价经常大幅超出境内,导致部分企业“境内购汇、境外结汇”的跨境套汇动力增强。此外,由于我国资本项目尚未完全开放,在有贬值预期和套利动机的情况下,企业和个人千方百计假借贸易和融资渠道向境外转移资金,也造成了大量隐蔽性资本外流。

三、资本外流风险总体可控

从趋势上看,我国长期资本流出将持续增加。随着我国"走出去"战略的深入推进,加之"一带一路"战略的逐步落实,我国对外投资步伐将进一步加快,基于国际产业转移和国际分工关系调整的长期资本流出将持续增加。目前我国对"一带一路"沿线国家对外投资存量占比仅为12%,增长潜力较大。根据商务部统计,今年1—8月,中央企业在"一带一路"沿线投资增速达到48.2%,远高于对外投资18.2%的总体增速。

近期短期资本加快外流的趋势将有所缓和。首先,8月11日汇改以来,至2015年9月22日,银行间外汇市场人民币汇率中间价贬值4%,市场普遍认为汇率已趋于均衡水平。其次,美国宣布暂缓加息,在经常账户顺差和中美利差的共同支撑,人民币贬值预期有望得到明显改善。目前美国1年期Libor仅为0.8%,中国1年期Shibor为3.4%,中美1年期无风险利差依然高达2.5%左右,持有美元巨大的利息成本,在这种情况下,无论是平衡表上的还是隐蔽性的短期投机性资本大规模流出均会随预期调整而显著放缓。事实上,在近期汇率趋于稳定后,9月以来我国外汇市场成交量已显著下降,表明投机资本流出规模在减少。第三,即便美联储加息,从而导致美元汇率波动加大,我国仍可通过汇率中间价调整和增加资本流动成本加以应对。

在我国,逐步形成以资本和金融账户逆差平衡经常账户顺差是比较理想的国际收支结构。尽管近期资本外流速度加快,但无论是对外投资增加还是企业偿还国外贷款,都有利于国际收支平衡,趋势是向好的。整体来看,我国近期资本外流的风险是可控的。

首先,我国国际收支基础科目能够自我平衡。直接投资和货物贸易等都是国际收支中相对稳定的项目,受短期因素影响小。我国经济结构、国际分工地位以及产品竞争力,决定了我国经常账户顺差尤其是货物贸易顺差不会短时期消失,加之对外商直接投资的吸引力仍然不减,两者完全能够平衡和调节快速增长的对外投资规模。

其次,中央银行有足够的干预能力。虽然近期我国储备规模有所减少,但3万多亿美元的规模可谓庞大,基于目前外汇市场结构和汇率形成机制,中央银行外汇市场干预能力足以保持汇率基本稳定,外汇市场不会受短期资金抽逃影响而发生剧烈震荡。

第三,市场预期有望很快回归。尽管中国经济增速有所下滑,但与发达国家相比仍然增长较快,经济基本面决定人民币长期均衡汇率趋于升值,经常项目顺差、投资收益率相对较高等因素决定了人民币中期也不具备贬值的基础,市场预期的回归将有效降低套利资本的投机动机,短期投机性资本流动将有所减少。

四、积极防范可能的冲击

尽管近期我国资本外流风险可控,但鉴于当前国内经济下行压力大、国际看空中国的市场力量大、国内金融市场剧烈波动风险大等不利因素,要高度警惕跨境资本流动尤其是政策套利和市场套利的跨境资本流动对国内经济金融市场可能带来的冲击,尤其防止陷入"预期贬值—资本外流—贬值"的循环式预期自形成机制,并引发国内经济金融危机。为此,建议采取如下措施加以应对:

继续完善人民币汇率形成机制。进一步扩大银行间市场交易主体和丰富交易品种,完善做市商制度。丰富银行间外汇市场人民币兑外币即期、人民币对外币远期和掉期、人民币对外币的货币掉期和期权交易以及外币对人民币的即期、远期和掉期交易。适时进一步增强人民币汇率双向波动的弹性,抑制无风险套利行为。促进人民币外汇衍生产品市场发展,改进交易机制,更好地满足市场避险需求。

引导人民币贬值预期。贬值预期所导致的短期资本外流往往比贬值本身更有危害。当前引导贬值预期可以通过中间价的引导打击贬值预期。可采取两种方案,一是一次性贬值后维持稳定;二是保持汇率在现有水平上下浮动。鉴于8月汇改后人民币汇率已经贬值4%,基本接近中期均衡汇率,建议维持当前汇率水平并在此水平上下2%—3%的浮动。同时,通过各种官方、智库和媒体等渠道发布报告说明汇率已经调整到位或接近均衡水平,通过舆论调整和改变人民币贬值预期。

加强跨境资金流动监管和管理。深入查找误差和遗漏的原因,使更多隐蔽性资本外流纳入监管视野,同时堵住隐蔽性资本流出的非法渠道;加强对跨境资金流出入的双向监测预警;梳理异常波动跨境资金流动的方式,提出分类应急管理预案;以经济手段增加短期跨境资金流动成本,减少投机性资本流动;进一步发挥异常跨境资金流动监管协调机制的作用,适时出台应对跨境资本异常流动的具体政策措施。

曲凤杰

稳定出口需短长期综合施策

2015 年 1—8 月份,我国进出口额均呈下降趋势,其中出口额同比下降 1.4%,2010 年以来首次呈现负增长。在目前全球经济增长乏力、全球贸易规模增速持续下滑的背景下,我国出口额下降既有部分新兴经济体经济衰退、人民币实际有效汇率上升等短期因素的影响,更和全球贸易格局调整、我国国际竞争优势变化等中长期因素密切相关,应综合运用短期和中长期政策稳定出口。

一、今年1—8月份我国对外贸易四个新特点

进口降幅明显高于出口,贸易顺差显著增长。2015 年 1—8 月份,我国出口额、进口额分别下降 1.4% 和 14.5%,贸易顺差为 3665.3 亿美元,同比增长83.6%。其中,8 月份出口额降幅为 5.56%,较 7 月份稍有收窄,但仍处年内较高水平;进口额降幅为 13.86%,较上半年有所收窄。

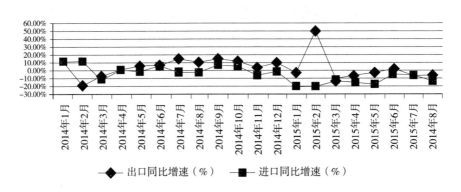

图1　2014 年 1 月—2015 年 8 月我国进出口增速

一般贸易月度出口额由升转降,整体仍优于加工贸易出口。今年前 8 个月我国一般贸易出口额同比增长 2.8%,而加工贸易出口则同比下降 8.4%,占我国出口额的比重降至 34.5%。从月度走势看,7、8 月份一般贸易出口额由上半年的同比正增长转为下降 6.5% 和 4.1%,但仍好于同期加工贸易出口。

绝大多数商品出口额下降,高新产品降幅稍低于平均水平。今年前 8 个月,绝大多数重点出口商品出口额均呈下降趋势,服装、笔记本电脑、液晶面板出口额分别同比下降 6.4%、14.5%、5.4%;灯具、玩具等少数商品出口额分别增长 16.2% 和 11.4%,保持稳定增长态势;高新技术产品出口额同比下降 0.6%,稍低于我国出口额降幅。

我国在美欧市场份额稳中有升,对部分新兴大国出口显著下降。今年前 7 个月,我国对美国出口额同比增长 7.3%,美国进口额同比下降 5.4%,在美国的市场份额较去年同期上升 1.6 个百分点;对欧盟出口额同比下降 4.3%,欧盟进口额(以美元计价)同比下降 16%,在欧盟的市场份额上升 2.2 个百分点。但我国对俄罗斯、巴西出口额分别同比下降 36.3%、12.4%,下降幅度明显;对东盟出口额同比增长 6.3%,较去年同期下降 2.4 个百分点。

二、我国对外贸易额下降的长短期原因

从短期看,一是全球经济增长乏力制约我国拓展外需空间。外需是影响我国出口额的主要因素。计量模型测算结果表明,在其他条件不变的情况下,全球经济增速下降 1 个百分点,将导致我国出口额下降 4—5 个百分点。目前发达国家虽然主权债务风险有所下降,但高赤字、高失业以及金融系统资产负债状况仍有待改善等因素仍将制约其经济快速增长,市场空间增长有限。以印度等金砖国家为代表的新兴大国在短期内经济改革及结构调整压力明显加大,在政策空间减小、外部融资条件趋紧、需求不足、产能过剩、体制机制尚未完善等不利因素制约下,经济增速明显下滑,严重制约我国拓展新兴市场空间。IMF 最新的世界经济展望预测,2015 年全球经济增速仅为 3.3%,较 2014 年下降 0.1 个百分点;发达国家经济增长 2.1%,虽较 2014 年上升 0.3 个百分点,仍远低于 2003—2007 年金融危机前 2.8% 的平均水平;新兴经济体经济增长 4.2%,较 2014 年明显下滑 0.4 个百分点,俄罗斯、巴西等主要新兴经济体呈现负增长。

二是人民币实际有效汇率明显上升制约我国商品出口。去年以来,人民币实际有效汇率持续上升,2015 年 8 月人民币实际有效汇率为 131.3 点,较去年同期上升12.4%。8月11日央行调整汇率中间价报价方式以来,人民币对美元汇率已贬值2.4%,但由于欧元、俄罗斯卢布、巴西雷亚尔等货币贬值幅度过大,2015年9月22日,人民币对欧元、俄罗斯卢布、印尼卢比、巴西雷亚尔较去年同期仍升值10.9%、65.2%、16.1%和63.2%。

欧盟一直是我国排名前两位的主要出口市场,新兴经济体在我国出口市场中的重要性也明显上升,2014年我国对东盟、俄罗斯、印度、巴西、南非几大主要新兴经济体的出口额占比已达到18.4%,对出口额增长的贡献更接近30%。目前欧盟经济复苏动力不足,俄罗斯、巴西等国经济增速大幅下滑,消费投资信心均较弱,本币对人民币贬值在短期内明显降低了对我国进口商品的购买力,部分我国市场份额也可能被成本更低的其他国家产品所替代,对我国出口形成下行压力。计量模型的测算结果也表明,金融危机以来,我国对美出口和人民币对美元汇率的相关性微弱,但我国对欧盟、俄罗斯、巴西、南非等经济体的出口和人民币对该国货币汇率负相关关系较强。

三是欧美发达国家对我国出口的政治干扰加剧。目前我国出口的比较优势商品已经由传统的劳动密集型产品和加工贸易转向高铁、核电等成套装备。美、日等发达国家出于维护其霸权地位,过度"担忧"我国通过经贸合作增强国际影响力,频繁通过外交、加大援助力度等手段干扰我国和发展中国家之间的经贸合作。近期,我国和印尼、缅甸等国在高铁、电力等领域的经贸合作均受到了美日等发达国家的明显干扰,相当一部分项目甚至被迫搁浅,成套装备等新兴优势产品出口受到严重负面影响。

四是大宗商品进口成本下降和国内经济下行压力加大导致我国进口额大幅下降。去年下半年以来,全球大宗商品价格持续暴跌。RJ/CRB大宗商品价格指数由2014年年中的280点左右持续降至目前的190点左右,原油等大宗商品价格降幅甚至超过50%,我国大宗商品进口"量增价跌"态势明显。2015年1—8月份,我国原油、铜矿砂、大豆进口量分别同比增长12.1%、9.8%和9.8%,但进口额则同比下降39.8%、5.6%和17.9%。我国经济下行压力加大,制造业PMI指数长期低于荣枯线,对机械装备和汽车等耐用消费品的需求量也有所下降。2015年1—8月份,我国机床和汽车的进口量分别下降14.8%和25.5%。

从中长期看,一是美国等发达经济体经济转型导致进口需求增速明显下降。金融危机爆发后,美国等发达经济体加快推进"再工业化"、"工业4.0"等战略,积极吸引海外制造业回流,力图将经济增长动力由虚拟经济和信贷消费转向以中高端制造业为代表的实体经济,经济增长创造进口需求的能力明显减弱。测算结果表明,2011—2014 年发达经济体实际 GDP 增长 1 个百分点,所创造的进口需求仅增长 1.49 个百分点,远低于 2003—2007 年间的 2.54 个百分点;2015 年上半年,美国实际 GDP 增长 1 个百分点,所创造的制成品进口需求仅增长 0.46 个百分点,为本世纪以来最低水平。发达经济体占我国出口市场份额仍高达 65%左右,2014 年美国一国所占份额就高达 16.9%,发达经济体进口需求增速的下降必然对我国出口产生较大的负面影响。

二是我国出口商品面临发达国家和新兴经济体的双重竞争。美国、德国、日本等传统制造业强国将继续积极利用新技术革命契机,加快推进实施"再工业化"战略、"工业 4.0"计划、"日本产业重振计划"等重振制造业战略,力图维持在高端制造业的优势地位,和我国在高技术产品的竞争日趋激烈。2015 年 1—7 月份,德国和日本出口额分别增长 6.8%、7.8%,均为 2012 年以来最高水平;受农产品价格大幅回落因素影响,美国出口额同比下降 5.6%,但电子电器设备及零件、机车运输设备及零件、航空航天设备及零件等高技术产品出口额仍保持稳定增长。

东南亚、南亚、非洲等地区发展中国家利用劳动力、土地等生产要素低成本优势大力吸引外资,有望成为国际传统产业,特别是中低端加工组装环节的重要承接地,和我国的竞争日益加剧。2015 年 1—8 月份,越南对美国、欧盟出口额分别增长 19.8%和 12.3%,绝大部分是鞋帽、箱包、手机等具有劳动密集型环节的产品。

三是我国出口竞争新优势尚未完全形成。我国对外贸易正处于由依靠低要素成本的价格竞争优势向依靠技术、质量、品牌、标准的综合竞争新优势的转化时期。新优势的培育需要立足于新的要素禀赋优势,通过公平激烈有序的市场竞争自发渐进实现,难以一蹴而就。目前我国在中高素质人才、集成创新能力等新优势关键要素的比较优势已经开始显现,但转化为贸易竞争力尚需一段时日;构建竞争有序的市场环境、公平正义的法治环境以及完善的知识产权保护体系也是一个渐进的过程。在竞争新优势尚未全面形成之前,对外贸易既缺乏传统动力,也缺乏新兴动力,应对汇率波动等外部风险的能力有所减弱,导致短期内下行压力加大。

三、长短结合施策,促外贸稳定增长

短期政策首先要积极稳妥推进人民币汇率形成机制改革。欧元、卢布等货币贬值对我国出口客观存在一定的负面影响,但并不是我国出口下行压力加大的最根本原因,竞争性贬值对我国经济的危害远大于积极作用。建议更大程度地发挥市场在人民币汇率形成机制中的决定作用,逐步完善以市场供求为基础、有管理的浮动汇率制度,保持人民币汇率在合理均衡水平上的基本稳定。进一步发挥市场汇率的作用。

二要深入推进贸易便利化改革。继续深化区域通关改革,加快实施关检合作"一次申报、一次查验、一次放行",全面实施外贸"单一窗口"制度,实现口岸管理部门的"信息互换、监管互认、执法互助",提高通关效率。加快外贸企业诚信体系建设和分类管理,降低对出口重点企业和信誉良好企业的查验比例,积极应用先进技术,提高查验效率。

三要清理和规范进出口环节收费。加大进出口环节收费专项清理整顿工作力度,建立和完善进出口环节收费目录清单制度,纳入各地区各部门政务公开范围,广泛接受社会监督。建立进出口企业收费监测体系,进行实时跟踪和动态监测。建立第三方评估机制,加强对收费行为的规范和社会监督。

四要加大金融支持力度。进一步督促金融机构采取切实措施拓宽融资渠道,重点解决好中小微外贸企业融资难问题。在风险可控的前提下,降低企业融资门槛,扩大出口信用保险保单融资,支持有订单、有效益的企业出口。推动出口信用保险公司适度降低费率,增加对新兴市场和发展中国家承保的国别限额,扩大对中小企业的覆盖面,帮助企业降低融资成本。

五要支持新兴贸易业态发展。建议海关、质检、外汇、金融、信息等管理部门,尽快完善支持跨境电子商务、海外营销平台、市场采购等新型贸易业态的管理体制,优化和完善对跨境电子商务的监管方式,扩大市场采购贸易方式试点,加大对外贸综合服务企业的扶持力度。

中长期政策首先要坚定不移推进面向全球的高标准自贸区建设。随着我国外贸结构的升级,目前我国对外贸易所面临的贸易壁垒,已经由传统的关税领域延伸到跨境电子商务、环境、劳工、知识产权等新领域。建议我国加快推进面向全球的高标准自贸区网络建设步伐,积极推进中韩、中澳、中国—东盟自贸区升级,加快推进 RCEP、中国—海合会自贸区谈判,探索开展和欧盟、美国的 FTA 谈判,尽快形成公平、合理、科学的规则体系,为对外贸易稳定健康发展和业态创新奠定制度基础。

二要积极推进服务业开放,支撑对外贸易转型升级。服务业开放是提升我国服务业竞争力,培育我国出口竞争新优势的主要途径。建议尽快消除针对咨询、会计、金融、法律、物流等生产性服务业的市场准入障碍,加快我国国内服务业运行标准体系和国际通行体系对接步伐,在竞争中提升我国服务业竞争力,为我国对外贸易转型升级奠定基础。

三要加快实施"一带一路"战略,开拓外贸新空间。以俄罗斯、印度、印尼、哈萨克斯坦、巴基斯坦等和我国贸易投资潜力较大的"一带一路"沿线国家为重点，加大基础设施互联互通力度，深化海关、检验检疫、标准等领域合作，拓展贸易空间。加强和沿线国家的产业投资合作，强化投资带动贸易效应，推动我国大型成套设备等出口。

四要夯实培育外贸竞争新优势的要素基础。建议加大科技研发投入，逐步完善更加注重科研绩效、能够充分调动科研人员积极性的科研制度，从根本上提升中国的自主创新能力。强化基础教育，大力发展中级和高级职业技术教育，优化高等教育，全面提高教育质量，更加注重创新性人才培养。继续加强交通、能源、信息网络等相关的基础设施建设，不断完善要素市场体系，为各种生产要素合理流动创造良好的环境条件。

李大伟

股市"去泡沫"趋近尾声

始于 6 月 15 日的股市下跌至今已过去 3 个多月,从"价、量、质"三方面的最新情况看,估值水平的"重建"初见成效,股市风险得到相当程度的释放,市场内在稳定性有所增强。股市"去泡沫"的空间和幅度基本到位,但还需一段时间缓释消化前期重大冲击并逐步实现筑底企稳,在此期间,政府有时间、有条件从制度建设上做一些长期有利于股市稳定运行的工作。下一步尤其要高度重视前期救市措施引发的后遗症问题,政府干预的"形"不能替代或削弱市场运行的"势",政策"退"和市场"进"需实现有序接替。下一步应着力制度稳市,多措并举、多管齐下、协力共进,将股市从大起大落、暴涨暴跌的市场转变为健康、稳定、有效的市场,将股市构建成为对国民经济平稳发展有切实贡献的力量。

一、"价、量、质"三方面显示"去泡沫"趋近尾声

在经历过去二十年最快暴跌后价格风险快速释放。截至 9 月 25 日,在两轮暴跌之后,上证、深综、中小、创业四大股指较本轮高点分别累计下跌 40.2%、45.6%、44.4% 和 50.0%。以上证综指为例,从跌幅来看,40.2% 的下跌幅度在过去 20 年的 5 次暴跌中排名第 3;从跌速来看,近期每月 12.5% 的暴跌速度,是过去 5 次之首。在经历前所未有的快速暴跌后,股价整体风险有所释放。

表1　过去二十年上证综指涨跌情况

开始日期	结束日期	持续时间(月)	涨幅	涨速(%/月)
1996 年 1 月 21 日	1997 年 5 月 12 日	15.5	188%	12.1%
1999 年 5 月 18 日	2001 年 6 月 14 日	25	112%	4.5%
2005 年 6 月 6 日	2007 年 10 月 16 日	28.5	513%	18.0%

开始日期	结束日期	持续时间（月）	涨幅	涨速（%/月）
2008 年 10 月 18 日	2009 年 8 月 4 日	9.5	80%	8.4%
2014 年 7 月 21 日	2015 年 6 月 12 日	10.5	153%	14.6%
开始日期	结束日期	持续时间（月）	涨幅	涨速（%/月）
1997 年 5 月 12 日	1999 年 5 月 18 日	24	47%	2.0%
2002 年 1 月 29 日	2004 年 4 月 7 日	26.5	36%	1.4%
2009 年 8 月 4 日	2011 年 4 月 18 日	20.5	50%	2.4%
2012 年 1 月 6 日	2014 年 7 月 21 日	30.5	32%	1.0%
开始日期	结束日期	持续时间（月）	涨幅	涨速（%/月）
2001 年 6 月 14 日	2002 年 1 月 29 日	7.5	-40%	-5.3%
2004 年 4 月 7 日	2005 年 6 月 6 日	14	-44%	-3.1%
2007 年 10 月 16 日	2008 年 10 月 18 日	12	-68%	-5.7%
2011 年 4 月 18 日	2012 年 1 月 6 日	8.5	-30%	-3.5%
2015 年 6 月 12 日	2015 年 9 月 25 日	3.2	-40%	-12.5%
平均-6%			平均 9 个月	平均-44%

市场已由尾部严重泡沫区间向中位合理区间移动。一般情况下,上证综指回报率持续偏离长期趋势超过 2 个标准偏差,是 A 股整体出现严重泡沫的迹象。6 月份上证综指出现严重泡沫时,极端收益率开始密集分布,经历 3 个月暴跌之后,截至 9 月 25 日,上证综指收益率已回落至 1 倍标准差以内的估值合理区间。

主要股指市盈率水平渐近合理。主要指数估值水平持续大幅下降,上证显著低于均值,中小板略低于均值,创业板逼近均值。截至 9 月 25 日,上证、深综、中小、创业四大股指市盈率由前期高点的 23 倍、57 倍、65 倍和 138 倍,下降至 14 倍、28 倍、32 倍和 61 倍。全部 A 股上市公司 PE 中位数为 42 倍,已经跌至 2014 年 11 月上证综指 2500 点、创业板指 1500 点时的水平。如果从国际通行的"席勒指数"（CAPE,周期调整市盈率）来看,上证综指 CAPE 已经从 6 月上旬的长期均值水平重新跌落至低估区间;创业板 CAPE 由 6 月的 136 倍最高点快速逼近 62 倍的均值水平。创业板指与上证综指的市盈率之比,也已由高点的 7.4 倍下降至 3.7 倍。同时,横比海外其他市场,经过大幅调整之后,如果以上证综指市盈率来衡量,A 股已不再"桂冠"全球。

不同行业估值水平同步回落后出现分化。各行业当前 PE 和 PB 值偏离历史

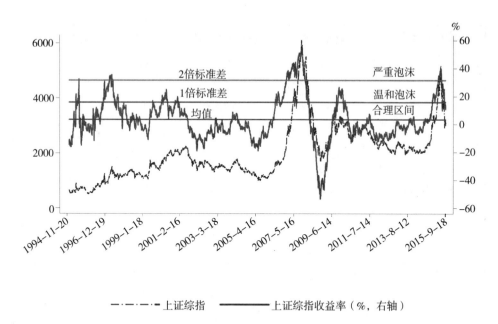

图 1　上证综指收益率变化情况

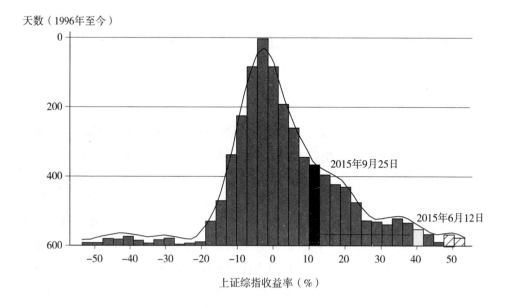

图 2　1995—2015 年上证综指收益率分布情况

均值的程度,可以显示市场估值的结构性变化。估值正向偏离度最大,即估值最贵

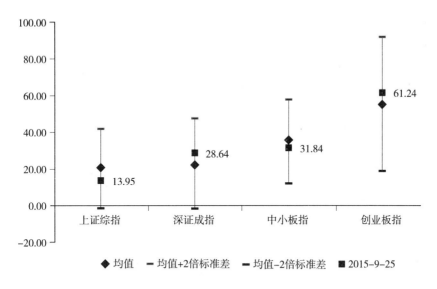

图 3　四大指数估值水平比较

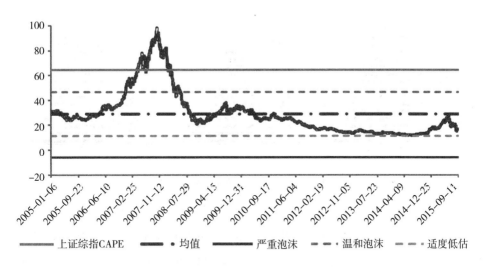

图 4　上证综指 CAPE 回落至低估区间

的行业集中于第一象限,而估值最便宜的行业集中于第三象限。目前,虽然大部分行业估值仍处于较贵的第一象限,但经过 3 个月的暴跌,几乎所有的行业估值都大幅降低,出现低估的行业越来越多,房地产、电力设备、汽车、食品饮料等行业已由第一象限转移至第三象限。此外,估值最高行业与估值最低行业的 PE 差也由高点的 180 倍,下降至目前的 120 倍。

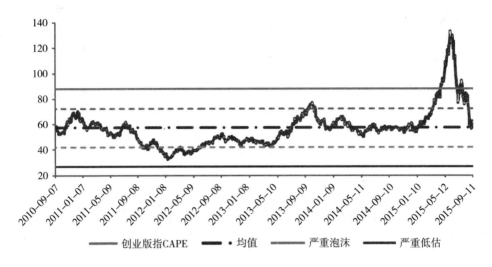

图5 创业板指 CAPE 快速跌近均值

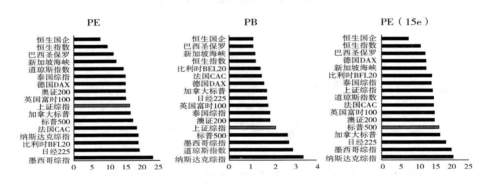

图6 全球主要股指估值水平（截至9月25日）

多个均线偏离度指标显示市场整体进入"超跌"区间。2000年以来,110个交易日内大盘上涨天数占比这一数据多在40%—65%的区间,一旦突破上下限将出现较强反转力量。这一数据已经由6月12日的67%快速下跌到9月25日的31%,市场逐步酝酿反弹力量。500日均线上方个股比例,显示长期投资者能盈利的概率,这一数据在6月12日高点时为98%(表明几乎所有股票价格均站在500均线上方),9月25日下降至61%,虽然仍高于历史上超跌时期的平均水平,但下降速度显著快于以往。此外,从A股全市场创新高股票占比来看,9月25日收盘价为最近60个交易日最高价的个股总数占股票总数的比例,已由6月上旬62%的高点快速下降至4%,已显著低于此轮牛市启动前12%的平均值。同时,创60日

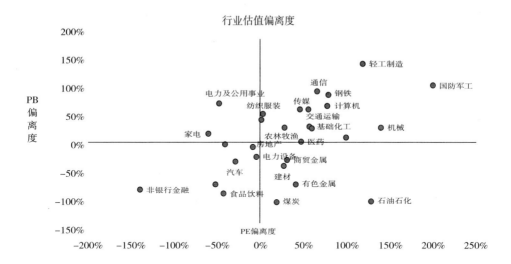

图 7　A 股行业估值偏离度（截至 9 月 25 日）

新低的股票占比则由 6% 快速上升到 79%，显示绝大部分股票跌幅巨大，市场整体超跌明显。

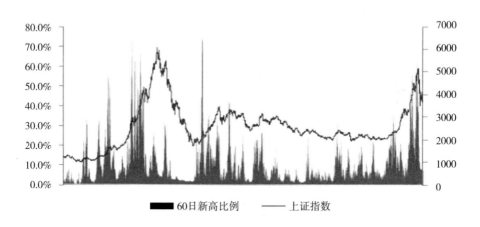

■60 日新高比例　——上证指数

图 8　创新高股票数量占比快速下降

注：新高比例为当日收盘价为最近 60 个交易日最高价的个股总数占 A 股股票总个数的比例；新低比例为当日收盘价为最近 60 个交易日最低价的个股总数占 A 股股票总个数的比例。

杠杆融资风险得到相当程度的释放，"去杠杆"接近尾声。证券公司场内融资余额大幅下降，已由前期高峰 2.27 万亿元，下降到约 1 万亿元，回到去年年底的水平。融资买入额占成交金额比例从 6 月份的 18% 降至目前的 10%；两融余额占自由流通市值比例从二季度高点的 5.8% 左右降到目前 3.5%。信托公司等场外配资得到清理整顿,杠杆融资规模大幅下降。

从"量"方面看,市场活跃度有所低迷。成交方面,9 月份以来,股市成交量较 2 季度平均水平下滑了 24%,成交额萎缩了 38%。换手方面,两市日均换手率已从高位的 8.3 回落到 1.76,接近 2000 年以来的均值水平。也就是说,在 6 月上旬泡沫高峰时期,自由流通股平均持股时间为 2 个星期,目前已升至 8 个星期。市场情绪方面,上海证券交易所公布的 A 股市场恐慌指数(iVIX 指数)显示,这一数据在 9 月上旬已经回到 40.2%,远低于 7、8 月股灾期间的 63.8% 最高值,但仍低于今年上半年 37.4% 的水平,显示投资者信心仍在筑底。

从"质"方面看,上市公司盈利能力环比改善。9 月上旬,上证综指及创业板指的净资产收益率分别为 6.96% 和 5.81%,显著高于今年上半年的 3.24% 和 2.03%,显示上市公司整体盈利能力环比明显改善。如果以 2014 年分红水平计算,目前 A 股所有股票的整体股息率为 1.76%,其中股息率 3% 以上的股票已超过 60 只,有 38 只股票股息率超过 7%,横比其他资产收益率,如:1 年期银行理财收益率 4.93%、AA 级企业债收益率 3.88%、余额宝年化收益率 3.19% 等,可见 A 股已经有相当一部分低估值、高分红个股的投资价值正逐渐显现。同时,A 股累计净利润同比增速也出现一定提高,相比上市公司利润总额不及印花税和证券公司佣金总额的 6 月份股价高峰时期,上市公司盈利的逐步改善对股价也会形成有力支撑。

表 2　A 股泡沫度测度指标体系

一级指标	二级指标
价	股价乖离率(120 日)
	110 日上涨天数占比
	上涨公司占比
	涨停公司占比
	市盈率(PE)
	周期调整市盈率(CAPE)
	创业板指 PE/上证综指 PE
	AH 股溢价
	现货—期货当月合约基差

续表

一级指标	二级指标
量	股市市值/GDP
	A 股成交量占流通市值比重
	A 股换手率
	A 股资金净流入额
	基金平均仓位
	VXFXI 波动率指数
	新增投资者数量
	期间参与交易的投资者数量占比
	融资融券余额占流通市值比重
	前十位多空持仓比
	沪港通已用额度占比
质	ROE
	股息率
	盈利调升公司个数/调降公司个数
	股市收益率与十年期国债收益率之差

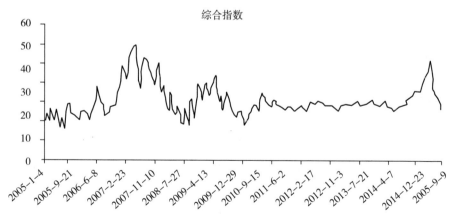

综合指数

市场走出急涨暴跌极端行情频发的特殊时期,转入震荡调整区间波动期。过去二十多年的数据显示,我国 A 股一个完整周期平均来看大致持续 40 个月,上涨下跌的"牛短熊长"特征明显。本轮股市急涨暴跌的影响比以往历次都更为严重,前期行政性救市措施对市场运行机制的影响需要时间来纠正,投资者市场信心和股市

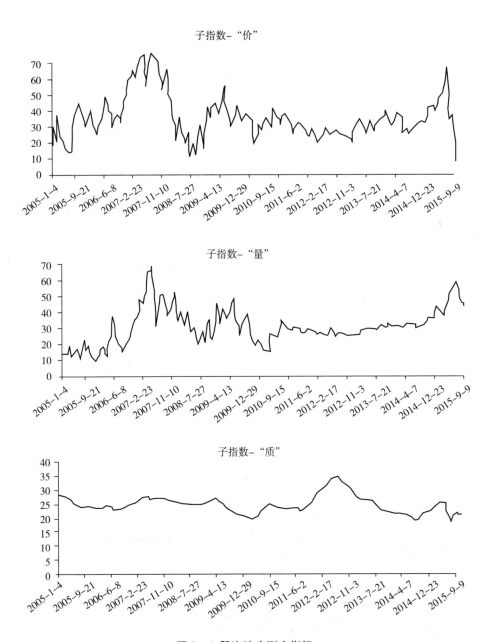

图9 A股泡沫度测度指标

资金面需要时间来重建,上市公司盈利水平需要时间来改善,国企改革等重大改革措施的股市红利需要时间来释放,所以总体来看,尽管股市在快跌后需要一段时间震荡筑底,以修复市场运行轨迹和逐步恢复市场信心和人气,但是"去泡沫"的空间调整基本到位。

美联储加息等系统重要性因素可能对股市产生偶发性冲击。9月18日凌晨，美国联邦公开市场委员会(FOMC)议息会议结束，决定维持0—0.25%的基准利率不变，市场普遍预期加息推后至今年年底12月。随着我国近年资本项目开放不断推进，我国股市较以往更容易受到海外股市震荡的影响，特别是沪港通实施后，资金"北上"或"南下"规模异动会放大对投资者情绪的影响。如果美联储加息引发美股在持续6年大牛市之后大规模回调甚至"由牛转熊"，很可能引发全球金融市场共振，这会对我国A股市场产生短期冲击，但我国股市在"去泡沫"过程结束后将逐步走上稳定运行轨道。

李世刚　曹玉瑾

下一步应着力制度稳市

在今年 6—8 月的快速"去泡沫"后,我国股市运行已经从此前频繁暴涨暴跌的极端行情,转为一个时期内震荡调整的正常波动。下一步要高度重视前期救市措施引发的后遗症问题,进一步推动制度稳市,多措并举、多管齐下、协力共进,建设一个长期稳定发展的、对国民经济有切实贡献的股市。

一、需要关注市场存在的四大"救市后遗症"

暂停 IPO、限制减持等行政性措施损害了股市正常融资功能。救市过程中,产业资本卖出受限、IPO 暂停、再融资受限等一系列措施,造成股市资金流出受到抑制,预计下半年资金流出约 3800 亿元。资金流入方面相比上半年明显恶化,证券交易结算保证金余额边际性减少,新发基金规模大幅下降,场内两融主动降杠杆至万亿以下,场外配资仍在清查退出,多种因素叠加,预计下半年资金流入约 6100 亿元。因此,下半年股市的资金流出、流入两方面都将大幅收缩,股市正常功能在救市之后受到机制性影响。

表 1　救市措施出台后的股市资金流出入预测

股市资金流入	边际增量（亿元）	假设条件	股市资金流出	过际增量（亿元）	假设条件
银证转账净流入	4350	市场以整体震荡为主,银证转账净流入节奏大致与 2014 年上半年状况类似,约为 1400 亿元;场外配资存量还逐去除,待	IPO 预测	278	已受理、已反馈、已预披露更新、中止审查目前为 557 家,平均每家融资 5 亿元,由于 IPO 暂停,但随着行情企稳,

股市资金流入	边际增量（亿元）	假设条件	股市资金流出	过际增量（亿元）	假设条件
银证转账净流入	4350	去量约为7000亿,假设实际需要减仓比例约为50%,且其他合理配资业务8000亿缓慢增长,余额增速15%左右,与两融相当,约为2950亿元	IPO预测	278	IPO有望逐步放开,假设10%能够在下半年完成发行
股票型+混合型基金流入	-800	下半年赚钱效应减弱,公募基金中期呈现净赎回状态,假设与2014年全年状态类似	定增预测	1200	短期再融资受到抑制,过去一年平均月融资量为750亿,2014年上半年约为480亿元,中性假设下半年再融资会逐步放开,则假设六个月总融资量约为400*3=1200亿(假设到10月份才逐步放开)
新增两融	2000	整体风险偏好下降,在震荡行情中,假设净增量为2000亿	产业资本净减持	-1000	假设下半年整体震荡,且上市公司也有稳定市场的政治任务,净减持量比上半年减少,上半年减持约为4000亿,从7月份开始净增持,假设趋势延续,下半年整体净增持
保险资金	1200	下半年震荡行情,总投资量增长15%,比例保持约15%	交易成本	2459	包括印花税、交易佣金,假设下半年交易量缩减为上半年的90%
券商自营	504	2015年5月底券商自营规模约2400亿左右,下半年乐观假设除净值增长带来的增量资金季度环比增速为10%	场外配资利息	236	场外配资存量逐步去除,待去除量约为7000亿,假设实际需要砍仓比例约为50%,且其他合理配资业务8000亿缓慢增长,余额增速15%左右,与两融相当

股市资金流入	边际增量（亿元）	假设条件	股市资金流出	过际增量（亿元）	假设条件
QFII/RQFII	1100	RQFII：上半年批复143亿元；QFII：上半年批复224亿美元。假设下半年与上半年类似，但考虑行情以震荡为主，批复结束到实际配置有一定时滞，假设QFII新增配置比例约为30%，2015年上半年新增批复一半在下半年建仓，RQFII仅有20%配置股票	交易周转增量预测	-100	正常交易周转需要的余额假设变为1万亿
沪股通净增持	-500	沪股通从7月开始净流出，假设下半年行情震荡为主，沪股通额度上半年净流入948亿，假设下半年假设净流出500亿			
证金公司	-2000	假设基本维持平衡，缓慢减持			
合　计	6104		合　计	3799	

国家队救市过程中的不公平、不公正加深了"政策市"色彩。首先，救市买入股票的选择上存在不公平，证金公司买入股票由早期的"上证50"大盘股到后期的"中证500"的中小创，市场跟风形成对"梅雁吉祥"等"证金概念股"的跟随炒作，救市产生的道德风险逐步放大。其次，救市时间选择不公平，7月份的救市是在市场仍存显著泡沫的时候，救市成本较高且效果不好。当前，国家队资金已成为影响市场信心和走势的重要变量，投资者更多地用政策思维思考股市走向，这将导致股市的"政策市"特征更加明显，而距离理性和成熟越来越远。

技术性严控期指并不能根本解决期现跨市场投机问题。中金所出台限制大单交易、保证金上涨等一系列交易限制之后，股指期货交易被严控，高频、规模交易成本大幅上升，导致市场上过夜持仓持续下降，日成交量严重萎缩。导致跨市场联动投机的制度性基础并未改变，期货、现货市场交易制度不同步问题仍未解决，越来越多的投机套利活动，正在选择与A股市场有关的离岸指数期货——新加坡交易所富时中国 A50 股指期货,进行跨市场、跨品种套利。

融资融券回转交易限制和引入指数熔断机制可能造成新的问题。一方面,融资融券业务作为资本市场创新业务,给市场带来更多交易方式和交易策略,投资者通过不同负债偿还方式进行组合,衍生出多样的交易方式和策略。如在 6、7 月股市异动时期,一些程序化高频交易借助融券卖出 300ETF、50ETF 等 ETF 品种,并买入成分股转换 ETF 还券进行日内跨品种回转交易套利,推升了相关成分股日内价格波动幅度。8 月 3 日,沪深交易所对两融细则进行修改,将融券交易机制由 T+0 改为 T+1,这虽然提高了程序化高频交易成本,降低了空头操作的灵活性,但也造成融券余额与日融券卖出金额更加难以匹配。另一方面,在当前涨跌停板、股票"T+1"交易制度前提下,引入指数熔断机制,可能会进一步加剧市场一致性,加剧市场关联性,缩减市场流动性,使得股价更易失真和失控。

二、多措并举推进制度稳市

股市回稳后非常规措施应相机让位理性市场。成熟市场和我国经验都显示,稳市措施只是特殊时期的"熨平波动之手",政府干预只是应急之计而非长久动作,救市做不能代替或削弱市场功能。当前及今后一个时期,在政策持续发力作用下,市场恢复正常运行后,前期政策尤其是行政性措施需要相机调整,实现政策"退"和市场"进"的有序接替,引导市场逐步回到自我调节功能发挥主要作用的常态。

调整预期、稳定信心仍是修复股市功能的第一要务。当前,市场情绪已经由前期对杠杆资金爆仓的恐慌,转为对救市资金撤出时点的猜疑,投资者情绪非常脆弱,市场信心需要重建。此外,目前仍有约 500 家上市公司停牌,市场仍未实现有效出清,这也不利于市场企稳。值得注意的是,海外投资者对这一次股灾和后续救市政策颇有微词,桥水公司等一些前期看好中国股市的海外知名基金纷纷清盘 A 股资产。根据课题组近期与有关金融机构调研座谈情况,发现境外机构对 A 股市场的主要疑惑包括:一是监管部门一系列规则修改、以行政方式强力干预市场交易的政策措施不可长久,如禁止上市公司大股东和董监高在六个月内减持,要求上市公司"五选一"释放利好,暂缓 IPO 并退回打新资金,限制期指空头开仓,禁止券商自营盘 4500 点下卖出等,认为这些措施对市场形成了全面干预。二是上市公司大面积停牌对 A 股市场的定价机制和流动性造成严重扭曲,在无法自由买卖的市场只能全部退出。三是担心本次股市异动会延迟政府提出的全面市场化改革和金融改革的步伐,甚至出现倒退。我们建议,在市场企稳后,IPO 暂缓暂停、禁止上市公司正常减持、限制投资者套保等行政性救市政策应及早退出,避免在投资者中形成其对市场运行和金融改革产生的负面预期。同时,继续推进改革,增强社会各界对中国发展资本市场的信心。

以更为公平、公正、公开为方向改进交易制度。修改调整目前明显不公平、不合理的股市交易制度。一是探索逐步取消涨跌停板交易机制,从流动性角度看,实行多年的涨跌停板和透明度要求,与新出现的杠杆交易不兼容,是形成股灾的一个关键原因。未来可探索放开流动性较好的大盘蓝筹股涨跌停限制。二是调整不同步的股票现货"T+1"、股指期货"T+0"交易制度,股票期现交易不公平是本轮股市大起大落的一个重要原因,股指期货不但没有形成约束股价过度波动的风险防范作用,反而大大加剧了股票现货市场的波动风险。应将股票期现交易制度逐步统一为"T+0",通过资金跨市场有效套保风险,起到鼓励投资、限制投机、遏制做空的作用。

从供求两个方面促进股市平稳运行的资金再平衡。2014 年下半年和 2015 年上半年,通过杠杆资金、保证金、股票基金和保险资金四个渠道,资金流入股市约0.9 万亿元和 3.5 万亿元;通过新股发行、增发、大股东减持和交易损耗四个渠道,资金流出约 0.74 万亿元和 1.25 万亿元左右。7 月份以来,随着救市政策出台后,股市资金流出入规模出现明显恶化,同比和环比均出现明显的"紧平衡",二级市场波动已明显伤及一级市场功能。资金流入方面,场外配资和两融等资金受制于去杠杆,公募净申购受限于银行入市资金趋于谨慎,保险资金加大权益配置比例空间有限。资金流出方面,救市措施对 IPO、再融资、大小非减持等控制加大,股市正常融资功能受到重创。随着股市逐步回稳,需要从供需两个方面重建股市新的资金平衡。

维稳资金建仓成本较高、后续风险较大,退出策略、时机和节奏应统筹安排、慎之又慎。关于救市救什么? 前期一揽子救市政策主要是"救流动性"和"救指数",一定程度上起到了托住市场的效果,缓解了因杠杆资金平仓等引发的流动性枯竭和股价断崖式下跌。但"救指数"存在风险,一方面,各类维稳资金尤其是证金公司平准资金和养老金等具有公共资源属性的"国家队"入市点位仍然偏高,买入股票多数仍有泡沫;另一方面,把 4500 点作为具体托救点位,容易推动市场跟风炒作"救市概念股"、形成"跟随策略红利",一旦有退出迹象会严重影响预期并带动股价再度下跌。我们建议,政策收放不应拘泥于股指点位,而应以杠杆资金动向为主要参照,将场内场外杠杆资金规模作为政策操作标的,由前期的"盯住指数点位托市"转向"盯住杠杆区间调控"。在震荡行情中实现降低杠杆资金规模,促进杠杆资金内部的预期分化,避免单边上涨或下跌的预期带来杠杆资金快进或快出。关于平准资金如何退出?本次救市过程中,证金公司通过注资、发债、同业拆借、获得银行授信等多渠道获得人民银行、商业银行流动性支持,截至目前已买入万亿元股票资产,发挥了平准基金稳定市场的重要作用,应予以充分肯定。但严格意义上,平准基金属于公共资源,对于高风险投资者实施长期全覆盖救助有失公平,也容易产生道德风险,未来随市场回稳,平准基金的逐步撤出是应有之义。但我们认为,目前仍未到谈退出的时候。从日本、美国、韩国、中国台湾、中国香港等海外成熟市场平准基金应对非理性波动的经验看,在应对股灾入市之后都经历了 1 至 4 年的退出期。我们建议,继续发挥证金公司作行使平准基金的稳市功能,根据持仓成本和市场变化加强风险控制,研究探索后期不同退出策略,一是将存量股票转换为ETF 基金或转至专业投资机构;二是将存量股票作为转融券券池,再平衡融资融券业务比例,逐步提高融券业务规模,提升市场主体熨平股价波动的自发能力;三是将资产负债同时划拨全国社保基金运营;四是探索针对场外配资方提供定点化、时点性流动性支持,起到平滑场外融资盘波动的作用。

对股市融资进行严格的资本充足率监管,保障系统性重要金融机构的绝对安全。尽管本次股市动荡的金融系统传染度有限,金融体系流动性良好,但可以看出,股市融资是一项具有系统重要性的金融业务,有威胁金融体系稳定的潜在破坏力。因此,应把股市融资当成具有系统重要性的金融业务来监管,要求提供融资的金融机构为其准备足够的资本金,以便通过资本缓冲来吸收可能的损失,控制风险蔓延。

实施统一、协作性证券监管。本轮股市震荡凸显了金融混业经营的发展趋势和金融分业监管的现有模式之间的矛盾。市场监管条块分割,缺乏统一性、穿透性和协调性,明处的市场风险得到有效控制,系统性风险却在监管盲区爆发。其中,尤其是对场外监管没有官方测度,对其监管升格明显存在时滞。"各扫门前雪"式地防范风险,往往引发系统性风险。在互联网技术广泛运用和金融混业经营趋势下,需要正视监管分置、监管盲区和监管套利问题,通过干中学、学中干,不断提升逆周期调节的能力和技术。实施一以贯之而非忽紧忽松的市场监管,注重多市场联动,尤其是国内股指期货和现货市场的联动,以及 A 股市场和国际市场的联动。

加强保障股市健康发展的法制基础。相比其他成熟市场,当前我国股市风险很大一方面来源于交易行为和市场秩序问题,应将重点放在培育公平、公正、公开市场环境的制度建设上,加大对各类交易行为风险的监管警示。监管部门着力提高上市公司信息披露质量,提高上市公司治理水平。打击各类标榜"市值管理"、实则坐庄炒作和编题材、炒故事等不法行为,对虚假陈述、内幕交易、市场操纵的违法违规事件进行严惩,营造公平、公开、公正的市场秩序。

保持舆论中性,避免政府背书、推动共识和同化预期。股市正常化交易的一个特点,就是需要市场参与主体存在不同的观点,对于股票后市表现预期各有不同,才能有买有卖,价格才能充当市场出清的手段,而过分人为推动市场达成共识是危险的。当前,微信、微博等自媒体,知乎、雪球等社交网站,大数据等新技术,对市场主体预期同化具有极强的推动作用。在前期股市上涨期间,在一些非中性言论推动下,投资者看涨预期不断强化,甚至认为牛市由国家背书,这与股市快速上涨不无关系。同样,在暴跌过程中,恐慌情绪在自媒体传播扩散效应下不断强化,也造成股市践踏式抛售。今后应保持舆论中性,厘清政府与市场的边界,避免政府背书、推动共识和同化预期。

李世刚　曹玉瑾

三季度报告

经济"形"在变但"势"未稳
下一步政策应更加积极

——宏观院全年经济形势与明年工作
思路专家座谈会观点综述

关于今年三季度及全年经济走势,学术界存在较大争论。有些学者认为,从7—8月份相关指标看,中国经济仍是平稳运行,三季度即使有偏离也不会太大,总体表现缓中趋稳、稳中有难、稳中向好,坚持"稳中求进"的总方针;另有学者则认为,从8月份经济数据分析,工业生产持续低迷,PPI降幅进一步扩大,股市持续下跌,实现7%的全年经济增长目标困难重重。为了深入分析、精准研判当前经济形势和未来经济走势,为中央宏观决策提供有力政策依据,9月24日,宏观院常务副院长陈东琪研究员主持召开专家座谈会,国务院办公厅秘书一局、发展改革委办公厅委派业务负责同志出席会议。陈东琪强调,要在看到促进经济回稳积极因素正在形成的同时,坚持问题导向,为中央决策提供有效参考。与会专家重点就三季度及全年经济走势、明年经济工作总基调和思路、下一步政策取向等问题予以热议。

现将专家观点整理如下。

一、经济"形"在变:积极因素正在形成

陈东琪认为,总体上看,今年以来一系列财政、货币政策效应正在稳步发挥,各项深化改革措施持续释放红利。供给和消费结构调整升级加快,新业态、新服务、新岗位不断涌现。宏观层面看,8月份广义货币增速平稳、消费总体上升,CPI轻微回升,就业比较稳定,全社会用电量增速由负转正,基础设施建设投资增长提速,对外直接投资势头良好,出口降幅逐渐收窄;中微观层面看,工业经济小幅回升,服务业采购经理人指数高于50%,新兴产业、新型业态蓬勃发展,非制造业处扩张区间。虽然7、8月份投资、出口等指标仍继续下行,但总体经济不会出现大幅下滑,下半年在6.5%—7%区间内运行。

马晓河副院长也认为,尽管持续了 22 个季度的经济下行之"势",经济运行中积累的颇多矛盾突出地表现出来,但总体判断我国经济仍处于合理区间。

中国投资协会会长张汉亚研究员认为,8 月份部分经济数据下行不是趋势性的。其中有北京第 15 届世界田径锦标赛和 9·3 阅兵部分建设工程停工和企业停产的影响。房地产市场予以验证。7、8 月份,全国商品房销售面积和销售额都表现出了快速增长态势,将对缓解房地产开发企业资金短缺和增加地方财政收入有重要作用,进而带动下游产业和消费增长。

投资所张长春所长认为,作为经济增长主动力的固定资产投资领域已发生一些新的变化,包括:基础设施投资增速出现加快趋势,新开工项目计划总投资增速持续小幅回升,商品房销售继续回暖,装备制造业和消费品制造业投资、高技术产业投资、与物流和民生相关的服务业投资保持良好增长态势,建筑市场回暖等,我国三、四季度及明年的经济增长形势趋于乐观。投资所汪文祥副所长也认为,经济现实并不像想象的那么差,制造业领域中的装备、高新技术制造亮点颇多,房地产领域开发单位资金到位小幅加快、新开工面积走稳,服务业领域投资稳步增长,为经济增长奠定了基础。

市场所臧跃茹所长判断,三季度 CPI 同比增加 1.8%左右,好于上半年 1.3%的持续走低态势,四季度预测 1.9%,全年为 1.6%左右,通缩压力趋缓,对于经济增长是一利好。

二、经济"势"未稳:下行压力依然较大

陈东琪强调,也要看到受"结构性"和"周期性"因素叠加、内外部条件交织影响,短期内下行压力依然较大。一是固定资产投资增速逐月下行。基础设施建设投资 7、8 月份增长较快,但可持续性较差;汽车产量和房地产投资减速,市场景气可能进一步走弱;基于企业盈利能力下降和银行"惜贷"影响,部分制造业行业投资已经出现负增长。二是工业通缩加剧,8 月份 PPI 同比下降 5.9%,而且环比下降 0.8%,与 CPI 温和上涨形成鲜明对比,表明制造业去产能任务更为艰巨。三是大宗商品和耐用消费品行情继续走低,受房地产投资、汽车销售、产品出口停滞不前的影响,上下游产业普遍表现萎靡。四是 8 月份财新中国制造业 PMI 跌至47.3,继 7 月份再度下降,四季度压力可能更大,工业、服务业投资谨慎性倾向加大,银行和非银行金融业上半年高速增长,下半年明显减速。关于银行"惜贷",张汉亚也认为,投资不足的重要原因是资金紧张,其中金融机构的"惜贷"导致部分

获批项目不能按时开工和顺利建设。

马晓河认为,长期积累的过度投资形成过剩产能,需求明显不足影响经济增长潜力。从消费看,现代互联网消费增长挤占传统商业消费,影响商业设施投资增长;私人消费短期内尚难弥补"三公消费"大幅下降的影响。从投资看,新兴产业投资增长尚不足取代传统产业,公共投资增幅难以弥补房地产投资和制造业投资下滑的影响。再加上出口不振的影响,预计三季度经济增长将小幅下降,四季度也很难回升。

吴晓华副院长判断,经济形势比预想的要差,仍然处于持续下降通道之中,全年实现预期7%增长目标难度很大。深入分析原因,总需求不足的背景已发生重大变化:地方政府不想作为、不敢作为、不能作为,基层响应机制不畅,"稳增长"措施落地效果差。不想作为,主要原因是对经济发展新常态的误解,以为不再需要GDP增长了;不敢作为,主要是在从严治党、严惩腐败、严格问责的新形势下,地方政府决策空间太小,干部怕因干事而出事,不愿担当风险和责任;不能作为,主要是地方缺少"稳增长"的有效手段和激励地方干部奋发有为的激励机制。另外,中央"稳增长"政策密集出台,政策之间协调难度大,相互掣肘,而且地方政府疲于应对,难以形成"稳、准、狠"的政策合力。

经济所刘雪燕研究员分析认为,经济运行中出现若干的新问题需要予以重视。一是工业企业主营业务利润的降幅将大于利润总额的降幅,经营状况可能比统计数据显示的还要差。二是房地产市场景气主要依靠购房人支付支撑,可能出现反转。这一点,房地产开发商拿地意愿更加消极亦是佐证。三是我国外汇储备自2014年三季度开始持续减少,银行结售汇为2010年以来首现逆差,影响到基础货币供给。

外经所毕吉耀所长认为,发达经济体经济增长创造进口需求的能力减弱,一些发展中国家对我国出口替代增强,稳定外需难度加大。四季度或明年美联储启动加息仍是大概率事件,加大国内资本市场和人民币汇率波动风险,对我国经济增长的挑战更为严峻。

产业所黄汉权所长从增长点的培育角度分析,认为工业企业投资意愿不强,战略性新兴产业发展面临诸多风险,金融业回落、进出口降低、经济下行导致就业和收入预期下降制约服务业发展,服务业保持较快增长的不确定性在增强。

国地所史育龙所长从增长极的发展角度分析,认为,东北地区形势依然严峻,中西部的重庆三季度进出口出现负增长,尽管中西部部分二、三线城市服务业发展有亮点,但仍不足以带动经济的快速发展。

社会所杨宜勇所长认为,就业反映的实际可能比经济数据揭示的问题更严重。部分地区工厂放长假而不上报,农民工提前返乡十分突出,反映出经济运行活力明显不足。

臧跃茹认为,8月份PPI跌幅高达-5.9%,创近6年最大跌幅,CPI与PPI背离达到历史最高水平,价格形势不容乐观,属结构性严重失衡,不利于经济回暖。

运输所汪鸣所长认为,在1—8月份货运量增速和交通运输固定资产投资全面回落的基础上,四季度受国际、国内运输市场不振和国内运输需求结构转型影响,货运形势依然严峻:一是生产萎缩导致原材料尤其是大宗货物运输需求下降;二是产业结构调整使单位GDP所需的货运强度有所下降;三是大规模交通基础设施投资边际效应下降。

体管所汪海副所长认为,改革仍是我国经济中长期保持持续稳定增长的基本动力。当前,一些改革统筹协调力度不够,如部门审批权力下放不同步、政策执行标准不统一等,影响到改革效应释放。简政放权、放管结合的改革成效还需进一步提升。个别改革措施的出台,如融资担保行业规范发展改革(国发〔2015〕43号)实施对地方"稳增长"造成了一定冲击。

三、明年经济工作思路:总基调和预期目标

陈东琪认为,在我国经济下行压力尚未得到明显缓解的情况下,明年经济工作仍应坚持稳中求进的总基调,稳中有为,稳中提质,稳中有进。与此同时,谨防经济增长崩塌式下滑,做到"一稳(增长)一防(风险)"。与会专家基本认同这一观点。如毕吉耀建议,2016年经济工作要以"稳增长、控风险"为主要目标,坚持积极财政政策不变,打好货币政策、汇率政策和资本流动监管政策的"组合拳",加快实施创新驱动战略,促进大众创业、万众创新,以"三大战略"为抓手培育经济中长期持续稳定增长的新引擎。关于宏观经济目标的上调还是下调,与会专家予以热议。

——GDP。与会大多专家认为要在2015年的基础上,下调经济增速目标。陈东琪认为,今年全年实现7%的经济增长目标压力很大,四季度可能在6.8%或更低。2016年,欧盟受债务危机巨大困扰、日本深陷通缩泥潭、金砖国家和新兴市场仍未走出下降调整周期,美国经济"一枝独秀"实难拉动全球需求。而且,大宗商品市场、金市、汇市、股市、债市、车市、房市在美联储加息预期影响下一路下行。2016年经济增速确定在6.5%比较适宜。马晓河赞同明年经济增长目标定在"6.5%",以我国目前的经济体量,这一目标仍有相当大的带动力。刘雪燕认为,

2016 年经济增长"有底无高度",即经济基本面可以保证增长的下限,但新增拉涨点缺乏,预测经济增速为 6.6%—6.7%。杨宜勇认为,我国经济增长在三季度或者四季度能够见底,这个底呈现"L"型,何时向好至少要到 2016 年上半年。

也有专家坚持不要悲观的论点。张汉亚预计三季度经济增长可能会低于 7%,四季度将有所回升达到 7% 以上,可以实现全年增长 7% 左右的目标。今年出台的扩内需政策大部分会在明年发挥作用,2016 年的经济增长不会低于 7%。张长春、汪文祥也对我国三、四季度及明年的经济增长形势持乐观态度。

——就业。杨宜勇认为,2016 年就业形势不容乐观。建议城镇登记失业率指标控制在 4.5% 以内,全年城镇新增就业岗位计划必须达到 1200 万以上。

——物价水平。臧跃茹认为,2016 年,国内外总需求平稳偏悲观,猪肉等食品新涨价势头放缓,国际大宗商品价格维持低位,国内原材料和能源价格接近底部,预测 2016 年 CPI 在 2% 左右,走势呈前高后低;PPI 同比降幅在 4% 左右,呈逐渐缩小趋势。

四、多措并举:稳投资、增就业、扩消费、促出口、防风险

陈东琪强调提出,2016 年经济走势尚不明朗,要促进经济持续稳定增长,采取什么样的宏观政策组合十分关键,是采取"双稳健"还是"一紧一松",如何安排赤字率,货币增长量走势,发债总规模预测等;明年经济增长的动力是什么,投资、出口还是消费,如何培育新增长极和新增长点;财税、金融、投融资、垄断行业和社会保障等重点领域体制改革如何促经济转型发展,为经济增长提供持久动力;国际经贸环境变化、美联储加息预期,跨国(境)资本流动趋势对我国形成如何影响等问题,需要抓紧研究。预判明年各项指标走势,稳中求进必须要落实到稳投资、增就业、扩消费、促出口、防风险五个方面,但明年要全面实施"消费主导、供给创新"的总量政策,通过加大改革来促结构升级和持续增长。

马晓河认为,我国经济的主要矛盾是需求不足,要供给创新和需求扩张"双侧"发力,需求侧是重点。建议围绕需求调整投资结构。一是实施有利于县乡扩大投资、有利于中低收入者扩大消费的"两下"投资政策。二是实施有利于扩大最终需求的收入政策,将 2300 元/年的贫困线上调至 2900 元/年(世界银行已将贫困线标准上调至 1.9 美元/天),将个人所得税起征点上调至 5000 元的"两调"政策,以及养老补助由 70 元/月增补至 200 元/月,城镇居民基本医疗补助由 380 元增补至 500 元的"两增"政策。三是积极有效推进城镇化,加快解决 1 亿农业人口的市

民化问题:特大城市由严格控制人口规模调整为创造条件积极吸纳人口;大城市由合理确定人口规模调整为放宽条件吸纳人口;中等城市由有序放开调整为适度放开。关于个人所得税调整,张长春、史育龙也持同一观点,而且建议对小微企业税收优惠进一步扩大。

吴晓华建议,当下要尽快实施立竿见影的政策措施。一是要开展大规模的政府采购,消化现有的过剩产能。二是要大规模减税让利,增强投资和消费的可持续性,起到放水养鱼的政策效果。

毕吉耀建议,在外需增长乏力的境遇下,要寄希望于国内需求创造。面对诸多措施没有形成合力、投资效率较低的实际,要努力把各地分散的投资集中到中央来。建议:一是增发国债,搞基础设施建设,利用"一带一路",消化过剩产能;二是汇率要跟着市场走,可适当放大波动程度。

张汉亚、杨宜勇建议在实施宽松的货币政策的同时,建议加快民营银行发展,尽快从试点转向推广,实施灵活的利率政策;尽快落实"双创"政策,鼓励民营经济发展的 600 亿元基金要尽快到位。

张汉亚、汪文祥建议,放开地方政府的发债权,对有项目建设的企业减免部分税收或延缓税收,并取消与投资建设有关的收费。

张长春建议,稳定竞争性领域的有效投资,如内需中的旅游休闲、养老、医疗领域,国内市场中的 3D 打印、数控机床、机器人等领域;稳定外需的装备制造,钢铁、水泥过剩产能随工程包向海外转移;增强医疗、教育等公共物品和电信、电力等基础设施供给能力,利用信息化手段提升服务质量。

汪文祥建议,落实已出台稳投资的政策措施。如下调资本项目资本金政策;巩固房地产市场投资信心和市场预期,对大城市限购政策进行深度调整,鼓励支持房地产开发企业采取投资商、运营商方式,参与城市建设、旧城区改造、城市公用事业和工业园区的投资建设。

黄汉权建议,加大工业领域去产能力度,包括调整产业政策方向,完善去产能政策措施,推进优势产能国际合作和装备走出去;培育壮大战略性新兴产业,通过减税、财政补贴、金融支持降低创新成本,消除融资的制度性障碍;完善服务业发展的体制机制,促进服务业有效开放。汪文祥则建议,要改革产能过剩行业的调控方式,运用市场化方式解决问题。

史育龙建议,要更加关注湖南、湖北、安徽等潜力地区发展;努力促进城市转型升级,以城区老工业区搬迁改造工作为突破口,重点支持旅游、商贸物流等服务业发展;支持中西部规模较大且增长迅速的县域中心,加大对交通路网、基础教育、公共卫生、生态建设和环境保护方面投入;加大政策协调力度,给地方政府在资金统筹使用等方面更大的自主权。关于中小城市、小城镇、美丽乡村建设公共设施投资,汪文祥也支持上述观点。

臧跃茹建议,2016年,在结构性通缩压力下,要综合运用财政、货币、价格等政策工具,全力防范结构性通缩演化为全面通缩。

汪鸣建议,要从增加投资供给、培育新兴需求、提升技术装备、优化制度保障等方面,加大清障碍、减审批、保投资、创服务力度,加快交通运输转型升级。一是完善交通网络,弥补设施短板;二是提升服务水平,培育新需求;三是加快信息技术创新引领,强化交通运输设施、服务间的联动融合;四是优化协调机制,创新政府管理与政策方式,为地下管廊、房车营地、汽车租赁、通用航空、综合枢纽、轨道交通等的发展清除体制、政策和审批障碍。

能源所王仲颖副所长建议,提高终端用能电气化水平。一是尽快出台和落实符合市场经济运行规律的电力体制改革方案,在5—10年内建立起一个完全竞争的电力市场。二是加快落实电力体制改革和创新产业发展试点工作,特别是由国务院批复的发展规划。三是国务院应加强对其所批复规划的监管,严格问责规划的实施情况。

汪海建议,要发挥改革的效能主要是完成好促改革方面的两大任务。一是继续做好重大改革方案的制定出台工作。二是做好已出台方案的贯彻落实工作。特别是第二项任务,打通改革落地"最后一公里"是一项艰巨而意义重大的工作,如国企改革、垄断行业改革等。关于改革,张长春建议要坚定不移地深化细化行政审批、监管服务改革。实施准入负面清单、行政审批清单、政府监管清单。破除不同所有制经济的政策堵点。破除人员流动的政策障碍。加快农村集体经营性建设用地的出让流转,释放部分人群购房购地的潜力。

李　军　刘中显整理

十月份报告

就业形势喜中有忧　政策措施应当做实

随着经济增长速度逐季度缓慢下探,就业增长形势十分微妙,城镇失业率也着实让人担心。有的经济学家说:GDP 增速趋缓,就业形势依然很好,失业率也几乎没有什么变化,短期可以理解,但是自去年以来,长期如此,令人难以理解,难道奥肯定律不管用了?"失业意味着生产要素的非充分利用,失业率的上升会伴随着实际 GDP 的下降",描述失业率和 GDP 之间这一关系的经验规律称为奥肯定律。按照奥肯定律,GDP 每增加 2%,失业率大约下降 1%;劳动参与率将增加 0.5%;每小时薪资将增加 0.5%;劳动率增加 1%。因此有专家说:中国现存的失业率数据全称为"城镇登记失业率",指的是无就业而要求就业并在政府指定机构进行求职登记的人员。由于登记失业要求主动申报,手续繁琐、条件苛刻,不能真实反映城镇非农业劳动力的失业情况。数据上看,全国各城市的登记失业率长期维持在 4%左右,不随着经济周期的波动而发生变化,早已成为宏观调控决策的鸡肋,弃之可惜、用之乏力。2015 年 7 月 14 日,国际货币基金组织公开发布的一份报告指出,从过去的失业率调查上看,中国经济放缓并未影响就业状况,但这种调查忽略了影响就业的一些因素。

事物总是一分为二的。当然也有的经济学家说:产业结构发生了变化,虽然制造业 GDP 比重下降,但是服务业 GDP 比重上升,服务业就业弹性高于制造业,故就业岗位增长势头不慢,失业率也没有什么变化。这是目前主流的看法。经济下行而失业率不增,也意味着我国中长期劳动力紧缺的现实,政府在计划生育、移民政策等领域可能也要有所作为,以迎接未来潜在的危机。上述两种截然相反的观点纯粹是从宏观上观察和思考得出的结果,似乎都有道理。但是,在我们下去调研的过程中,除了各地情况汇报会上的照本宣科以外,私底下也了解了微观层面的一些变化信息和迹象。

辽宁少数企业给职工放长假,农民工提前返乡比例上升。国庆节前,我们去辽宁调研,省社科联的一位专家跟我讲,现在辽宁经济增长不容乐观,完不成年初人大通过的计划。下午4—6点,我们走在沈阳到阜新的高速路上,发现比广州到深圳高速晚上0—2点还要清静,整整两个小时同向的大车只看到几辆,小车也不多。看到的是广阔苍茫的原野和寂寞的高速公路,叫人好生寒冷。一个大学教授告诉我,沈阳一些工厂开始职工分批轮流放长假了。我说这个信息很重要,你要给我提供这些工厂的具体名单。他说地方政府不让往外说。我说你至少得给我举个例子。他提供沈阳客车厂九月份已经开始给一部分职工轮流放长假了,因为订单和任务不饱满了。我再请教放长假的待遇,他说一般只发基本工资,这也是企业降低成本,渡过经济冷淡期的合理做法。

第一次来阜新,我说没想到阜新市没什么人气,他们说现在街道上是今年人最多的时候了,仅仅次于春节。我向阜新市有关部门领导私下打听,也向市发改部门、农业部门的干部私下确认(有的说回来了三分之二,有的说回来了至少一半),现在农民工提前回来的超过了50%。我问为什么会这样呢? 他们说一是外边的活少了,没有工作岗位了,不得不回来;二是外边的工资下降了,为节约生活成本支出,主动选择回来。比如一个泥瓦匠,原先在沈阳打工每天的工资是200—300元,现在活少了,每天的工资是80—120元,现在农村帮工的工资也是每天80—100元,而且还没有城市巨大的生活成本,必须得回来。但是,回来后80%的农民工依然没有活干,在城镇闲荡。在朝阳市调研,我看到了类似的情况,只是有几条大马路在修,尘土飞扬,市里一个专家告诉我朝阳和阜新差不多,好不到哪里去。最糟糕的是,这里的人们对当地的经济发展没有信心,都想离开这个地方。

民用建筑设计院在裁员,房地产企业悄悄通过"互联网+"转型。节日期间,遇到北京华远地产总经理孙怀杰先生。他告诉我,北京市民用建筑设计院今年5月份以来都在裁员,目前裁员力度已经达到30%—50%。我问怎么回事? 他说设计民用建筑业务大幅度滑坡,设计院对未来也不看好,养不起多余的人了。孙怀杰认为,房地产企业主动去做社会责任的事情,甚至关系到生存空间,必须业务多元化,目前在物业服务"互联网+"方面值得下功夫。中小房企日子不好过,很多企业已退出地产业务。地产行业已不属于高利润行业,之所以大型房企还能赚钱,是因为他们联合起来去做集中采购,把建筑、人工、资金等成本全部控制在低范围内。房子越来越不好卖了,因为房子总体上已经盖多了。三、四线城市房地产快崩盘了,只有一线、二线城市房地产还可以挣钱。华远地产也在深度发展,不多元化没有前途,比如把360智能化,在安全、宜老、小孩等服务方面深入在做,已陆陆续续推出一些新产品。现在华远集团已经做得较为成熟的产品:儿童手环、移动摄像监控系统、随身 WIFI、智能音响。房地产企业要发挥物业优势，只有主动、积极地去做事情，企业才有可能长期发展下去。后来，我遇到一个清华毕业的民营建筑设计院的院长，她现在也在设计主业以外提供多元化服务，以便安全渡过一般建筑清淡期。

云南美丽家园建设有亮点，返乡农民工找到新就业岗位。九月中旬在红河州调研时，我打听了农民工回来的情况，也回流了 20%，但由于红河的美丽家园建设比较好，吸纳了其中的绝大部分。近两年来红河以美丽家园为主题，以推进人口、产业和公共资源聚集为核心，以"以房惠民、以房带产、以房聚财、以房扩需、以房促变"为根本，以房、村、镇、城四个层次的改造提升和建设为内容，加快统筹城乡发展，提升人居环境质量，共享宜居幸福生活，全面建设小康社会。总体目标是计划从 2013 至 2020 年，用 8 年的时间完成危房拆除重建和旧房改造提升 51.6 万户，建设秀美村庄 6800 个、特色集镇 140 个（含 6 个农场、1 个难民管理区）、标准化乡（村）级卫生院（室）665 所、标准化乡（村）级敬老院 190 所、标准化中小学校 300 所、乡（村）级幼儿园 450 所，消除中小学 BC 级校舍面积 87.2 万平方米、D 级校舍面积 64.2 万平方米，完成棚户区改造 2.5 万套、城镇保障性住房 513.52 万平方米。

通过两年的不懈努力，红河州"以房惠民、以房带产、以房聚财、以房扩需和以房促变"的示范引领效应明显体现，形成了工作有力、稳步推进、稳中有快、快中有进、进展明显的良好局面，红河全面建设小康的步伐迈得更加稳健、坚实。2015 年上半年红河州生产总值同比增长 10.1%。过去二十年的建设重点、增长点在城镇，未来二十年建设的重点、增长点在农村。

适时启动全面二胎政策，尽快改革户籍和收入分配体制，提升居民消费能力，持续提高经济潜在增长率。有专家认为户籍及农业制度改革滞后，使得劳动力无法顺利向城市及服务业转移，从而使生产率增速变慢。再加上少子化和老龄化的影响，劳动力的减少也将潜在增长率拉低。改革既是红利，也是主动适应经济新常态的唯一出路。

胡润研究院最新数据显示，截至 2015 年 5 月，中国大陆千万高净值人群数量已达 121 万，同比增长 11%，千万高净值人群增长率达历年之最。亿元高净值人群数量 7.8 万，同比增长 16%。这表明收入分配结构的分化和固化，已经成为消费增长和结构性改革的阻力。

建议加快改革收入分配制度、户籍制度，并对新型城镇化建设进度和质量进行综合评估，通过改革和发展提升劳动者就业和收入水平及城乡居民家庭消费能力，持续提高经济潜在增长率。

　　综上所述,伴随经济增速持续下滑,产生的失业下岗问题已经在基层不同程度地开始显现化了,只是央企和国企正式职工不许裁员而已(IMF 调查了中国东部某城市后也指出,中国国企受到政府的压力而无法自主决定裁员),这个问题必须引起高度重视,下面不能再只报喜不报忧了,上边也不能丝毫没有警惕性了。IMF 的调研报告认为,尽管目前中国国企过剩的工人绝对数量并不大,但比例却相当高,钢铁、矿产等产能过剩行业的许多大型国企,有着很高的劳动剩余比例。IMF 还称,大量农民工聚集在低技术含量的岗位,往往受经济下滑的影响比城镇工人更大,但失业后的农民工离开城市回到农村后,就被排除在城镇失业率调查之外了。

　　我个人初步预计 2015 年三季度或者四季度能够见底,但是这个底部是 L 型宽底,究竟多宽不好说,也许至少要延长到 2016 年上半年。IMF 预测 2016 年中国经济增速为 6.3%。

　　据此,我也赞同将 2016 年的经济增长预期目标定在 6.5% 左右。城镇登记失业率指标要控制 4.5% 以内,统计应该更加全面更加及时,适时全面推开城镇调查失业率指标。与此同时,建立企业非正式职工裁员和企业正式职工放长假报告制度。进一步全面改善营商环境。2016 年城镇新增就业岗位计划必须达到 1100 万以上,比上一年有所加码。否则,既不利于缓解失业下岗问题,也会让"大众创业、万众创新"成为一句口号,缺乏指标上的进步。

杨宜勇

大宗商品酝酿短期反弹
中期仍受双重因素制约

自 2014 年 6 月底开始,大宗商品价格进入新一轮下行周期。美国路透商品研究局全球大宗商品价格指数(RJ/CRB 指数)由 2014 年 6 月底的 313 点迅速回落至今年 8 月 20 日最低 185 点,最大跌幅为 41%。今年 3 月份至 5 月份,伴随美元指数回调,RJ/CRB 指数自 207 点产生一轮反弹最高升至 232 点,而后再度下行,8 月底至今维持低位反复震荡走势未再创出新低。RJ/CRB 指数本周期下行幅度已超过历史上非全球金融危机情况下的最大跌幅,反映出市场对经济下行风险的预期释放较为充分。预计短期大宗商品价格会受市场情绪转暖等因素影响产生反弹,中期仍受到经济运行周期和经济结构因素制约,难以出现反转,不排除进入较长探底时期的可能。

一、大宗商品价格大幅下跌后震荡筑底

原油价格宽幅震荡。今年 6 月底纽约 WTI 原油期货价格从 60 美元/桶快速回落,至 8 月 24 日最低跌至 38 美元/桶。目前,WTI 原油期货价格维持在 45—50 美元/桶区间震荡,较年初的 53 美元/桶小幅回落。今年以来,原油价格呈现 40—60 美元宽幅震荡的走势,在 45 美元下方停留时间较短,很难超过 2 周,即出现快速反弹,表明下方支撑力度较强。预计在油价下跌导致北美地区页岩油生产受到冲击、全球原油需求保持稳定等因素作用下,原油价格难以再度破位下行。

铁矿石价格止跌企稳。截至今年 7 月 9 日,上海期货交易所挂盘的铁矿石主力合约,最低跌到 330 元/吨,较 2014 年 6 月的 720 元/吨和今年年初的 520 元/吨分别下降 54% 和 36%。随着国际四大矿石公司逆势增产倒逼高成本矿石供应商退市,在铁矿石价格上更加具有话语权,扩产动力将有所减弱。7 月至今,铁矿石

价格未再随 RJ/CRB 指数创出新低,并呈底部逐渐抬高的反弹态势,目前位于 360—420 元/吨区间震荡,意味着 7 月低点或成为本轮周期下行低点。

基本金属价格弱势震荡。今年 8 月 24 日,伦敦金属交易所挂盘的铜期货价格最低跌至 4855 美元/吨,较年初的 5600 美元回落 13%,目前位于 4900—5400 美元/吨区间低位震荡。铝、镍、锌等其他基本金属维持低位震荡走势。近期随着价格下跌,投资者情绪明显分化,主要供应商纷纷爆出减产决定,促使价格反弹。预计在市场情绪根本恶化之前,基本金属价格难以破位下行。

贵金属价格探底回升。今年 7 月 20 日,纽约商业交易所(COMEX)黄金价格受到美联储加息预期影响,最低下探 1070 美元/盎司,较年初的 1180 美元/盎司回落 10%。目前,受到美联储加息预期减弱影响,截至 10 月 23 日,最高回升至 1190 美元/盎司附近,白银追随黄金走势,较年内低点已回升 13%。因大众汽车排放丑闻导致市场对柴油车前景看淡而对汽油车需求增加,铂金、钯金价格走势分化。铂金价格于 10 月 2 日下探本轮低点 893 美元/盎司后,截至 10 月 23 日,最高反弹至 1126 美元/盎司。钯金价格于 8 月 24 日最低跌至 522 美元/盎司,截至 10 月 23 日,最高反弹至 724 美元/盎司,较年内低点回升 38%。预计贵金属价格受到投资者情绪分化、部分国家央行增加黄金储备、生产成本提升等多重因素作用下,仍将维持温和回升走势。

农产品价格跌势趋缓。2014 年 4 月底以来,在美国上市的大豆、小麦、玉米三大主要农产品期货价格经历大幅下跌走势,尤其是去年 4 月份至 10 月份,三大农产品期货价格联袂下跌 30% 以上,截至 10 月 23 日,大豆、小麦、玉米价格分别较今年年初下跌 13%、17% 和 4%,目前维持低位反复震荡走势,跌势趋缓。近年来,全球粮食连获丰收,供求关系较为宽松,价格走势相对偏弱,但仍然跟随主要大宗商品走势波动,难以走出独立行情。目前较低价位吸引了部分投资基金抄底,预计农产品价格有望展开小幅反弹行情,目前价位难以直接破位下行。

二、大宗商品短期有利因素正在积聚

经济放缓预期充分释放。本轮 RJ/CRB 指数调整自 2014 年 6 月底 313 点始,到今年 9 月收盘价 193 点,已有 17 个月,跌幅达 38%。从历史上看,此跌幅仅次于 2008 年金融危机时的 54%,高于 1997 年亚洲金融危机的跌幅 29% 和 20 世纪 80 年代拉美债务危机两轮的跌幅 32%、29%,幅度十分惊人。这说明市场对经济下行风险的预期十分明确,风险释放较为充分,在欧美发达国家经济温和复苏的大环境下,如我国经济能够一直维持中高速增长态势,则大宗商品价格向上反弹的动力将十分强劲。

表1　1971年以来RJ/CRB指数历次中期调整情况

起止月	持续时间(月)	下跌点位	跌幅
1980. 12—1982. 9	22	自334点至228点	32%
1984. 6—1986. 7	26	自283点至200点	29%
1988. 7—1989. 7	13	自265点至221点	17%
1990. 5—1992. 10	30	自246点至200点	19%
1996. 5—1999. 2	34	自256点至183点	29%
2000. 12—2002. 1	14	自230点至188点	18%
2008. 7—2009. 2	8	自459点至211点	54%
2011. 1—2012. 6	18	自370点至270点	27%

继续下跌受到市场多头抵抗。随着大宗商品价格持续下跌,部分大宗商品价格跌破厂商生产成本上限,导致市场中多空双方激烈博弈。近期,全球大宗商品巨头嘉能可9月份宣布关闭位于刚果和赞比亚的两座铜矿18个月,预计减产40万吨,促使铜价脱离年内低点;本月又宣布削减锌产量50万吨,致使锌价单日上涨超过12%。7月份以来,随着原油价格维持低位,美国原油产量自峰值迅速下滑。据统计,目前美国活跃的钻井平台数量为2010年来最低水平,在10月的第一个交易周,伴随市场炒作叙利亚局势和美国供应紧缩,原油期货周涨幅接近10%。农产品方面,美国农业部在10月9日公布的供需报告中披露的2015/2016年度大豆和玉米产量低于市场预期,其中下调美豆产量多达11.95%,目前预估量仍比上年产量低了0.99%,多头借机炒作,国内油脂市场实现大涨,价格迅速脱离年内低点。

总体上看,全球大宗商品的供需格局总体上仍难以发生改变,如再度下滑,大宗商品将会迎来供应收缩的信号,推动价格反弹。

美联储加息预期一再延后,美元将进入调整期。受到大宗商品市场美元定价体系和国际资本流向的影响,大宗商品价格和美元汇率走势往往呈现反向波动趋势。从历史上看,大宗商品1980年到1986年的两轮跌势,和1996年到2002年的两轮跌势,均伴随着美元为期5—6年的上升周期,美元和大宗商品价格呈现"跷跷板"效应。大宗商品价格难以独立于美元走强,单独展开下跌趋势。

今年9月的美联储议息会议决定维持利率不变。会议纪要显示,美联储认为通胀面临下行压力,并希望看到全球经济放缓并未拖累美国经济偏离正常轨道后再行动。特别是远逊于预期的 9 月份美国新增非农业就业人口数据公布后,市场预测美联储首次加息的时点再度延后。根据在芝加哥商品交易所上市的美国联邦利率期货价格测算,目前市场预测美联储首次加息概率的峰值已从之前的 2015 年12 月,推迟到 2016 年 3 月。市场中甚至有声音认为,美联储加息预期应该结束了,目前是应该讨论新一轮 QE 的时候了。这些信号均不利于美元走强。我们认为在美联储首次升息前,美元难以展开新一轮升势,美元指数在未来 1—2 个季度,应以温和调整为主,难以突破 100 整数关口。这将对短期内大宗商品价格形成有力支撑。

三、大宗商品中期仍受经济周期和经济结构因素压制

国内经济尚未走出此轮经济下行周期。据统计,从 2002 至 2012 年,中国制造业总共消耗了世界 50% 的金属资源。因此,大宗商品的价格走势很大程度上受到中国因素的影响。国内看,9 月份 PPI 同比下降 5.9%,这是从 2012 年 3 月 PPI 转负以来连续第 43 个月下降,仍难看到见底迹象,表明化解产能过剩任务十分艰巨。制造业方面,反应中小企业状况的 9 月财新制造业 PMI 指数为 47.2,这是该指数连续第 7 个月维持在 50 的荣枯线以下。投资方面,截至今年 8 月,固定资产投资完成额持续逐月下行,反映未来投资变动趋势的施工项目计划总投资和新开工项目计划总投资分别仅增长 5.1% 和 2.7%,显示未来投资增速下行压力加大。房地产方面,随着一系列政策出台,房地产消费增速持续回暖,但房地产投资增速持续下滑,显示房地产市场仍处于去库存周期,开发商对未来持谨慎态度。因此,能矿类大宗商品需求仍然会维持总体疲软的状况。从供给看,目前,国际金融危机前后大规模新投资的矿山陆续进入产能释放周期,供给面较为宽松。预计 2—3 年内,能矿类大宗商品仍会维持整体上供大于求的态势。

美元指数上升周期未结束,调整后仍有可能开启第二波升势。尽管短期内受到全球经济放缓影响,美联储加息时点有所延后,但美国经济基本面复苏的趋势仍然没有改变。2008 年全球金融危机以来,主要国家资产负债表呈现明显分化态势。从杠杆率水平来看,美国的资产负债表得以缓解,杠杆率降至危机前水平,特别是居民部门的杠杆率。据测算,截至 2015 年一季度为 77%,较 2008 年年底降低了 18%。2011 年 11 月欧洲央行宣布购买 2000 亿欧元政府和私人部门证券,开启欧洲去杠杆周期。而我国强力加杠杆进行逆周期对冲,企业部门和地方政府的杠杆

率加速上升。据测算,2008—2014年间,非金融企业杠杆率由98%提升到149.1%,猛增了51%以上,风险加大。巴西、俄罗斯等其他新兴市场,国际金融危机后大幅加杠杆,但从2013年开始难以顶住压力,即以货币贬值开启了去杠杆进程。从中期看,主要国家杠杆的回落和上升的承启是未来全球大类资产表现的核心因素。前期杠杆率急速膨胀的新兴市场将继续承压,欧美风险资产的吸引力会随着其加杠杆进程的开启而增强。具体来说,美国消费者支出在美国经济活动中的占比超过三分之二,是经济中的一大亮点。从10月份的美国密歇根大学消费者信心指数看,目前消费者对未来个人财务状况的预期是2007年以来最乐观的。因此,美国经济仍然有持续复苏的动能,明年甚至今年晚些时候美联储仍有可能加息,并引导美元开启新一轮升势。

全球经济增长动力转换,经济增长对大宗商品需求减弱。本轮大宗商品需求放缓除受周期性因素影响外,还受到结构性因素影响。目前,全球经济发展开始向信息化、智能化等高技术领域发展,经济发展中传统行业推动力下降。以我国钢铁行业为例,据统计,2014年我国钢铁产量为11.4亿吨,产能利用率低于70%。发达国家人均钢铁需求量为700—1000公斤/年,按照我国13亿人口测算,从消耗资源量测算,目前钢铁产能已经能够基本满足未来我国城镇化建设的需求,未来对铁矿石需求增长的动力不足。因此,在主要发达国家需求保持稳定,主要发展中国家推进经济结构调整的共同作用下,大宗商品需求短期内很难快速增长。

总体来看,预计大宗商品在未来1—2个季度可能随着美元指数温和回调产生一轮反弹,而后受到美联储加息开启新上升周期后,再度开启下行走势。从长周期看,由于当前大宗商品价格保持低位抑制了新增矿山和油井的投资,将会影响3—5年后大宗商品的供应。届时,伴随着我国经济结构调整的逐步到位和美元上升周期的结束,大宗商品有望开启大周期上升波动。

严纪元

政策措施"添火加力"　集合效应不断显现

今年以来,面对错综复杂的国内外形势,党中央、国务院审时度势、果断决策,出台了一系列稳增长、促改革、调结构、惠民生、防风险政策,综合施策,强化落实,激发增长潜力、释放改革红利、推动转型升级、促进民生改善、强化风险管控,政策集合效应不断释放,经济运行呈现稳中有进、稳中向好的发展态势。

一、稳增长政策组合发力,经济运行总体平稳

创新宏观调控方式。在坚持区间调控基础上,更加精准有效地实施定向调控和相机调控,经济向好的基本面得到巩固。主动适应经济增速放缓的客观规律,把握住增长的底线,设定科学合理的调控目标区间,不搞"大水漫灌",实施"喷灌"、"滴灌",增强政策的针对性、前瞻性、灵活性。实施供需双侧管理,既利当前又惠长远,在注重需求管理的同时,强调扩大有效供给,着力熨平经济短期波动,化解深层次矛盾,挖掘经济增长潜能。增强政策之间的协调性,强化财政、货币、投资、价格、区域和产业等政策的协调配合,保持政策的连续性和稳定性,确保经济行稳致远。对于今年以来出台的各项经济政策,各方评价反映普遍积极,据国家信息中心互联网大数据分析显示,网民对政策的满意度达到90%以上。

加大政策措施力度。继续实施积极的财政政策和稳健的货币政策,搞好总量政策的组合搭配,适时适度预调微调,稳定发展预期。通过扩大政府支出、盘活财政存量资金、结构性减税、普遍性降费等财政政策措施,既扩大了总需求,减轻了企业负担,也使重点领域支出得到较好保障。1—9月,全国一般公共预算支出12.06万亿元,同比增长16.4%,比去年同期进度加快2.7个百分点;中央和地方各级财政已收回沉淀和违规资金逾3000亿元,统筹用于民生等急需领域的重大项目建设;通过4次降准和4次降息,及时灵活采取逆回购等公开市场操作,引导市

场利率下行,缓解市场流动性偏紧局面,带动信贷需求和投放增加,有力地支持了实体经济的发展。9月末,广义货币(M2)增速为13.1%,达到预期目标。前三季度人民币贷款增加9.9万亿元,同比多增2.34万亿元。

挖掘三大需求潜力。充分发挥投资的关键作用、消费的基础作用、出口的支撑作用,提振发展信心。切实扩大有效投资,选择了一批具有全局性、战略性、基础性影响,体量大、关联广、带动性强的项目,在去年设置水利、交通等7大投资工程包基础上,今年又设置了新兴产业、现代物流、轨道交通、增强制造业核心竞争力4大投资工程包,下调了除过剩行业外的投资项目最低资本金比例5—10个百分点,通过向国开行、农发行发行专项债的方式,为政府公共投资筹措专项基金。截至9月底,中央投资计划已全部下达,国家发展改革委共审批核准固定资产投资项目218个,总投资18131亿元。这些投资有利于补短板加强薄弱环节建设、打基础增后劲、调结构促创新。稳定消费需求,推出信息消费、绿色消费、住房消费、旅游休闲消费、教育文体消费、养老健康消费六大领域消费工程,将消费金融公司试点扩大到全国并将审批权下放到省级部门,进一步巩固了消费平稳增长势头,消费结构不断升级。社会消费品零售总额增速持续6个月回升,商品房销售持续回暖,与住房消费有关的家电类、建材类、家具类商品开始提速,通讯器材类商品和网上零售继续保持30%以上的快速增长,旅游消费呈现良好的发展态势。促进出口好转,实施调整关税、新增自由贸易试验区、促进服务贸易发展和跨境电子商务发展等政策措施,着力扭转出口负增长局面。截至9月份,中国外贸出口先导指数结束了连续下滑走势,出口增速降幅已连续2个月收窄,而且我国对美国、欧盟、日本、东盟等四大主要贸易伙伴的出口情况均出现改善,后市预期向好。

二、改革开放纵深推进,发展难题正在破解

行政审批改革增强市场主体活力。今年以来,简政放权、放管结合、优化服务"三管齐下",推进"三证合一、一照一码"登记制度改革,中央层面的投资项目在线审批监管平台横向系统开始试运行,推行众创、众包、众扶、众筹等"四众"新模式、新业态,为大众创业、万众创新清障搭台。改革后,市场准入程序更为便利、内容更为完善、流程更为优化、资源更为集约,极大地简化了市场准入手续、缩短了办事时限,降低了投资创业成本。根据试点地区统计,原来办理营业执照、组织机构代码证、税务登记证,平均需要1个月左右。改革后,只需填写一张表格、20多项数据,平均3个工作日就可拿到"一照一码"的营业执照。前三季度全国新登记市场主

体 1065.5 万户,比上年同期增长 15.8%,平均每天新登记企业达 1.16 万户。三种专利申请量达 187.6 万件,同比增长 22%。

财税改革综合成效显现。预算制度向着全面规范、公开透明的方向不断迈进,预算约束性不断强化,扩大了地方政府决策自主权,提升了资金使用效率。营改增改革进一步推进,相关税种逐步调整,减税降费力度不断加大,预计全年可减税 4000 亿,强化了税制对经济的调节作用,降低了企业负担、激发了市场活力,对经济拉动和促进结构调整效应显著。大力推广政府和社会资本合作(PPP)模式,发挥财政资金"四两拨千斤"的引领作用。去年年底以来,财政部推出了 236 个国家级 PPP 示范项目、总金额达 7400 亿元,国家发改委推介了 1043 个 PPP 项目、总金额近 2 万亿,国家设立 1800 亿中央级 PPP 融资支持基金,河南、安徽、江苏、山东等省相继推出千亿级规模 PPP 发展投资基金,有效带动了社会投资,提升了公共产品和公共服务的供给效率。

金融改革增强实体经济支撑作用。第一批五家试点民营银行全部开业,第二批民营银行正在筹备设立,民资设立商业银行正在全面铺开,在提升微观金融效率、缓解民营经济和小微企业融资约束方面发挥了积极作用。利率市场化改革取得突破,拓宽了金融市场参与者范围,有效降低了社会融资成本。9 月份,一般贷款加权平均利率 6.46%,同比下降 0.64 个百分点。汇率形成机制改革朝更加市场化的方向迈进,人民币兑美元汇率中间报价机制改革纠正了此前人民币汇率显著高估的偏差。资本项目开放和人民币国际化方面的改革有序推进,人民币国际使用的范围和规模稳步发展,目前人民币已成为全球第二大贸易融资货币以及第四大支付货币。

国有企业改革提高国资运行效率。今年中央相继发布了深化国有企业改革的指导意见及国企发展混合所有制经济等配套文件,明确了国企改革的总体要求、基本思路和配套措施。按照分类改革、分类发展、分类监管、分类定责、分类考核原则,推动国有企业改革,提高了国有资本配置和运行效率,推进了国有经济布局战略性调整,并加快培育和重构了更具活力和效益的微观市场主体。各地积极落实总体部署,目前已有 20 多个省(市、区)出台了国企改革方案和配套措施,通过股权多元化、整体上市、员工持股、科研院所改制等方式,积极稳妥推进混合所有制改革。

涉外体制改革提高开放水平。在积极总结中国(上海)自由贸易试验区经验基础上,复制推广外商投资管理、贸易监管、金融创新、政府监管等制度创新,增设了天津、福建和广东三个自贸试验区。外资审批制度改革稳步推进,外商投资项目实行备案制,新修订的外商投资产业指导目录限制类条目减少50%。"一带一路"建设取得了实实在在的成果,"六廊六路、多港多路"建设全面展开,中塔公路二期、中亚天然气管道D线等项目正在加快推进,莫斯科至喀山高铁、中老铁路、中泰铁路等项目合作有序推进,中国白俄罗斯工业园全面动工。前三季度实际利用外资增长9%,与全球跨国直接投资下滑形成明显反差。国际产能和装备制造合作步伐加快,已与17国开展了产能合作,与多国设立了产能合作、第三方市场合作、共同投资基金,前8个月轨道交通装备出口大幅增长23.8%。

三、结构调整步伐加快,经济迈向中高端动能正在积蓄

当前,我国经济正处在新旧动能转换的艰难进程中,中央通过实施结构性调控,坚定不移地推进结构调整,新的产业亮点和区域极点不断涌现,经济发展新动能正在加快生成。

产业结构调整亮点纷呈。今年以来,尽管工业增速持续下降,但新产业、新业态、新技术和新模式竞相迸发,生产性服务业和战略性新兴产业保持良好发展势头。服务业主导经济增长的态势基本形成,生产性服务业发展对产业转型的支撑作用不断增强。1—9月,第三产业同比增长8.4%,占GDP的比重上升至51.4%,同期提高2.3个百分点,北京等大城市金融、信息服务和科技服务等生产性服务业对地区生产总值贡献率明显提高。《中国制造2025》战略和《增强制造业核心竞争力三年行动计划》有效落实,前8个月高技术制造业增长10.4%,较工业增长高出4.1个百分点。11项"互联网+"行动计划加快实施,现代信息技术与传统产业加速融合,上半年互联网各领域总投资规模达到695.1亿美元,互联网经济总量不断提升,基于互联网平台的分享经济蓬勃发展。颁布实施了《关于加快推进生态文明建设的意见》,上半年单位国内生产总值能耗同比下降5.9%,主要污染物排放持续下降,产业绿色发展特征日趋显著。

区域新增长极加快形成。"三大战略"开始从蓝图向现实转化,启动实施了一批"一带一路"基础设施互联互通、能源资源、产能合作等重大项目,有序开展京津冀交通一体化、生态环保合作和产业对接协作,稳步推进长江经济带综合立体交通走廊、现代产业走廊和沿江绿色廊道建设。率先转型地区发展红利开始释放,各地区经济发展出现分化,但在中央调控政策及时有力、改革力度不断加大的背景下,一些前期率先推进转型的地区经济发展数据亮眼。上半年,重庆地区生产总值增长较全国高4.0个百分点,深圳先进制造业占全市规模以上工业

增加值的比重已达到 75.6%。特殊功能区建设取得新进展,出台了促进国家级新区、临空经济区发展指导意见,新设立湘江、福州等 4 个国家级新区,区域增长新极点加速培育。

新型城镇化扎实推进。以"一融双新多群"工作为重点,推进以人为核心的新型城镇化,城镇化发展质量不断提升。推动农村转移人口融入城镇,24 个省份和新疆生产建设兵团出台户籍制度改革方案。积极培育新生中小城市,加快推进新型城镇化"62+2"试点和 60 个产城融合示范区建设。着力建设新型城市,强化城市轨道交通、停车设施和地下综合管廊建设,积极推进产城融合和开发区功能转型。以城市群为主体的城镇化形态加快形成,编制发布了长江中游城市群规划,编制完成长三角、成渝、哈长城市群规划,城市群基础设施建设和一体化进程稳步推进。

四、民生保障日益强化,人民群众获得感明显提高

全年新增就业目标提前完成。大力推动创业带动就业,出台了创业扶持、创业服务、创业培训等一整套政策,形成了空前浓厚的大众创业、万众创新氛围,各类企业"双创"培育平台、孵化基金、创业集聚区加快成长,以大学生、年轻人为主的创业群体显示出旺盛的创造力,创业带动就业效应不断显现。截至 9 月 1日,高校毕业生初次就业率 77.7%,同比提高 0.2 个百分点。适应就业形势变化,在持续帮扶下岗失业人员再就业基础上,更加重视对高校毕业生为主的青年实施就业帮扶。着力减轻企业负担,引导鼓励企业稳定就业岗位。就业政策取得良好效果,前三季度全国城镇新增就业 1066 万人,提前完成全年目标,城镇调查失业率稳定在 5.1%—5.2%。9 月起,各地普遍开始落实扩大享受稳岗补贴企业范围的政策,进一步增强了政策促进就业的效应,为全年就业形势平稳提供支撑。

收入"两个高于"态势继续保持。继续着力提高城乡居民收入特别是提高劳动收入水平,已有 22 个省(市、区)上调了最低工资标准,上调幅度最大的贵州省较上年末提高了 28%。机关事业单位养老保险制度改革和配套增资措施全部落地,7 月末调整基本工资标准的兑现工作已全面完成。尽管前三季度经济下行压力较大,居民收入仍实现了"两个高于"的要求,城乡居民人均可支配收入累计达到 10931 元,同比实际增长 7.7%,高于同期 GDP 增速 0.8 个百分点。农村居民人均可支配收入同比实际增长 8.4%,高于同期城镇居民人均可

支配收入实际增速 1.6 个百分点。城乡居民人均收入倍差 2.83,比上年同期缩小 0.03。

社会保险扩面提标降费稳步推进。全面推进了机关事业单位养老保险制度改革,7 月份明确提出大病保险年内全面覆盖城乡居民基本医保参保人,各类社会保险覆盖人群和覆盖面进一步扩大。退休人员养老金再次上调,实现"11 连涨"。城乡居民养老保险基础养老金最低标准由每人每月 55 元提高至每人每月 70 元,社会养老保险保障水平有所提高。相继出台调整失业保险、工伤保险和生育保险费率的政策,失业保险费率由 3% 降至 2%,工伤保险实际平均费率 0.9% 左右降至0.7% 左右,部分地区生育保险筹资比例下调 0.5 个百分点,减轻了企业社保缴费负担,缓解了经济下行导致的企业困难。

保障性安居工程完成九成以上。全面推进保障性安居工程建设,加大开发性金融支持棚户区改造力度,前三季度,保障性安居工程完成投资 1.11 万亿元,基本建成套数完成年度目标任务的 92%,新开工套数已达年度目标任务的 130%,提前超额完成年度目标任务,其中棚改开工套数完成年度目标任务的 90%,千万住房困难家庭居住条件将得以改善。

五、着力防范化解风险,经济风险总体可控

资本市场风险管控及时有效。6 月中旬以来,我国股票市场出现异常波动,上证综指在连续 16 个交易日从最高点暴跌 30%,为防止动荡持续、风险蔓延,通过证金公司入场持股、限制场外融资和打击恶意做空等一系列措施稳定市场运行,通过修改不科学、不周全的市场规则完善市场制度,防止了股市风险通过资产负债表和信贷渠道向实体经济传导,股市进入自我修复调节阶段。在推进人民币汇率形成机制改革过程中,8 月中旬人民币汇率出现了大幅波动,通过加强在岸和离岸人民币汇率的市场化调控和管理,及时稳定了人民币汇率走势及预期。债券市场刚性兑付逐步打破,多家企业面临违约风险,但信用风险控制在个案范围内,并未构成系统性风险。

地方债务风险逐步化解。面对地方债务风险不断累积、偿付压力持续增大的问题,实施了规范地方政府债务、构建长效债务机制等措施。一方面堵后门,坚决制止地方政府违规举债,融资平台不得新增政府债务,绷紧地方债管控"紧箍咒"。另一方面开前门,打出"组合拳",允许有条件的地方政府自行发行债券、大力推广PPP 模式,加强政府债务举借、资金使用和偿还全过程、全口径管理,地方政府债

务风险得到有效管控。继续保持在建项目后续融资,以长期、低息政府债券置换短期、高息存量债务,前后分三批部署 3.2 万亿置换额度,已落实近 2 万亿,大大缓解了当前地方政府还本付息压力。

宏观院《前三季度经济政策评估》课题组

执笔人:吴晓华　郭春丽　杜飞轮等

明年经济增长的趋势、目标与政策取向

——明年经济工作思路研究和建议

明年是"十三五"规划的开局之年,也是处理好经济转型与稳定增长关系、结束 2011 年以来经济下行周期、转入新常态下新增长周期的关键之年。根据国内外形势的新变化和实现全面小康的新要求,准确把握经济社会发展新的态势、走势和趋势,科学确定宏观政策取向和措施安排,全面做好明年的经济工作,对当年和整个"十三五"意义十分重大。

一、经济工作总体思路

为了全面贯彻党的十八大和十八届三中、四中、五中全会精神,积极适应国内外经济发展新常态,减缓全球结构性通缩和需求紧缩对我国经济的持续影响,防止经济由连续几年的平缓下行演变为快速下滑,我们建议明年经济工作思路确定为:坚持"改革创新、消费引领、创业增收、稳中求进"(十六字)指导方针,以改革创新释放发展活力,以消费引领挖掘发展潜力,以创业增收提升发展能力,处理好稳增长、调结构、防风险之间的平衡关系,着力改善民生,提高人民生活水平和质量,实现稳中求进的经济社会发展目标。

改革创新。把改革创新、体制、科技和管理创新作为明年经济社会发展的第一推动力,用改革的思路破解发展难题,创新生产能力、要素和产业组织方式,不断完善改革创新的工作机制,把改革红利、创新活力和政策潜力叠加起来,以改革创新促发展、谋转型、增效益,为经济创造持续稳定增长的好势头。

消费引领。积极顺应全球化、信息化消费发展大趋势,在增强消费基础作用的同时,充分发挥消费需求对产业和企业的引领带动作用,采取有效的收入政策发掘释放消费增长潜力,以消费引领投资新方向,扩大有效需求规模,构建消费驱动经济持续增长的新格局。

创业增收。为了实现消费引领的发展目标,明年经济工作的重要任务之一是创业增收,通过增加劳动就业和居民收入不断增强城乡居民的消费能力。这就要求加强创业扶持、创业服务、创业培训,加快众创、众筹、众包、众扶(四众)等服务平台建设,切实解决创业就业中的实际困难,大力推动创业,带动就业,引导企业创造更多的就业岗位和机会,形成工资等劳动收入持续增长机制,通过拓宽个人投资渠道,鼓励个人向企业股权、资本市场和其他营利性资产进行投资,不断增加居民的财产性收入。

稳中求进。坚持多年来行之有效的稳中求进发展基调,全年要"稳"字当头,从稳增长的总目标出发,做好稳投资、稳消费、稳出口和稳市场、稳预期等各项工作,为全年经济社会发展创造一个稳定环境。以改革创新的精神,增强工作主动性、灵活性、针对性和前瞻性,在转方式、调结构、惠民生等方面取得新突破,实现经济社会发展的新进步。

二、经济增长目标和政策取向

在国际经济环境特别是需求环境整体偏紧、全球增长动力减弱的大背景下,我国明年经济增长走势很大程度上取决于国内政策的取向和力度。在宏观政策维持稳定不变情况下,明年经济的主要指标都有可能进一步下行。全社会固定资产投资增速有可能从多年来的"两位数"高速增长转为明年的"个位数"增长,其中房地产投资增速有可能正转负;全社会消费品零售总额增速也可能从"两位数"转为"个位数";工业增加值增速从6%以上降至5%左右;部分地区经济下行转为下滑,甚至出现负增长;新增就业回落至千万左右;经济总体增速再下一个台阶,降到潜在增长率6.5%—7%的区间以下,造成生产资源的闲置和浪费。为了防止出现这种"下行加剧"的增长趋势,引导经济从"下行"周期转向"回升"周期,为整个"十三五"创造一个持续稳定增长的势头,明年经济工作需要在快速推进结构性改革并在激活经济、搞活市场基础上,调整优化宏观政策框架,特别是加大总量政策宽松力度。为此,我们建议:在加快结构性改革措施落地生效基础上,实施消费主导的需求政策、创新驱动的供给(产业)政策和适度偏松的总量政策,三箭齐发,实现明年稳中求进的增长目标:投资增长力争实现10%左右、消费增长达到10.5%左右,工业增加值增速不低于今年6.5%的水平,城镇新增就业继续保持在1300万的规模,促使经济稳定在6.5%—7%潜在增长率水平,力争全年GDP增长6.5%以上。

1. 消费主导的需求政策

过去三十多年,总体上实行投资和出口主导的需求政策,这个政策在推动经济高速增长的同时也产生了一些问题。对投资和出口的过度依赖,不仅使我国经济发展更易受到外部需求变化的影响,而且投资的自我循环式发展更易产生产能过剩,付出了高昂的环境成本,降低了经济增长的质量和稳定性,也影响了人民群众更好地分享经济增长成果目标的实现。随着经济发展进入新常态,实现两个"中高"(经济增长保持中高速和产业升上中高端)客观上要求更好地发挥国内消费特别是居民消费对投资的引领和导向作用,这既能避免投资与国内消费脱节而产生的产能过剩和投资低效问题,又能降低外部市场变化对国内经济增长的冲击,增强内生增长动力,并使经济增长更好地惠及人民群众。

我国人均 GDP 在 2014 年已经超过 7500 美元,今年将超过 8000 美元,2020 年将过 10000 美元。世界经济史显示,一国只要进入"中上收入"发展阶段,国民的消费能力就会显著而持续提高。据有关机构测算,我国中等收入阶层以每年 1% 的比重在增长,目前中等收入阶层人数占全国人口的 19% 左右,我国已经成为全球中等收入人数最多的国家,占全球中等收入群体的 16.4%,目前已经成为全球最大的消费市场。随着收入水平的不断提高,消费结构正在加速升级,从带有一定模仿性质的排浪式大众消费,加速向个性化、多样化消费转变,消费新模式、新业态、新热点不断涌现。中等收入群体比重的不断提高和消费升级加快将释放巨大的消费增长潜力,为消费主导的需求政策提供巨大的潜在发展空间,消费将成为"十三五"及以后经济持续快速增长的关键支柱和主要驱动力。

2. 创新驱动的供给(产业)政策

为了给不断变化升级的新消费潮提供"既不过剩又不短缺"的产品和服务供给,明年和整个"十三五"要加快调整供给(产业)政策,核心任务是改变迄今为止"供求不对称"的产业发展体系和格局,改变目前生产和供给部分脱离有效需求特别是居民消费需求的"自循环"格局,改变跟不上现代消费趋势的旧生产体系,这就要求从明年开始的"十三五",要全面调整改变旧的产业政策和战略,实施"消费引领下的创新驱动发展"战略和新产业政策,加快实现经济增长从投资主导向消费主导、要素驱动向创新驱动转变。加快这两个转变,既是传统增长动力弱化背景下"稳增长"的必然要求,也是促进经济发展提质增效升级的关键举措。迄今为止的产业政策主要是数量扩张型的选择性、特惠式政策,虽然对吸引企业、扩大投资、经济增长等发挥了积极作用,但由于过多地以政府选择代替市场选择,带来了过度投资和产能过剩、降低资源配置效率、损坏市场公平竞争、腐败等诸多负面影响。

明年乃至"十三五"时期,产业政策要实现向创新驱动的普惠型政策转变。消费引领下的创新驱动供给(产业)政策,主要包括以体制改革为核心的制度创新政策和以科技进步为核心的技术创新政策。

一方面,实施以体制改革为核心的制度创新政策。坚持改革先行,构建增强创新驱动产业发展的体制机制。重点是减少产业准入行政审批,取消政府对企业的直接干预,提高产业发展的技术标准、安全标准、环境标准和节能环保标准等,更多地通过技术标准、质量管理和环保要求等门槛,鼓励社会资本投资,淘汰落后和过剩产能,引导产业健康发展,形成公开透明、优胜劣汰的市场竞争环境。对新产品、新技术、新业态采取宽松的准入条件,为创新和产业发展创造良好市场环境;积极推进服务业改革开放,破除行业垄断,深化石油石化、电力、电信、铁路、民航、医疗、金融、文化、教育等垄断性行业改革,进一步消除制约民间投资的制度性障碍,加快推进混合所有制发展的多种方式,扩大民间资本发展的市场空间。引导工业企业主辅分离,深化事业单位改革,促进服务业社会化、市场化发展。

另一方面,实施以科技进步为核心的技术创新政策。必须坚持企业主体,大力推进以市场导向的技术创新。重点是鼓励企业加大创新力度,落实企业研发费用加计扣除、研发仪器加速折旧等政策执行力度,增强政府采购自主创新产品、鼓励新产品示范应用等需求侧政策引导,加大政府研发投入力度,提高企业创新积极性;建立以企业为主体的产业技术研发体制,全面落实《中共中央国务院关于深化体制机制改革加快实施创新驱动发展战略的若干意见》,以改革科研项目管理体制为突破口,推动科技创新由技术供给导向型为主向市场需求导向型为主转变;加快教育和科研体制改革,完善股权激励、技术入股、收益奖励等收入分配制度,培养创新型、创业型人才,增强创新驱动产业发展的人才支撑;加强知识产权保护,实施更加严格的知识产权保护和执法制度,完善科技成果转化机制,健全知识产权交易体系。

3.适度偏松的总量政策

明年,经济发展总体上面临结构性通缩和结构性失业并存的压力,在此背景下,实施更加积极的财政政策和适度偏松的货币政策,既不会引发高通胀,也有利于创造更多就业机会,实现充分就业。所以我们建议:

明年的财政政策继续坚持"积极"取向。进一步扩大赤字规模至2.1万亿元,比2015年预算赤字规模新增4800亿元,赤字率控制在2.6%左右;新增赤字主要用于国家重大工程,跨地区、跨流域的投资项目以及外部性较强的重点项目;加大中央国债发行规模,并适当提高地方政府债券发行额度,继续适时推进债务置换工作,减轻地方政府偿债压力,为地方腾出部分空间用于其他必要的地方公共支出,保障地方公共服务的合理投入和基础设施建设的稳定供给,拉动地方经济增长;进一步加大力度盘活存量资金,统筹用于交通、水利、民生等重点领域支出;适当加大针对东北地区及其他困难地区的转移支付力度,并配合其他相关政策,增强其自主增长动力。

明年的货币政策可选择"适度(中性)偏松"取向。将全年货币供应量M2增速稳定在14%左右,新增信贷12万亿元左右,社会融资总量达到20万亿元左右;进一步降低存款准备金率和利率,用4—5次降低存准率共计3.5个百分点,用1—2次下调存贷款基准利率共计0.5个百分点;在保持汇率总体走势基本稳定的大局下,根据市场情况渐进释放人民币贬值压力,防范资本大规模流出风险;稳定股票市场,发展多层次资本市场,进一步完善资本市场融资功能。

三、重点措施建议

1.扩消费措施

明年社会消费品零售总额继续保持两位数增长,力争达到10.5%左右,为此应采取的措施包括:积极培育消费新增长点,着力发展基于新业态和新理念的两新消费,实施节能家电积分补贴制度,建立促进节能环保消费的长效机制;在逐步降低购买补贴力度的背景下,通过降低使用成本鼓励形成使用新能源汽车的消费理念,包括优惠停车费和保险费,给予充电电价折扣等。着力发展"老幼"两端消费,鼓励市场主体通过产品创新和商业模式创新,提升老龄产品和服务质量,有效释放老龄消费需求,更好地提升老年人消费体验;积极培育以新生代儿童为对象的幼年消费,促进婴幼儿产品创新和质量改善,规范教育、家政服务和娱乐等相关服务消费发展。着力增强两类群体消费能力,加大财政对低收入群体转移支付力度,提高城乡生活困难群体的基本消费保障水平,稳步增强低收入群体消费能力;通过促就业、减负担和强保障,有效提高中等收入阶层的实际消费能力,使其真正成为支撑消费持续较快增长的主力军和主体力量。大力完善消费环境,进一步健全法律法规和完善行业标准,提高居民消费质量和消费体验;完善消费者权益保护相关法规以适应"互联网+"消费新业态的发展需求;清晰界定销售方、消费者和网络平台之间的权力和责任,明确纠纷管制和执法的地域管辖权;加快推进社会信用体系建设,搭建便利消费的社会信用平台,推进消费金融服务主体的多元化;适应大数据时代消费发展新要求,加快对私人数据信息使用的相关立法工作;发挥好产品标准促进供需联动发展的作用;在一般消费品领域,推进消费安全标准与国际接轨,促进提高国内产品质量和提振消费信心;在高科技消费品领域,积极发挥行业协会的作用,紧密结合行业发展的国际前沿,加快形成可动态调整的行业标准。

2. 稳投资措施

明年投资增速争取稳定在 10% 左右,为此应采取的措施包括:继续扩大转型升级重点领域投资,加大对智能制造、新材料、新能源汽车、3D 打印等高新技术和战略新兴产业的投资支持,建立健全督查、问责的常态化机制,促进重点项目及时推进。进一步增加新型城镇化建设投资,着力加大立体拓展、快速便利、绿色节能和人文关怀的投资。促进房地产业健康有序发展,适当放宽房地产交易限购政策,适度降低交易环节税费,保障房地产市场资金供应充足。鼓励新能源汽车投资,加快出台充电基础设施建设指导意见、汽车维修保养业监管细则与行业标准,加大城市充电基础设施建设力度。扩大城市地下管网、停车场等基础设施投资,进一步提升城市地下空间开发力度,减少城市地下综合利用掣肘,加强地下管廊同其他地下公用、商用等功能设施统筹规划,带动关联产业快速发展。着力解决农村"补短板"投资,继续加大农村电网、水利灌溉、粮食收储等基础设施升级改造投资,促进以农村输电网络及乡村道路等基础设施领域为主的投资规模。深化投融资体制改革,建设多层次资本市场,提高投资运用效率;通过加大财政资金出资比例及产权优惠等实质性措施,支持基建、民生等相关领域 PPP 项目加速落地。

3. 促出口措施

明年出口增速争取稳定在 5% 左右,为此应采取的措施包括:全面提升经贸合作水平,充分发挥比较优势,以国家"一带一路"战略和沿线国家基础设施建设为机遇,推动外贸商品结构优化,加快铁路、核电、建材等大型成套设备、装备及技术标准出口;推进国际产能合作,开拓全球产能市场,提升合作层次水平。创新外贸商业模式,推进跨境电子商务综合试验区建设,着力解决跨境电子商务的体制性、监管性问题,完善电子商务支付结算管理,促进跨境电子商务健康快速发展。提高贸易便利化水平,通过简政放权简化出口退税手续,完善出口退税制度,提高外贸服务效率。进一步清理和规范进出口环节收费,对未列入合规收费目录清单管理的一律取消,切实减轻出口企业成本负担。加快自贸区建设,推进上海、福建、天津、广东等自由贸易试验区建设,不断优化法治环境,创新行政管理体制,扩大投资领域开放,加强社会信用体系与合作服务平台建设。大力发展服务贸易,着力提升资本、技术密集型服务贸易规模,优化服务贸易结构,积极培育市场主体,放宽服务领域投资准入,支持各类服务业企业"走出去"在境外开展投资合作。优化口岸建设与海关服务,深化口岸及部门间协作,提升口岸工作效率,提高口岸开放水平与通行安全便利;加快海关特殊监管区域整合优化,完善产业结构布局,促进加工贸易转型升级与区域经济协调发展。加大出口信用保险支持力度,进一步扩大出口信用保险覆盖面,扩大信用保险保单融资规模,加大对开拓外部新兴市场企业的承保力度。

4. 增就业措施

明年城镇新增就业争取达到 1300 万左右,为此应采取的措施包括:加强创业融资服务,积极拓宽融资渠道,多渠道筹集创业基金,推动金融产品和金融服务创新,支持以创业带动就业;积极探索新型担保贷款方式,鼓励金融机构为创业项目提供融资支持;允许农村小型金融组织从金融机构融入资金,全面落实小额担保贷款政策,允许有条件的农民专业合作社开展信用合作,对农村金融定向实行利率优惠和税收减免。鼓励劳动者从事创业活动,落实税费减免政策,对高校毕业生、失业人员、返乡农民工、军队退役人员及残疾人从事个体经营的,免收管理类、登记类和证照类等有关行政事业性收费;加强创业政策扶持,对创业企业实行免职业介绍费、免劳动人事代理费制度;对在农村或农业创业的,享受各项支农惠农政策;对吸纳登记失业人员的创业企业,给予一次性创业补贴和岗位补贴。帮助企业稳定现有就业岗位,对困难企业,允许在一定期限内缓缴五项社会保险费;适当降低医疗、失业、工伤、生育保险缴费费率;允许使用失业保险基金支付社会保险补贴和岗位补贴;允许使用就业专项资金开展职工在岗培训。引导企业稳定职工队伍,引导用人单位加强在岗培训和人才储备,尽量不裁员或少裁员,规定用人单位经济效益下降或停工限产的,可采取灵活工作时间、安排职工轮岗或待岗、在岗培训和协商薪酬等方式。扩大培训范围,落实职业培训补贴政策,对参加创业者给予创业培训补贴;积极开展以高校毕业生、失业人员、农村富余劳动力和军队退役人员等为重点的创业培训,提高全民创业能力。改革职业教育体系,支持就业结构升级;加大雇主的参与,引导民营资本进入职业教育领域,建立以需求为导向的职业技术教育体系。

5. 提收入措施

明年城乡居民实际收入增速略高于今年水平,为此应采取的措施包括:鼓励"双创",不断提高劳动者就业水平,增加劳动收入;制定完善艰苦边远地区津贴增长机制办法,建立机关事业单位和企业相当人员工资水平调查比较制度,形成工资水平正常增长机制。拓宽个人投资渠道,增加居民财产性收入;实施综合与分类相结合的个人所得税改革方案,增加直接税比重,显著提高个人所得税免征额,减少对劳动报酬的征收力度,减少中低收入群体的税负水平;减轻中低收入群体税收负担,将赡养老人支出、子女高等职业教育支出、普通自住住房按揭贷款利息支出、"双创"贷款利息支出等在5000元以内部分允许进行个人所得税税前扣除。提高低收入群体收入水平,加大对农村居民的"精准扶贫"力度,将贫困线由2300元/年上调至2900元/年,将基础养老金最低补助标准由70元/月增补至200元/月,基本医疗保险政府补助标准从380元增补至500元。以增收促消费,以消费带投资,以消费性投资增加有效供给,以有效供给促经济持续稳定增长。

宏观院经济形势与政策研究小组组长:陈东琪

成员:吴晓华　王　蕴　杜飞轮　刘雪燕
　　　肖　潇　万海远　洪群联　罗　蓉
　　　卞　靖　曹玉瑾　李清彬　杜秦川
　　　刘中显

十一月份报告

依托"一带一路" 深化国际能源合作

今年 3 月,我国发布《推动共建丝绸之路经济带和 21 世纪海上丝绸之路的愿景与行动》。目前国内外能源形势正发生深刻变化,如何依托"一带一路"深化国际能源合作、推动能源绿色转型和国民经济社会持续稳定发展,已经成为我国新形势下能源发展必须作出的重要选择。建议做好以下八个方面具体工作。

一、开展全方位合作交流,营造良好外部环境

"一带一路"倡议提出后,一些国家对"一带一路"以及"一带一路"背景下的国际能源合作心存疑虑甚至误解,需要开展更广泛的合作交流,加大宣传力度。一是要充分利用高层外交平台,阐述"一带一路"国际能源合作的宗旨和内涵。二是利用联合国、上合组织、亚信峰会等国际组织,宣讲"一带一路"国际能源合作理念。三是利用民间协会、企业商会、海外华人华侨组织,传达"一带一路"国际合作的准确信息。四是利用研究机构或学术合作通道,加强与国际金融机构、国际能源公司和智库之间的交流沟通。

二、调动各方资源,制定科学有序的国际化和专业化规划

首先,深入开展国际调研合作,吸收专家进入团队。划拨专项资金对"一带一路"沿岸重点国家进行评估咨询,联合金融机构和企业开展专项评估,形成综合性高、专业性强的评估报告。其次,对"一带一路"能源国际合作项目科学分类,制定针对性分期规划,明确阶段性目标。依托企业和金融机构进行具体项目规划评估,作为整体规划参考依据。由国家外专局或相关单位牵头成立国际能源合作国际专家咨询委员会,提供国际咨询。考虑成立双边或多边规划合作委员会,开展联合规

划工作。第三,建立"一带一路"国际能源合作规划信息交流平台,在坚持内外有别的原则下,实现规划信息及时更新和尽量透明。

三、搭建合作平台,促进形成新的区域能源治理机制

依托"一带一路",推动成立"一带一路"能源合作委员会,下设各专业委员会,提供沟通协商的平台。在条件成熟时签订共同行动纲领,形成约束性机制,促进建立新的区域能源治理机制。建立政府间沟通平台,解决政府间能源合作的重大问题。建立沟通长效机制,加强上合组织内部多边能源合作对话平台建设,促进各方就上合组织能源俱乐部达成共识,推动成立"一带一路"国际能源合作论坛。联合一些国家成立能源国际合作监督和仲裁委员会,引入国际仲裁法,推动形成能源国际合作仲裁法判决新机制,为项目提供法律保障和解决项目纠纷的渠道。

四、科学界定能源合作重点区域,有序推动项目落地

首先,应该确定有战略引导和示范辐射作用的区域,特别是那些能源合作的难点区域,如里海地区等,早布局,早着手,准备做长期工作。其次,要确定有基础性作用的区域,主要是重要资源区、经济技术合作区以及产业发展合作区。通过这些区域的能源合作能够带动一批相关产业发展,也能促进经济社会进步。最后,还要确定关键节点区域,重点是可以实现基础设施互联互通的关键港口、管线、交通运输线和关隘。这些区域的能源国际合作有利于实现以点带线,以线带面。应引导企业将能源合作项目落地和区域布局结合起来,将融资支持、国际政策支持和区域定位结合起来。

五、加快重要能源互联互通基础设施建设及政策衔接

应尽快规划近中期可以开展的能源互联互通关键点建设项目,设计投融资方案和合作模式。在较为成熟的乌鲁木齐—霍尔木兹—阿拉木图—比什凯克—撒尔马罕沿线寻求项目合作,解决通道后续配套和最后一公里问题。尝试在杜尚别—德黑兰线,在环里海地区开创合作机会,参与能源基础设施建设。积极参与莫斯科—杜尚别—伊斯兰堡能源基础设施投资。努力推动中国—东南亚电网互联互通。考虑参与地中海沿岸国家能源基础设施。在海外设立专门投资公司,参与重

点港口扩建投资,推动中国企业参与建设招投标。开辟新的能源运输通道,特别是支线连接点。积极参与北极新航道的前期工作。促成建立统一的基础设施标准体系,减少因铁轨宽度不同、公路等级不同造成的火车换轨、汽车换车等不必要的麻烦。增加通关的便利性,简化海关手续、改善通关环境、促进贸易便利化,试点通关"绿色通道",逐步扩大参与试点企业范围。放宽签证政策,增加区域内签证年限,促进区域内免签。

六、深度参与海外市场,进一步提高企业
国际化经营和竞争能力

应引导企业贯彻"一带一路"能源国际合作指导思想,改变企业走出去理念,加强联合监管。减少金融、外汇、信贷束缚,有针对性地开辟绿色通道。完善出口退税政策,适当提高向"一带一路"沿线国家出口高技术、高附加值、绿色环保装备的出口退税率。加强出口信用保险支持,简化出口信用保险流程,降低企业出口收汇面临的信用风险。鼓励金融机构增加出口信贷资金投放,适当降低区域电网、油气管网等重大能源合作项目的融资利率。设立绿色低碳评估标准,对企业参与国际能源合作的行为进行综合评估,作为政策支持的参考依据。鼓励企业实施劳务本地化,帮助企业解决劳工培训等方面的困难。鼓励民营企业通过基金融资平台参与能源国际合作。

七、利用人民币国际化和外汇储备优势推动国际能源合作

一是建立国内油气市场的"人民币价格"。在上海期货交易所国际能源交易中心开展原油期货交易的基础上,加强与新加坡原油交易所、香港国际石油交易所等亚洲较为成熟的平台合作,鼓励直接使用外汇作为保证金,并在外汇保证金结汇后用于境内原油期货资金结算。二是提高油气贸易和投资中的本币结算比例,以俄罗斯和中亚国家为突破口,以中东国家为重点,推动国际油气交易货币多元化。发挥香港、伦敦等人民币离岸市场的作用,鼓励境外发行债券,加强油气合作项目的投融资合作。三是加强与"一带一路"沿线主要油气供应国的双边货币互换,筹建互换资金池,设立更多人民币清算行,建立人民币"一对多"的互换清算系统。四是利用外汇储备推动国际能源合作。鼓励设立能源投资和储备银行,将更多资金投向沿线油气开发项目,探索利用超额储备加大对油气等重要战略物资的实物

储备规模。

八、加强机构建设和人才培养

针对不同功能定位,组建更有针对性的研究团队,为深化国际能源合作提供人才和组织基础。加强与沿线其他国家能源研究机构合作,建立良好的互动关系,在条件成熟时,可提出建立由多国参与的区域能源合作研究机构。加强人才培养。加强能源外交学科建设,明确学科定位,为培养优秀能源外交官和研究人员打下基础。在对外合作计划、国家外派留学生计划和访问学者计划中增设国际能源合作领域名额,增强研究人员的综合能力和国际化视野。不断拓宽能源国际化人才的培养途径。充分利用驻外企业、国际能源组织、国际金融机构和驻外使领馆,加大对能源综合管理人才和研究人才的培养力度。更大范围开展"一带一路"沿线国家人才交流,吸引更多的访问学者来华访问,组织能源人才培训。设立专项基金,支持"一带一路"沿线国家留学生来我国学习油气、电力、煤炭、可再生、核能等领域开发、利用,以及能源规划、能效管理等方面知识。

高世宪　朱跃中　梁　琦　刘建国

未雨绸缪　防范债券风险

一、近期市场机构高度关注我国债券市场风险

近期,国内债券市场持续走牛,同时,信用事件(包括信用评级下降以及实质性违约)屡有发生,违约主体范围有所扩大。对此,市场形成不少有争议的观点。

国外机构认为中国债券市场风险巨大。德国商业银行认为,"这个历史性债券泡沫是荒谬的"。他们将中国债市年底崩盘的概率调高至20%。其驻新加坡高级经济学家周浩认为,中国政府如今陷入了进退两难的境地:如不干预,债券市场泡沫不断被吹大,而一旦干预,可能使债市像股市那样因为快速去杠杆而出现崩溃。美国银行将中国债券市场泡沫破裂的时间节点定在明年夏天,其分析师大卫·崔认为,中国债券市场的杠杆作用激增,没有恰当地给违约风险定价,泰然自若地应对数起中小企业债券违约事件,并指望面临违约风险的国有企业债得到有效救助。彭博社的分析报道也称,虽然大多数分析并不认为债券市场崩盘近在眼前,但中国债券市场已显现出了四个月前引发股市暴跌的相同危险迹象,包括过高的估值、急速飙升的投资杠杆率以及持续下滑的公司利润。西班牙对外银行提示了中国债券市场风险的巨大危害,认为在最差情境预期下,债券市场将出现逆转,对中国经济造成的伤害将更甚于股市下跌,也将使资本外流势头进一步加剧。该行首席亚洲经济学家夏乐认为,股市大幅下挫还只是反映人们的担忧,如果债市崩盘则会将担忧变为现实。

国内部分分析人士对债券风险提出了警示。国内一些观点也认为目前债市杠杆率过高,已集聚相当大的泡沫,债牛已经接近强弩之末。若债市逆转,将带来一系列负面影响,市场开始担忧债市是否会步股市后尘,引发系统性风险。平安证券认为,投资者利用债市杠杆扩大回报的行为加大了债券价格出现螺旋式下跌的风险。兴业证券和华创证券在10月初也发出"债券价格升势难以为继"的提示,东

兴证券分析师谭淞认为,信用债虽然仍处牛市,但风险正在累积,低等级信用债风险将逐步爆发。国信证券指出,在当前经济持续下行的过程中,产业债信用风险事件的发生将不再是新鲜事,弱周期行业发行人信用尾部风险的暴露不容忽视,担心这将对实体经济以及金融系统带来比 6 月股灾更大冲击。安信证券首席经济学家高善文提醒,实体经济基本面好转需要时间,CPI 继续下行压力仍然较大,基本面因素仍支持债市走牛,但是大量理财资金转入债市,并通过期限错配和加杠杆的方法来提高收益率,其内在风险值得重视。一旦债市泡沫破裂,会导致银行资本损失和惜贷,从而冲击信贷市场和实体经济,对经济的危害程度远大于股市。

也有观点认为债券市场风险仍处于可控范围。国内分析人士多数承认债券市场风险有所累积,但认为债券仍处于牛市阶段,风险总体可控。不少研究人员(如海通证券姜超、上海交大上海高级金融学院教授严弘、中国社科院金融研究所银行室主任曾刚等)认为,市场流动性相对宽裕,货币政策转向可能性很小;债券市场与股票市场不可同日而语,债市目前总体风险可控。债市本身波动率没有股市那么高,目前杠杆率也低于当时股市杠杆率,且比较透明。对于不断出现的债券信用事件,普遍认为刚性兑付导致资源持续错配,资本市场好坏不分;而打破刚兑,可以有效降低无风险利率,把资金配置到风险收益最匹配的地方去,减小整个市场的系统性风险。大同证券首席策略分析师胡晓辉、国信证券分析师董德志、鹏华基金固定收益部基金经理戴钢、中信建投证券分析师黄文涛等也均认为,企业发债受各级机构监管,审查也比较严谨,个案违约并不能代表整个债市的风险。未来债券出现系统性风险的概率不高,违约主要体现在个券上,民企或小企业及强周期行业风险可能相对较大。同时,有关部门对经济的动员能力较强,掌握的资源也很多,发生系统性风险的概率极低。

二、债券融资的当前现实

关于债券融资的统计口径较为复杂。对应于人民银行社会融资总量中的"企业债券融资"口径,债券融资包括:由非金融企业发行的各类债券,包括企业债、超短期融资券、短期融资券、中期票据、中小企业集合票据、非公开定向融资工具、资产支持票据、公司债、可转债、可分离可转债和中小企业私募债等券种。

债券融资在社会融资总量中的比重有所上升。截至 9 月底,企业债券融资规模累计为 1.8 万亿元,在社会融资总量中的占比由年初的 8.9% 上升到 9 月底的15.17%,比去年同期高出 1 个百分点,接近历史最高水平(2014 年 11 月企业债券融资在社会融资总量中占比为 15.39%），并且预计今年四季度这一占比将达到历史新高。截至 10 月底，对应于社会融资总量中"企业债券融资"各类债券的票面余额为 14.1 万亿元，占所有债券余额的 31.2%。

主要债券品种发行均有不同程度增长。今年以来，对应于社会融资总量中"企业债券融资"各类债券累计发行 5576 只，同比增长 34.88%；发行总额 53378.49 亿元，同比增长 19.28%。其中，企业债券发行 227 只，发行额 2521.62 亿元；公司债发行 807 只，发行额 5373.62 亿元；中票 711 只，发行额 9723.16 亿元；短融和超短融 2113 只，发行额 26349 亿元；定向工具 896 只，发行额 5607.7 亿元；资产支持证券 820 只，发行额 3719.39 亿元；可转债 2 只，发行额 84 亿元。

债券期限有所拉长，但短期融资仍占据半壁江山。从期限看，企业债发行期限 6—7 年占比最多，发行额占比达 22.97%；公司债发行期限 4—5 年占比最多，为 25.46%，其次是 2—3 年，占比为 22.63%；中期票据 4—5 年占比最多，为 31.25%；超短融、短融、定向工具、资产支持证券和可转债以 1 年以内期限为主，占比为 52.48%。

整体债信存在下降趋势。从发行主体评级看，发行主体评级为 AA 级的债券发行只数占比最多，为 29.89%；其次是 AAA 级发行人，占比为 19.47%；AA+级发行人发行债券只数占比为 18.05%。从发债主体评级分布来看，低评级企业以及没有主体评级的企业发行金额占比同比略有上升，可以认为潜在信用风险有所积累。其中，AAA 级企业发行占比同比下降 1.4%，AA+和 AA-级企业发行占比同比上升 0.18%和 0.01%，AA 级企业发行占比同比下降 4.3%，没有评级的企业发行占比同比大幅上升 17.4%。

违约个案有所增加，但占比仍十分有限。2014 年以来，累计发生 15 起"未及时拨付兑付资金"的信用类债券违约事件。其中，2015 年以来，违约事件发生 11 起，违约债券的余额为 80.7 亿，占信用类债券余额存量的 0.06%（目前我国商业银行不良贷款比例为 1.5%），信用违约风险控制在个案范围内，引发区域性、系统性风险的可能性很小。

三、近期债市崩盘风险不大，但要着力防范

近年来，银行监管部门不断加大对商业银行传统信贷以及影子银行业务的监管力度，企业通过间接融资渠道实现融资的难度有所加大。经历上半年股市暴涨暴跌后，证券会暂停 IPO 融资，股权方式融资渠道暂时关闭。在这种情况

下,债券市场出现了意想不到的繁荣局面。市场繁荣发展的过程,往往也是金融风险积累的过程,这是无法改变的客观规律;提前对风险预警有其必要性,但在市场繁荣起步阶段就过度强调风险,对债券市场发展不利,对保持经济在合理区间运行不利。

现有金融风险分析手段不足以预测金融风险,国外有关机构相关风险事件点的预测耸人听闻。信用风险(违约风险)的根源是实体经济,关键还是要保持经济在合理区间运行,不能搞"停车检修"。流动性风险和杠杆风险的根源主要在于金融市场,金融监管部门应从风险排查、风险隔离和管控等多个角度加强监管。

从国外债券市场发展的实践看,在市场总体流动宽松、利率总体趋势下行情况下,爆发严重的金融风险事件的可能性不大,风险往往在局面逆转的时间点爆发。从我国货币环境趋势看,我们有以下判断。

流动性风险水平相对较低。10 月 23 日,人民银行宣布"双降"之后,一般存准率为 17.5%,一年期存款基准利率 1.5%,贷款为 4.75%。对比此前两次当期 GDP 增速低于 7%时的货币政策环境,货币政策显然仍有进一步宽松的空间。如 2009 年一季度,GDP 增速 6.2%,存准率 16.5%;1999 年四季度,GDP 增速 6%,存准率仅为 6%。我们判断,至少中期(一年内)流动性风险不会显著上升。此外,根据我们近期与市场的交流,股票市场筑底企稳言之尚早,股票市场仍处于反复震荡期,整体风险偏好仍处于低位,债券类资产仍是投资者资产配置的基础性资产类型,资金大规模由债市回流股市的可能性也不大。

降低杠杆风险仍需有效引导市场利率下行。除高杠杆因素外,下一步杠杆风险的变化主要取决于市场利率走势。"双降"后,虽然存贷款基准利率都有所下降,但由于利率市场化改革因素,未来市场利率未必与基准利率同步下降。如果出现市场利率上行,则可能出现"被动去杠杆"以及"强制平仓的恶性循环"局面;而如果货币当局能够稳定利率或有效引导市场利率下行,则这一局面出现的概率较小。

信用风险仍属个案。信用债违约压力有所上升,一些发债企业经营出现困难,至今已发生了多起信用事件。不过,出现信用事件的公募债已通过多种手段进行兜底消化。从现实表现来看,企业部门主动去杠杆、积极转型,大部分产能过剩行业的资产负债率得以缓步下降;债市违约风险仅体现在低评级与个别债券层面,远没有上升为行业性、区域性、系统性违约风险,主流市场预期信用风险的释放平稳、可控。从另一角度看,个案信用风险事件的发生打破了刚性兑付,对市场起到了警示作用,有利于债券市场的长远发展。

四、防控债券泡沫风险的四大举措

债券市场风险管理涉及多个部门,我委、财政及金融监管部门都承担债券本身的信用风险监管防范职责,而债券市场的流动性风险和杠杆风险监管防范职责,则主要在金融部门。应从各部门职能出发,各司其职,为债券市场发展提供必要的宏观环境,加强对债券风险的监控预警,确保债券市场不重蹈上半年股票市场的覆辙。

加强流动性管理。年底及明年,进一步降低存款准备金率,释放流动性,为实体经济和债券市场提供总体宽松的流动性环境;加强对市场短期流动性的监控,避免类似2013年年中货币市场流动性"时点性枯竭"的局面在债券市场出现。

着力引导市场利率进一步下行。充分估计利率市场化对中央银行引导市场利率能力的冲击,通过强有力的公开市场操作,稳定短期利率,引导中长期利率下行。10月23日"双降"后,一年期存贷款基准利率利差仍高达3.25个百分点,进一步降低贷款基准利率仍有足够空间,只要市场利率保持低位或进一步下行,债券市场就不会出大的问题。

加强交易所杠杆风险管理。应对交易所债券市场杠杆情况进行详细排查,强化对中证登质押式回购与其他业务的防火墙制度,探索引入其他中央对手方适当分散风险,尽快推出国际通行的三方回购机制。近期市场运行实践证明,企业债具有较高信用度,应打破部门观点,统一入库债券标准,增加可质押债券品种,减少价格扭曲,引导投资者主动去杠杆。

加强新债发行管理、允许存量债券少量违约。到期实质性违约是债券市场风险总的根源,我委、人民银行、证监会在加快债权方式融资的过程中,必须保留适当的发行门槛。二季度以来债券市场风险违约事件屡有发生,风险处置过程中,适当打破刚性兑付,不断打开"安全阀门",不断释放风险压力,反复用违约个案警示投资者,有利于债券市场的长远稳定发展。

吴晓华　张岸元　曹玉瑾　李清彬

从储蓄、消费、投资相关变化趋势看明年及整个"十三五"的宏观政策取向

从近20年我国的经济运行趋势看,在周期上升期,消费增速一般低于GDP增速,投资增速则高于经济增速;反之亦然。结果是在GDP增速下行的过程中,投资增速、消费增速都在下行,投资增速下降幅度更大。2013、2014年投资(资本形成)增长率为10.4%和7.2%,增速下降3.2个百分点,同期最终消费增速分别为

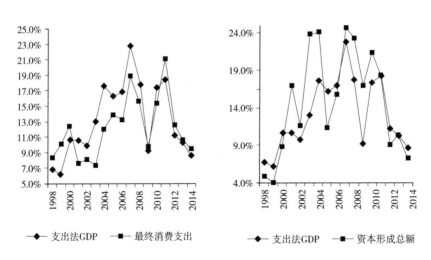

图1 支出法GDP、最终消费支出及资本形成总额增速(名义)

10.8%和9.4%,增速下降1.4个百分点。随着人口老龄化加快,我国出现了储蓄率下降、消费率上升的趋势,消费增长潜力增强,前景看好。从储蓄看,2010—2014年,国民储蓄率从51%左右下降到48%左右,住户部门储蓄率则从42%左右下降到38%左右。从消费看,由于居民收入持续增加,消费便利性提高(基础设施

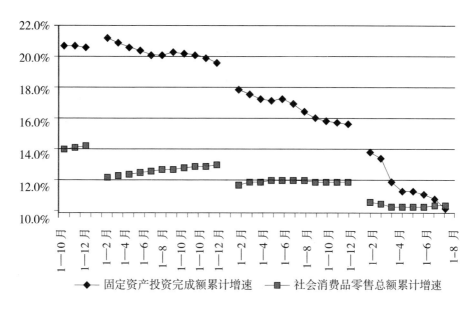

图2　固定资产投资和社会消费品零售总额增速

条件改善等），新一代消费群体的成长和与之伴随的消费理念变化，以及近期我国确定的扩大消费三大工作重点，使得居民消费保持持续增长趋势。明年和整个"十三五"要实现消费引领下的投资、工业和GDP持续稳定增长，还必须从收入增加、分配结构合理化、个人所得税制度改革、加大政府开支中的社会保障支出规模，以及与生活必需品消费升级相关的食品卫生安全等方面入手，不断提高城乡居民的消费能力，并通过打造越来越有利于释放新消费潜力的市场条件和制度环境，以形成居民消费持续增长的机制。

从今年以来的"投资曲线"看，投资增长压力依然较大，投资存在"超调"的可能，需要更积极的宏观政策，以促进投资增长回到适应经济潜在增长轨道。我们从实地调研中了解到，产能过剩、结构调整、工业生产者价格指数连续数年负增长，以及前一阶段形成的高负债状况，都在抑制市场投资行为，降低企业进行扩大再生产、技术改造和转型升级的能力，制造业投资增速持续下行压力增大。清理规范地方政府债务、颁布实施新预算法以及推进财税体制改革，从制度上颠覆了原有的地方政府投融资模式，而新体制机制下地方政府投融资模式尚在建立的过程中，加之房地产市场调整，土地出让收入减少，对地方政府投融资能力及相关投资的增长产生明显影响，以至于今年以来，三大基础设施投资中，与地方政府投融资能力相关的水利、环境和公共设施管理业投资增速一直低于2014

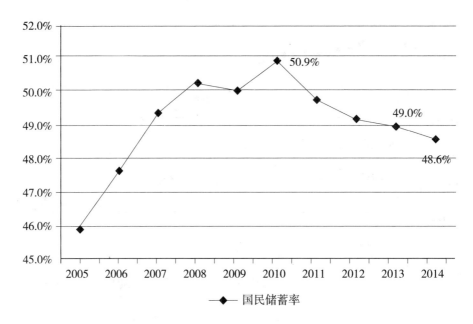

图3　2005—2014年国民储蓄率变化情况

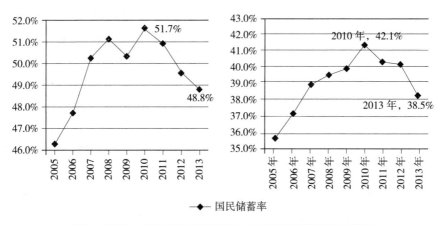

图4　2005—2013年国民储蓄率、住户部门储蓄率变化情况

年同期,交通运输、电力投资则在8月以前一直高于去年同期。房地产投资方面,虽然房地产销售和房价情况均发生明显改善,但房地产开发商对于投资新项目仍然保持谨慎,土地购置面积及土地成交价款大幅减少,今年1—9月较上年同期分别减少33.8%和27.5%,估计房地产开发投资增速还会有所回落,且明年上半年可能出现负增长。

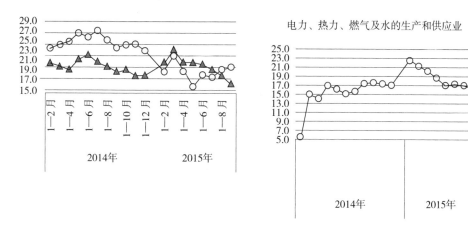

—○— 水利、环境和公共设施管理业　—▲— 交通运输、仓储和邮政业

图5　2014年以来基础设施固定资产投资增长状况

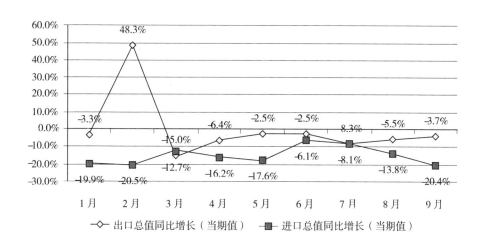

—◇— 出口总值同比增长（当期值）　—■— 进口总值同比增长（当期值）

图6　2015年以来各月进口、出口同比增长率

今年采取一系列"稳投资"政策措施,固定资产投资1—9月名义增长10.3%,实际增长11.9%,但是自2012年以来的投资下行趋势目前仍未改变。明年和整个"十三五"要实现年均6.5%以上的经济增长目标,就需要改革取得明显成效,全要素生产率有显著改善,并要求固定资本形成年均实际增长5%,固定资产投资年均实际增长9%。而要实现这两个"稳投资"目标,就要求明年和整个"十三五"的需求促进政策要紧紧抓住"稳投资"这个关键环节。在国际市场需求总体上趋紧,国际贸易增速放缓的环境下,"稳增长"的主要依赖对象不可能是出口,而只能转向

国内消费。因此,"消费引领"应是明年和整个"十三五"实施"投资促进""供给创新"和"产业增长"的牛鼻子,是经济发展的总纲,也是社会生产和投资的出发点和归宿。

宏观院经济形势与政策研究小组

研究小组组长:陈东琪

本报告执笔人:杨　萍

研究小组成员:黄汉权　孙长学

史育龙　刘泉红

常兴华　刘　旭

刘雪燕

实现"6.5%以上"的经济增长目标,需要采取适度偏松的宏观政策

2015 年以来,宏观调控"组合拳"对于防止经济过快下滑、提振内外信心作用显著。但也要看到,造成目前困难局面的原因是多方面、多层次的,且前期出台的政策效应逐步递减,要扭转经济下滑的不利局面还需做更多工作。如果明年政策偏松措施不加力,经济增长很可能会再下一个台阶,经济总体增速将由今年的 7% 左右滑落至 6% 左右。防止出现这种"下滑式"减速的重要途径,是在全面加快结构性改革,给企业松绑,激活市场基础上,实行更加积极的财政政策和稳健偏松的货币政策,实施消费引领投资和供给的供求新均衡政策。守住 GDP 增长 6.5% 这个底线,从 2011—2016 年的"下行周期"转为 2016—2020 年的"上升周期",就能实现全面建成小康社会的宏伟目标。

一、对"政策不加力"条件下明年主要经济指标的预测

(一) 投资增长"两降一平",增速降至 8% 左右

制造业投资继续下降。一是企业利润持续负增长影响投资积极性。我们的研究发现,制造业投资增长速度的 60% 由上一年的企业利润增长速度决定。而今年以来,工业企业利润总额持续负增长,1—8 月份,为负 1.7%。虽然上年工业企业利润增速不断下降,但总体仍保持正增长,年度增速为 3.3%。工业企业利润恶化抑制企业投资扩大。且上半年受益于股票市场持续活跃,工业企业非主营业务收入快速增长,如果去除这部分影响,企业的经营状况可能比数据显示的还要差。二是产能过剩依然突出,新增投资动力不足。从今年行业统计数据来看,产能过剩问题仍然突出,且伴随经济下行,产能利用率进一步下降,产能过剩行业有扩展之势。

三是高新制造业规模尚小,难以提供足够投资支撑。1—8月份,全国高技术制造业投资同比增长12.6%,比全部制造业投资增速高3.7个百分点。但高技术制造业投资规模占全部制造业投资不足10%,对全部制造业投资拉动较弱。

房地产投资出现负增长。一是房地产业投资启动难度加大。从以往经验看,积极政策出台到房地产投资启动最长时滞不超过两个季度。而今年从3月底营业税五改二落地至今已经近8个月,房地产投资不仅没有稳住,仍在进一步下行中。1—9月房地产开发投资增速为2.6%,较1—8月降低0.9个百分点,降幅仍在扩大。二是当前的资金来源结构难以支撑房地产投资增长。虽然1—9月房地产开发企业到位资金同比增长0.9%,增速连续多月提高。但从资金来源看,国内贷款、外资、自筹资金都连续多月负增长,仅有定金及预收款和个人按揭贷款正增长。三是房地产开发企业土地购置面积同比大幅负增长。1—9月份,房地产开发企业土地购置面积同比下降33.8%,降幅比1—8月份扩大1.7个百分点,土地购置面积的下降速度更甚于上年,下降幅度是上年同期的8倍。土地购置费用增速持续降低,1—9月份较年初下降了26个百分点,统计数据显示,房地产投资增速的50%受到上一年土地购置费增速的影响。四是房地产市场景气度可能出现反复。房地产市场景气上行是结构性上行而非整体上行。从地区看,一二线城市景气上行更多,三四线城市低迷。从房屋购买结构看,改善型住房景气度更高,而刚需房和高端别墅类的景气度变化较小。不少城市的房地产市场在八九月份已经显现出降温态势,成交量在持续萎缩。

基础设施投资保持平稳增长。一是项目储备充足。除城市地下管网建设、停车场建设等民生领域投资项目之外,随着"一带一路"战略的推进,以及京津冀一体化项目的实施,交通互联互通必将带来大批的基础设施建设项目。二是项目资金仍较为充裕。当前我国的赤字率仍有空间,存准率仍处高位,且随着地方政府债务置换推进,PPP合作机制渐趋成熟,2016年将仍有比较充足的资金来支持基础设施领域的投资。

(二) 消费基础削弱,热点消退,恐将进入个位数增长

消费进入个位数增长。一是城乡居民收入增长持续减速。我国居民收入连续多年高于经济增长速度,今年上半年实际增长7.6%,高于经济增速0.6个百分点。但比较来看,居民收入却呈现持续减速。二是2016年物价总水平将较今年上升。今年1—9月份,CPI为1.43%,明年受到基数较低、猪肉价格拉动等多因素影响,预计将高于今年。从经验数据来看,物价水平的上涨不利于消费的总体增长。三

是房地产市场可能重现低迷,相关消费热点可能减速。今年以来,受房地产景气上升拉动,与住房消费有关的家具类、家电类和建材类商品均保持较快增长,分别增长 16.4%、17.9% 和 10.8%,均高于全部消费增速。据上文分析,我们认为当前由一、二线城市支撑的房地产市场景气可能无法持续,明年房地产市场可能重新进入低迷,届时房地产产业链上的产品消费将出现下降。四是金银珠宝类消费可能大幅走强。受黄金价格波动及股市波动引发的避险情绪增强的影响,三季度以保值增值为导向的金银珠宝类消费大幅走强,平均增速达到 13%,是二季度增速的两倍,带动消费增速较二季度提高 0.2 个百分点。与其他消费种类相比,这部分消费对实体经济的带动力较差。五是就业增长可能出现波动。今年第三产业的快速增长促进了就业稳定,但受资本市场波动、总需求低迷影响,非制造业的景气度也在下行,10 月份非制造业 PMI 指数已较 7 月份的年内高点降低了 0.8 个百分点。且当前传统制造业的裁员已出现,都将对明年的就业稳定造成影响。

(三) 出口增长略好于今年

从 9 月份出口数据看,我国对发达经济体出口增速略有恢复,而对新兴经济体的出口仍在恶化,受今年低基数影响,明年出口增速可能会略好今年。一是新兴市场经济体货币大幅贬值。目前货币贬值幅度超过 3% 的经济体高达 17 个,俄罗斯、马来西亚等多个国家的贬值幅度更大。新兴市场经济体货币大幅贬值实际上推高了人民币汇率,削弱我国出口商品竞争力。二是新兴市场国家经济增长放缓减少了对我国商品的需求。新兴市场经济体,尤其是规模较大的经济体经济低迷,如俄罗斯,今年 8 月,俄罗斯经济部再度下调年度增长预测值至负 3.3%,显示俄罗斯经济近六年来将首度陷入萎缩。三是国际货币基金组织 10 月份报告预计明年全球经济复苏会有所减弱,下行风险增加。主要是一些出口大宗商品的发达经济体(特别是加拿大和挪威)增长减缓,以及除日本外以外的一些亚洲经济体(特别是韩国和中国台湾)的增长在减缓,这使得发达经济体增长回升的步伐放缓。

二、实现"十三五"6.54%增长目标,明年 应选择第三种经济前景

按照全面建成小康社会,2020 年国内生产总值和城乡居民收入比 2010 年翻一番的目标推算,未来 5 年经济增速均值最低应为 6.54%,成为"十三五"时期各年度经济增长目标的硬约束。受此约束,明年的经济增长预期目标的制定,可能有

三种前景：

第一种前景。以政策扩张促使经济增速与今年基本持平，保持在7%左右，这需要付出艰苦的努力，且由于其高于6.5%—7%之间的潜在增长率，也不具有可持续性，后几年的增速可能会出现较大幅度的回落。

第二种前景。政策不再加力，经济增长速度进一步回落，至6%左右。这会使得许多风险过快的暴露，影响经济持续稳定，且经济增长低于潜在增长率，造成生产资源的闲置和浪费。

第三种前景。政策适度加力，使得经济增长速度趋近于潜在增速，达到6.5%以上。这既是在经济周期波动时宏观政策的应有之举，且现有条件也为宏观政策提供了充分的调控空间。既应为之，亦能为之，第三种选择不失为最佳的经济增长目标选择。

同时，从我们测算的潜在经济增长率6.5%—7%（2016—2020年）来看，明年GDP增长6.5%以上，有这个基础和潜力。从CPI处历史底部、PPI连续3年负值的价格变化趋势看，政策适度加大放松，不会造成高通胀。此外，将经济下行下限控制在6.5%这个底线，可以防止出现严重失业的情景。因此，无论是从内生发展潜力的客观因素来看，还是从防控通缩和失业的政策主观追求看，明年GDP增长目标定在"6.5%以上"，为"十三五"起好步，开好局，适当加大宏观政策偏松的力度，既有必要，又有可能。

三、GDP增长"6.5%以上"所要求的宏观政策选择

以积极和果断的姿态，采取偏松的宏观政策，既要考虑明年的短期需要，又要前瞻性地考虑未来经济增长周期性的逆向变化，宏观政策的"松"要谨慎，要有"度"，以免给中长期的经济持续稳定增长埋下隐患。因此，我们建议提"适度偏松"，而不提"宽松"。具体讲，财政政策明年比今年"更加积极"一些，货币政策明年比今年"适当偏松"一些。

更加积极的财政政策。一是进一步扩大赤字规模至2.5万亿元，比今年预算赤字规模新增5800亿元，赤字率控制在3.5%以内，新增赤字主要用于国家重大工程，跨地区、跨流域的投资项目以及外部性强的重点项目。二是加大中央国债发行规模，并适当提高地方政府债券发行额度，继续适时推进债务置换工作，减轻地方政府偿债压力，为地方腾出部分空间用于其他领域支出，保障地方公共服务的合理投入和公共基础设施建设的稳定供给，拉动经济增长。三是进一步加大力度盘活

存量资金,统筹用于交通、水利、民生等重点领域支出。四是适当加大针对东北地区及其他困难地区的转移支付力度,并配合其他相关政策,增强其自主增长动力。

稳健偏松的货币政策。一是 M2 增速目标保持在 14% 左右,新增信贷 12.3 万亿元左右,社会融资总量达到 15.5 万亿元左右。二是继续降低存款准备金率和基准利率。降低存准率 300 个基点,分两次下调存贷款基准利率共计 0.5 个百分点。在保持汇率总体走势基本稳定的大局下,根据市场情况,继续释放人民币贬值压力,进一步减轻出口部门压力。三是稳定股票市场,发展多层次资本市场,进一步完善资本市场融资功能。宽进严出,防范资本大规模流出风险。

宏观院经济形势与政策研究小组

研究小组组长:陈东琪

本报告执笔人:刘雪燕

研究小组成员:黄汉权　孙长学

史育龙　刘泉红

常兴华　刘　旭

杨　萍

结构性改革:国际认识和中国方向

结构性改革是当前国际社会普遍关注的问题。2008 年金融危机爆发以来,国际上对结构性改革的探讨越来越多。世界银行、国际货币基金组织(IMF)等国际机构多次呼吁,各国务必落实结构性改革,提高国家长久竞争力和风险抵抗能力。美、日、欧等发达经济体纷纷推出经济结构方面的改革措施。进行结构性改革已成为各国推动经济复苏、实现经济长期可持续发展的良药之一。

一、结构性改革的国际认识

(一) 结构性改革是重大改革、关键性改革的代名词,对长期经济增长有着决定性影响

关于"结构性改革"(Structural Reform)的定义与内涵,国际理论界并未形成一致看法。IMF(2008)称,结构性改革是一个比利率政策、流动性措施或预算平衡政策等宏观经济政策更加复杂的概念。在 IMF 的研究文献中,结构性改革泛指那些消除影响资源有效配置因素的各类政策。Tassos Anastasatos(2011)曾给出定义称,结构性改革是指"那些为促进经济长期增长而采取的减少资源有效配置障碍的政策举措",具体包括"促进市场竞争、破除垄断以及机构重组等提高市场效率的行为"。

发展经济学认为,大到全人类,小到一个国家和地区,经济发展的过程,本身就是结构变迁的过程,表现为经济结构的不断升级、不断完善。从上述定义来看,结构性改革的目标是实现长期均衡可持续增长,途径是促进"资源有效配置",手段是实施"减少资源有效配置障碍的政策举措"。从具体实践来看,金融危机爆发以来的七年多时间里,以美国为首的西方发达国家采取了多种刺激手段,但仍然问题

重重,经济复苏步伐缓慢,其背后隐藏着多种非常深刻的结构性矛盾,需要进行更为深刻和广泛的结构性改革。

综合来看,结构性改革是重大改革、关键性改革的代名词,其实质就是通过提高资源有效配置的市场化改革,推动结构调整,实现经济长期可持续增长。

(二) 结构性改革就是要调整经济社会中不适应发展要求的结构性体制、机制问题,推动经济社会结构向有利于未来发展的方向转变

尽管 IMF 等国际机构给出了一些带有普遍意义的结构性改革药方,但由于每个国家都有特定的经济社会环境,面对特定的结构性矛盾和问题,因而制定的结构性改革的具体内容不同,其指向和含义也有所不同。IMF 建议新兴经济体调整经济增长结构,并指出巴西、土耳其等国应减少对消费的过度依赖,中国应减少对投资的依赖;低收入国家应该发展新兴产业以攀升至价值链的更高端,高收入国家应该增加对研发、教育、科技的投入,等等。

在发达国家中,美国突出的结构性问题是虚拟经济过度膨胀,相应的改革重点就是如何振兴实体经济。欧盟经济虚弱的根源不是债务危机,而是欧盟国家内部不适应全球化竞争的经济社会制度,主要涉及两个方面:一是缺乏财政可持续性的社会福利制度;二是缺乏弹性的劳动力市场。这也构成了欧盟所谓"结构性改革"的核心内容。日本的问题则包括人口老龄化和产业空心化,国内市场保护过度,经济管理体制和市场机制缺乏弹性等。

新兴市场和发展中国家经济社会形态更趋多元,结构性改革的目标也千差万别。经过一段时间的高速发展,新兴市场和发展中国家的经济、社会等多个方面都面临结构性瓶颈,不实施广泛、深刻乃至是痛苦的多方面结构性改革,经济发展就难有出路。与此同时,新兴市场和发展中国家的结构性矛盾不仅深刻,而且非常复杂,把握不好就容易形成大的经济或社会风险。

(三) 西方国家的结构性改革偏重于微观层面,政府对经济的干预作用越来越大

经合组织(OECD)提出,影响经济可持续发展的结构性因素包括税收、监管、社会保障、贸易与竞争等影响资源配置的微观经济政策。根据 OECD 的分析框架,结构性改革可以分为生产、财税、金融、劳动力市场、教育培训以及社会福利等六个领域。从一向崇尚自由市场经济的美欧等发达经济体采取的结构性改革措施来看,政府对经济的干预作用越来越大。

美国政府为应对金融危机和促进经济复苏,在实施财政、货币刺激政策的同时,推动财政、金融、产业、移民、医疗、教育、就业培训等方面的结构性改革,明确提出减赤、金融监管改革、再工业化、制造业回流、五年出口倍增以及支持创新等战略举措,以实现经济再平衡,增强经济竞争力。欧盟将危机作为推进改革与转型的契机,要求成员国切实推进结构性改革,使劳动力市场更加灵活,开放部分产品和服务市场,增强创造就业、提高生产率和确保可持续公共债务的能力,通过结构性改革来提升和重塑欧洲在全球的经济竞争力。日本首相安倍晋三提出"安倍经济学",承诺对经济作出结构性改革,包括在农业领域实施"更具市场导向和竞争性"的政策,改善公司治理结构,进行电力改革,取消外国直接投资壁垒,开放服务业等。

(四) 结构性改革着眼于长远的系统性调整,需要有一张蓝图干到底的战略定力

总体来看,除美国外,其他国家在结构性改革方面均进展不大。例如,除降低企业税和电力系统改革外,日本其他的结构性改革(打破劳动力市场刚性、增加就业市场流动性等)进展缓慢。主要有两个方面的原因。

一方面,推动结构性改革的愿望总与危机相伴而生,但难以用来对抗危机。这是因为,结构性改革是着眼长远的系统性调整,短期内不仅难见成效,还可能抑制经济增长甚至引发部分社会问题。而应对危机需要迅速恢复经济元气,经济增速越快越好,社会局势越稳越好。因此,见效最快的反危机举措,常是一些能在现有经济社会结构中起作用的政策措施。

另一方面,结构性改革难以短期见效,需要正确看待短期波动和长期发展的关系,需要一张蓝图干到底的战略定力,需要有利于改革本身的制度创新,也需要吸收短期经济金融冲击、保持经济在合理区间运行的能力,缺一不可。这意味着,经济发生波动所体现的仅仅是一国经济社会所存在的有待解决的结构性问题,并不代表该国在结构性改革上毫无建树。落实结构性改革看上去很难,但改了没有、效果怎样,需要更长时间去检验。

二、结构性改革的中国方向和重点

对中国来说,结构性改革是以破解阻碍经济转型升级的结构性、体制性矛盾为导向的改革,是推动中国经济转型升级的关键所在。结构性改革能否如期完成,不

仅是实现"十三五"目标的重要保障,也是奠定中国经济中长期稳定增长的重要基础。

（一）重点围绕产业、科技、城乡、区域、市场等领域,推动宏观层面的结构性改革

当前,我国已进入以经济体制改革为重点全面深化改革的关键时期。发达国家的结构性改革偏重于微观层面,而我国应该首先从宏观层面,重点围绕产业、科技、城乡、区域、市场等领域推动结构性改革,发挥政府与市场的合力,推动经济结构调整,以体现改革的系统性、整体性和协同性。主要包括以下内容:一是改革以单一产业政策为核心的产业结构调整机制,推动产业结构从中低端迈向中高端;二是加快科技管理体制和鼓励创新的激励机制改革,激发全社会各类主体创新创业的动力和活力;三是统筹推进城乡一体化改革,促进城乡互动融合发展;四是配套推进财税、规划、行政管理等体制改革,促进区域协调发展;五是同步推进需求和供给端改革,构建内需主导型增长模式。

（二）以发展实体经济和激发企业活力为重点,推动微观层面的结构性改革

当前,我国实体经济发展面临突出的结构性矛盾。一是中小企业融资难仍是一个大问题。数据表明,我国5000多万中小企业,只有不到10%能在银行融资;中小企业直接融资占比大概在5%左右,而国际平均水平在70%左右。二是企业特别是中小企业税负沉重。以企业为主征收的间接税占税收比重超过60%,再加上企业所得税、社会保险费及行政事业性收费等,企业税费负担很重。三是虽然政府不断简政放权,但企业经营仍然受制于制度困扰,行政权力有意识的作为和不作为,实际影响着企业运营。如何让微观搞活,提高要素报酬,是改革的难点所在,也是改革是否成功的标志。

要使市场在资源配置中起决定性作用,重点是坚持和完善基本经济制度,完善市场环境、激发企业活力和消费潜能,在制度上、政策上营造宽松的市场经营和投资环境,营造商品自由流动、平等交换的市场环境。具体建议包括:

——尽快启动消费税改革,并培育发展为地方主体税种,这有利于形成激励地方政府的"正能量"。

——财税体制改革在"放水养鱼"上要有更大力度,以利于激发社会资本创新创业活力。

——对小微企业设置更低的增值税税率,提高企业所得税小规模纳税人标准,形成小微企业自动减税机制;

——支持为中小微企业服务的社区银行、互联网金融机构等民间金融的创新发展、规范发展。

——加快调整教育结构,进一步放宽社会资本进入职业教育的门槛,提高技术应用型高校的比例。

(三) 以有效化解过剩产能、加快发展战略性新兴产业和现代服务业为重点,着力加强供给侧结构性改革

在结构性改革过程中,应将着力点从管理总需求转向管理总供给,强化供给侧的结构优化和转型升级,着力扩大有效供给对于经济增长的支撑作用。在供给领域,产能过剩和有效供给不足是一对突出的矛盾。造成产能过剩的重要原因,是政府过度干预资源配置影响了市场机制作用的有效发挥。此外,国内消费潜力难以释放而大量消费外流,其重要原因就在于有效供给不足,战略性新兴产业和现代服务业发展滞后。

化解产能过剩要注重让市场调节资源配置,通过市场竞争引导和倒逼落后、过剩产能退出。要进一步发挥市场作用化解产能过剩风险,以节能减排、产品质量安全等指标和标准考核评定和价格、供需情况风险预警公示的模式取代政府公布产能过剩行业范围的做法。与此同时,政府也要及时补好位,建立产业退出的援助机制,在"市场失灵"领域伸出政府有效扶持之手。

发展壮大战略性新兴产业和现代服务业。一方面,以培育壮大战略性新兴产业为着力点,通过增量发展壮大带动存量调整优化,促进产业向中高端发展。以市场需求为导向,引导企业加快产品结构升级,提高产品质量,为中高端消费者提供适销对路的商品。另一方面,为适应全社会消费结构升级大趋势,尤其是从物质型消费向服务型消费的大趋势,以破除行政垄断作为加快服务业市场开放的重点,尽快实现教育、医疗、健康、养老等服务业领域对社会资本的全面放开;尽快放开服务业领域的价格管制,形成市场决定服务业领域要素配置的新格局。

(四) 按照中央统一部署,战略上坚持持久战,持之以恒地把结构性改革推向前进

当前,我国改革正处于攻坚期和深水区,改革任务繁重而艰巨,剩下的多是难啃的硬骨头,改革推进中还将遇到各种新情况新问题。改革只有进行时没有完成

时,要按照中央统一部署,战略上坚持持久战,战术上打好歼灭战,锲而不舍、坚韧不拔、持之以恒把改革推向前进。一方面,对已经出台的各项改革举措,要认真抓好落实,确保落地生根。另一方面,要紧扣当前经济下行压力加大和结构调整进入关键期的需要,主动适应和引领经济发展新常态,尊重市场经济规律,抓紧推进有利于改善供给和扩大内需的体制创新,在重点领域推出一批激活市场、释放活力的改革新举措,以改革带动全局,增强发展新动能,为保持经济中高速增长、迈向中高端水平提供体制和制度保障。

宏观院经济形势与政策研究小组

小 组 组 长:陈东琪

本报告执笔人:刘　旭

研究小组成员:黄汉权　孙长学

史育龙　刘泉红

常兴华　刘雪燕

杨　萍

谨防速度与效益螺旋式下降

近年来经济持续下行加剧了 PPI 强通缩与 CPI 低通胀的分离趋势,GDP 降速与持续结构性通缩导致企业效益和财政收入较快下滑。效益指标呈现明显的区域分化特征,渝、粤、苏、浙、闽等地得益于产业转型和创新能力提升,在降速期实现了提质增效甚至逆势增长,而强资源依赖与过剩产能沉疴较重的东北与山西等地区却深陷降速失效的困境,面临惯性下滑的风险。如果明年经济增速进一步降至 6.5%,预计 PPI 与 CPI 同比差距在 6 个百分点左右,财政收入和企业利润总额增速也将进一步下降,需要切实防范局部性、区域性、结构性风险蔓延为全局性、全国性、全面性的速度与效益"螺旋式下降"风险,警惕"中国式财政悬崖"的出现。

一、经济增速、价格和效益下降幅度差异明显

从近年统计数据来看,我国尚未摆脱"速度型效益"的盈利模式。经济增速较快时,企业大面积盈利,公共财政收入大幅增加,而当经济增速放缓时,大部分地区企业亏损面增加,财政收入加速下滑。

GDP 增速、CPI、PPI、财政收入增速同步下降且后三者降幅更大。经济持续下行直接表现为总需求低迷,部分行业出现产能过剩,导致价格总水平下跌。其中,PPI 下跌的幅度大幅高于 CPI,二者之间剪刀差不断扩大,形成结构性通缩。从 2011 年 1 季度到 2015 年 3 季度,GDP 增速回落了 3.3 个百分点,降幅达 32.4%;CPI 涨幅回落了 4.3 个百分点,降幅达 74.9%;而同期财政收入增速从 33.1%回落至 7.6%,降幅达 77.0%。据测算,在现行税制结构下,经济下行阶段财政收入与经济增长之间的弹性加速减小,预计 2016 年弹性为 0.96,即经济每增长 1 个百分点,财政收入仅增加 0.96 个百分点。

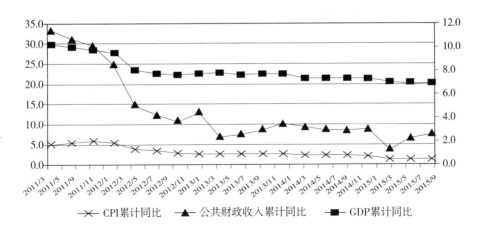

图1 GDP 增速、CPI 与财政收入增速(%)

工业增加值增速、PPI、企业利润增速下滑亦步亦趋。从 2011 年 1 季度到 2015 年 3 季度,工业增加值增速降幅达到56.9%。PPI 涨幅回落至−5.0%,降幅达 170.6%,已连续 44 个月负增长。工业利润增速回落至−1.7%,降幅达 105.3%。计量分析结果表明,2011 年以来,PPI 每下降 1 个百分点,工业增加值增速下降 0.66 个百分点,工业企业利润总额增速下滑 2.55 个百分点,"三黑一色"等行业利润总额增速下滑更是高达 5.98 个百分点。

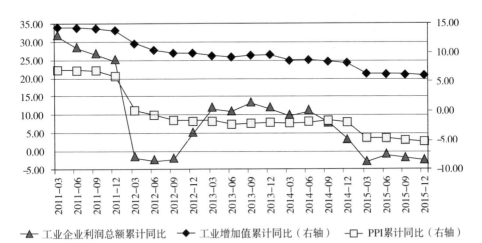

图2 工业增加值增速、PPI 与企业利润增速(%)

经济增速放缓加剧 PPI 强通缩与 CPI 低通胀的分离趋势。当前,受地方政府债务负担较重、社会资本投资意愿不强等因素影响,投资增速下滑较快,住房消费、汽车消费持续低迷,尽管新兴消费增长迅猛,但不足以弥补传统消费下滑产生的缺口,经济增长难有明显起色。虽然各级政府化解产能过剩的各项支持政策逐步落地,但是诸项政策的合力尚未充分显现,钢铁、煤炭等产能严重过剩行业的"僵尸企业"退出进展缓慢。受此影响,"三黑一色"等行业的 PPI 虽已在"底部"长期徘徊,但仍不排除进一步深跌的可能。如果明年经济增速进一步下滑至 6.5% 左右,意味着投资增速将有更大幅度的下滑,有可能陷入结构性通缩的"泥淖"。预计 PPI 与 CPI 同比变化的剪刀差将超过 6 个百分点(见图 3)。

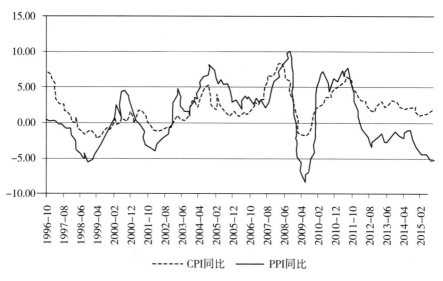

图3　有 PPI 统计以来 PPI 与 CPI 同比变化趋势

二、经济减速与持续结构性通缩导致效益下滑加快且区域分化明显

PPI 持续下跌导致多地企业利润增速大幅下滑甚至负增长,公共财政收入也呈相同的变化趋势,但各地区因为不同的产业结构出现了分化的情况。从 2011 年以来的数据分析结果看,PPI 每下降 1 个百分点,"三黑一色"等价格水平下跌比较厉害的行业利润总额增速下滑接近 6 个百分点。在宏观经济形势不乐观的情况下,如能及早推动转型升级和结构调整,企业盈利能力和地方公共财政收入仍可能

得到明显改善。

　　加快转型升级和结构调整是降速期提质增效甚至"逆势增长"的不二法门。今年前三季度西部的重庆工业企业利润同比增速高达 23.6%，东部沿海的广东、江苏、浙江和福建四省增速也分别达到 8.5%、11.6%、4.9% 和 10.7%，均大幅高于全国平均 -1.7% 的水平。今年 1—8 月，上海、广东、江苏、重庆公共财政收入同比增速分别达到 14.9%、13.3%、10.3% 和 10.9%，均高于全国水平。这些省市的共同特征是转型升级和结构调整走在了全国前列。广东在国际金融危机爆发之初就提出"腾笼换鸟"，把低端制造业转移出去，同时大力推动技术创新，发展战略性新兴产业，较早实现了产业升级和发展动力转换。重庆近年来也特别注重培育新能源汽车、高端医疗设备、电子信息等新兴产业。

　　强资源依赖与过剩产能沉疴较重的东北和山西深陷"降速失效"的"泥潭"。在经济增速放缓期，从企业经营效益看，不同省份分化严重。企业经营效益大幅下滑的是那些迟迟难以摆脱对资源性产品依赖、企业转型升级步伐迟滞的省份。其中，东北三省辽、吉、黑企业效益同比下滑分别达 57.5%、19.0% 和 24.8%，山西同比降幅更是达到 136.6%，陷入了严重亏损的窘境。企业利润下滑、生产萎缩导致就业和消费明显"双降"。传统工矿企业通过裁员削减成本，失业增加引起收入水平下降，抑制终端消费，传导回上游企业，导致生产进一步萎缩。在这些地区，收入下降效应已明显替代了财富效应，消费意愿持续下降甚至降到冰点，维持经济和社会稳定的压力较大。财政收入也表现出与企业效益类似的特征，即转型升级和结构调整快的地区，财政收入增速较快，资源性产品依赖程度高和传统产业转型慢的地区，财政收入均低速增长或出现较大程度的负增长，如山西、辽宁和黑龙江公共财政收入增速分别为 -12.8%、-24.9% 和 -19.0%，吉林增速也只有 1.3%。

三、警惕增速进一步下滑引发"螺旋式下降"和"中国式财政悬崖"

　　利用 2011 年以来的月度和季度数据，考虑不同经济指标的周期性、季节性特征，运用计量模型对 2016 年主要速度、价格和效益指标分不同情景进行预测。如果明年经济增速降至基准情况的 6.5% 左右，预计 CPI 和 PPI 分别在 1.5% 和 -4.5% 左右，财政收入和企业利润总额增速分别在 6.2% 和 -1.0% 左右。

表1　2016年经济增速、价格和效益相关指标预测　单位:(%)

情景设定	GDP增速	CPI同比	PPI同比	企业利润增速	赤字率	财政收入增速
乐　观	7	1.8	−3.5	1.0	2.8	6.7
基　准	6.5	1.5	−4.5	−1.0	2.6	6.2
悲　观	6	1.2	−5.5	−3.0	2.3	5.8

经济指标增幅回落导致主体税种收入增幅放缓。受经济下行影响,工业增加值、规模以上工业企业利润总额、投资、进出口等指标增幅均不同程度回落,甚至出现同比下降的情况,导致增值税、营业税、进口环节税收、企业所得税等主体税种的税收增幅相应放缓,征收"过头税"的做法也必将难以为继,进而影响财政收入增长。同时,经济增速下滑使得居民或企业预期不足,一定程度上将抑制消费,导致部分产品量价齐跌,直接影响商品税收入。另外,PPI持续下降也直接影响以现价计算的财政收入增速。

房地产市场调整导致土地出让金收入下降。受房地产市场调整、商品房销售额下降的影响,土地出让金收入下降,今年1—6月全国土地出让金收入同比下滑三成。计量分析结果表明,2011年6月以来,房地产投资增速每下降1个百分点,土地出让收入相应下降0.8个百分点。再加之为了促进房地产市场健康稳定发展,实施了一系列税收减免政策,也将会减少营业税收入。

股市成交量降低导致证券交易印花税收入大幅下降。今年以来,尤其是上半年股市成交持续活跃,证券交易印花税大幅上升,成为税收收入中为数不多的亮点之一。前三季度证券交易印花税收入达到2071亿元,较去年同期增长407.4%。随着近几个月股指从高位大幅下跌,股市成交量也大幅萎缩,如果明年保持今年9—10月的交易水平,证券交易印花税收入将同比下降35.4%。

减税降费力度加大给财政带来减收影响。目前我国正实施积极的财政政策,不断扩大营改增范围,加大对小微企业的税收优惠力度,积极实施普遍降费政策,这些措施均对财政形成减收作用。在支出刚性不断增强,既定的民生保障类支出难以削减的大背景下,财政收支矛盾凸显。为了进一步稳定经济增长,需要扩大财政赤字规模,提高赤字率。

综上所述,经济增速下行、价格总水平变化及结构性减税改革措施等因素将严重影响企业利润的增长能力,导致财政收入增长疲软。而且,这些效益指标下降必将影响收入形成,减少企业和员工所得。财税收入和员工所得下降,直接或间接影响到企业及地方政府的投资意愿、投资能力和居民最终消费能力,造成经济增速进一步放缓,陷入"螺旋式下降"的风险。如果明年经济增速继续放缓,财政收入继续大幅下滑的风险仍然存在,需警惕和防范"中国式财政悬崖"发生。

刘泉红　郭丽岩　刘志成　刘　方

十二月份报告

我国经济增长区间仍处在下行通道

当前,我国经济增长区间仍处在下行通道,传统增长动力不断消退,新增长动力还在孕育之中。稳增长要有新办法,单靠大幅度投资刺激经济增长的方式已经遇到困境,最佳途径是扩大国内消费需求,用消费需求引领供给创新。

一、当前中国经济增长区间还处在下行通道

我国经济增长已经连续 22 个季度从高位下行,目前经济增长好转信号并不明确,一些指标虽然企稳,但是大多指标表现偏弱。比如,投资增长继续下滑,消费处于低位,出口又由正转负,工业增长连续 68 个月减速跌落到 5.6%,PMI 连续下行回落到 11 月 49.6%;货币增长有所松动,但是价格指标继续回落,10 月份 CPI 为 1.3%,PPI 和工业生产者购进价分别连续 44 个月和 43 个月负增长且仍在扩大,通缩风险压力仍在增加。种种迹象表明,当前中国经济增长区间仍处在下行通道。

(一) 总量变化:非典型的 M 型曲线走势

2003 年 2 季度以来,我国 GDP 增长在图像上表现为一种非典型的 M 型曲线,先是经过 14 个季度上升,于 2007 年第二季度达到 14.9%,尔后经过 7 个季度的下行降到 2009 年第一季度的 6.2%,2009 年第一季度之后经过四个季度上升,经济增长率又跃升到 12.2%,此后经过漫长的 22 个季度缓慢下行,经济增长率落到今年第三季度的 6.9%。经过两上两下,我国经济增长在过去 12 年里就构成了一个完整的 M 型曲线图。从曲线走势看,当前经济增长区间处在下行通道上。经济增长率同样是 7%,所处的通道不同,经济学意

义是不一样的,下行通道增长点位和上行通道点位,对宏观政策传达的信息是截然相反的。

(二) 工业发展:结构性通货紧缩风险加剧

从 2010 年 1 月份开始到 2015 年 10 月份,工业增加值增长率从 20.7%下降到 5.6%;PMI 也在下降,10 月份降到 49.8%,处在荣枯线以下;价格指标连续 50 多个月在下行通道波动,10 月份,CPI 为 1.3%,PPI 为-5.9%,工业生产者购进价-6.9%,PPI 和工业生产者购进价长期滞留在负增长区间。按照发达国家的经验,一个经济体消费品价格如果在 2%及以下,经济增长就不存在通货膨胀。如果工业品出厂价、工业生产者购进价还持续负值 40 个月以上,对制造业来说就是典型的通货紧缩。

二、国际需求不足和供给替代是增速下滑的主要外部因素

(一) 主要经济体宏观经济政策不利于我国出口市场扩容

美国是发达经济体中经济表现最好的:企业投资增长、消费增加、收入增高、失业率下降(9 月份降为 5.1%)。基于此,美国从去年年末就开始采取收缩政策。去年 11 月份美国完全退出 QE,从原来每月向市场投放货币 850 亿美元,到 11 月份完全取消。今年美元提息的窗口很有可能在第四季度末开启。从目前看,美国采取收缩政策,给世界带来的影响,已远远超过其他发达国家采取的宽松政策给世界带来的影响。

欧元区今年经济增长可能要比去年好点,但面临债务恶化没有明显好转、通缩还在持续的问题。为刺激经济增长,今年 1 月 22 日,欧央行推出欧版 QE,从 3 月起每月购买 600 亿欧元资产,到明年 9 月,增发货币 1.1 万亿欧元。同时,欧元区还实施了 210 亿欧元的"容克投资计划",预计带动 3150 亿欧元投资规模,搞基础设施建设和开发,创造就业。日本也在继续实施超宽松的量化货币政策,今年提出增发 80 万亿日元的基础货币,结果使日元大幅贬值,从去年 7 月 1 日到今年 8 月 10 日,日元兑人民币贬值 19%,意味着中国对日出口成本提高了 19%。欧元区的货币扩张也是如此,从去年 7 月 1 日到 8 月 10 日,欧元兑人民币贬值 20%,中国对

欧出口成本也明显提高了。加拿大、澳大利亚、英国等也在采取宽松货币政策,降低利息,增发货币。在发达经济体里,除了美国,其他国家都在搞实质上的货币贬值。新兴经济体除中国外,阿根廷、巴西、委内瑞拉、俄罗斯、乌克兰、土耳其、泰国等国家货币贬值、资本外流、经济低迷,市场需求增速放缓,也一定程度上抑制了我国出口增长。

以上分析表明,今年以来,无论发达经济体(美国除外)还是新兴经济体,为了应对低迷的经济形势,各国都在搞竞争性货币贬值。在此过程中,人民币相对美元汇率稳定,但对其他货币则是大幅升值,一定程度上降低了我国商品的国际市场竞争力。面对这种汇率变动结构,近期中国进口大宗商品价格在降低,石油、铁矿石、黄金、玉米、大豆、棉花等进口成本明显降低了,似乎对中国有利。但从中长期看,由于美元升值,世界大宗商品价格降低,加剧了世界通缩风险,导致各大经济体购买能力下降,造成中国出口日益困难。过去几个月,中国对美国、欧洲、日本出口负增长,对东盟出口低增长。

(二)我国目前对外贸易遇到的两个实质性问题

一是发达经济体的政府和私人购买能力减弱,中国对这些国家的出口速度降低了。各国政府压缩公共开支,减少购买,失业率偏高,家庭收入不足,降低私人消费,最终导致中国的产品出不去。因为我国出口总额中有近一半是出口发达国家,发达国家经济不景气,必然从供求两方面给我国带来影响。

二是比中国经济发展程度还要低的中低收入国家,目前正在利用自身优势,大力发展劳动密集型产业,在中低端制造业市场上对中国形成供给替代。像印度、越南、印尼、菲律宾、泰国、巴基斯坦、缅甸、孟加拉、埃塞俄比亚等,都纷纷采取优惠刺激政策,大办园区、招商引资,大力发展劳动密集型产业,大量生产服装、鞋帽、玩具、电子零部件、家具家电甚至汽车和机械零部件等中低端劳动密集型制成品,生产出来国内又消费不了,就向发达国家出口。由于这些国家劳动力成本低,土地和其他自然资源价格便宜,政策更加优惠,生产跟中国同样产品成本要低得多。于是,在劳动密集型产品市场上,有一批国家正在替代中国。十几年来,由于我国制造业的劳动工资和能源、土地、水、环境资源成本等不断快速上升,导致外资在中国所建的一批劳动密集型产业基地开始向外转移,比如大金、优衣库、耐克、富士康等都在或计划撤离中国。甚至一些中资企业也将产能准备向外转移。需求下降、供给替代必然引起我国出口增长下降,如果我国不尽快改变出口结构,这种趋势还将延续下去。

三、长周期变动下需求不足与供给过剩是增长下滑内部因素从国内看,当前和今后有三大方面因素正在影响中国经济增长。

(一)经济增长将呈现长周期下行态势

经济增长周期有三个类型,按照熊彼特周期理论划分,长周期48—60年,中周期9到10年,短周期是3到4年。过去30多年我国经济增长处于长周期的上行通道,目前我国经济增长恰处在长周期下行通道,经济增长率将由高增长向中位增长转换,今后还将进一步向低位增长转变。从国际经验看,过去50多年时间里,全球有88个国家由低收入水平相继进入到中等收入国家行列,但只有13个国家进入到发达国家行列,13个国家经济增长无一例外的都出现了下行趋势。今后,中国要向发达的高收入国家迈进,经济增长率必然从上到下,这是一个规律。

一方面是国民经济总量已经十分庞大,再每获得一个百分点的增长难度将越来越大。按照世行数据,中国2010年就进入到中上等收入国家,总量已经位居世界第二,2014年国内生产总值已经达到63.6万亿元人民币,合10.36万亿美元。现阶段,增长一个百分点所消耗的资源和产出要比低收入阶段大得多。比如,如果2015年经济增长7%,经济总量就增加4.455万亿,相当于2000年国内生产总值增长了45个百分点。

另一方面,结构成熟意味着经济增长率将不断下降。根据国际经验,从低收入阶段发展到中上收入阶段,经济增长都是投资比重持续上升,消费率持续下降;到了中上等收入阶段后,经济增长继续向高收入阶段迈进时,投资率将不断下降,消费率将持续上升。中国也不例外,进入中高收入阶段后,投资空间已经在明显变小。想象一下,我们再也不可能像过去一样大搞投资建设,因为建完飞机场、高铁、高速公路、鸟巢、广场、大剧院、办公大楼,同样的投资机会就会减少甚至消失。此时,每单位投资形成的GDP也在明显减少,表明投资的边际效益下降了。在投资率持续上升阶段,由于投资是少数人决策、短期见效快,我国可利用从上到下的体制优势,集中社会资源大搞投资扩张,用投资拉动经济增长;而进入消费率持续上升阶段就不同了,消费是人人决策,分散消费,渐进式见效,从上到下的体制优势难以发挥作用。所以,一旦需求结构转向消费率持续增长阶段,经济增长率必然下降。我国经济增长率在长周期下行阶段还刚刚开始,现在是中高速,下一阶段还将向中低速通道迈进。不过,要注意的是经济增长周期性下行并不是一条直线,而是一种波浪式曲线。

(二)消费增长率跟随投资增长率下降也影响经济增长

理论上讲,在进入中上收入阶段后,我国消费增长应该适当加快,经济增长率不至于下降得太快。但是,自 2010 年以来,我国固定资产投资增长率从 23.8%持续下滑到今年 1 — 10 月的 10.2%,同期社会消费增长率也从 18.3%下降到10.6%。可见,投资增长率下降后,消费增长率也跟随下降,在出口增长连续多月负值情况下,经济增长率下降就不足为怪了。为什么我国消费不能按经济结构变动规律适度加快增长,而是增长率连续多年下降? 除了短期因素诸如居民收入增长率这几年有所下降之外,主要是由我国的体制和政策安排不合理造成的。

先看一组数据,今年 3 季度央行对全国 50 城市 2 万储户居民进行问卷调查结果显示,当前城镇居民消费倾向很低。在调查居民储户中,有 79.6%居民更愿意多投资、多储蓄,只有 20.4%的居民倾向更多消费,如此低的居民消费意愿,要让消费快速增长是比较困难的,相反储蓄却实现了快速增长。

从发展阶段和国际环境变化看,当前我国最需要消费加快增长,因为消费在GDP 中是居民福利的直接体现,可以消化产能,替代一部分出口,支持经济持续稳定增长,而储蓄从长期看是要转化为投资,进而转化为产能。为什么储蓄快于消费? 在现有体制下,国民收入分配制度不合理,社会保障制度水平低下,造成了城乡居民一方面没钱消费,另一方面有钱也不敢消费。

首先,从居民没钱消费分析。当前我国国民收入这块“大蛋糕”,在宏观上是由三大群体进行初次分配,政府切一块除了用于维护正常运行之外,主要用于搞公共投资,一些地方政府还把公共资金用于产业园区开发,而用于转移支付消费方面的比例一直不高;企业切一块主要用于生产运营和再投资;居民切一块主要用于短期和长期消费。经过研究发现,在过去 20 多年里,我国各级政府和企业在国民收入中切“蛋糕”速度越来越快,比例越来越高;居民切“蛋糕”的速度远远低于前两者,比例也越来越低。从 1992 年到 2014 年,政府和企业在国民收入初次分配中获得的比例已经由 34.1%扩大到 54%,居民则由 65.9%下降到 46%。显然,这有利于政府和企业更多的搞公共投资和产业投资,不利于城乡居民扩大消费。还有一组数据可以佐证,以名义增长率比较,从 2000 年到 2014 年,全国各级政府财政收入增长了 9.48 倍,规模以上工业企业利润增长了 14.5 倍,而城乡居民人均收入只分别增长了 3.6 倍和 3.39 倍,也就是说,过去 14 年政府财政收入增长比居民收入增长快了 6 倍左右,企业利润增长比居民快了 11 倍左右。由此可见,国民收入在宏观分配上一开始就有利于投资方。

居民所拿到的这一块国民收入还要在各阶层之间进行分配。从城乡视角看,这几年城乡居民收入差距在缩小,但是城乡内部的阶层收入差距在扩大。比如占城镇人口 20% 的最低收入户同 20% 的高收入户的收入差距,由 2000 年 3.6 倍扩大到 2014 年 5.49 倍,农村居民 20% 的高收入户与 20% 的低收入户收入差距由 6.47倍扩大到 8.65 倍,2014 年占全国居民 20% 高收入组年人均可支配收入 50968 元,20% 低收入组人均可支配收入 4747 元,高收入组与收入组收入差距是 9.74 倍。众所周知,收入每增加 100 块钱,穷人和富人消费和储蓄行为是不一样的,穷人的边际消费倾向高达 90% 以上,高收入人群边际储蓄倾向为 50% 以上。所以,高收入人群收入越高,用于储蓄的比例就越高,数量也越多,社会总储蓄必然就快于消费,但低收入人群想消费却收入不足。

其次,目前我国社会保障制度还不足以让老百姓敢消费。老百姓增加消费需要有保障,没有后顾之忧他们才能放心消费。因为买房子、就学、就医、养老都需要花钱,尽管我国社会保障实现了体制性全覆盖,但是保障水平太低,不足以让居民消除心中隐忧,所以城乡居民还是不敢增加即期消费,仍要为未来储蓄,因此预防性储蓄是目前总储蓄增长的一大动力。

有人说,这几年我国消费增长并不慢,消费按照时间序列比确实比较快。但是不能这么比,正确的方法是跟储蓄比。因为如同一个家庭一样,一个国家的财富同样也是储蓄与消费的加总。从 2000 年到 2014 年,我国社会消费品零售总额增长了 5.7 倍,而储蓄却增长了 8.2 倍。过去 14 年储蓄积累快于消费 2.7 倍。这就意味着,我国搞投资有强大的储蓄支撑,而扩大消费缺乏持续增长的动能。

(三) 从供给环节看,制造业和房地产发展不景气拖累经济增长

在制造业中,高物耗、高能耗、高排放的行业正在被淘汰,低端、低附加值传统制造业正在被转移,但高加工度、高技术含量的高端制造业正在孕育还没有成长起来,所以中国制造业处在一个产业增长空心区。在这个空心区里,经济增长率必然下降。当前,制造业订单减少、成本增加、利润大幅下降,使得投资缺乏前景预期。去年全国社会固定资产投资增长 15.7%,而工业为 13%,今年 1—10 月城镇固定资产投资增长 10.2%,而制造业投资降到 8.3%。往年,制造业投资占社会固定资产投资总额的 33%,制造业投资持续下降并低于投资平均增长率,必然拉低总投

资进而影响经济增长。

房地产在需求不足、库存增加压力下，投资继续走低。去年房地产开发投资增长10.5%，今年1—10月房地产开发投资增长2.0%，住宅投资增长只有1.3%。土地交易在负值区域下降也没有停止。一般而言，房地产投资占全社会投资的25%，房地产投资增长率下降，势必给总投资乃至经济增长带来下行压力。

总之，当前我国经济面临的困境是：公共投资增长加快弥补不了制造业、房地产投资增长率的下降；消费增长微弱加快弥补不了全社会投资增长率的持续下滑；新兴产业增长难以填补传统产业被淘汰、转移留下的空间。我国经济仍处于下行通道，经济增长率惯性下行压力依然没有缓解迹象。

今后的经济形势判断是：中国经济增长仍然是总供给与总需求失衡，供大于求的态势不会改变，需求回升不会太快。在政府的公共投资拉动情况下，基础设施投资会有所回升，尤其是第四季度和明年上半年，但是制造业和房地产投资不会有太大起色，消费增长会呈平缓增长趋势，国内通缩风险压力仍将加大，出口会由负转正呈现低增长。今年第四季度与第三季度增长趋势基本一致，全年经济增长在6.9%—7%，明显低于2014年，明年经济形势依然严峻。

四、我国经济增长率下滑可能有底线

明年我国经济增长率不能太低，因为到2020年要实现全面建成小康社会，国内生产总值年均增长率如果跌破6.5%，全面建成小康社会目标将受到严重干扰。政府必须从供给侧和需求侧采取有力措施稳定经济增长。就目前看，我国有以下四大因素有利于稳定经济增长。

一是体制改革步伐加快、力度加大，不断释放一批制度红利，刺激增长。党的十八大以来，党中央、国务院推出了一系列改革开放新举措。这些新举措的实施，既有利于供给侧创新，推动产业结构转型升级，也有利于改善需求侧，促进消费发挥基础性作用。

二是采取产业联动、区域联动战略部署，培育经济新增长点和新增长极。自2014年以来，我国先后推出了"互联网+"十一大行动、中国制造2025、打造长江经济带、新型城镇化、京津冀协同发展，还有上海、天津滨海新区等四大自贸区改革试点，今后还将有新的战略布局出台。从已经出台的产业、区域发展部署看，这些部署的经济学意义都是1+1>2的效果，如果今年开好局，明年全面推开实施，必将对经济增长产生积极作用。

三是实施新的"走出去"战略,积极推进"一带一路"建设。今年是"一带一路"的开局之年,"十三五"将是全面开展之年。可以预见,"一带一路"将对2016年经济发展产生明显效果。

四是国家稳增长的宏观政策支持强度将不断加大。自2014年来国家出台了一系列政策措施刺激增长,比如实施适度放松的货币政策,创新金融工具,连续下调准备金率和存贷款利率;采取更加积极的财政政策,扩大财政支出规模,增加公共基础设施投资,提出了"7+4"工程包,还推出了一批PPP项目,建立新兴产业引导基金和中小企业扶持基金,还有扩大地方债置换规模等。可以预见,今后还将有新的稳增长举措陆续出台,这些都可以防止经济增长出现惯性下滑。

五、让消费需求在稳增长中发挥更大作用

当前,我国经济发展遇到的矛盾是传统经济增长动力在不断衰退,新的增长动力还在孕育成长,新增长动力并不能及时填补由传统动力衰退腾出的空间。显然,当前和今后宏观政策的主基调是稳增长。但是,稳定经济增长要有新办法。单靠大幅度投资去刺激经济增长的方式已经遇到困境,一是投资效果明显下降,每单位投资所形成的国内生产总值大幅度减少;二是大量投资结果只能是继续增加未来产能,将进一步加剧供给过剩矛盾。最佳途径是让消费在经济增长中发挥更大作用,全力扩大国内消费需求,用消费需求引领供给创新。在此前提下不是不要投资,而是要求投资必须围绕消费需求增加有效供给。为此,建议今后应实施"消费导向供给创新"的发展思路。这就是说,今后我国经济发展,要以消费需求为目标导向,破解影响形成有效供给的因素,形成有效需求与有效供给互动的增长格局。为此,2016年要将宏观政策的重点放到扩大消费需求方面。

(一)调整投资特别是公共投资结构,应围绕居民扩大消费需求开展投资,而不是为了增加GDP进行低效率投资

公共投资要向消费领域延伸,向中小城镇延伸,向边远落后地区、农村地区延伸,主要解决城乡居民教育文化、看病就医、养老服务、住房保障、饮水安全、交通通讯、用电上网困难等基本公共服务设施方面;同时,公共投资还要为城乡居民消费转型升级服务,在人力资本提升、信息消费、绿色消费、时尚消费和市场设施配套等方面进行公共投资。

（二）在消费需求方面,要像重视公共投资那样重视消费增长

重点解决中低收入人群和贫困人口的收入和消费问题。这里既要做好加法,又要做好减法。

加法是:帮助中低收入人群创业就业以增加收入,较大幅度提高基本医疗保险财政补助标准、基础养老金补助标准和贫困救助标准,增加贫困户子女就学补助金,免除高中阶段学杂费,为贫困大学生贴息或提供补助金。比如将城乡居民基本医疗保险补助标准提高到年人均 500 元,基础养老金补助标准提高到每人每月 200 元,将农村贫困标准线提高到 4400 元(目前世界银行贫困标准是每人每天 1.9 美元,按现人民币汇率折算为年收入 4400 元以下为贫困人口),对达不到标准的人群实行贫困救助。还有,两方面的加法还可刺激消费,一方面是对城乡居民购买家用电器再次实行补贴和以旧换新政策;另一方面是对农村居民实行住房建设改造补贴政策,今后凡是在农村居住的农民,只要在符合规划建设新房或改建旧房的都给予财政补贴。

减法是:为广大居民的收入所得实行减税政策,居民个人所得税起征点建议由月 3500 元提高到 5000 元;对城镇居民购买首套房实行个人所得税税前抵扣政策;降低日用消费品进口关税税率,吸引海外消费回流;继续对企业实施减税降费政策,我国企业税费负担还比较重,特别是一些隐性负担太多太重,在当前订单下降、销售困难、成本上升、利润下滑情况下,对企业再免除一批行政事业性收费项目,企业所得税、增值税税率也应适当下调。对于凡是有研发活动的企业,所发生的所有研发支出都可以实行税前抵扣政策。此外,要严禁银行在贷款利息之外附加收取各种名目的费用。

（三）尽快推进以人为核心的城镇化

人口城镇化可以带来巨量投资和消费,是经济增长的新动力。今后城镇化的核心是一亿农业转移人口落户城镇,并享受同城镇居民同等待遇的公共服务。但是,现在特大城市、大城市和一些中等城市,都对外来人口制定了一套严格的进城落户积分标准规定,若按照这些标准规定,人口户籍城镇化率绝对完不成任务。

为了城镇化健康推进,为了稳定经济增长,必须调整现有落户政策。特大城市要创造条件,比如强化周边城市发展,形成城市群网络,以此允许外来人口落户;大城市要合理放开落户条件,降低准入门槛,准许外来人口落户;中等城市要全面放开落户条件,吸引外来人口落户;小城镇要加强基础设施建设,增强公共服务,培育

特色产业,以此积极吸引农业转移人口落户。

另外,要将一亿农业转移人口市民化与目前化解城镇存量商品房结合起来。政府可以将城镇存量商品房购买回来,然后以廉价卖给进城落户的新居民,或者以低价租给新落户者。

(四) 加强供给侧创新

以消费为导向并不是排除供给,而是要求供给环节不能脱离有效需求无限制的发展。

一是积极推进产业结构调整升级,继续稳步实施淘汰落后产能,加快改造传统产业,支持企业走中高端化、细分化、低碳化发展路线。

二是加快培育新兴产业,大力支持健康产业、文化产业、节能环保产业、新一代信息产业、高端装备产业、旅游业、绿色农业等产业的发展,同时还要在新材料、互联网金融、教育培训、物流等领域培育增长点。

三是重构市场秩序,彻底清除地方、部门保护和封锁。健全市场监管体系,加强市场监管执法能力建设,严厉打击市场垄断和假冒伪劣产品进入市场,降低居民消费成本,确保日用消费品的质量安全。构建新时期的市场信用体系,建立授信激励和失信惩戒机制,维护消费者的正当权益。

四是加大体制机制改革力度。打破教育、文化、医疗、旅游、通讯等领域的垄断,推动对内对外开放。同时还要加快城乡二元体制、国民收入分配制度、国企体制、财税金融制度、行政审批制度等方面改革,为消费需求扩大、有效供给增加创造制度条件。

最后,为了稳增长,防止经济惯性下滑,明年的财政政策可以再积极一些,适当扩大财政支出规模,赤字规模可再增加得多一些,赤字率比上年可再提高一些;稳健的货币政策可再向偏松方向转一些,在基准利率空间变小情况下,应继续降低准备金率,利用金融创新工具扩大供给,降低企业融资成本,支持实体经济发展。

马晓河

中美制造业成本比较及对策建议

最近,有关中美制造业成本比较的问题引发各方的广泛关注。比较有代表性的观点有美国波士顿咨询公司的报告、浙江民营企业老板的网帖以及新华通讯社的内参。美国波士顿咨询公司认为,2014 年美国制造业成本竞争力指数值为 100,中国为 96,二者已非常接近。浙江慈溪江南化纤厂的民营老板比较了创办相同规模企业的中美成本,在 11 项成本中仅人工成本和厂房建设成本中国有优势,包括土地、物流、融资、能源等其余 9 项成本中国都大幅高于美国。新华社内参则认为,当前中美制造业生产成本正在呈现结构性"倒挂",美国生产资料优势凸显正在抵消其人力成本的劣势,加上税收制度的差异让美国制造业竞争力比我国更具优势。对此,我们进行了较为客观的分析。

一、近年来中美制造业综合成本差距出现结构性变化,除人力和厂房建设成本外,大部分成本中国高于美国

人工成本快速上涨但仍低于美国。2008 年以来我国劳动力成本呈现加速上升的态势。2008—2014 年,私营单位就业人员平均工资由 17071 元上升到 36390 元,涨幅为 113%,年均增速超过 13%。美国同期制造业小时人工成本增长幅度仅约 20%,年均增速不足 3%。从劳动生产率看,我国制造业劳动生产率不足美国的 10%,在高端领域差距更大。从增速看,同期我国制造业全员劳动生产率增长了 56.3%,年均增速接近 8%,高于美国(约 5%)3 个百分点。若从劳动生产率与工资增速的相对比较看,我国劳动生产率增速低于制造业工资增幅,而美国制造业劳动生产率增速高于工资增速,凸显我国制造业人工成本方面的相对优势正在减弱。

土地成本明显高于美国。根据国土资源部数据,2015 年三季度末,全国 105

个重点监测城市工业地价为 50.5 万元每亩,而美国地价约仅为 2 万美元每英亩(相当于 2 万元人民币每亩),我国城市平均工业地价约为美国的 25 倍。而且,美国是永久性产权,一些地方政府还通过各种政策措施对中国企业在美购地予以补偿,美国地价的吸引力较大。

能源成本高于美国且差距拉大。2004—2015 年,我国工业平均电价上涨了 60%,工业天然气价格也翻了一倍,而美国同期电价没有太大变化,天然气价格则下降了 25%—35%。目前,我国工业平均电价约为 0.56 元每度,工业天然气价格每立方米约 3.6 元人民币,分别比美国高 30% 和 3 倍左右。

融资和汇率成本高于美国且差距拉大。从融资成本看,考虑金融机构手续费等因素,从企业实际获得借款成本看,国内最便宜的借款年利率在 6% 以上,美国约为 2.5%,我国是美国的 2.4 倍。从汇率成本看,自 2005 年人民币汇率改革以来,人民币兑美元汇率上升超过 30%,给中美两国制造业成本优势对比带来显著影响。

税费高于美国。以较宽口径的宏观税负(即公共财政收入+政府性基金收入+国有资本经营预算收入占 GDP 比重)来计算,2014 年我国宏观税负高达 30.9%,已超过美国近年来 25% 左右的平均水平,且美国税收主要是直接税,我国主要是间接税,我国企业部门税费比例高于美国。

物流成本高于美国。2014 年,我国社会物流总费用与国内生产总值的比率为 16.6%,是美国的 1 倍左右,也显著高于巴西、印度等发展中国家的水平。

养老保险缴费率高于美国。目前,我国企业承担的社保缴费主要是养老缴费,国家法律规定企业缴费比例是 20%,个人是 8%,合计起来高达 28%,而美国企业承担的养老保险缴费率只有 6.2%,中国企业实际缴费率是美国的 3 倍多。

我国部分制度性成本高企。我国政府部门特别是地方政府利用在行政审批、许可、管理等方面的权力,对企业尤其是民营企业进行"寻租"活动,产生了较高的制度性成本。而美国市场透明度高,制度成本低。

二、美国制造业综合成本优势上升吸引了部分美国制造业"回流",也促使我国部分制造业流向美国,但尚未对我国制造业发展造成重大威胁

美国制造业综合成本优势大幅提升、投资环境和社会氛围显著改善,不仅吸引了部分美国制造业"回流",也推动了我国制造业企业赴美投资的升温。新华社

《国内动态清样》(第 4444 期)指出我国沿海企业赴美投资呈加速趋势。但也要看到,综合成本只是影响美国制造业"回流"或我国企业赴美投资的因素之一,企业投资决策和选址还受到全球产业链布局和扩大市场等因素影响,应客观冷静看待。

美国制造业回流速度加快,但占比不大。自 2010 年 2 月以来,美国制造业新增就业 53 万人,但主要应归功于美国经济的整体复苏,制造业"回流"新创造就业占美国全部外包制造业就业机会的比重尚不足 1%。需要注意的是,美国制造业在小部分"回流"的同时,大量的公司都在扩大其外包业务,这是由跨国公司全球生产网络和分工体系的迂回性和专业化分工特性所决定的。从行业分布看,劳动密集型和面向中国及周边市场的重化工业"回流"可能性不大,部分资金技术密集型产业可能回流,但也受美国自身"机器换人"的替代程度以及美国自身区域生产网络体系发展水平等因素影响。从"回流"企业数量上看,根据美国科尔尼咨询的报告,2010 年美国制造业"回流"仅 16 家,2012 年是 104 家,2013 年有 210 家,2014 年超过 300 家,回流速度较快,但占美国跨国公司 25000 家外国子公司的比例还非常低。

国内企业赴美投资快速升温,可能会给我国制造业发展带来一定冲击。应该看到,国内企业赴美投资是资本扩张和产业发展的必然规律,我国企业在美投资设厂也有便于开拓市场、更为深度融入全球分工链条方面的考虑,是以开拓市场为目的的"主动"走出去,而非因国内成本高企"被动"走出去。但同时也要看到,美国积极推动"再工业化"正在从软环境和硬环境两方面改善制造业投资环境,吸引了包括中国企业在内的大量海外投资,将对我国制造业发展带来一定冲击,值得我国高度关注。尤为重要的是,我国制造业转型升级正面临发达国家和新兴经济体的前后挤压,处于"三明治"的尴尬地位,部分劳动密集型产业向东南亚等人力成本更低的国家转移步伐加快,对国内传统制造业发展造成较大冲击,需积极谨慎应对。

三、高度重视中美制造业成本变化趋势,"双管齐下", 在降成本的同时提升我国制造业发展效率

尽管中美成本变化尚未对我国制造业形成大的冲击,但要高度重视,采取积极措施切实降低制造业成本,帮助企业保持竞争优势。同时也要认识到,有些成本适当走高可能是合理的,如人力成本的合理上升是提高人民群众收入水平的重要保证,加速折旧有助于促进企业扩大再生产,研发投入增加有助于增强企业技术实力

和产品竞争力。我们的政策着眼点应该是控制那些短期偏高、不合理的成本上涨。为此,应坚持降成本与提效率"双管齐下",多措并举提高我国制造业市场竞争力。

(一) 进一步采取措施切实降低制造业成本

一是进一步加大结构性减税力度。通过财税体制改革,特别是增值税改革,进一步降低工业企业增值税负担。推广落实国家自主创新示范区所得税试点政策,研究包括天使投资在内的投向种子期、初创期等创新活动的税收支持政策。落实研发费用税前加计扣除,固定资产加速折旧,引进技术、设备、关键原材料和零部件免征关税等优惠政策。进一步减轻小微企业和个体工商户的税收负担,将小微企业和个体工商户的增值税和营业税起征点改为免征额。加快落实兼并重组企业税收优惠等政策,取消限制企业兼并重组的不合理规定。

二是加快出台降低企业社保缴费比例实施办法,将中小企业的基本养老保险缴费率由目前的20%降至14%,并由财政承担下调部分的缴费责任。

三是全面清理涉企收费。研究制定"涉企收费清单",严格按照目录清单管理,遏制各种乱收费行为。全面清理进口环节涉企收费,取消各种与行政职权挂钩且无法律法规依据的中介服务收费和各类保证金。

四是切实缓解企业融资难、融资贵问题。落实金融支持实体经济发展的政策,推进银企对接试点,加大对有市场、有效益的传统行业企业针对性扶持。研究设立国家融资担保基金,推广信贷风险分担模式,缓解小微企业融资负担。支持符合《中国制造2025》和战略性新兴产业发展方向的企业在各层次资本市场进行股权融资。简化审批程序,拓宽企业境内外上市渠道。大力发展天使、创业投资和产业发展引导基金,鼓励针对制造业转型升级的金融产品和服务创新,大力发展绿色信贷和并购贷款,支持产业技术升级、节能环保和并购重组。

五是继续降低企业能源成本。在已有电价和天然气价格下调的基础上,鼓励各地根据产业结构特点和企业实际经营状况,在一定幅度范围内实时进行电价与天然气价的下调。同时,加快在趸售电价、留存电量价格、直购电和富余电量消纳、天然气直供、天然气经营企业成本监审等方面的改革,进一步降低企业能源成本。

(二) 下大力气"提效率",推动制造业转型升级

一是推动人口红利向人才红利转变。进一步加大基础教育、高等教育和职业教育的投入力度,稳步提升劳动者素质。研究制定加快培养实用技能人才的政策措施,健全技能人才培养体系,营造有利于"工匠精神"发挥的氛围。引导和支持

企业建立有效人才激励机制,鼓励企业灵活运用期权、股权、分红等利益分配方式吸引和稳定人才。

二是夯实传统制造业发展的基础。加强工业基础能力建设,引导各类要素向基础领域集聚,加快突破基础材料、核心基础零部件的工程化、产业化瓶颈,提升基础工艺水平。发挥骨干企业的主导作用和科研机构的基础作用,建立一批产业创新联盟,开展政产学研用协同创新,着力攻克对产业竞争力整体提升具有全局性影响、带动性强的关键共性技术,加快推动成果转化。

三是推动创新驱动发展。鼓励企业增加研发投入,提高研发投入占企业销售收入比重。积极推进大众创业、万众创新,建设一批众创空间、创新苗圃等公共服务平台,支持各类市场主体不断开办新企业、开发新产品、开拓新市场。鼓励大企业、大院大所向社会开放研发测试、生产装备、创新孵化等资源,把大众创业、万众创新和传统制造业转型升级紧密结合起来。

盛朝迅　黄汉权

《巴黎协定》透明度规则的机遇、挑战与应对

《联合国气候变化框架公约》(以下简称《公约》)第 21 次缔约方会议达成的《巴黎协定》(以下简称《协定》)强化了应对气候变化国际透明度的要求,有利于促进我国评估国内行动进展,交流国际经验,增强国际话语权,但新机制也带来了新挑战。我国必须尽早建立完善系统性的应对气候变化报告与审评机制,强化气候变化透明度谈判和专家团队能力建设,开展透明度方法学和法律问题等系统性研究,加强国际经验交流,更好地适应新体系要求并积极建设性地参与国际规则制定。

《协定》是一个全面平衡、持久有效的气候变化国际协议,包含减缓、适应、资金、技术、能力建设和透明度等各要素,其中透明度是最具内容交叉性和技术复杂性的要素,是各方落实《协定》、建立互信、确保整体力度的基础。尽管《协定》生效日期还不确定,透明度的具体规则和操作指南还有待后续谈判进行制定,但就《协定》条款以及巴黎会议决议的内容看,《协定》下的透明度体系将在给我国带来机遇的同时,形成一定的压力与挑战,我国必须尽早研究,提前准备,系统部署,从容应对。

一、《协定》透明度体系提出了基本要求,
但操作指南制定仍需后续谈判

《协定》基于公约框架下 20 余年来的实践,在为发展中国家提供必要灵活性、向发展中国家提供相应能力建设支持的基础上,强化了对各缔约方行动与支持透明度的要求。这些要求主要表现在三个方面:一是所有缔约方都需要定期报告全面的行动与支持信息;二是所有缔约方都要接受国际专家组审评,并参与国际多边信息交流;三是专家组将对各缔约方如何改进信息报告提出建议,同时分析提出发

展中国家的能力建设需求。

与《公约》下我国目前所适用的透明度规则相比,如果我国向其他国家提供应对气候变化支持,按《协定》要求需报告相关信息,但与发达国家所不同的是这并非强制性要求。

目前《协定》中尚不明确、需后续谈判制定操作指南时确定的内容主要包括四点:一是报告的形式,是作为一个完整的报告,还是按减缓、适应、支持等要素分别报告;二是报告与审评的频率;三是提供支持和收到支持的信息报告格式、模板与方法学;四是多边信息交流的形式、结论与法律效力。此外,尽管在巴黎会议决议中,各方已经同意发展中国家可以在报告的范围、频率、详细程度以及审评的范围、形式方面具有灵活性,但具体如何操作还需要指南予以明确。

二、《协定》透明度体系给我国气变评估和
应对带来新的机遇与挑战

透明度体系不仅是建立国际互信和盘点全球整体应对气候变化进展的基础,也是我国自身评估国家应对气候变化目标进展、识别差距和调整目标与政策的基本需求。《协定》建立起了国际通用的报告与审评体系,增强并完善了《公约》下的基本要求,不仅有利于促进我国按照国际通用做法开展国内行动报告、自我评估与国际信息交流,同时有利于我国与世界接轨,积极主动参与国际规则制定与实践,增强国际话语权,并通过借鉴国际经验,促进我国更好地实施《公约》,开展应对气候变化工作。尽管国际透明度体系提供了上述机遇,但是对我国而言,目前还存在许多不适应这一体系的领域,将带来一定的挑战,主要包括五个方面。

一是我国缺乏系统性应对气候变化信息报告机制。我国自1994年成为公约缔约方以来,20余年来仅提交过2次《国家信息通报》。从目前正在编制的第三次《国家信息通报》看,我国仍未建立起系统性的报告机制,主要表现在:第一,温室气体清单编制仍依靠专家进行个别式的信息数据收集和计算,没有建立起国家统一的活动水平数据报告系统与排放因子研究更新专门团队;第二,应对气候变化行动信息的报告仍依靠各部委临时提供,没有建立起常规性的信息收集和报告机制;第三,我国获得应对气候变化国际支持的信息,以及通过南南合作等方式向其他发展中国家提供支持的信息,散落在各部委、各地方、重点企业,国家层面没有汇总的信息。这些都将导致我国未来难以应对《协定》下系统性、持续性、较高频率的报告要求。

　　二是我国缺乏应对气候变化资金、技术、能力建设支持的报告方法学。无论是获得国际支持还是向其他国家提供的应对气候变化支持，我国不仅没有建立起报告体系，也面临着报告方法学欠缺的困境。发达国家长期以来采用经合组织发展援助委员会（OECD-DAC）开发的方法学进行报告，并且逐渐完善和采用"里约标记法"对与环境和气候变化有关的项目进行标记和统计。在《公约》下，发达国家也根据"双年报告"统一报表的要求，按照资金量、来源、性质、状态、提供渠道、受援国、使用领域等参数进行报告。虽然这些方法学也都还在不断完善的过程中，但毕竟为发达国家提高透明度提供了可使用的方法学。相比之下，我国南南合作和对外援助近年来虽然也开始重视信息报告，但与发达国家之间的差距还很大，尤其是对于如何报告气候变化南南合作信息，目前尚无可参照的方法学。而对于获得国际支持的信息报告，尤其是如何使用这些国际支持、产生了什么样的效果，发达国家也没有经验可循，迫切需要我国与其他发展中国家一道研究探索，这也是我国南南合作绩效评估的发展方向。

　　三是我国缺乏接受国际审评的经验。我国自2000年第一次提交《国家信息通报》以来，从未接受过国际审评。按照《公约》下透明度规则的要求，我国目前正在编制并拟于2016年提交的第一次"双年更新报告"，预计将于2017年接受国际专家组审评，并通过国际多边信息交流与各国进行互动讨论。尽管《协定》下我国可以通过适用灵活度或过渡期安排，暂缓接受新体系的国际审评，但缺乏审评经验一方面不利于我国开展相应的机构、机制和人员准备，另一方面也不利于我国参与《协定》下相应操作指南的制定。

　　四是我国在气候变化透明度方面的专家团队实力不足。我国既熟悉气候变化领域测量、报告与核实工作，又熟悉联合国体系下相关规则的专家十分有限。在《公约》的气候变化专家库中，我国共提名了42名专家，其中参与过国际审评或谈判实战的专家只有14名；国家、各省、企业中熟悉测量、报告与核实实务的专家不少，但又往往不了解国际谈判规则。这其中既有我国提名专家和选派谈判代表时从严从紧负责任的态度因素，也有参与国际审评和谈判既无酬劳，又耗费大量时间，还往往不被所在单位肯定，导致许多专家不愿意参与方面的原因。对于我国而言，有经验的专家在设计透明度相关机制安排和制定相应政策时已发挥巨大作用。目前存在的主要问题是，专家团队实力不足，而且既有的经验尚未得到足够重视。

　　五是我国气候变化透明度谈判团队有断档的风险。透明度谈判是气候变化所有谈判议题中最复杂的议题。一方面是因为其交叉性，与所有其他议题都相关，因此涉及的信息量巨大；另一方面是因为其技术性，谈判中除了考虑政治立场，还必须考虑规则的逻辑性和可操作性,往往需要耗费大量的时间和人力。美国代表团中负责透明度议题的谈判代表2人来自国务院,4人来自环保署;欧盟7人来自各成员国政府,4人来自研究机构和高校;巴西2人来自外交部,2人来自环保部,3人来自研究机构。这些谈判代表许多都是长年参与透明度谈判和国际报告与审评工作的资深人士,有的甚至从《公约》下第一次制定报告指南时就参与了。我国代表团只有3人来自高校和研究机构,谈判力量差距较大,且由于谈判不是这些专家所在研究机构的日常业务领域,不符合个人职业发展方向,没有晋升空间,谈判队伍难以保持稳定。

总的来说,《协定》透明度体系虽然有利于促进我国国内应对气候变化工作的规范化、信息化、长效化,但面临的挑战也十分艰巨。

三、应对《协定》透明度体系需加强四项重要工作

为积极、建设性地参与《协定》后续透明度操作指南的谈判,维护我国利益,并推动国内应对气候变化工作的开展,针对我国面临的压力与挑战,建议国家开展好以下四方面工作。

一是建立完善系统性应对气候变化信息报告机制。按照信息报告和审评的要求,建议由国家应对气候变化领导小组负责,国家发展改革委具体牵头,由发展改革委、国家统计局、商务部分别负责应对气候变化行动、温室气体清单、应对气候变化支持信息的规范化报告,其他相关部门、各省(市、自治区)、中央国有企业参与,尽快建立起系统性的国家应对气候变化信息报告机制。

二是强化气候变化透明度谈判和专家团队能力建设。按照透明度问题本身的交叉性、系统性和复杂性特征,建议由发展改革委和外交部牵头,做好谈判代表团队和梯队建设,既在各议题谈判代表中开展透明度问题培训交流,也在有经验、政治可靠的专家中开展谈判业务和实战培训,提早做好谈判梯队规划。

三是加强气候变化透明度问题的系统性研究。考虑到我国自身促进气候变化工作、提高透明度和评估进展的需求,以及满足国际透明度规则的要求,建议国家在气候变化透明度机制建设、温室气体清单活动水平与排放因子、国际支持的报告方法学、国家和国际审评的程序与法律后果等方面开展系统性研究。

四是加强气候变化报告与审评的国际经验交流。由于我国尚未接受过气候变化国际审评,尽管有极少数专家参与了对其他国家的审评,但总的来说经验十分有限,尤其是我国的政府部门对此没有经验,无法开展相应的准备工作。建议我国组

织承担气候变化信息报告和未来将承担国际审评准备工作的相应部门开展与《公约》秘书处,以及韩国、南非、巴西等已经在接受国际审评的发展中国家和美国等已经接受国际审评十余年的发达国家开展学习交流活动。一方面有利于我国自身做好适应《协定》透明度体系的准备,另一方面也有利于我国积极参与相应国际指南的谈判与规则制定,维护国家利益。

高　翔

供需两侧发力　推进汽车市场
健康可持续发展

今年以来,受宏观经济下行影响,我国汽车市场产销量增长乏力,传统汽车市场低迷,企业盈利大幅下降,库存积压严重,市场显现不平衡苗头。应结合长期和短期政策,从供需两侧共同发力,推进我国汽车市场健康可持续发展。

一、汽车市场下行压力骤增,新能源汽车成为亮点

产销量增速不断放缓。我国汽车市场已由高速增长进入调整期。2000 年以来,汽车产销量经历了十年高速增长。其中销量从 2001 年的 237 万辆快速增长到 2010 年的 1806 万辆,年均增速达 24.1%。"十二五"时期,销量增速有所放缓,从 2011 年的 1851 万辆增长到 2014 年的 2349 万辆,年均增速降至 8.3%。2015 年,受宏观经济下行影响,产销量进一步走弱,1—11 月,累计产销量分别为 2182 万辆

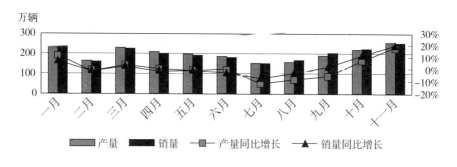

图1　2015 年 1—11 月汽车产销量及同比增长情况

和 2178 万辆,同比分别增长仅为 1.8% 和 3.3%。企业盈利大幅下降。今年以来,受我国经济进入新常态、"限行限购"城市增多等多因素影响,行业竞争愈发激烈,

企业利润大不如前。中国汽车流通协会统计数据显示,上半年汽车经销商亏损率高达 70%,各地很多小规模的经销商已出现倒闭、关店现象,大部分经销商只能靠售后服务勉强维持经营。调查结果显示,今年 2—9 月连续 8 个月汽车经销商综合库存水平达警戒线水平以上,直到 10 月情况才稍有好转,经销商库存水平回落至警戒线以下。

市场显现不平衡苗头。乘用车销量占汽车总销量的比例稳步提高,由 2010 年的 76.2% 增长到今年 11 月的 87.6%,年均增长约 2 个百分点,商用车占比则持续下滑。其中,小排量乘用车销量上涨,节能汽车产品惠民工程效果初显。今年 9 月底出台的 1.6 升及以下排量乘用车实施减半征收车辆购置税的优惠政策实施效果初显,10 月和 11 月 1.6 升及以下排量乘用车销量分别为 133.6 万辆和 155.7 万辆,同比分别增长为 17.1% 和 29.0%,环比分别增长为 16.3% 和 16.5%。前三季度整车进出口量分别为 82.0 万辆和 59.6 万辆,同比分别下降 23.3% 和 13.9%。伴随着“互联网+”融入汽车产业,汽车后市场服务不断加快,产品种类越来越多。此外,二手车交易表现活跃,1—10 月全国二手车市场累计交易 755.4 万辆,占新车销量的 39.2%。

新能源汽车异军突起。据工信部统计,截至今年 11 月份,我国新能源汽车已累计生产 39.8 万辆,其中,今年 1—11 月,累计生产 27.9 万辆,同比增长 4 倍,成为全球新能源汽车的最大销售市场。如此良好的发展态势,与中央及地方政府在新能源汽车购买、使用、充电基础设施建设等环节的支持力度不断加大有直接关系。

二、加快创新,突破市场、技术和商业模式瓶颈

从长期看,随着城镇化发展持续推进、汽车旧车更新换代步伐加快,以及汽车置换需求的增强、消费能力的逐渐升级,我国汽车市场发展向好的主要趋势未发生根本改变,关键是要突破市场、技术和商业模式三大障碍。

突破新能源汽车发展瓶颈,加快汽车产业绿色发展。与传统汽车相比,目前新能源汽车仍面临成本价格高、续航里程短、充电时间长、充电困难等瓶颈问题。近年来,新能源汽车的快速发展仍主要依赖中央和地方政府的政策支持,如车辆购置补贴、购置税及车船税减免、免摇号(或免车牌)等。但中央和地方政府扶持政策将会逐步退出,新能源汽车要实现商业化并取得实质性发展,必须快速解决上述瓶颈问题,特别是要解决“动力电池”与“充电设施”问题。

创新商业模式,改善汽车经营困境。与汽车传统销售渠道经销商出现大面积亏损相比,近年来,随着"互联网+"、大数据等领域的发展,各种新型商业模式创新不断涌现,涵盖了汽车产业链的各个环节。在车辆生产环节,互联网、电商等企业渗入到车辆制造中,如易车腾讯发起的"蔚来"电动汽车;在车辆销售环节,整车企业及电商都在积极探索网络直销模式,如京东、天猫等;在二手车交易环节,有优信二手车、瓜子二手车等电商平台;在车辆售后环节,既有商城类电商全方位保养及维修配件的销售,也有以客户为导向的上门汽车美容、保养、维修等服务。另外,随着"互联网+"的不断介入,汽车租赁行业不断涌现出"分时租赁"、"融资租赁"等新型模式,催生出左中右、时空、易多、易卡、车纷享等车辆租赁运营企业和品牌。这些新型商业模式在促进市场繁盛的同时,也面临着诸多挑战和风险。当前O2O汽车后市场服务仍然处于初期混战阶段,在商业模式多样性、盈利路径上尚未厘清、同质化严重、资金链断裂、用户习惯的养成仍需时日的情况下,已有多个汽车后市场O2O平台宣布停业。因此说,多元化的新型商业模式在为完善汽车产业链发展带来机遇的同时,也面临着挑战和风险。

增强品牌效应和技术能力,提升国产汽车的全球动力。与国外百年的汽车产业相比,我国汽车产业起步较晚,虽然我国汽车产销量已连续六年跃居世界首位,但仍然"大而不强"。一方面,国内汽车品牌仍未完全树立;另一方面,汽车关键核心技术仍未完全掌握,国产汽车品质及性能与国外相比仍有一定差距。国产汽车品牌的树立需要企业不断的加强技术研发,提高产品质量和提升用户体验。近年来国产汽车品牌及技术能力已有大幅提升,以长安、长城、上汽为代表的一批自主品牌汽车已开发出受欢迎的明星产品,获得消费者的好评,其中部分产品已大量出口。今年5月份,国务院发布了《中国制造2025》,把节能与新能源汽车列为十大重点发展领域之一,未来十年可以说是国产汽车品牌树立及产品技术能力提升的关键时期,汽车产业能否把握好这一发展机遇,将影响我国汽车的品牌效应及技术能力的提升。

三、供需两侧发力,促进汽车市场持续均衡发展

鼓励和支持汽车消费。拓展汽车消费信贷,降低购车信贷门槛,加大小排量汽车和新能源汽车的信贷投入,鼓励企业开展汽车租赁消费、信用消费和以旧换新等业务。制定和完善小排量汽车和新能源汽车从购置到使用、保养和报废更新的优惠政策,如税收优惠政策、高速公路过路费优惠政策、停车费优惠政策等。发展和规范二手车市场,降低评估费用,促进二手车市场发展。加快新能源(电动)汽车

工程包建设,推动新能源(电动)汽车发展。延续汽车下乡政策,扩大汽车消费市场和汽车下乡范围,适当延长汽车下乡的时间,推广经济实用、适销对路、符合农村市场需求和农民购买力的产品。

优化"限行限购"政策。进一步完善"限行限购"政策,优化城市建设规划,加大城市道路和停车场建设,有效解决"摇号难"、"上路堵"和"停车难"的问题。对于中小城市,要做好迎接汽车热潮转移的准备,做好城市发展规划、城市交通发展规划、城市能源发展规划和充电基础设施规划等,防止上述问题在中小城市重演。

加强自主品牌建设。进一步加大对企业研发的投入力度,降低企业研发成本,增强企业创新的积极性,增强我国汽车产业的自主创新能力,尽快掌控发动机技术、动力电池组电源管理系统、动力电池隔膜技术、正极材料等关键领域和核心技术,加快发展低油耗、低排放的节能、环保、高效的汽车产品,推动产学研有效结合。加大自主品牌汽车在政府采购中的比例,大力扶持自主品牌汽车发展。加快"走出去"的步伐,实现我国汽车产业的"弯道超车"。

引导企业重组。中国汽车产业的重组将不可避免,需进一步提高汽车产业集中度。排除跨地区、跨部门兼并重组的阻力,解决兼并重组过程中的制度性与技术性问题,整合要素资源,减少重复投资,提高效率,降低风险,引导汽车企业新一轮的兼并重组。

加快新能源汽车基础设施建设。加快落实《关于加快电动汽车充电基础设施建设的指导意见》,尽快出台相关实施细则,建设规模适度超前的充电桩和充电站,解决制约电动汽车推广和发展的瓶颈问题。制定和完善充换电关键技术标准,严格充电基础设施管理。加大财税优惠力度,延长优惠时间。将现行的仅针对部分推广城市的中央财政充电基础设施建设奖励资金,调整为面向全国整车企业、核心零部件生产商、电动汽车用户和运营商的直接财政补贴,实行设施补贴和车辆补贴并举的政策。完善充电基础设施生产单位、建设单位和运营单位的税收优惠政策。

完善汽车行业生态链。利用"互联网+"改造和提升汽车技术含量和完善汽车服务后市场,创新运营模式,优化和完善汽车产业链和生态链,促进汽车在电子化率、辅助驾驶、无人驾驶、车联网、大数据等领域的发展,为未来智能汽车的发展打下扎实的根基。推动"分时租赁"、"融资租赁"、"网络直销"、"车辆共享"等新型商业模式的发展。优化产业链结构,提高经济附加值,构建稳定的可支撑汽车产业持续发展的价值链和盈利模式。

胡文锦　李　涛

对 2016 年经济工作重点的
几点看法和措施建议

中央经济工作会议提出的明年工作思路、目标、任务和举措,遵循了新常态经济发展的规律和要求,体现了五大发展理念和稳中求进的科学发展导向,充分反映了人民的诉求和愿望。从长周期和发展阶段转换的大逻辑看,全面实行五大政策,适度扩大总需求,加快供给侧结构性改革,着力实施"三去、一降、一补"解决方案,实现"稳增长、防风险"新目标,丰富"调结构、惠民生"新内容,都是非常正确的,可行的。作为国家高端智库的宏观院,有责任加强经济形势的前瞻性、重大政策的有效性、重大规划的可行性、重大理论的系统性研究,为这些重大决策的有效实施提供应有的智力支撑,以使经济实现更有质量、更为公平和更可持续的增长。据此,我就明年经济工作重点、难点和主要措施讲几点思路性看法和建议。

第一,关于明年经济工作的目标。今年,用"组合拳"防止了经济脱轨,GDP 增长约为 6.9%,没有出现"山体滑坡"。明年经济下行的压力和风险依然很大,主要原因是国内外结构性通缩压力进一步增大,"买涨不买跌"心理将导致购买意愿降低。今年房地产"销售增、投资减"将转变为明年"销售和投资同步减速",总投资增速降到"个位数",收入增长减速将使明年全国消费品零售增速低于今年,GDP 增速再下一个台阶,这必然会增加失业,压缩增量需求,加大资本市场和经济波动。我们对明年人民币贬值刺激出口的效应和全面二孩政策刺激新生儿从而增加母婴消费的估计不能过高,要从城乡居民消费能力上多采取措施。必须看到,如果不着力持续增加消费需求和消费引领的有效投资需求,经济就很难止跌回升,明年 GDP 增速可能落在 6.5%—7% 区间下限,实现新、旧周期转换难度很大,我们要有思想上、工作上的充分准备,要加一把力,打好"五大政策(宏观、产业、微观、改革、社会)"的"组合拳",使明年 GDP 增长保住 6.5% 这个区间底线,为"十三五"筑起第一块稳增长的基石。

第二,关于"适度扩大总需求"中的"稳投资"工作重点。从趋势看,明年一季度房地产投资可能负增长。这会下拉总投资增速,影响社会投资预期。为了对冲其影响,在扩大公共设施投资时不增大中短期债务压力和风险,建议明年新发20年、30年长期建设国债和绿色债券,以支持重大交通工程、重大国防工业和信息化工程、重大航天航空科技工程、重大海洋开发工程、重大生态环境保护工程、重大生命科学工程的建设;建议公共投资建设项目尽早下达,经常性预算资金尽早下拨,用好新增0.7个百分点(从2.3%提高到3%)的赤字率空间,在预算资金的月度、季度分布上要改变"前少后多、前紧后松"格局,改变各单位年初资金紧、年末突击花钱的老做法。明年积极财政政策不仅要加大力度,更要注意在时间上加快节奏。努力发挥"时、度、效"中"时"的重要作用。

第三,关于"去过剩、去库存、去杠杆"和处理"僵尸企业"工作。要注意相关措施对短期稳增长、稳市场、稳社会的负面冲击。对"过剩产能"中的优质部分要用发展办法来解决,用统筹国内外两个市场的办法来缓解,比如钢材、玻璃、电解铝等优质建材的过剩产能应更多采用"走出去"和国内替代等有利于增长的办法来消化或化解,即使是用"关、停、并、转"办法来削减和淘汰低水平产能,也要创新做"减法"的方式,对去过剩产能所带来的企业裁员、债务处置也要用发展的办法,在停止走老路同时要准备好新出路,如通过实施专项培训计划、提供再就业平台和适当补贴等措施,防止结构性失业显性化。在房地产库存和传统重化工业中进行"去库存"工作,也不能简单采用"一死了之"的做法,要通过创新环境和外部条件给死里求生的企业找到替代性生存和发展途径。只有这样,才能使高过剩、高库存、高杠杆等"三高"行业在平稳中走向均衡,使僵尸企业在破坏性创新中实现转型。

第四,关于"降成本"工作。从宏观层面降低企业成本是一项系统工程,单一部门难以完成,须各主要部门协力配合、共同推进,而且行动要更快、更有效一些,不能你等我、我等你。譬如减税、减费、减息、减准、减少审批这"五减"中的减税,特别是提高个人所得税起征点,当下不是"要不要",而是"减多少、何时减"的问题,明年年初要尽快动手,不要再争来争去了。再争、再议、再等,企业生存不下去了,工薪者的消费能力下降了,"下行"转"下滑"的压力就更大了。

第五,关于"补短板"工作。给薄弱领域、薄弱环节和薄弱区位加大政策支持力度,增加公共资源投入,支持交通、水利、海洋、航空航天和环保等硬基础设施建设,支持教育、社保和脱贫等软工程建设,特别是下决心在"十三五"让7000多万农村贫困人口脱贫,让最困难群体共享改革开放和发展成果,都是必要而合理的,要加快这些"补短板"措施的落地生效。但是,为了给经济注入长期可持续增长的动能,建议明年和整个"十三五"都实施"稳资本"和"扩中产"的发展战略和政策的长效机制。今年 12 月启动的美元加息周期会刺激我国资本流出,在国内人工、环境成本增加,房地产涨价带来的固定费用增加,以及非经济因素影响的叠加,前 30 多年形成的原始积累和资本积累,特别是构成国民经济重要支柱的民营资本,其"被迫流出量"会增加,这是明年和整个"十三五"都要重视和防范的倾向。建议从政策、制度和法律上形成"稳资本、扩中产"的发展导向。要让有资本、有资产的企业和阶层愿意将他们的资本和资产长期乃至永久性留在自己的国土、自己的家园,要达此目的必须要有预期稳定的长期制度保障。"稳资本"是扩大投资之基,"扩中产"是增加消费之源。要实现民富国强的复兴梦,离开了资本力量和中产能力是不可能的。

第六,关于"改革创新"工作。明年加快推进国企、财税、金融、社保和户籍等结构性改革已经形成共识,接下来重要的是落实这些改革的时间表,是推出更"实"的具体措施。除此之外,我建议,明年可利用国内物价下降、国际大宗商品特别是油气资源价格进入本世纪低位区域的良机,加快推进石油价格市场化改革,变政府定价为市场定价,政府只进行价格监管,防止价格操纵和垄断,维持公平交易秩序。石油价格市场化,既是新常态下中国新市场经济发展趋势之使然,也是老百姓所愿所需,更是政府更好而不是更多发挥作用的突出表现。在进入汽车社会后,特别是在能源生产和消费革命如火如荼之时,化石能源消费占比越来越低,非化石能源消费占比越来越高。作为传统化石能源的石油已不具有需要由政府直接垄断的稀缺性,老百姓已将其视为生活必需品。如果政府还抱着石油定价权不放,不仅不符合世界能源科技产业革命的潮流,而且也不适应新常态下社会主义市场经济的发展规律和阶段性变化的要求。

陈东琪

策　　划:张文勇
责任编辑:张文勇　何　奎　申　吕
封面设计:林芝玉

图书在版编目(CIP)数据

中国宏观经济与政策研究报告/国家发展改革委宏观经济研究院 编.
　-北京:人民出版社,2016.3(2018.11 重印)
ISBN 978－7－01－015900－3

Ⅰ.①中…　Ⅱ.①国…　Ⅲ.①中国经济-宏观经济-经济政策-研究报告
　Ⅳ.①F120

中国版本图书馆 CIP 数据核字(2016)第 042641 号

中国宏观经济与政策研究报告

ZHONGGUO HONGGUAN JINGJI YU ZHENGCE YANJIU BAOGAO

国家发展改革委宏观经济研究院　编

人民出版社 出版发行
(100706 北京市东城区隆福寺街 99 号)

北京盛通印刷股份有限公司印刷　新华书店经销

2016 年 3 月第 1 版　2018 年 11 月北京第 2 次印刷
开本:710 毫米×1000 毫米 1/16　印张:26.25
字数:458 千字

ISBN 978－7－01－015900－3　定价:58.00 元

邮购地址 100706　北京市东城区隆福寺街 99 号
人民东方图书销售中心　电话 (010)65250042　65289539